高 职 高 专 经 济 管 理 类 规 划 教 材

国际贸易基础

International Trade

主　编 徐宣全 孙建军

副主编 许　辉 郭爱芹

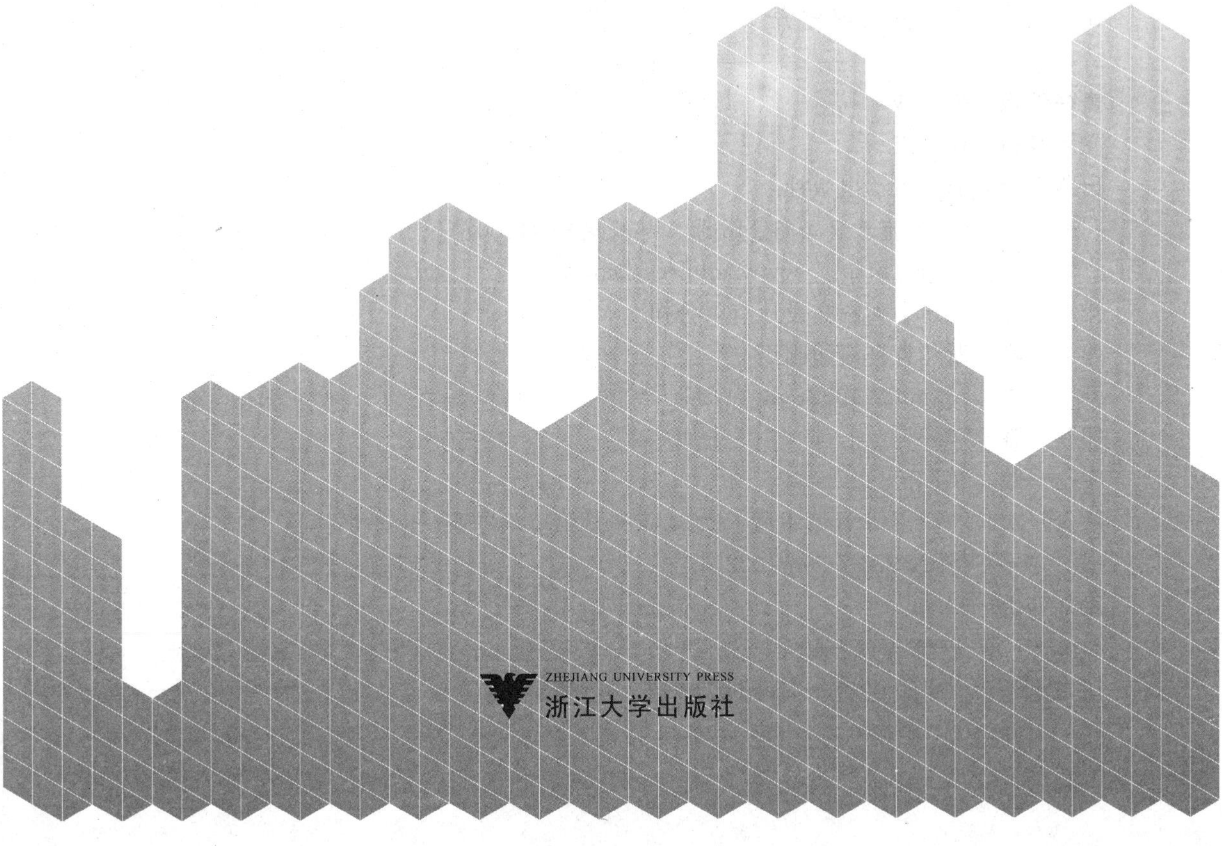

ZHEJIANG UNIVERSITY PRESS

浙江大学出版社

图书在版编目（CIP）数据

国际贸易基础 / 徐宣全，孙建军主编. —杭州：浙江大学出版社，2012.6
ISBN 978-7-308-10222-3

Ⅰ. ①国… Ⅱ. ①徐…②孙… Ⅲ. ①国际贸易 Ⅳ. ①F74

中国版本图书馆 CIP 数据核字（2012）第 146695 号

国际贸易基础

主　编　徐宣全　孙建军
副主编　许　辉　郭爱芹

责任编辑　朱　玲
文字编辑　徐　霞
出版发行　浙江大学出版社
（杭州市天目山路 148 号　邮政编码 310007）
（网址：http://www.zjupress.com）
排　　版　杭州中大图文设计有限公司
印　　刷　浙江省良渚印刷厂
开　　本　787mm×1092mm　1/16
印　　张　15.25
字　　数　381 千
版 印 次　2012 年 6 月第 1 版　2012 年 6 月第 1 次印刷
书　　号　ISBN 978-7-308-10222-3
定　　价　30.00 元

浙江大学出版社发行部邮购电话　（0571）88925591

前 言

中国加入世界贸易组织已经10多年了,参与世界经济、国际贸易的活动日益广泛和深化。同时,中国的高等教育尤其是高职高专教育也在改革中前行,并随着中国改革开放的日新月异而迅猛发展。在这种形势下,作为国际贸易基础这门课,内容上力求突出"宽、浅、用、新、活"的特点,阐述原理简明扼要,以必需、够用为原则,重点提高应用能力;注重内容与数据的时效性,紧跟国际贸易形势发展的需要;同时,针对理论课学时压缩的现实,我们把国际贸易地理的内容整合到《国际贸易基础》这本书中。本着这一原则,我们编写了《国际贸易基础》这本书。

本书结构新颖,重点突出,目标明确,有较强的实用性和创新性。本书既可以作为高职高专院校国际贸易类及其他相关专业的教学用书,也可以作为岗位培训教材和考取相关职业资格证书自学参考用书。

本书由浙江工商职业技术学院徐宣全副教授和孙建军老师担任主编,浙江工商职业技术学院许辉、郭爱芹老师担任副主编。全书共分10章,各章参编人员及分工如下:第一章由许辉老师执笔,第二、三章由郭爱芹、徐宣全共同执笔;第四章由浙江工商职业技术学院周英鸽执笔;第五章由徐宣全与广东培正商学院王长虹共同执笔;第六章由浙江工商职业技术学院的陈伶俐、孙建军共同执笔;第七、九章由浙江工商职业技术学院孙建军执笔;第八章由浙江工商职业技术学院徐宣全执笔;第十章由浙江商业技师学院雷虹执笔。徐宣全副教授负责制定本教材编写大纲,并对全书进行总攥修改。在本书编写过程中,查找了大量相关教材及资料,在此,一并向这些教材和资料的提供者与作者表示诚挚的感谢。

本书在编写过程中,得到了浙江大学出版社朱玲、徐霞编辑的大力协助,对此我们表示衷心的感谢!

限于编写者水平以及时间所限,书中不足之处在所难免,恳请广大专家、同行和读者批评指正。

编 者

2012年6月

前言

目 录

第一章 引 论

学习目标

通过本章的学习，了解国际贸易的产生及其在不同历史时期的发展；认识国际贸易的地位和作用；掌握国际贸易含义以及与国际贸易相关的基本概念；学会通过国际贸易的统计指标进行案例分析。

国际贸易是人类社会发展到一定阶段的产物。在和平与发展成为世界主题的今天，尽管各国经济的合作与竞争广泛发展，但国际贸易仍然是当代各国经济联系的最重要的形式之一，是各国经济活动相互传递的重要渠道，国际贸易作为一门古老而年轻的学科，也得到了空前的发展。本章主要介绍国际贸易的基本概念，国际贸易的产生与发展，国际贸易的分类，常用的统计指标等。

第一节 国际贸易的概念与分类

一、国际贸易分类

(一)按商品的形态分类

1.货物贸易

货物贸易(Commodity Trade)是指物质商品的进出口。由于物质商品是有形的，是可以看得见、摸得着的，因此货物贸易通常又称作有形贸易。目前，联合国为了便于统计，把有形商品分为10大类、63章、233组、786个分组和1924个基本项目，几乎包括了国际贸易的所有商品。这10大类分别是：0类为食品及主要食用的鲜活动物；1类为饮料及烟草；2类为非食用原料(不包括燃料)；3类为矿物燃料、润滑油及有关物质；4类为动植物油、油脂和蜡；5类为未列明的化学品和有关产品；6类为主要按原料分类的制成品；7类为机械和运输设备；8类为杂项制品；9类为未分类的其他商品(见表1-1)。

上述分类中，0～4类为初级产品，5～8类为工业制成品，9类为其他。这个标准也为世界大多数国家所采用。

2.服务贸易

服务贸易(Service Trade)是指服务商品的进出口，它是以提供活劳动的形式满足他人需要并获取报酬的一种国际劳务活动。由于服务商品是无形的,是看不见、摸不着的,因此服务通常又称作无形贸易。按照WTO的分类,国际服务贸易分为商业、通讯、建筑、销售、教育、环境、金融、健康与社会服务、旅游、文化与体育、运输和其他。

有形商品贸易与无形商品贸易主要区别在于:前者的进出口都要办理海关手续,并表现在海关的贸易统计上,是一国国际收支的主要构成部分;后者通常不办理海关手续,在海关贸易统计上反映不出来,而反映在该国国际收支平衡表中,是一国国际收支的重要构成部分。

表1-1 中国(2007年11月)进出口商品构成

商品构成(按SITC分类)	出口		进口	
	金额/亿美元	增减/%	金额/亿美元	增减/%
总 值	11036.0	26.1	8647.6	20.4
一、初级产品	548.7	15.4	2177.9	27.0
0类 食品及鲜活动物	273.8	19.0	105.0	15.5
1类 饮料及烟类	12.2	14.1	12.1	30.7
2类 非食用原料(燃料除外)	81.8	14.9	1055.3	40.3
3类 矿物燃料、润滑油及有关原料	178.3	11.4	939.3	13.5
4类 动植物油、油脂及蜡	2.7	−22.3	66.2	91.8
二、工业制成品	10487.4	26.8	6469.7	18.3
5类 化学成品及有关产品	541.9	34.7	979.1	24.6
6类 按原料分类的制成品	2007.3	27.8	939.7	19.9
7类 机械及运输设备	5216.7	26.7	3743.2	15.7
8类 杂项制品	2702.0	25.0	786.0	21.5
9类 未分类的商品	19.5	−5.1	21.8	16.6

数据来源:中华人民共和国海关统计。

(二)按商品移动方向分类

1. 出口贸易

出口贸易(Export Trade)亦称输出贸易,指将本国生产或加工的商品输往国外市场销售。如果商品先输入本国后,既未在本国消费,又未经加工而再出口,则称为复出口或再输出。

2. 进口贸易

进口贸易(Import Trade)亦称输入贸易,指将国外市场购买的商品在本国市场进行销售。输往国外的商品未经加工又输入本国,称作复进口或再输入。

3. 过境贸易

过境贸易(Transit Trade)亦称通过贸易,指甲国经过丙国国境向乙国运送商品,对丙国来说,即为过境贸易。丙国既不是进口,也不是出口,仅是商品通过其国境并收取一定的费用,这就构成该国的过境贸易。

出口贸易与进口贸易是每笔交易的两个方面:对卖方来说是出口贸易,而对买方来说则是进口贸易。一国往往在同类商品上既有出口又有进口。如果出口量大于进口量,则称作净出口;反之,出口量小于进口量就叫净进口。

(三)按生产国与消费国在贸易中的关系分类

1. 直接贸易

直接贸易(Direct Trade)是指商品生产国与商品消费国之间直接的贸易。在直接贸易中,生产国将商品直接出口到消费国;或者说是消费国从生产国直接进口。

2. 间接贸易

间接贸易(Indirect Trade)是指商品生产国与商品消费国之间的贸易经由第三国进行。在间接贸易中,商品生产国是向消费国间接出口;商品消费国从商品生产国间接进口。

3. 转口贸易

转口贸易(Intermediary Trade)又称中转贸易,是区别于商品生产国与商品消费国直接买卖商品的直接贸易行为而言。它是指商品生产国与商品消费国因某种原因不能直接进行商品买卖,而须通过第三国进行商品的买卖活动。转口贸易是对间接贸易中的第三国(即转口贸易国)而言。转口贸易国作为中介国必须参与商品的价值转移活动,但不一定要参与商品的实物转移,即商品可以不经过本国而由生产国直接运输到消费国。

(四)按贸易统计界线分类

1. 总贸易

总贸易(General Trade)是指以国境为界划分的进出口贸易。凡进入国境的外国商品一律列为总进口,包括进口后供国内消费者的部分和进口后又转口或过境的部分;凡离开国境的外销商品一律列为总出口,包括本国产品的出口、外国商品的复出口及转口或过境的部分。

一国的总进口额加上其总出口额构成该国总贸易额。目前,按总贸易统计进出口贸易的国家有美国、英国、日本、加拿大、澳大利亚、中国等90多个国家和地区。

2. 专门贸易

专门贸易(Special Trade)是指以关境为界划分的进出口贸易。一般来讲,国家的关境与国境是一致的。但现实中也有许多国家关境与国境并不完全一致。如建有保税仓库、保税区或自由贸易区的国家规定,当国外商品进入国境后,如不进入关境暂时存放在保税仓库等,一律不列为进口。只有从国外进入关境的商品,才列为进口,称为专门进口。对于从国内运出关境的本国商品及进口后未经加工又运出关境的商品,即使没运出国境,也被列为出口,称为专门出口。专门进口额与专门出口额相加即构成一国的专门贸易总额。目前,采用专门贸易统计方法的国家有德国、法国、意大利、瑞士等80多个国家和地区。

总贸易和专门贸易说明的是不同的问题。前者说明一国在国际货物流通中所处的地位和所起的作用;后者说明一国作为生产者和消费者在国际货物贸易中具有的意义。

由于各国的统计标准差异,联合国所公布的各国对外贸易额一般都注明是总贸易额还是专门贸易额。

(五)按货物运输方式分类

1. 陆路贸易

陆路贸易(Trade by Roadway)是指采用陆路运送贸易货物的贸易。陆地相邻的国家间的贸易,通常采用这种方式,运输工具主要有火车、卡车等。集装箱运输能方便地做到门对门的运输服务。

2. 海运贸易

海运贸易(Trade by Seaway)是指通过海上运送贸易货物的贸易。国际贸易大部分的货物是通过海上运送的,运输工具主要是各种船舶,而集装箱船的出现具备了运输量大、运输成本低、装卸时间短等优势,使海运贸易日益扩大。

3. 空运贸易

空运贸易(Trade by Airway)是指采用航空运输方式进行的贸易。贵重而体积小的货物、鲜活商品,以及要求在途时间短的商品,为了争取时效,往往采用这种方式。

4. 邮购贸易

邮购贸易(Trade by Mail Order)是指采用邮政包裹方式寄送货物的贸易。数量不多的货物如样品等,通常采用这种方式,其主要优点是服务周到、方便客户。

(六)按清偿工具或结算方式分类

1. 现汇贸易

现汇贸易(Cash Trade)是以货币作为清偿工具的贸易。这是指进口商购买出口商的产品必须以现汇进行支付或结算。目前,在国际贸易中可作为清偿支付工具的货币主要有美元、欧元、日元和英镑等。世界上大多数国家都采用现汇贸易方式,我国对西方国家和港、澳、台地区的贸易也主要采用这种贸易方式。

2. 对等贸易

对等贸易(Counter Trade)是以货物作为相互清偿工具的贸易,又称对销贸易。对等贸易的具体方式大致包括以下五种类型:

(1)易货贸易,即贸易双方以货物经过计价作为清偿工具的贸易;

(2)补偿贸易,即进口方利用出口方信贷购进设备、原料、技术等投入生产加工,最后以产品作为清偿工具的贸易方式;

(3)协定贸易,即两国间根据双边换货协定、支付协定和清算协定,不经过现汇支付清算,而是以进出口货物相互抵冲的贸易方式;

(4)抵偿贸易,即卖方承担向买方购买货物以作为清偿工具的贸易方式;

(5)转手贸易,又称为三角贸易,指在双边清算贸易中,顺差方利用账户盈余用以支付从第三方的进口,而第三方获得资金后必须购买逆差方的产品。

(七)按贸易参加国的数量分类

1. 双边贸易

双边贸易(Bilateral Trade)是指两个贸易伙伴国之间用双边支付结算的方式进行的贸易。双边贸易是外汇管制的产物。由于货币不能自由兑换,因贸易而发生的应收应付货款不能用现汇支付,只用记账抵冲;一国对另一国的出口债权,只能用以抵偿对另一国的进口债务。二战结束以来,随着各国逐步放松外汇管制,单纯的双边贸易支付逐步减少。此外,双边贸易也可泛指两个国家之间的贸易往来关系。

2. 多边贸易

多边贸易(Multilateral Trade)是指各国在多边结算基础上进行的贸易。在这个结算体系中,每个国家的出口可以用来支付从其他国家的进口,即贸易收支之间、贸易外收支之间可以互抵,贸易收支与贸易外收支之间也可以互抵。如果多边贸易结算只限于三个国家,则称为三角贸易。多边贸易结算如果出现入超或出超不能互抵,则逆差国可以用贸易外项目进行多边结算。如果进行贸易外项目结算后还有余额,逆差国最终必须支付现汇。此外,多边贸易也通常用来泛指各国间的贸易关系。

(八)按有无纸单证分类

1. 有纸贸易

有纸贸易或称单证贸易(Documentary Trade)是指在国际贸易交易过程中,通过单证等商业文件的交接进行结算支付并履行合同的一种贸易方式。在国际贸易中常见的结算单据有:汇票、发票、提单、装箱单、重量单、保险单、商检证书等;另外,信用证和合同本身也都是书面文件。由于国际贸易的复杂性,不易做到一手交钱、一手交货,在信用证支付方式下,往往是单据的买卖,即一手交单、一手付款,因此单据在交易过程中就成了双方履行权利和义务的重要依据。

2. 无纸贸易

无纸贸易(Electronic Data Interchange,简称 EDI),即电子数据交换,是一种将贸易、运输、保险、海关、银行等部门的电子计算机联网,对商务信息(主要包括订单、发票、提单、信用证、进出口许可证等)按国际统一标准进行格式化处理,并把这些数据通过计算机网络,进行商业文件相互交换和自动处理,在不使用纸单证的情况下完成询问、订单、托运、投保、报关、结算等一系列业务手续的一种现代化方式的新型贸易。

知识链接

EDI 发源于 20 世纪 60 年代末的北美和西欧,最早仅在铁路、公路、海运和空运等个别行业中得到应用。80 年代后逐渐扩大到全行业或多个行业。80 年代末 90 年代初,EDI 被应用于处理国际贸易业务。

传统进出口业务中"单证相符,单单相符"导致大量繁琐的单证活动,严重影响国际贸易的业务效率。据联合国贸发会议估计,如果全球国际贸易活动中生产的贸易单证及其相应行政文件得到删减(不是完全取消),每年可以带来大约 1000 亿美元的收益。1992 年,在哥伦比亚卡塔赫纳召开的联合国贸发会议上,首次提出发展电子数据交换技术,提高国际贸易效率的计划——"TE 2000 贸易效率计划",并在 19 个国家的港口城市进行实验。该计划在 1994 年 10 月美国俄亥俄州哥伦布举行的贸发会上得到最终确认。EDI 概念和技术为国际贸易中实现"无纸贸易"(Paperless Trade)奠定了理论和技术基础,导致了贸易手段的根本变革,是一场对国际贸易产生深远影响的商业革命。由于国际贸易成本大约占贸易总额的 7%~10%,如果贸易各国采取 EDI 方式交易,不仅可以减少人为单证错误和延误时间导致的 40%的损失,而且全球可节省 25%的纸张处理费用和人力资源投资;全球文件及文件处理成本则可分别降低44%和38%。贸发会议将EDI誉为“提高世界贸易效率的革新方法”。

(九)按经济发展水平分类

1. 水平贸易

水平贸易(Horizontal Trade)是指经济发展水平比较接近的国家之间开展的贸易活动。例如,发达国家之间以及发展中国家之间所展开的贸易活动。各个发达国家之间尽管生产力水平相近,但仍存在着各种差异,如各工业部门发展的不平衡,技术水平各有长短,资源供应也各不相同,需要通过国际贸易来取长补短,弥补不足。各发展中国家之间存在的水平贸易,则是为了相互支持,相互弥补民族工业部门的短缺,以改变国际分工中的不利地位,与发达国家相抗衡。

2. 垂直贸易

垂直贸易(Vertical Trade)是指经济发展水平不同的国家之间开展的贸易活动。发达国家与发展中国家之间进行的贸易大多属于这种类型。由于这些国家在国际分工中所处的地位以及经济技术发达程度相差甚远,因此,一般是发达国家从发展中国家进口农产品、工业原料或劳动密集型的工业产品,而向这些国家出口工业制成品,特别是资本密集型或技术密集型的工业产品。

二、国际贸易中常用的统计指标

(一)贸易额

贸易额(Value of Trade),又称贸易值,是指用货币表示的反映贸易规模的指标。它通常分为对外贸易额与国际贸易额。

对外贸易额(Value of Foreign Trade),又称对外贸易值,是指一国(或地区)在一定时期内以货币表示的进出口商品的总值。各国一般都用本国货币表示本国的对外贸易额,但由于美元长期以来是国际贸易中主要结算货币与国际储备货币,在国际上使用最为广泛,因此,也有一些国家是用美元来表示本国对外贸易额的,联合国编制和发表的世界各国对外贸易额的资料也是以美元来表示的,我国也是如此(见表1-2)。

表1-2 1990—2004年中国进出口贸易额及增长率

年　份	进出口额/亿美元	比上年/%	出口额/亿美元	比上年/%	进口额/亿美元	比上年/%
1990	1154.4	3.4	620.9	18.2	533.5	−9.8
1991	1357.0	17.6	719.1	15.8	637.9	19.6
1992	1655.3	22.0	849.4	18.1	805.9	26.3
1993	1957.0	18.2	917.4	8.0	1039.6	29.0
1994	2366.2	20.9	1210.1	31.9	1156.2	11.2
1995	2808.6	18.7	1487.8	22.9	1320.8	14.2
1996	2898.8	3.2	1510.5	1.5	1388.3	5.1

续表

年　份	进出口额/亿美元	比上年/%	出口额/亿美元	比上年/%	进口额/亿美元	比上年/%
1997	3251.6	12.2	1827.9	21.0	1423.7	2.5
1998	3239.5	−0.4	1837.1	0.5	1402.4	−1.5
1999	3606.3	11.3	1949.3	6.1	1657.0	18.2
2000	4743.0	31.5	2492.0	27.8	2250.9	35.8
2001	5097.7	7.5	2661.5	6.8	2436.1	8.2
2002	6207.9	21.8	3255.7	22.3	2952.2	21.2
2003	8512.1	37.1	4383.7	34.6	4128.4	39.8
2004	11547.4	35.7	5933.6	35.4	5613.8	36.0

数据来源：中华人民共和国海关统计。

国际贸易额(Value of International Trade)又称国际贸易值，是指在世界范围内，所有国家和地区在一定时期内以货币表示的进出口商品价值总额。从世界范围看，一国的出口就是另一国的进口。如果把世界各国各地区的进口额加上出口额，就会造成重复计算。因此，根据世界贸易组织的规定，通常是将世界各国在一定时期内以离岸价格(FOB)计算的出口贸易额之和，作为国际贸易额。例如，2000 年世界各国和地区的货物贸易出口值之和为 63640 亿美元，进口值之和为 66690 亿美元，但我们通常只将前者 63640 亿美元看做是国际(货物)贸易额。

以货币表示的贸易额，由于受价格变动的影响，常常不能真实地反映贸易的实际规模，因此，需要以贸易量指标来反映国际贸易的规模。

(二)贸易量

贸易量(Quantity of Trade)也分为对外贸易量与国际贸易量。

对外贸易量(Quantity of Foreign Trade)是指一国在一定时期内用计量单位(如数量、重量、面积、容积)表示的进出口贸易规模的指标。由于它是按照实物的计量单位进行计算，因而准确度较高。

国际贸易量(Quantity of International Trade)是指以一定时期的不变价格为标准，来计算各个时期世界进出口贸易额。具体做法是用出口价格指数除以出口额，这样就得出了以不变价格计算的国际贸易实际规模的近似值。由于这个数值消除了价格变动的影响，只反映数量的变化，因而被称为国际贸易量。以一定时期为基期的贸易量与各个时期的贸易量相比较，就得出了表示贸易量变动的物价指数。西方国家一般都用这种方法来计算贸易量的变动，反映贸易规模实际变动情况的(见表 1-3)。

表 1-3　1980—1995 年部分年份国际贸易量

年　份	1980	1985	1990	1994	1995
世界出口值/百万美元	2022448	1958675	3486140	4264555	5075125
世界出口价格指数(1980 年为基数 100)	100	113	152	183	199

资料来源：联合国贸易和发展会议：《国际贸易和发展统计手册 1995 年》。

1995 年世界贸易量为 5075125÷199×100=2550314 亿美元

1995 年世界贸易量指数为 2550314÷2022448×100=126

该例表明，剔除价格的变动因素后，1995 年世界贸易量比 1980 年增长了 26%。

(三)贸易差额

贸易差额(Balance of Trade)是指在一定时期内(通常为 1 年)，一个国家的出口总值与进口总值之间的差额。如果出口值大于进口值，就是存在贸易出超(Excess of Export over Import)，或者称为贸易顺差(A Favorable Balance of Trade)、贸易盈余；反之，如果进口值大于出口值，称为贸易入超(Excess of Import over Export)，或者称为贸易逆差(An Unfavor-able Balance of Trade)、贸易赤字。当一国的进口额与出口额相等时，则称之为贸易平衡。通常贸易顺差用正数来表示，贸易逆差用负数表示。例如，2000 年中国的对外(货物)贸易处于顺差地位，顺差额为 242 亿美元(即 2493 亿－2251 亿美元)；而同期美国的对外(货物)贸易则处于逆差地位，逆差额达空前的 4765 亿美元(即 7811 亿－12576 亿美元)。

贸易差额是衡量一国对外贸易状况的重要指标。一般说来，贸易顺差表明一国在对外贸易收支上处于有利地位，而贸易逆差则表明一国在对外贸易收支上处于不利境地。单纯从国际收支的角度来看，当然是顺差比逆差好。但是，长期保持顺差也不一定是件好事。首先，长期顺差则意味着大量的资源通过出口而输往了外国，得到的只是资金积压；其次，巨额顺差往往会使本币升值，从而不利于扩大出口，且还会造成同其他国家的贸易关系紧张。

(四)贸易条件

贸易条件(Terms of Trade)是指一个国家或地区以出口交换进口的条件，即出口与进口的交换比例。它有两种表示方法：一是用物物交换表示，即用实物形态来表示的贸易条件，它不涉及货币因素和物价水平的变动。当出口产品能交换到更多的进口产品时，称作贸易条件改善了；反之，如出口产品只能交换到较少的进口产品时，则称为贸易条件恶化了。二是用价格或价格指数来表示的贸易条件，通常是用一定时期内一国(或地区)出口商品价格指数与进口商品价格指数之比，即贸易条件指数(或系数)来表示。

贸易条件指数=出口价格指数÷进口价格指数×100

例如：某国以 2000 年为基准年，其进出口价格指数均定为 100。到 2001 年，出口商品价格上涨 6%，进口价格指数下降 3%，即 2001 年出口价格指数为 106，进口价格指数为 97。则

贸易条件指数=106÷97×100=109.3

2001 年进出口贸易条件指数大于基准年进出口价格指数 9.3%，这表明该国贸易条件改善，交易比率上升，即同等数量的出口商品能换回比基期更多的商品。如果出现相反的情况，则视为贸易条件恶化。

(五)对外贸易依存度

对外贸易依存度(Degree of Dependence on Foreign Trade)简称外贸依存度，又称外贸系数、外贸率、外贸贡献度和经济开放度，它是指用一国对外贸易额在其国民生产总值(或国内生产总值)中所占的比重来表示一国国民经济对进出口贸易的依赖程度，或国际贸易对经济增长的贡献度。它主要用于反映一国对外贸易在国民经济中的地位，同其他国家经贸联系的密切程度及该国参与国际分工、世界市场的广度和深度。一般而言，从横向比较，若一

国外贸依存度越高，则对外贸易在国民经济中的作用越大，与外部的经贸联系越多，经济开放度也越高；从纵向比较，若一国外贸依存度提高，则不仅表明其外贸增长率高于国民生产总值（或国内生产总值）增长率，还意味着其对外贸易对经济增长的作用加大，其经济开放度提高。

$$外贸依存度=\frac{一国一定时期进出口总额}{该国该时期的\ GDP\ 或\ GNP}\times 100\%$$

$$出口依存度=\frac{一国一定时期出口总额}{该国该时期的\ GDP\ 或\ GNP}\times 100\%$$

$$进口依存度=\frac{一国一定时期进口总额}{该国该时期的\ GDP\ 或\ GNP}\times 100\%$$

外贸依存度还可分为出口依存度和进口依存度，前者是指一国出口额在其国民生产总值（或国内生产总值）中所占的比重；后者是指一国进口额在其国民生产总值（或国内生产总值）中所占的比重。值得注意的是，许多欧美学者将出口依存度定义为外贸依存度，不仅如此，用出口额占国内生产总值的比重来计算外贸依存度的方法，在很大程度上已成为某种国际惯例。

（六）贸易商品结构

1. 对外贸易商品结构

对外贸易商品结构（Composition of Foreign Trade）是指一定时期内一个国家（或地区）进出口贸易中各种商品的构成，即某大类或某种商品进出口贸易与整个进出口贸易额之比，以份额表示。一国对外贸易商品结构可以反映出该国的经济发展水平、产业结构状况、科技发展水平等。

发达国家对外贸易商品结构是以进口初级产品、出口工业制成品为主；而发展中国家的对外贸易商品结构则是以出口初级品、进口工业成品为主。

2. 国际贸易商品结构

国际贸易商品结构（Composition of International Trade）是指一定时期内各大类商品或某种商品在整个国际贸易中的构成，即各大类商品或某种商品贸易额与整个世界出口贸易额之比，以比重表示。国际贸易商品结构可以反映出整个世界的经济发展水平、产业结构状况和科技发展水平。

研究国际贸易商品结构通常是看初级产品和工业制成品两大类分别占世界贸易额的比重。二战后，随着科技革命的发展，国际贸易商品结构发生了重大变化，表现在工业制成品所占比重逐渐上升，初级产品所占比重日趋减少。例如，1990 年到 1999 年，世界农产品出口额占出口总额的比重由 12.2%下降到 9.9%，矿产品的比重由 14.3%下降到 10.2%；而同期工业品的比重却从 70.5%上升到 76.5%（参见世界贸易组织：《2000 年世界贸易统计》）。

（七）贸易地理方向

1. 对外贸易地理方向

对外贸易地理方向（Direction of Foreign Trade）又称对外贸易地区分布或国别结构，是指一定时期内各个国家或区域集团在一国对外贸易中所占有的地位，通常以它们在该国进出口总额或进口总额、出口总额中的比重来表示。对外贸易地理方向指明一国出口商品的去向和进口商品的来源，从而反映一国与其他国家或区域集团之间经济贸易联系的程度。例如，据中国海关统计，2000年中国向六大市场出口额占出口总额的82%，这六大出口市场依次是：美国占20.9%、我国香港特区占17.9%、日本占16.7%、欧盟占15%、东盟占7%和韩国占4.5%。而向世界其他地区出口合计仅占18%。一国的对外贸易地理方向通常受经济互补性、国际分工的形式与贸易政策的影响。

2. 国际贸易地理方向

国际贸易地理方向(Direction of International Trade)，亦称国际贸易地区分布，用以表明世界各洲、各国或各个区域集团在国际贸易中所占的地位。计算各国在国际贸易中的比重，既可以计算各国的进、出口额在世界进、出口总额中的比重，也可以计算各国的进出口总额在国际贸易总额(世界进出口总额)中的比重。例如，1999年世界出口总额中，西欧地区的出口额占43%，亚洲占25.5%，北美占17.1%；而在同期的世界进口总额中，上述三个地区的占比分别为42.2%、20.9%和22.3%(参见世界贸易组织：《2000年世界贸易统计》)。

由于对外贸易是一国与别国之间发生的商品交换，因此，把对外贸易按商品分类和按国家分类结合起来分析研究，即把商品结构和地理方向的研究结合起来，可以查明一国出口中不同类别商品的去向和进口中不同类别商品的来源，具有重要意义。

第二节 国际贸易的产生与发展

一、国际贸易的产生与发展

国际贸易(International Trade)是指世界各国(或地区)之间货物(商品)和服务的交换活动，是世界各国在国际分工的基础上进行相互联系的主要形式。由于国际贸易是一种世界性的货物和服务的交换，是世界各国对外贸易的总和，因此又称为世界贸易或全球贸易。

(一)国际贸易的产生

国际贸易是在人类社会生产力发展到一定的阶段才产生和发展起来的。国际贸易的产生必须具备两个基本条件：一是生产力的发展，产生了可供交换的剩余产品；二是社会分工的扩大和国家的产生。因此，从根本上来说，社会生产力的发展和社会分工的扩大是国际贸易产生和发展的基础。

在原始公社初期，人类处于自然分工状态，生产力水平极度低下，人们只能在集体劳动的基础上获取有限的生活资料，并在公社成员之间进行平均分配，维持自身生存的需要。因此，这一时期既没有剩余产品和私有制，也没有阶级和国家，当然也就没有对外贸易。

人类历史上第一次社会大分工，推动了社会生产力的发展，开始有了少量剩余产品，于是在氏族公社之间、部落之间出现了剩余产品的交换。这是最早的、原始的、偶然的物物交换。人类社会第二次社会大分工，进一步推动了社会生产力的发展。手工业出现，逐渐产生了直接以交换为目的的生产即商品生产。随着商品生产和商品交换的不断扩大，产生了货币，商品交换逐渐变成了以货币为媒介的商品流通，并随着商品货币关系的发展，出现了商业和专门从事贸易的商人，人类社会产生了第三次社会大分工。随着生产力的发展，商品生产和商品交换活动更加频繁、更加广泛地发展起来，加速了私有制的产生，阶级和国家相继产生。在这个时期，商品交换开始超越国界，对外贸易由此产生。

(二)国际贸易的发展

1. 奴隶社会的国际贸易

奴隶社会是以奴隶主占有生产资料和奴隶为基础的社会，在这个社会中，自然经济占统治地位，生产的目的主要是为了消费，商品生产在整个生产中微不足道，进人流通中的商品数量很少。同时，由于生产技术落后，交通工具简陋，使对外贸易的范围受到很大限制。

在奴隶社会，对外贸易的商品主要是奴隶和奴隶主所追求的奢侈品，如宝石、装饰品、各种织物、香料等。当时欧洲的希腊和雅典是奴隶贩卖的中心之一。奴隶社会时期的贸易国家，在欧洲主要有腓尼基、希腊、罗马等。我国夏商时代已经进入奴隶社会，贸易集中在黄河流域。在奴隶社会，对外贸易促进了手工业的发展，也促进了商品经济的扩大。

2. 封建社会的国际贸易

封建社会的经济仍然是自给自足的自然经济，农业在国民经济中占主导地位，商品生产处于从属地位。但是，与奴隶社会相比，商品经济的范围逐步扩大，对外贸易也进一步增长。对外贸易中心也随着各种运输工具的改进和各种"贸易之路"的开辟而逐步形成。早期，地中海东部成为对外贸易频繁展开的中心。到公元 7—8 世纪，阿拉伯各国成为对外贸易的中心。公元 11 世纪后，整个地中海、波罗的海和黑海沿岸的国际贸易逐渐增多。意大利北部城市佛罗伦萨、威尼斯、热那亚等城市成为国际商品的主要集散地，贸易商品的范围也由早先的少数几种奢侈品扩大到丝绸、毛纺织品等。这个时期，东方国家的贸易活动也有了较大的发展。不过从总体上看，无论在西方还是在东方，奴隶社会和封建社会的经济形态都属于自给自足的自然经济，商业经济并不发达。因此，这个时期的国际贸易发展还是很有限的，并且带有明显的地区性，而不具世界性特征。

3. 资本主义时期的国际贸易

国际贸易虽然源远流长，但真正具有世界性质的国际贸易是在资本主义生产方式确立之后发展起来的。在资本主义生产方式下，国际贸易急剧扩大，国际贸易活动遍及全球，贸易商品的种类日益增多，国际贸易越来越成为影响世界经济发展的一个重要因素。而在资本主义发展的各个不同历史时期，国际贸易的发展又各具特征。

(1)16 世纪—18 世纪中叶(资本原始积累时期)

1492 年，意大利航海家哥伦布发现美洲，使人们对世界的范围有了重新的认识。地理大发现之后，新兴的资产阶级远涉重洋，征服殖民地，资本以利润的形式从世界各地源源流入欧洲。

到 17 世纪初，欧洲人考察过的地方已经达到 3.1 亿平方千米。经济联系的范围空前扩大，对外贸易获得了无比广阔的活动场所。如英国的进出口贸易从 1698—1775 年，增长了 5～6 倍。在对外贸易额增长的同时，对外贸易的商品品种也迅速增加，由原来的少量奢侈品贸易向大量的初级产品和工业制成品贸易转化。大量的初级产品主要是由亚非拉国家运往欧洲的胡椒、茶叶、大米、可可、咖啡、染料和香料等构成，而工业制成品主要是由欧洲运往上述地区的纺织品、火器、金属器具、船舶、船舶附件等构成。对外贸易的扩大和对产品需求的增长，不仅为欧洲国家的产品提供了广阔的海外市场，而且极大地促进了商品生产的发展。贸易中心由原先的地中海地区扩大到大西洋沿岸，从而形成了具有世界性的国际贸易。

(2)18 世纪 60 年代—19 世纪后半期(自由竞争时期)

18 世纪 60 年代—19 世纪后半期,以英国为首的欧洲资本主义国家相继完成了人类历史上第一次产业革命,它极大地推动了国际分工的进程,国际贸易活动空前高涨。由于大机器的使用,英国等欧洲资本主义国家的生产能力和规模迅速扩大,生产出来的大批产品很快使国内市场饱和。为了寻找新的销售市场,他们将剩余的产品运销到其他国家,尤其是落后的国家和地区,与此同时,工业生产的扩大使这些国家对原料的需求猛增,不得不向国外掠夺廉价的原料来源。据有关资料记载,在 19 世纪中叶,英国有一半以上的工业品销往国外,而所用原料的大部分又需由国外提供。总之,随着大机器工业的建立,国际工农业分工的格局已经初步形成。这一时期因分工引起的商品交换范围已不再局限于贵族和商人阶级的奢侈品和少数日用品,而扩大到包括小麦、棉花、羊毛、咖啡、铜、木材等大宗产品。

(3)19 世纪末—20 世纪初(垄断资本主义时期)

19 世纪末—20 世纪初,资本主义进入垄断时期。以电力和内燃机的发明和使用为标志的第二次产业革命再次推动了欧美各国的工业生产,国际工农业分工体系最终形成。国际贸易再次呈现出持续而全面的发展势头,世界各国之间的经济依赖关系空前加强。贸易商品的种类进一步扩大,在初级产品交易继续增强的同时,制成品交易的比重也不断提高。随着统一的世界市场的形成和世界货币的使用,国际贸易日渐大宗化和经常化。由于国际分工的深入发展,这一时期世界各国之间的相互依赖性得到进一步提高。一方面,几乎所有的国家都在面向世界市场而生产产品出口;另一方面,也几乎所有的国家都需要向别国进口本国不能或不愿生产的产品。

(三)当代国际贸易的发展

第二次世界大战后,国际贸易进入了全新的繁荣发展时期。

由于新的科技革命和跨国公司的空前扩张,国际分工的形式和内容都发生了巨大的变化。传统的国际分工是少数发达国家生产工业品,而广大发展中国家只生产农矿产品;而新的国际分工不是建立在自然禀赋的丰盛基础上的,而是建立在科技发展和生产要素国际移动的产业结构(包括部门结构、产品结构)基础上的,是建立在大规模、高度专业化和广泛协作化基础上的。战后,以电子、化学、生物和航空航天等新技术为基础的各种新型工业部门的建立和迅速发展,使工业部门类别不断增加。工业部门内部分工的趋势也不断增强。如一些国家根据自身的技术特点或资源优势有选择地对某种产品的零件、部件实行专业化生产,经交换后再组装成最终产品;或者对某种产品的生产工艺过程进行分工协作。劳务部门在国际分工中的重要性不断提高。在新的科技革命的影响下,许多国家的第三产业迅速发展,商品零售、运输、保险、金融服务、旅游开发等新型的行业和部门不断涌现。这些部门在满足本国消费需要的同时,也逐步走向国外,加入到国际分工的行列之中。无论发达国家还是发展中国家,在继续进行传统的国际工农业分工的同时,根据自身的资源优势和技术条件积极与不同发展水平的国家开展了不同层次、不同环节的国际工业分工。“水平型分工”已取代传统的“垂直型分工”而占据主导地位。受其影响,战后的国际贸易呈现出一系列新的特点。

(1)国际贸易规模持续扩大。据统计,世界出口贸易额从 1950 年的 607 亿美元增长到 2000 年的 62000 亿美元,增长了 101 倍。而且,世界贸易增长速度超过同期世界生产的增长速度。

(2)国际贸易方式的多样化。战后，除了传统的国际贸易方式，如包销、代理、寄售、招标、拍卖、展卖等方式外，又出现了一些新的贸易方式。如，补偿贸易、加工装配贸易、对等贸易和租赁贸易等。这些新型国际贸易方式的发展，不仅扩大了国际贸易的范围，而且增加了国际贸易的深度，使经济发达国家和经济落后的发展中国家，都能借助不同的贸易方式加入到国际分工体系和国际贸易合作的阵营中来。

(3)贸易产品结构发生重大变化，各种无形商品的贸易迅猛增加。在世界商品贸易总额中，工业制成品和半制成品的比重已超过初级产品，成为国际贸易的主要产品。与此同时，无形商品的国际贸易不断增长，据统计，当前国际劳务贸易额已占到整个国际贸易额的20%左右。

(4)跨国公司迅速发展。跨国公司成为国际贸易的主要当事人。由跨国公司所引发的公司内贸易和公司外贸易在世界贸易中所占的比重相当大，仅跨国公司的公司外销售额就相当于世界出口总额的70%，而国际技术贸易更是75%以上属于与跨国公司有关的技术转让。因此，跨国公司的发展是战后国际贸易迅速增长的重要原因之一。

(5)国际贸易政策的协调大大增强，关税与贸易总协定的产生和世界贸易组织的成立对国际贸易发展作出了重要贡献。

知识训练

一、名词解释

国际贸易	对外贸易	总贸易	专门贸易
对外贸易值	国际贸易额	贸易量	直接贸易
转口贸易	对外贸易商品结构	国际贸易商品结构	
对外贸易地理方向	国际贸易地理方向	对外贸易依存度	

二、判断题

1. 生产力的发展和社会分工的扩大是对外贸易产生和发展的基础。（　）
2. 对外贸易产生于封建社会末期。（　）
3. 对外贸易为资本主义生产方式的形成创造了条件。（　）
4. 在资本主义垄断时期，竞争不复存在。（　）
5. 国际贸易是各国经济活动相互传递的重要渠道。（　）
6. 国际贸易值是以货币表示的，而国际贸易量是以数量表示的。（　）
7. 服务贸易不显示在海关的贸易统计上，但它是国际收支的组成部分。（　）
8. 转口贸易可以直接运送，也可以是间接运送。（　）
9. 净出口是指一定时期内一国的出口值大于进口值。（　）
10. 一国的贸易顺差表明该国处于有利的贸易地位。因此，贸易顺差越多越好。（　）

三、简答

1. 对外贸易对世界各国对外经济关系的作用？
2. 分析当代国际贸易发展的新特点。

四、计算

1.根据下面的资料，将学生分组，计算2002—2006年，中国入世后5个年度的外贸依存度、出口依存度和进口依存度。

2002年，我国GDP为120332.7亿元，当年进出口总额为6207.9亿美元，其中出口3255.7亿美元，进口2952.2亿美元，当年人民币汇率中间价为100美元＝827.70元人民币；

2003年，我国GDP为135822.8亿元，当年进出口总额为8512.1亿美元，其中出口4383.7亿美元，进口4128.4亿美元，当年人民币汇率中间价为100美元＝827.70元人民币；

2004年，我国GDP为159878.3亿元，当年进出口总额为11547.9亿美元，其中出口5933.7亿美元，进口5614.2亿美元，当年人民币汇率中间价为100美元＝827.68元人民币；

2005年，我国GDP为183867.9亿元，当年进出口总额为14221.2亿美元，其中出口7620亿美元，进口6601.2亿美元，当年人民币汇率中间价为100美元＝819.17元人民币；

2006年，我国GDP为210871.0亿元，当年进出口总额为17606.8亿美元，其中出口9690.7亿美元，进口7916.1亿美元，当年人民币汇率中间价为100美元＝797.18元人民币。

2.如果以1995年为基期(1995年出口单位价格为100)，1996年和1997年我国的出口价格指数分别为101.5和122.8，同期出口额分别为1510.7亿美元和1827亿美元。试计算贸易量，并判断我国1997年相对于1996年的出口实际规模是扩大了，还是缩小了？

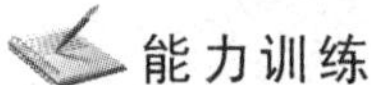能力训练

2001年度我国对外贸易发展状况

国家统计局公布的2001年国民经济和社会发展统计公报显示，该年度我国GDP达95933亿元，按可比价格计算，比上年增长7.3%。在对外贸易方面，由于国家采取了包括提高出口退税率在内的一系列鼓励出口的政策，加上亚洲金融危机国家和地区经济的逐步复苏，我国外贸出口转降为升。全年进出口总额达5098亿美元，比上年增长7.5%。其中，出口总额2662亿美元，比上年增长6.8%；进口总额2436亿美元，比上年增长8.2%。在全年出口中，一般贸易出口达1119亿美元，增长6.4%，占出口总额的42%。出口产业结构有所调整，机电产品出口保持快速增长，出口1188亿美元，增长12.8%，占出口总额的比重由上年的42.3%上升到44.6%。从出口地区看，全年对美国出口543亿美元，比上年增长7.9%；对香港地区出口465亿美元，增长4.6%；对日本出口450亿美元，增长7.9%；对欧盟出口409亿美元，增长7.1%；对东盟出口184亿美元，增长6%；对韩国出口125亿美元，增长10.9%；对俄罗斯出口27亿美元，增长21.4%；对非洲出口60亿美元，增长19.1%；对拉丁美洲出口82亿美元，增长14.6%。

外商直接投资上升。全年批准外商投资项目26139个，比上年增长16%；合同外资金额692亿美元，增长10.4%；外商直接投资实际到位资金468亿美元，增长14.9%。

国际经济合作业务继续保持增长。全年完成营业额121亿美元，比上年增长7.2%；新

签合同额 165 亿美元,增长 10.1%。

要求根据上述资料,结合所学内容,对我国 2001 年的对外贸易发展概况作简要分析。分析的内容可参考以下提示:

1. 对外贸易额与贸易差额;
2. 有形贸易与无形贸易;
3. 对外贸易商品结构;
4. 对外贸易地理方向;
5. 对外贸易系数。

第二章　国际贸易分工与国际贸易理论

学习目标

通过本章的学习，理解国际分工与世界市场对国际贸易产生和发展的影响；掌握国际贸易传统基本理论；了解最新的国际贸易理论发展趋势。

第一节　国际分工与世界市场

一、国际分工的发展历程

国际分工是国际贸易和世界市场的基础。没有国际分工就没有国际贸易和世界市场，国际贸易和世界市场是随着国际分工的发展而发展的。当然，国际贸易的发展，世界经济的形成和扩大，对国际分工的发展也起着有力的推动作用。

(一)国际分工的含义

分工指劳动分工，即各种社会劳动的划分，它是人们在进行生产的过程中形成的，是人类社会生产的基本形式。国际分工是世界上各国(或地区)逐渐的劳动分工，它是社会分工向国际范围扩展的结果。当社会生产力发展到一定水平，一国经济的内部分工就会超越国家界限，形成国际分工。

(二)国际分工的形成和发展

国际分工的形成和发展经历了漫长的历史过程。从根本上说，社会生产力的发展，国际分工的出现和壮大，是促进国际贸易发展的根本动力。综观国际分工的发展历程，其可以分为萌芽、形成、发展和深化四个阶段。

1. 国际分工的萌芽阶段

15 世纪末到 16 世纪初的地理大发现不仅促进了西欧国家的个体手工业向工场手工业生产过渡，而且也为近代的国际分工提供了地理条件，在一定程度上推动了世界市场的形成和发展，标志着国际分工进入了萌芽阶段。

在这个时期，西欧各国推行殖民政策，用暴力手段和超经济的强制手段，在拉丁美洲、亚洲和非洲进行掠夺。他们开矿山，建立种植园，发展以奴隶劳动为基础的、为世界市场而生产的农场主制度，建立了早期的国际专业化生产和最初形式的分工——即宗主国和殖民地之间的特殊分工。

2.国际分工的形成阶段

第一次产业革命标志着国际分工形成阶段的开始。从18世纪60年代末开始到19世纪60年代完成，资本主义生产从工场手工业过渡到大机器工业。大机器工业促进了社会分工的空前发展，并推动了社会分工向国际化大规模的转变，从而使大机器工业为基础的国际分工形成。

这一时期的国际分工形式基本是以英国为中心的宗主国和殖民地之间的分工。英国最早完成工业革命，成为当时工业最发达的国家和世界工业中心，号称“世界工厂”。这种国际分工实质上是一种资本主义宗主国对殖民地、半殖民地国家和地区进行残酷侵略和剥削的不平等国际分工。比如，当时印度成为英国生产棉花、羊毛、亚麻、黄麻和蓝靛的地方，而澳大利亚成为英国的羊毛殖民地。

3.国际分工的发展阶段

19世纪末到20世纪初的第二次工业革命是国际分工的发展阶段。这一时期，垄断代替了自由竞争，资本输出成为世界主要经济特征之一，世界生产力继续增长，国际分工开始向纵深发展，形成门类较为齐全的国际分工体系。

一方面，宗主国和殖民地国家之间的垂直型分工继续发展；另一方面，工业国之间的水平型分工开始形成。这两种分工在当时世界上都占据着重要的地位。国际分工的中心也从英国一国开始向更多国家转移，例如，工业生产主要集中于欧洲和北美，而食品和原料的生产则集中在人口众多的亚非拉国家；即使同样在工业化国家，英国侧重材料工业的钢铁生产，法国侧重发展化学工业，芬兰主要进行木材加工，而挪威则着重于开发铝的专业化生产。

4.国际分工的深化阶段

二战后的第三次科技革命，世界生产力和生产关系发生了重大变化，当代国际分工在新形势下的发展也具有一些新的特征。

首先，战后的科技创新和经济迅速发展改变了原来以自然资源为基础的国际分工格局，代之以现代科学技术作为国际分工的基础，工业国之间的国际分工逐步占据了国际分工中的主导地位，经济集团成员之间的分工也随着区域经济一体化进程的加快而加强。其次，国际分工乃至国际贸易的形式发生了改变，国际贸易从一般商品贸易扩展到服务贸易和技术贸易的领域，而国际分工也从商品生产部门发展到劳务部门，甚至是部门内部的分工。最后，发达国家与发展中国家在国际分工中的地位逐步调整，同时出现了高精工业与一般工业、资本密集与劳动密集产品的分工，发达国家在国际分工与贸易利益方面占据着有利地位，发展中国家的地位也随着它们实力的增长有逐步改善的趋势。

二、影响国际分工发展的因素

国际分工的发展受到经济以及自然因素的影响，主要包括社会生产力、自然条件、各国在国际分工中的地位和政策等。

(一)社会生产力是国际分工形成和发展的决定性因素

生产力的增长是一切社会分工发展的前提条件，而社会分工与国际分工都是生产力发展的结果。生产力的发展对国际分工的决定性作用首先突出表现在科技进步的重要作用上，科技进步所带来的先进机器设备的运用、生产过程和劳动过程的改进，不仅推动了生产规模的扩大和能力的提高，而且加强了生产专业化的趋势，使社会分工和国际分工发生相应的变革。当今科学技术的发展，微电子技术、生物工程、光纤通信技术和海洋技术等的发明应用，使国际分工的发展继续向深一步推进。

各国生产力水平决定其在国际分工中的地位。从历史上看，英国最早完成了产业革命，生产力得到巨大发展，在国际分工中占据主导地位。随着欧美其他国家相继完成了工业革命，生产力的迅速发展也使它们与英国一起成为国际分工的中心。同时，生产力水平还可以决定一国的经济结构和在国际分工中可以利用的方式。

(二)自然条件对国际分工具有重要影响

自然条件是一切经济活动的基础，也是国际分工形成和发展的基础。没有一定的自然条件，进行任何经济活动都是困难的，甚至是不可能的：矿产品只能在拥有矿藏的国家生产和出口，可可只能在热带地区种植，当代大型港口和其他运输中心则与该地区的地理位置关系密切。随着人类社会的发展和科技的进步，自然因素在生产过程与国际分工中的影响在逐步降低，但还不可能完全被代替。

(三)人口、劳动规模和市场制约着国际分工的发展

人口的多寡直接影响劳动力的供给，从而影响国际分工；人口分布的不平衡，使分工和贸易成为必要，人口稠密的国家可以通过发展劳动密集型产品和别国产品进行交换，而人口稀少、自然资源或资本相对丰富的国家则可以发展资本密集型产品与前一类国家进行产品交换。

劳动规模或生产规模也制约着国际分工。无论何种劳动，一旦大规模地进行，就有必要分工。当生产规模大到一家厂商无力单独承担研究开发和生产费用的程度，就必然走向国际分工与协作的道路，而且，劳动规模或生产规模越大，分工就越细致。

国际分工的实现和发展还受制于市场的大小。市场规模对国际分工的深化、国际贸易的发展以及世界市场的形成发展都起着强有力的推动作用。在一个国家和地区，市场规模越大，该国参与国际分工的可能性就越大，实现国际分工的程度也就越高。

(四)资本输出与资本流动是国际分工深入发展的重要条件

资本输出是国际分工形成和发展的重要条件之一。19世纪末以来，资本输出已经成为重要的世界经济现象。二战后，跨国公司的兴起使资本输出规模空前扩大。此外，发展中国家和社会主义国家积极引进外资，发展经济，使资本流动在国际间不断加强，对国际分工的深入发展起了重要作用。

(五)国际生产关系决定了国际分工的性质

国际生产关系是社会生产关系超出民族和国家界限发展的结果。国际分工总是和一定的国际生产关系联系在一起的，哪里有国际分工的联系，哪里有世界市场的联系，哪里就有国际生产关系。国际分工的性质正是由国际生产关系的性质决定的。

在当代国际生产关系中，占支配地位的是资本主义生产关系，它使当代国际分工具有资本主义性质，造成发达国家与发展中国家之间的控制与被控制、剥削与被剥削、掠夺与被掠夺的不平等关系，这在一定程度上阻碍了世界生产力的进步。

(六)上层建筑可以推进或延缓国际分工的形成和发展

上层建筑主要是指具有能动作用的政府、军队和各种组织机构，它们对国际分工有

重要的影响。在早期的国际分工中，欧洲殖民主义国家主要通过殖民统治，强迫被征服者接受不平等的条件，沦为它们的原料产地和商品销售市场，形成有利于殖民主义国家的国际分工。二战后，随着一些国际经济组织尤其关税总协定的成立，它们运用超国家的政治经济权力，调节经济贸易政策，以及多次关税和非关税减让谈判，都有助于国际分工的发展。当然有的国家通过歧视性的贸易保护政策来削弱和打击贸易对象，试图人为地改变国际分工的格局。

三、世界市场的发展和构成

世界市场是在整个世界范围内通过对外贸易联系起来的各国商品流通领域的总和，是在国内市场的基础上发展起来的，是资本主义生产方式的历史产物。

(一)世界市场的形成

世界市场是随着地理大发现而萌芽，随着第一次工业革命的发展迅速发展，随着第二次工业革命的进展而最终形成的。

1. 世界市场的萌芽时期

15 世纪末和 16 世纪初的地理大发现促进了西欧各国经济的发展。马克思和恩格斯指出，“美洲的发现，绕过非洲的航行，给新兴的资产阶级开辟了新的活动场所。东印度和中国的市场、美洲的殖民化、对殖民地的贸易、交换手段和一般商品的增加，使商业、航海业和工业空前高涨”。当时的生产力发展受到工场手工业生产的限制，缺乏大量的商品和便捷的交通工具，因此世界市场还只处于萌芽状态。

2. 世界市场的迅速发展阶段

18 世纪 60 年代到 19 世纪 70 年代，资本主义第一次产业革命使资本主义生产方式成为世界占统治地位的生产方式，世界市场进入了迅速发展的时代。大机器工业对世界市场的形成和发展起了决定性作用，因为大工业需要不断扩大市场，包括产品销售市场、原料与食品供应市场和提供劳动力的劳动市场，而国内市场规模的有限性和大量生产的无限可能性使大工业经常要超越已有的市场范围，到国外去寻找新市场。这样，资本主义大工业便把它的产品销售市场和原料、视频乃至劳动力的来源地都卷入到世界市场上来了。

随着 19 世纪末 20 世纪初世界市场最终形成，各个国家、各个民族的孤立和闭关自守的性质逐步消失了，商品货币关系有了广泛的发展，世界各国之间的经济联系增强了，封闭的、自给自足的自然经济被开放的世界经济所取代。世界市场是在国际分工和国际贸易不断发展和深化的过程中，逐渐形成和发展起来的，其发达程度取决于参与国际交换的国家数量、商品总额、各国经济发展水平以及国际分工的广度和深度。

(二)世界市场的构成

第二次世界大战结束后，随着生产国际化和专业化程度的提高，国际经济贸易关系得到进一步发展，世界市场继续扩大和发展，世界市场构成日益复杂。

1. 国家构成

二战前，世界市场的国家构成较为单一，并由少数资本主义国家主宰世界市场。二战后，殖民体系瓦解，大批亚洲、非洲、拉丁美洲的发展中国家以独立主权国家的身份参加了世界市场的活动。因此，二战后的世界市场是一个由各种经济类型的国家组成的既统一又对立的复合体,发达的市场经济国家、东欧国家、亚洲社会主义国家、发展中国家和地区在统一的世界市场上并存,相互依赖,又相互矛盾。

2.订约人构成

世界市场的订约人既有以追求商业利润为目的而进行经济活动的企业,也有为促进私营企业扩大出口而建立并代表企业家利益的企业主联合会,还有经政府授权进行外贸活动的国家机关(政府各部和各主管部门)和机构。活动目的和性质不相同的三类订约人在世界市场组成国家间商品和服务交换的主体。

3.商品构成

当代世界市场上的商品包括有形商品和无形商品。二战后,在第三次科技革命的推动和其他因素作用下,世界工农业生产有了较大增长,世界经济中有形商品贸易随之迅速增长。由于制造业的发展,国际分工的分化和发达国家推行农业保护政策,加之技术进步使原材料利用率提高,世界市场工业制成品所占比重不断上升,初级产品所占比重不断下降,有形商品构成的这种变化趋势将随着知识经济时代世界范围内产业结构的智能化、高级化不断增强。

随着有形商品贸易的迅速增长和各种生产要素在各国之间流动的不断增长,无形商品贸易贸易迅速发展。在未来的世界市场上,与高技术适应的新型服务贸易项目的发展将超过传统的服务项目,高级人才、高素质的劳务人员的跨国流动将越来越成为主流。

4.商品市场构成

从世界市场的特征看,在二战后既有以自由竞争为特征的开放性市场,也有买方与卖方由组织上联系、受垄断组织控制的封闭性市场,还有以商业一次性合同为基础的市场。同时,还有以国际专业、协作化及长期的大规模联系为基础的市场,以及以区域经济一体化为模式、以经济集团为基础的市场。

从世界商品市场的组织形式看,既有固定组织形式的国际商品市场,也有无固定组织形式的国际商品市场。前者主要包括商品交易所、国际商品拍卖中心、国际博览会和展览会以及国际贸易中心等,一般均在固定场所按事先规定的原则和规章进行商品交易;后者通过单纯的商品购销或与补偿贸易、加工贸易、招标投标、租赁贸易等相结合的商品购销形式进行国际商品交易。

5.商品销售渠道构成

商品销售渠道是指商品从生产者到消费者手中所经过的路线。世界市场上的销售渠道通常由三部分构成:出口的销售渠道——包括生产企业或贸易企业;出口国和进口国之间的销售渠道——包括贸易双方的中间商;进口国国内的销售渠道——包括经销商、批发商和零售商。随着网络的发展及其在国际贸易中日益广泛的使用,直接贸易成为贸易的主要方式,销售渠道中的中间商也随之而减少。

6.运输网络构成

世界市场上的运输网络是由铁路运输网、公路运输网、水上运输网和管道运输网等组成的。二战后,国际贸易货物运输中的水上运输占了第一位,铁路运输占第二位,可见,这两种运输方式尤为重要。

7.信息网络构成

信息网络是世界市场的中枢。它由国际电话网、大众交流工具(印刷品、电话、电报、电传、电视和广播等)、通信卫星系统以及计算机互联网组成。随着世界市场信息网络手段不断多样化和现代化,信息网络机构不断增加和专业化,信息系统也日益国际化。

第二节　西方传统国际贸易理论

西方最早产生的国际贸易理论是重商主义对外贸易学说。后来从重商主义对外贸易学说中分离出来两大国际贸易理论流派:一派是西方传统的国际贸易理论,也称为自由贸易理论;另一派是西方传统贸易理论的反对派,也称为保护贸易理论。

西方传统贸易理论的两大代表人物是亚当·斯密和大卫·李嘉图。这种理论认为国际贸易能够在世界范围内使资源达到最佳配置,给参与国际分工和贸易的各国带来利益,从而促进它们的经济发展。后来赫克歇尔和俄林从要素禀赋的角度对国际分工的条件加以解释。

一、绝对成本理论

亚当·斯密(Adam Smith, 1723—1790)是英国著名的古典经济学家,在他的代表作《国民财富的性质与原因的研究》(简称《国富论》)一书中,有力论证了自由贸易进行的合理性和可行性,被人们称为现代经济学的奠基人,《国富论》也被世人誉为经济学的“圣经”。

知识链接

制造针需要18个操作步骤,在没有进行分工的情况下,工人可以独立生产,无论是谁,一天生产针的量是20枚;进行分工后,每个工人只操作自己最为擅长的步骤,平均每人每天可以制造4800枚针,每个工人的劳动生产率提高了几千倍。

(一)绝对成本理论的基本内容

亚当·斯密的绝对成本理论,是建立在他的劳动分工和国际分工学说基础上的。他认为国际贸易的基础是各国生产率之间的绝对差别。一国之所以进口另一国的商品,是因为该国在这种商品上耗费的劳动要多于其贸易国;或者说,该国在这种商品的生产上具有绝对劣势,其贸易国在这种商品上具有绝对优势。同样,一国向他国出口的商品,是由于该国在这种商品生产上耗费的劳动比贸易国少,即具有生产这种商品的绝对优势,或者绝对成本低于贸易国。如果每个国家都生产自己具有绝对优势的产品,然后相互交换,那么交换双方都能从交换中得到利益,从而整个世界都从这种贸易中获益。

斯密以制针业中手工工厂的例子说明分工可以提高劳动生产率,他认为当时在没有分工的情况下,一个粗工每天甚至连一枚针都制造不出来;而在分工的情况下,每天能生产4800枚针,每个工人的劳动生产率提高了几千倍。他认为:“在每个私人家庭中的精明行为,在一个大国里这样处事,也不会是愚蠢的。如果外国供应的商品比我们自己生产这些商品要便宜一些，那么我们最好用自己具有优势的产业生产的部分产品去购买外国产品。”

(二)绝对成本理论的基本假设

斯密的绝对成本理论是建立在以下一些假设基础之上的：

(1)世界上只有两个国家，各自只能生产两种产品，即 2×2 模型；

(2)劳动是构成生产成本的唯一要素；

(3)生产要素在两国之间不能流动，但在一国范围内可以自由流动；

(4)两国资源都已得到充分利用，一个国家某个部门资源增加意味着另一个部门资源的减少；

(5)当资源从一个部门转移到另一个部门时，机会成本不变；

(6)商品可以在两国间自由流动，没有运输或其他贸易成本；

(7)生产和交换完全自由竞争。

(三)绝对成本理论的数学分析

为了定量分析上述理论，斯密假定英国和葡萄牙同时可以生产毛呢和葡萄酒。由于自然资源和生产技术条件不同，两国生产同样数量的毛呢和葡萄酒所花费的生产成本——即劳动时间不同。生产 1 单位毛呢和 1 单位酒，英国各需要 70 和 120 个劳动单位，葡萄牙各需要 110 和 80 个劳动单位(见表 2-1)。

表 2-1　英国和葡萄牙的绝对成本差异

国家		酒产量(单位)	所需劳动人数(人/年)	毛呢产量(单位)	所需劳动人数(人/年)
英　国	分工前	1	120	1	70
葡萄牙		1	80	1	110
	合　计	2	200	2	180
英　国	分工后			2.7	190
葡萄牙		2.375	190		
	合　计	2.375	190	2.7	190
英　国	国际交换	1		1.7	
葡萄牙		1.375		1	

由表 2-1 可见，生产同样数量的毛呢，英国的生产成本比葡萄牙低，处于绝对优势；而生产同样数量的葡萄酒，葡萄牙的生产成本比英国低，处于绝对优势。按照绝对成本理论，各国应根据自己最有利的生产条件进行专业化生产，生产出生产成本比别国低的产品，然后进行国际交换，就能保证双方都能得到贸易利益。上述例子恰恰说明这一点：在进行国际分工和交换后，英国和葡萄牙都得到了比分工前更多的产品，从而提高了劳动生产率和人们的消费水平。

(四)对绝对成本理论的评价

斯密的绝对成本理论在历史上首次阐明了国际贸易可以使贸易双方都得益的正和博弈的观点，从而为国际贸易的实践提供了理论依据，在国际贸易学说中具有划时代的意义。这种学说认识到，商品和劳务才是财富，从而克服了重商主义认为国际贸易只是对单方面有利的观点，并首次将研究对象从流动领域转到生产领域，为自由贸易和生产力的发展作出了积极贡献。

但是，这种学说本身的缺陷也是显而易见的。它表明国际贸易只有在具有绝对成本优势的经济发展水平相近的国家之间进行，而不能发生在生产力发展水平差异巨大的欠发达国家与发达国家之间。因此，绝对成本理论所阐明的国际贸易利益缺乏普遍性，这种缺陷被后来李嘉图的比较成本理论所克服。

二、比较成本理论

如前所述，斯密的绝对成本理论有一个暗含的假设，就是贸易双方各自有自己具有绝对优势的产品，那么对于几乎所有产品都处于绝对优势的发达国家和几乎所有产品都处于绝对劣势的发展中国家之间的贸易，双方还有进行贸易以及分享贸易利益的可能吗？

英国古典经济学家大卫·李嘉图(David Ricardo，1772—1823)在绝对成本理论的基础上，提出了比较成本理论，并在其1817年出版的代表性著作《政治经济学及税赋原理》中，第一次系统地论证了国际贸易分工的基础不局限于绝对成本差异。

知识链接

甲、乙两个人都可以生产鞋和帽，其中甲在生产两种产品的效率上都要优于乙，不过制帽的效率高出20%，制鞋的效率高出40%，那么甲应该专门生产鞋，乙专门生产帽，这样对于双方都是有利的。想想为什么？

(一)比较成本理论的基本内容

根据斯密的观点，国际分工应按地域、自然条件及绝对的成本差异进行，即一个国家输出的商品一定是生产上具有绝对优势、生产成本绝对低于其他国家的商品。李嘉图则认为，国际贸易的基础不一定是绝对成本的差别，一国只要在某种商品的生产上拥有相对低的比较成本，就能根据“两利取其重，两害取其轻”的原则，专门生产具有比较优势的产品，进口具有比较劣势的产品，从而参加贸易各国获得贸易利益。

李嘉图认为，按照比较成本理论进行国际分工，可以使劳动配置更合理，增加生产总量，其前提是完全自由贸易。他说：“在商业完全自由的制度下，各国都必然把它的资本和劳动用在最有利于本国的用途上，这种个体利益的追求很好地和整体的普遍幸福结合在一起。由于鼓励勤勉、奖励智巧并最有效地利用自然所赋予的各种特殊力量，它使劳动得到最有效和最经济的分配；同时，由于增加生产总额，它使人们都得到好处，并以利害关系和互相交往的共同纽带把文明世界各民族结合成一个统一的社会。”

(二)比较成本理论的基本假设

李嘉图在阐述比较成本理论时，将复杂的经济情况进行了简化，包括下面一些基本的假设：

(1)只考虑两个国家、两种产品；

(2)以英国、葡萄牙两国的正式劳动成本差异为基础，并假定所有的劳动都是同质的；

(3)单位产品生产成本不因产量的增加而变化，即规模报酬不变；

(4)运输费用为零；

(5)包括劳动在内的生产要素的使用是充分的，而且它们在国内完全自由流动，但在国家之间不能流动；

(6)生产要素能自由进出任何市场，产品市场也是完全竞争的市场；

(7)收入分配不因分工和自由贸易而发生变化；

(8)贸易是按物物交换的方式进行，而不是以货币作为媒介而进行的；

(9)不存在技术进步，国际经济是静态的。

(三)比较成本理论的数学分析

为了证明上述观点，李嘉图同样引用了斯密采用的例子，但对其中的条件做了一些变化(见表 2-2)。

表 2-2　英国和葡萄牙的比较成本差异

国　家		酒产量（单位）	所需劳动人数（人/年）	毛呢产量（单位）	所需劳动人数（人/年）
英　国	分工前	1	120	1	100
葡萄牙	分工前	1	80	1	90
	合　计	2	200	2	190
英　国	分工后			2.2	220
葡萄牙	分工后	2.125	170		
	合　计	2.125	170	2.2	220
英　国	国际交换	1		1.2	
葡萄牙	国际交换	1.125		1	

由表 2-2 可见，英国在毛呢与葡萄酒的生产成本上都具有绝对劣势，而葡萄牙在这两种产品的生产成本上都具有绝对优势，如果按照斯密的绝对成本理论，英国和葡萄牙之间是不会发生国际分工与交换的。

李嘉图则认为，即使在这种情况下，两国仍然能够进行国际分工和贸易，并从中得益。他指出，英国虽然都处于绝对不利地位，但应取其不利较小的毛呢生产，葡萄牙虽都处于绝对有利地位，但应取其有利较大的葡萄酒生产。按照这种原则进行国际分工，两国产量都会增加，通过国际贸易，两国都会得利。从表 2-2 中可见，分工后投入的劳动人数虽没有改变，但酒的产量从 2 单位增加到 2.125 单位，毛呢从 2 单位增加到 2.2 单位。如果英国以 1 单位的毛呢交换葡萄牙 1 单位酒，则两国都从这种国际分工和贸易中获得了利益。

(四)对比较成本理论的评价

李嘉图的比较成本理论克服了绝对成本理论的缺陷，阐明了国际贸易的互利性和普遍适用性，即任何国家都能从国际贸易中获得利益，从而成为“分析巨大贸易利益来源的基本方法”，奠定了自由贸易的理论基础，同时也对当时国际贸易的发展和生产力的发展起到了推动作用。

但是，比较成本理论也存在较大的缺陷与不足。从其假设条件可以看出，比较成本理论将劳动作为唯一的生产要素，且所有的劳动被认为是同质的，这明显是片面的，与事实情况不符；同时李嘉图的比较成本理论是通过静态的、短期的分析得出的，未能反映各国比较优势产生的根源以及技术变化对国际贸易的深远影响；落后国家的国际贸易收益虽然在数学分析中是成立的，但实际上其在国际贸易中受到的不等价交换倾向没有得到反映。

三、要素禀赋论

要素禀赋论是由瑞典经济学家赫克歇尔在他的论文《对外贸易对收入分配的影响》中初步提出来的。他的学生俄林则接受并发展了这一理论，并在 1933 年出版了《区域贸易与国际贸易》一书，全面而清晰地诠释了这种思想，成为现代国际贸易理论的开端和核心。要素禀赋论在一定程度上是对比较成本理论的补充，对之前国际贸易理论中未涉及的内容，如要素禀赋、供求和规模经济进行了探讨。

（一）要素禀赋论的基本内容

俄林认为国际贸易是在国家（地区）之间展开的，而国家（地区）的划分标准是生产要素禀赋。所谓生产要素禀赋，是指生产要素在一国国家（地区）的天然供给情况。俄林所说的生产要素是指劳动、资本和土地三大类，每一种生产要素又可以细分。由于俄林将国际贸易种国际竞争力的差异归于生产要素禀赋的国际差异，故人们称之为要素禀赋论；俄林将所建立的模型称为“H-O 模型”，因此这个理论也被称为 H-O 原理或赫—俄模式。

要素禀赋论认为，一国的比较优势产品是以自己相对丰裕的生产要素生产的产品，所以各国应根据本国要素禀赋的状况，生产并出口以本国丰裕的生产要素生产的产品，进口以本国稀缺要素生产的产品。简单地说，劳动力丰富的国家生产并出口劳动密集型产品，进口资本密集型产品；而资本丰富的国家生产并出口资本密集型产品，进口劳动密集型产品。

上述结论是基于这样一个推理：各国相同商品之间的价格差异是国际贸易产生的直接原因，商品价格的差异是由生产成本的差异决定的；而成本的差异是由生产要素的价格差异决定的；要素价格的差异则是由要素的供求关系决定的，其中要素的供给是由各国的要素禀赋决定的。由此可以知道，一国只要拥有丰富的生产要素，就会导致该国在用这种生产要素生产的商品上拥有价格优势，从而直接导致国际贸易的产生。

（二）要素禀赋论的基本假设

要素禀赋论成立的基本假设包括下面几种：

（1）假定只有两个国家、两种产品及两种生产要素（即资本和劳动），且同种要素、同种产品之间没有质的差别，即 2×2×2 模型；

（2）各国的生产技术水平相同；

（3）货物流通中的一切限制都不存在；

（4）两种生产要素在生产中可以完全替代；

（5）两国的商品市场、要素市场都是完全竞争市场；

（6）要素在一国范围内可以自由流动，在两国之间完全不能流动；

(7)不存在规模经济。

(三)对要素禀赋论的评价

要素禀赋论与古典贸易理论相比,在各国参与分工,进行国际贸易的依据上,更为深入和全面,也更接近于实际。该理论是在比较成本的基础上发展和深化得来的,认为仅一种要素(劳动)无法进行生产,至少应为两种要素(资本和劳动)。另外,要素禀赋论具有很强的现实意义,例如,国家间相同商品相对价格的差异是国际贸易产生的直接原因。一国某种生产要素丰富,该生产要素的价格就低廉,生产并出口该要素密集的产品就具有比较优势;反之亦然。这些观点提醒我们,如果不从本国实际要素禀赋情况出发,不切实际地追求所谓高附加值产品的出口规模,有时反而会损害贸易利益。

但是,要素禀赋论也有明显的局限性。该理论所依据的一系列假设条件都是静态的,忽略了技术因素的影响及其他很多实际因素的作用。并且,要素禀赋也远远构不成贸易发生的充分条件,各因素状况也是完全可变的。

(四)里昂惕夫之谜及其解释

1.里昂惕夫之谜的基本内容

要素禀赋论提出后,渐渐为人们所接受,并成为国际贸易理论的主流。二战后,在新科技革命的推动下,世界经济迅猛发展,国际分工也随之深化,国际贸易的商品结构和地区分布等都发生了很大变化,传统的国际贸易理论越来越显得脱离实际,引起了经济学家们对这些理论的质疑。其中,美国著名经济学家华西里·里昂惕夫(Wassily Leontief, 1906—1999)对要素禀赋论进行的实证检验的影响最为深远。

里昂惕夫根据美国1947年的投入—产出表,测算了美国进出口商品的要素含量,验证美国是否像要素禀赋论描述的那样,出口的是资本密集型产品,进口的是劳动密集型产品。其测算结果却表明,美国出口产品的资本—劳动比低于进口产品的资本—劳动比,也就是说,美国参加国际分工是建立在劳动密集型生产专业化基础上,而不是之前预想的资本密集型生产专业化基础上,这种结果完全出乎预料,被称为里昂惕夫之谜。

2.对里昂惕夫之谜的几种解释

里昂惕夫发表其验证结果后,西方经济学界极为震惊,并由此产生了围绕这种"反论"的国际贸易理论,其中以下几个解释比较具有代表性。

(1)要素密集逆转说

这种学说认为,同一种产品在一个国家用资本密集型方式生产,在另一个国家却可能用劳动密集型方式生产。所以,很难断定一种产品是资本密集型还是劳动密集型的。如此一来,里昂惕夫的统计资料中,本来作为资本密集型产品的进口商品,在出口国完全有可能是以劳动密集型方式生产的。这样一来,里昂惕夫之谜也就不存在了。

(2)反向需求说

这种学说假定,美国偏好资本密集型产品,而美国的贸易伙伴偏好劳动密集型产品,从而导致美国资本密集型产品价格的上升,直到美国的比较优势转换为劳动密集型产品的生产;同时美国的贸易伙伴的比较优势由劳动密集型产品转换为资本密集型产品。

这种学说只能在一定程度上解释里昂惕夫之谜,其影响却不能夸大可以完全改变一个国家的资源丰裕程度。

(3)人力资本说

要素禀赋论认为劳动是一种同质的生产要素,实际上这种假设是不现实的。里昂惕夫计量的资本仅包括物质资本,而忽略了人力资本,如果将人力资本考虑进来,可以明显得出美国出口资本密集型产品,进口劳动密集型产品的结论。因为美国的劳动与其贸易伙伴的劳动是不等价的,美国的劳动包含了更多的人力资本——即由于受到良好的教育和培训而获得的更高的劳动能力与劳动生产率。

(4)自然资源说

该理论认为,要素禀赋论只考虑资本和劳动两种生产要素是不全面的。自然资源作为一种重要的生产要素也应加以考虑,在里昂惕夫的统计中,许多被视为资本密集型的进口产品实际上是"自然资源密集型"产品,美国正好在这些自然资源的禀赋上是稀缺的。如果将自然资源密集型产品从资本密集型产品的统计中分离出来,里昂惕夫之谜就可以获得部分解释。

3.对里昂惕夫之谜的简评

里昂惕夫之谜的提出具有重大的理论意义,引发了经济学界对要素禀赋论旷日持久的论战,从而对国际贸易新理论的发展起到一定的推动作用,而且里昂惕夫首次将统计分析方法运用于对贸易理论的检验,对贸易理论的研究方法作出了贡献。

随着科学技术、人力资本等在生产中的作用日益增加,建立在庸俗学派要素理论基础上的要素禀赋论已严重脱离实际。要素禀赋论关于劳动同质、两种生产要素及完全竞争的假设前提受到越来越多的挑战。最后,通过对这些假设的修正,要素禀赋论依然在西方传统国际贸易理论中占据着主导地位。

第三节 国际贸易理论的新发展

20世纪60年代以来,随着科学技术的进步和生产力的不断发展,国际贸易的规模越来越大,国际贸易格局也发生了显著的变化,主要表现在发达国家之间的贸易比重相对增加,而且发达国家之间的贸易又出现了对同类产品既进口又出口的现象,即产业内贸易现象。到20世纪90年代,产业内贸易已经占到了世界贸易总额的60%,它已经取代传统的贸易形式成为发达国家贸易利益的主要来源。对于出现的这些新情况,传统的贸易理论已经很难做出合理的解释,新的贸易理论也就应运而生。先后出现的国际贸易新理论主要有人力资本说、偏好相似说、产业内贸易理论、技术差距理论、产品生命周期理论和规模报酬递增说等,其中人力资本说和偏好相似说在被用来解释里昂惕夫之谜的学说中已做介绍。另外,还出现了新的保护贸易理论,主要包括战略贸易理论和管理贸易理论等。这些理论从不同角度揭示了国际贸易产生的原因,对国际贸易领域中出现的新现象做出了解释,从而大大丰富了国际贸易理论体系。本节将对这些新的理论做简单介绍。

一、产业内贸易理论

美国经济学家格鲁贝尔(1934—)等人在研究共同市场成员之间贸易的增长时,发现发达国家之间的大量贸易是产业内同类产品的贸易。通过对产业内贸易进行研究，解释了产业内同类产品贸易增长的原因及其特征。

(一)产业内贸易理论的进展

产业内贸易理论又称差异化产品理论，是对产业内贸易产生的原因加以解释，即一国同时出口和进口同类产品，国际间进行同产业的产品异样化竞争。比如，美国进口德国产的奔驰轿车，同时德国也进口美国产的别克轿车。产业内贸易理论的发展经历了经验性研究和理论性研究两个阶段。

20 世纪 60 年代以来，产业内贸易的贸易量大大增加，传统的国际贸易模式逐渐改变，产业内的贸易量占全球贸易量的比重日益上升，并逐渐成为国际贸易的主要力量。早在 1978 年，哈沃列利辛和奇范根据 62 个国家的产业内贸易占贸易总额的测算，得出产业内贸易额与人均收入水平是正相关的结论。这一预见已在 20 世纪 90 年代得到了国际贸易实践的证明。现在产业内贸易占全球贸易的比重已经提高到 60%以上，而且 70%的产业内贸易是由发达国家的跨国公司完成的。

(二)对产业内贸易的解释

格鲁贝尔认为，同一产业的产品可以分为同质产品和异质产品，同质产品在价格、品质、效用上基本相同，对于同质产品间的贸易，他认为首先是运输的原因，消费者希望能就近获得供应，于是就会发生就近进口或出口；其次是由于一些产品的季节性特点和各国生产季节的差异，会导致一个国家对这类产品既有进口又有出口。

同类产品的异质性是产业内贸易的重要基础，这种异质性主要表现在商标、牌号、款式、性能、质量、用途、包装、信贷条件、交货时间、售后服务和广告宣传等方面。这种异质产品可以满足不同消费心理、消费欲望和消费层次的消费需求，从而导致不同国家之间产业内贸易的发生。

二、技术差距理论

技术差距理论又称创新与模仿理论，是由美国经济学家波斯纳提出，经格鲁贝尔等人进一步发展而形成的。这种理论认为，各国技术发展情况不一致，技术革新领先的国家就可能享有出口技术密集型产品的比较优势。当一项技术从一个国家传入或扩散到另外一个国家时，会有一个时滞，这个时滞对国际贸易具有重要的影响。正是由于技术传播时的时滞使技术创新国在一定时间内占有这种技术商品的出口优势。但是创新技术会随着专利技术的转让或到期、技术合作及其他技术外溢的形式扩散到他国。当这些技术被他国模仿掌握时，他国即开始自行生产而减少进口，技术创新国也逐渐失去该产品的出口市场，导致国际贸易的规模逐渐缩小。

波斯纳(Michael V. Posner)将技术差距的产生到技术差距引起的国际贸易终止之间的时间间隔称为模仿滞后时期，并将这个时期的一个阶段，即从产品在创新国上市到被他国消费者接受的阶段称为需求时滞——即因为信息的传递、消费习惯的改变等所需要的时间。模仿时滞与需求时滞之差称为净时滞。例如模仿时滞为 10 个月，需求时滞为 3 个月，则净时滞为 7 个月。在这 7 个月里，创新国可向他国出口创新产品：这段时间之前，国际市场对该产品没有需求；这段时间之后，他国已经能自己生产该产品以代替进口。

三、产品生命周期理论

产品生命周期理论是由美国经济学家雷蒙德·弗农(Raymond Vernon，1931—)提出来的，在他 1966 年发表的《产品周期中的国际投资与国际贸易》中，提出了产品生命周期的概念，将周期理论与国际贸易结合起来，从动态的角度对比较优势进行了研究。弗农的这一理论最初是为了解释美国对外贸易的失败。他认为，新产品一般首先出现在美国，这时新产品有两个基本特征：首先它主要是为了满足高收入者的需求，而美国是一个高收入国家；其次它的生产过程是一个节约劳动的过程，因为美国是一个劳动稀缺的国家。技术的变化一般是为了保存稀缺的生产要素。

弗农认为，一个新产品的技术发展大致要经过创新、成熟和标准化三个阶段。

第一阶段是创新阶段。弗农认为新产品最初总是出现在最发达国家，这是因为在发达国家，良好的教育条件与雄厚的科技力量可以充分提供企业创造发明所需的人才资源和科研条件，完备的知识产权保护体系旨在鼓励创造发明；同时，由于新产品具有需求价格弹性较低，收入弹性较高的特点，发达国家的社会要素积累与较高的社会购买力，足以从供给和需求两方面为新产品的生产提供技术与经济上的支持。

第二阶段是成熟阶段。这一阶段，技术已经成熟，产品已经定型，生产规模不断扩大，国外的需求也在增加。这个时期，发达国家在向本国消费者提供这些产品的同时，还将大量出口到对这种产品产生需求的外围国家，或者在国外设分厂生产并销售新产品，或给国外生产者发放生产许可证。

第三阶段是标准化阶段。在这一阶段，生产技术和产品本身都已经标准化，即不仅在发达国家已经普及，而且已扩展到发展中国家，技术本身的重要性已经逐渐消失。同时，新产品的要素密集性已经发生变化，即从知识技术密集型向资本和非熟练劳动要素密集型转变，产品的生产已转移到生产成本较低的外围国家生产。随着生产的外移，发达国家贸易的方向也从原来的出口转变为进口。

上述产品生命周期的三个阶段的特征与贸易流向特点如表 2-3 所示。

表 2-3　产品生命周期与贸易流向

	创新阶段	成熟阶段	标准化阶段
需求	发达国家人均收入高	需求扩散	欠发达国家需求增加
供给	发达国家技术先进	规模经济	资本与非熟练劳动
贸易	无	向外出口	从外进口

产品生命周期理论揭示了在产品生命周期的各个阶段中比较优势的变化，这种变化与实际情况颇相吻合。后来，弗农又对产品生命周期理论进行了修正。随着时代发展，其他发达国家与美国的差距在缩小，新产品的诞生也不再仅限于美国；并且其他国家的收入水平也与美国越来越接近，迎合高收入的需求不再等同于迎合美国的需求。

四、战略贸易理论

20 世纪 80 年代以后，国际贸易格局发生的重大变化引起了经济学家对国际贸易理论的新思考。美国经济学家保罗·克鲁格曼(Paul R. Krugman，1953—)认为，规模经济和不完全竞争才是国际贸易的现实特征。某些产业存在显著的规模经济而且某些产业出现了若干可以控制全球市场的跨国公司；现实的国际市场不是传统国际贸易理论所假设的完全竞争市场。

在一个不完全竞争的市场中，企业的行为必然对产业内其他企业造成影响，从而影响各个企业间的利益分配，那么，企业在决定其行动方案时，都会将其他厂商的反应考虑在内，这种考虑了竞争对手的行动方案称之为博弈。战略贸易理论将博弈论与产业组织理论引入到对国际贸易的研究之中，并通过一些严密的模型表明，在不完全竞争的市场上，厂商和政府能够以一种主动的战略性方式行动，以达到影响一个国家的贸易平衡和国民财富的目的。

克鲁格曼的战略贸易理论可以表述为以进口保护促进出口论，即进口保护措施为本国企业提供了超过国外竞争者的规模经济优势，这种规模经济优势将转化为更低的边际成本和更高的市场份额，从而形成了边际成本到产量再到边际成本的循环的因果关系链条。这种机制可以为本国企业带来不断增大的规模经济利益，从而进一步提高企业的竞争能力，使该国企业在所有市场扩大本国的销售量。克鲁格曼的以进口保护促进出口论使人们对战略贸易理论发生作用的机理有了更加清晰的认识。

五、管理贸易理论

在贸易政策上，各国都实行不同程度的保护主义，极易导致各国间的贸易摩擦和报复，导致两败俱伤的结局，管理贸易理论此时应需而生。管理贸易理论主张一国政府应制定各种对外经济贸易法规和条例，加强对本国进出口贸易的管理，并且与贸易伙伴国签订贸易协定，约束其行为，缓和与贸易伙伴国之间的贸易摩擦。

管理贸易的实质是变相的、协调性的保护，它将贸易保护制度化、合法化，通过巧妙设置各种贸易壁垒来限制某些产品的进口。这些贸易壁垒种类繁多，比如国际纺织品协会、国际商品协会有秩序的销售安排、发达国家的进出口管制和欧盟共同农业政策等都是管理贸易措施的具体反映。目前，无论是发达国家还是发展中国家，管理贸易都被普遍运用于促进出口，限制进口，保护本国产业。

知识训练

一、名词解释

国际分工　　绝对成本理论　　比较成本理论

里昂惕夫之谜　　要素禀赋论　　产品生命周期理论

二、判断题

1. 二战后，在国际分工格局中工业国家的分工居于主导地位。（　）
2. 随着生产力的发展，自然条件对国际分工的作用正在逐渐加强。（　）
3. 国际分工的发展使各国的对外贸易依存度不断降低。（　）
4. 大卫·李嘉图主张按照“比较成本”进行国际分工。（　）
5. 一国对外贸易发展十分迅速，在这种趋势下该国经济将在不久以后有可能完全由对

外贸易构成。 ( )

6. 补偿贸易、对等贸易属于有形的世界市场。 ( )

三、简答

1. 影响国际分工形成和发展的主要因素是什么？

2. 当代世界市场的主要特征是什么？

3. 试述绝对成本理论的基本内容，并简要说明其意义及局限性。

4. 试述比较成本理论的基本内容，并简要说明其意义及局限性。

5. 简要说明近期国际贸易理论发展状况。

四、分析

假设甲国生产一单位小麦需 100 天，棉花需 90 天；乙国生产一单位小麦需 70 天，棉花需 80 天；两国生产这两种产品全年劳动单位为 20000 天，棉花消费量若为 100 单位，两国交换比例为 1∶1。

试运用李嘉图的比较成本理论分析：

1. 分工前两国各获多少小麦、棉花？

2. 分工交换后两国从国际贸易中各获多少利益？

能力训练

1. 阅读下述材料，并结合大卫·李嘉图的比较成本学说来谈谈体会。

诺贝尔经济学奖获得者萨缪尔森曾经说过："如果经济学理论可以选美的话，李嘉图的比较优势一定会摘得桂冠。"的确，该理论令人信服地证明，不管是发达国家，还是发展中国家，只要遵循"两利相权取其重，两害相权取其轻"的原则积极参与国际分工，都会无一例外地增进本国福利；相反，任何限制自由贸易的做法都会损人利己。因此，没有谁会对开放贸易有所保留。崇尚自由贸易的主张由此成了这位"世界小姐"的主要受益者。

然而，世界似乎并没有像理论家那般地痴迷于她的优美，中国自身的遭遇是最直接的证明。从"入世"谈判到"入世"之辩(比如是否承认中国市场经济地位)，我们一路走来，并不平坦。2005 年以来，从纺织品"井喷"到温州鞋在俄罗斯被扣，"中国制造"在世界各个角落攻城拔寨的同时，也备受"围追堵截"。可见，即便在 WTO 框架下的后配额时代，国际贸易的自由天空也并不明朗。

那么，比较优势这样的"美"的逻辑到底出了什么问题呢？

对于富裕国家来说，自由贸易中增进福利的同时，也可能削弱其领先地位。我们知道，通过国际贸易，各国的要素收入有一种均等化的趋势，这是资源在世界范围优化配置的结果。换言之，自由市场经济类似于一种连通器——不存在任何壁垒的情况下，各国的人均收入会趋同。这表明，虽然各国按比较优势进行国际分工与交换可实现互利，但发展中国家将会在此过程中向发达国家靠齐(这是其中一个层面，从别的角度可能会得出相反的结论)。

总之，实现自由贸易就像上天堂，每个人都想去，但都不想去得太早。中国融入世界经济的过程仍将布满荆棘，要分享自由贸易的甜美果实，所需要的除了勇气和智慧，还有时间。

2. 阅读下述材料，用国际分工的相关知识进行分析：为什么全球最大的汽车零部件供应商在美国申请破产，而同时汽车零部件在发达国家以外的投资却日渐高涨？

美国德尔福曾经是全球最大的汽车零部件供应商，通用、福特、丰田、日产、雷诺、大众等全球最大汽车厂家都是它的客户。自从1999年被通用汽车剥离之后，虽然德尔福的营业额仍高达两三百亿美元，但伴随着近年美国汽车业的整体不景气，作为主要零部件供应商的德尔福及其在美国境内的38家子公司向纽约破产法院提出破产保护申请。德尔福申请破产保护的原因有两条：一是养老金和医疗福利成本上升；二是其主要客户、前母公司——通用汽车的市场份额下降。如果破产保护请求获得通过，德尔福将裁员、减薪，同时将关闭多处本土工厂（德尔福现在有25200名属于美国汽车工人联合会的工人，根据UAW的规定，工人每小时工资是65美元，即使是富余工人也要得到95%的工资）。

德尔福目前拥有176家全资工厂，分布在全球41个国家，经营状况普遍良好。最近一段时期，美国零部件企业突然在中国掀起一股投资热浪：先后收购了江浙的两家企业后，又合资成立了两家公司，使其在中国拥有的企业数目达到21家；美国天合集团与中国南方集团共同投资4.1亿元组建了南方天和底盘系统有限公司；美国APM公司在山东胶州投资1200万美元建设青岛汽车配件有限公司……据美国汽车零部件供应商协会预测，在10年之后，美国汽车零部件供应商数目将减少一半，仅剩下4000家。在这种情况下，美国的零部件企业并没有绝望，它们正在把中国当做拯救其市场的“救星”。

第三章 国际贸易政策与措施

学习目标

通过本章的学习，掌握关税与非关税措施的特点与种类；理解反倾销与反补贴的含义与征收程序；了解关税与非关税壁垒对一国国际贸易的影响；了解鼓励出口措施的种类、出口管制的商品构成及其形式。

第一节 国际贸易政策概述

一、对外贸易政策的目的和构成

（一）对外贸易政策的目的

对外贸易政策是各国在一定时期内对进口贸易和出口贸易所实行的政策，是各国总的经济政策的组成部分，是为各国经济基础和对外政策服务的。它从总体上规定了该国对外贸易活动的指导方针和原则，不同的国家对外贸易政策不尽相同，但均以本国国情为基础制定的。各国制定对外贸易政策的目的在于：第一，保护本国市场；第二，扩大本国产品的出口市场；第三，促进本国产业结构的改善；第四，提高本国产品的竞争力；第五，积累资本资金；第六，促进本国经济发展；第七，维护本国对外政治经济关系。

（二）对外贸易政策的构成

1. 对外贸易总政策

对外贸易总政策包括进口总政策和出口总政策。它是从国民经济的整体情况出发，在一个较长的时期内实行的对外贸易总的原则、方针和策略，即一国在总体上采取的是相对自由的贸易政策还是保护贸易政策。它通常与一国的经济发展战略相联系。例如，在十一届三中全会以前，根据当时的国内外条件，我国执行的是国家管制下内向型的保护贸易政策；十一届三中全会以后，在对外开放的总体方针指导下，对外贸易总政策转变为开放型的适度保护政策。

2. 进出口商品政策

进出口商品政策是根据对外贸易总政策和经济结构、国内市场状况等而分别制定的政策。其基本原则是对不同的进出口商品实行不同的待遇，主要体现在关税税率、计税价格和清关手续等方面的差异。

3. 对外贸易国别政策

对外贸易国别政策是根据对外贸易总政策，依据对外政治和经济关系的需要而制定的对不同国家或地区实行区别对待的政策。对不同国家或地区规定差别关税税率和差别优惠待遇是各国国别对外贸易政策的基本做法。如欧共体向参加洛美协定的非洲、加勒比和太平洋地区的发展中国家单方面提供的特惠税就属于欧共体的国别对外贸易政策的范畴。

实际上，对外贸易政策的三个方面的内容是相互交织、相互联系在一起的。如进出口的商品政策和对外贸易国别政策都离不开对外贸易总政策的指导，而对外贸易总政策也只有通过具体的进出口商品政策和对外贸易国别政策才能体现出来。

二、对外贸易政策的类型和演变

(一)对外贸易政策的类型

1. 自由贸易政策

自由贸易政策指国家取消进出口贸易的限制和障碍，取消对本国进出口商品的各种特权和优待，使商品能自由进出口，在国内外市场上自由竞争。自由贸易政策实质上是一种“不干预”政策，即中性政策。

2. 保护贸易政策

保护贸易政策指国家广泛利用各种限制进口的措施，保护本国产品免受外国商品的竞争，并对本国出口商品给予优待和补贴以鼓励商品出口。保护贸易政策以加强本国民族利益为目的，其实质是“奖出限入”。

事实上，纯粹的自由贸易和保护贸易是没有的。一方面，一国实行自由贸易政策，并不意味着完全的自由，西方发达国家在标榜自由贸易的同时，总是或多或少或明或暗地对某些产业进行保护，自由贸易的口号往往成为其向他国进攻的武器，即要求别国能够实行自由贸易。一般来说，只有贸易双方都同意开放市场，自由贸易政策才能付诸实施。另一方面，实行保护贸易政策并不意味着完全封闭，不与他国开展贸易，而是保护的程度高一些。

(二)对外贸易政策的演变

不同的国家在不同的时期所采取的对外贸易政策有所不同，综观国际贸易的发展，国际贸易大致经过下列演变。

资本主义生产方式准备时期，为了促进资本原始积累，西欧各国实行重商主义下的强制性的保护贸易政策，通过限制货币(贵重金属)的输出和扩大贸易顺差的办法扩大财富积累，以英国实行得最为彻底。

在资本主义自由竞争时期，资本主义生产方式占据统治地位，产业革命从英国向欧洲大陆和美洲大陆扩展。世界市场的商品大量增加，世界经济进入了商品经济国际化阶段，这个时期对外贸易政策的主流是自由贸易，英国是带头实行自由贸易的国家。但是由于各国工业发展水平不同，一些当时经济发展起步较晚的国家(如美国、德国)则推行保护贸易政策。

19世纪70年代到第二次世界大战前，垄断的加强使资本输出占统治地位，1929—1933年的世界经济大危机，使世界市场急剧恶化，出现了超保护贸易政策。

第二次世界大战后，随着生产和资本国际化的发展出现了世界范围贸易自由化，政治上刚刚独立的广大发展中国家大部分仍实行保护贸易政策。只有少部分国家推行自由贸易政策,原有的苏联和新建的社会主义国家实行国家统一制度下的贸易保护主义政策。随着社会主义经济的进步和发展,这些国家逐步向自由贸易政策发展。

20 世纪 70 年代中期以后,在世界贸易自由化的同时,出现了以新贸易保护主义为基础的管理贸易政策。其主要内容是,国家对内制定各种对外经济贸易法规和条件,加强对本国进出口贸易的有序管理;通过对外协商,签订各种对外经济贸易协定,以协调和发展缔约国间的经济贸易关系。

三、对外贸易政策的制定和执行

(一)制定对外贸易政策应考虑的因素

一国的对外贸易政策是该国政治经济外交政策的重要组成部分。一国通过对外贸易政策影响其对外贸易规模、结构、流向和利益分割,对外贸易政策既应体现该国的政治外交原则,又要维护本国的经济贸易利益。因此,一国在制定具体的对外贸易政策时,需要考虑下列因素:

1. 国内外经济实力对比

一般来说,经济比较发达、国际竞争力较强的国家,比较倾向于自由贸易政策,主张在世界范围内进行自由竞争与合作;反之,则倾向于保护贸易政策。一国国际竞争力相对地位的变化,也会影响到贸易政策的选择。

2. 本国经济结构与比较优势

一般国家对本国具有比较优势和在国际市场上具有一定竞争力的产业部门,相对采取自由贸易政策。而对本国的幼稚的战略产业,则会偏重于采取保护贸易政策。

3. 本国产品在国际市场上的竞争力

本国产品在国际市场上竞争力相对较强的国家,往往主张在世界范围内推行自由贸易。而竞争力相对较弱的国家,则较多考虑采用保护贸易。

4. 本国与他国的经济合作情况

如果与他国在经济、投资等方面的合作程度较深的国家,双方之间比较倾向于自由的贸易政策。而经济往来较少、经济合作程度欠佳的国家往往会比较谨慎,较多考虑相对保护的贸易政策。

5. 政治与外交需要

如有时一国为了配合政治与外交的需要,而对某些国家在一定时期内采取相对自由的或相对保护的政策。

6. 本国国内市场的商品供求状况

如国内市场上商品供大于求,应采取适当的保护政策来限制过量进口,以保护国内企业的生产。反之,市场商品供不应求,则可采取相对自由的贸易政策,适当增加国外商品进口,以弥补国内商品市场的短缺。

7. 本国的国际收支状况

当本国的国际收支出现大量逆差时,政府当局往往更多地考虑采用贸易保护的措施;反之,则更多地倾向于实行贸易自由化。

8.本国在多边或双边协议中的权利和义务

各国在制定对外贸易政策时，还须考虑本国在多边或双边协议中所享受的权利和应尽的义务，遵守公约。这也是影响当今各国对外贸易政策制定的重要因素。

9.本国生态平衡和文化遗产的保留情况

某国如果出于对本国生态平衡和文化遗产的保留考虑，往往对某些产品或产业采用相应的保护贸易政策。

10.各国领导人的思想和贸易理论

政府领导人的不同，其所持的政策主张往往也不同，所奉行的对外贸易政策也有差别。因此，各国政府领导人的思想和贸易理论也是影响对外贸易政策制定的不可忽视的因素。

总之，一国制定什么样的对外贸易政策，取决于本国的具体情况和国际环境，但各国都应把既要积极参与国际贸易分工，又要获取贸易分工利益的代价降低到最低程度作为制定对外贸易政策的基本出发点。

(二)对外贸易政策的制定

各国对外贸易政策的制定与修改，由最高立法机关进行，最高立法机关颁布的对外贸易各项政策，既包括一国较长时期内对外贸易政策的总方针和基本原则，又规定了某些主要措施以及给予行政机构的特定权限。立法机关在制定和修改对外贸易政策时，事先要征询各个经济集团的意见，如大企业、垄断集团等各大企业。垄断集团也经常通过企业联合会、商会等各种机构向政府提出各项建议，甚至参与制定或修改有关对外贸易政策的法律草案。

(三)对外贸易政策的执行

对外贸易政策的具体实施过程则由行政机构负责。政府部门根据有关的法令来制定具体的实施细则，主要有以下几种方式：

(1)通过海关对进出口贸易管理。海关是设置在对外开放口岸的进出口监督管理机关，是国家行政机关，它通过货运监管、征收关税、查禁走私等职能来贯彻落实对外贸易政策。

(2)国家广泛设立各种机构，负责促进出口和管理进口。如美国的商务部、扩大出口全国委员会、出口委员会等，其他国家也有类似的组织。

(3)国家出面参与各种国际经济贸易政策制定、关税协调等方面的工作，目的在于使本国的对外贸易政策得以贯彻落实。

第二节 保护贸易政策

保护贸易政策是一国政府对贸易活动进行干预的贸易政策。政府通过对贸易活动的干预，以限制进口鼓励出口来取得对外贸易利益。在不同时期，保护贸易政策内容和特点有所不同。

一、重商主义的贸易政策

重商主义是资本主义生产方式准备时期代表商业资本利益的经济思想和政策体系，起始于15世纪，全盛于16—17世纪，18世纪趋于衰落。其观点是，只有金银货币才是财富，对外贸易是获取财富的源泉。为了积累国内财富，其主张国家必须干预对外贸易。重商主义经历了早期(15世纪至16世纪上半叶)和晚期(16世纪上半叶至17世纪上半叶)两个时期。

早期重商主义又称重金主义。重金主义主张绝对禁止贵重金属(黄金)外流，由国家严加防范，并进行垄断占有，外国与本国进行贸易时必须将销售货物的收入，全部用于购买本国的货物，反对一切进口交易。重金主义学说的主要代表是英国人威廉·斯坦福(W. Stafford,1554—1612)，其观点的核心是防止货币外流。

晚期重商主义又称贸易差额论。晚期重商主义的主要代表人物是托马斯·孟(Thomas Mun,1571—1641)，他的主要著作《英国得自对外贸易的财富》，被后人称为重商主义的圣经。他的主要观点是：货币产生贸易，贸易增加货币，但必须是遵循每年进出口要保持顺差，以增加货币的流入量，因此被称为"贸易差额论"或真正的重商主义。晚期重商主义政策的内容主要体现在以下几方面：第一，限制输入政策，主要有：①禁止若干国外商品，尤其是奢侈品的进口；②课征保护关税，限制国外商品的进口。第二，促进出口的措施，主要有：①对本国商品的出口给予津贴；②出口退税；③禁止主要原料出口，鼓励来料加工；④降低或免除关税；⑤实行独占性殖民地政策，在独占的殖民地垄断贸易与海运，使殖民地成为本国制成品的销售市场和原料供给地。第三，其他措施，主要有：①保护农业，例如制定了谷物法，限制谷物进口；②鼓励外国技工移入，限制本国技工外流，通过了职工法；③1651年英国通过重要的航海法案，规定一切输往英国的货物必须用英国船载运或原出口国船只装运，对亚洲、非洲及北美洲的贸易必须利用英国或殖民地的船只；④奖励人口繁殖，增加劳动力来源，降低劳动力成本。

重商主义的贸易政策和理论在历史上起过一定的进步作用，它冲破了封建思想的束缚，第一次对资本主义进行了理论分析；重商主义的推行促进了资本主义的原始资本积累，推动了资本主义生产方式的确立和发展。但它对社会经济的探索只局限于流通领域，而未深入到生产领域，因而其经济理论是不科学的。

二、保护幼稚工业的贸易政策

19世纪资本主义自由竞争时期，产业革命在英、法等国得到深入发展，而起步较晚的德国、美国等国家为了减少进口，保护本国成长中的资本主义工业，先后推行了保护贸易政策。就保护贸易理论方面，其中李斯特的保护幼稚工业理论具有代表性。

乔治·弗利德里希·李斯特(Georg Friedrich List, 1789—1864)是德国人，后移居美国。1832年，他以美国领事的身份返回德国，后留在德国，呼吁采取保护贸易的政策抵抗英国。他在1841年的代表作《政治经济学的国民体系》中提出了保护幼稚工业的理论。由于德国推行了李斯特的保护贸易政策，德国经济获得了巨大的发展，最终赶上和超过了英国。

(一)保护幼稚工业的贸易政策的理论依据

指出"比较成本学说"存在错误，不利于德国经济的发展，德国应采取保护关税政策，虽然一开始会使工业品的价格提高，但经过一段时期，德国工业会得到充分的发展，生产力也会极大提高，商品生产费用就会大幅下降，最终使德国工业品的价格低于从外国进口的商品价格。

李斯特按照生产力进化程度把国家经济发展分为五个阶段：原始未开化时期，畜牧时期，农业时期，农工业时期，农工商业时期。根据他的定义，前三个阶段属于经济发展的初级阶段，生产力水平很低。农工商业时期劳动生产力发展到了相当高的程度，进入了现代化社会。农工业时期则是由落后的畜牧业、农业社会向先进的工业社会过渡的时期。李斯特认为，在这五个历史阶段中，自由贸易政策适用于四个半阶段，只有在农工业时期的后期需要强调贸易保护政策。

李斯特认为完全的自由国际贸易只有在两个国家的科学技术、工业发展程度都差不多的情况下才可能实现。在这种情况下，自由国际贸易可以促使彼此自由竞争，对双方共同有利。“如果任何一个国家不幸在工业上、商业上还远远落后于别国，那么，他即使具有发展这些事业的精神与物质手段，也必须首先加强他自己的力量，然后才能使他具备条件，与比较先进的各国进行自由竞争。”

李斯特在时间上和保护范围上都对保护政策作了特定限制。他指出，可以建立保护制度的国家并不是任何时候都可以实行这种制度的。只有当他在农业、工业、社会和政治上已经充分发展，具备一切精神上和物质上的必要条件和手段，即已经进入农业、工业发展阶段，可以把自己建成工业国家，从而在文化、物质繁荣和经济力量各方面达到高度发展。只是由于世界上有一个比他更先进的工业国家的竞争，使他在前进道路上受到阻碍时，才有理由实行保护关税制度。实行这种制度的国家一旦跨入农工商业发展阶段，这种保护制度就要逐步取消。

保护制度并不是要保护一切产品。只有与国家的工业发展有关的那些产品才应加以保护。对不同工业的保护程度要区别对待，那些对国民经济发展有重大意义，即建立和经营时需要大量资本、大规模机械设备、高度技术知识和丰富经验以及人数众多的最主要的生活必需品的工业部门要特别注意保护。对于其他较次要的工业部门则给以较低程度的保护。

保护贸易与自由贸易向来就是国际贸易领域里两种相互对立的观点。在自由贸易成为当今世界主流的情况下，我们也应当看到，自由贸易存在许多负面效应。对于竞争力不强的发展中国家来说，自由贸易往往对本国产业造成冲击，一些新兴的工业往往会被外国产品“扼杀在襁褓中”，甚至根本就没有产生的可能。产业结构与贸易结构便也难以升级。

但是，正如李斯特和其他许多经济学家所指出的那样，实施保护“幼稚工业”的政策有两大困难：第一，如何选择被保护的部门；第二，采用什么保护手段以及保护到什么程度。保护幼稚工业的核心问题是选择幼稚工业。所谓幼稚工业是指处在发展过程中的，且有发展前途的产业。与幼稚工业相关的另一个问题是保护的期限问题，即一个产业发展到何种程度才算成长起来了。如果一个部门经过几十年的保护尚未发展起来是否还要保护？因此贸易保护应当只保护那些具有发展潜力的新兴的工业部门，这个部门在被保护了一段时间之后能够成长起来，并且充分发挥出比较优势。也就是说，这个部门只要经过了一段时间的保护之后就可以成长起来，有足够的能力投入到国际竞争当中，而绝不是那些无论怎么保护也长不大的夕阳工业。另外，这个被保护的部门在壮大之后将给整个社会带来可观的社会效益。这项效益足以弥补社会在保护期中为之而付出的代价。

阐述这些原则是一回事，如何实施这些原则是另外一回事。几乎所有的发展中国家在讨论贸易保护问题时都遇到了相同的问题：要求保护的呼声最强的，往往是那些没有什么发展前途的夕阳工业或没有竞争能力的国有企业。由于新兴工业在国民经济中所占的比重很小，没有什么影响，所以在多数情况下，不容易听到这些企业的呼声。但是在传统行业中，强大的利益集团会使得政府不得不对那些不应当保护的部门实施长期的保护。利益集团会千方百计要求政府加大保护力度，提高关税和其他非关税壁垒，使得生产效率很低的部门也能依靠价格扭曲而获得超额利润。这使得政府很难确定合适的保护力度。因此，保护关税制度不能不分场合到处乱用，也不能不分时空一成不变。如何建立一套适宜的贸易保护制度，正是国际经济学研究的重大课题。

(二)对李斯特保护幼稚工业贸易政策的评价

李斯特的保护贸易学说在德国工业资本主义发展过程中起过积极的作用，它促进德国资本主义的发展。在李斯特保护贸易政策的影响下，1879 年俾斯麦改革关税制度，对钢铁、纺织品征收高额进口税；1898 年又一次修正关税法，使德国成为欧洲的高度保护贸易国家之一。这些保护手段使德国用机器生产代替了手工劳动，用现代的生产代替了宗法制的生产。他的理论对当今经济不发达国家制定对外贸易政策依然有积极的参考价值。他的关于保护对象是有条件的；保护是有时间限制的；保护本身不是目的，而是以自由贸易为最终目的等观点是具有积极意义的。

三、超保护贸易政策

19 世纪 70 年代，自由竞争资本主义开始向垄断资本主义过渡。欧洲许多资本主义国家实行的自由贸易政策，只经历了一个很短暂的时期。一些国家的产品销路发生了严重的问题，各国在世界市场上的激烈竞争，使大多数国家先后走上了保护贸易主义道路，纷纷提高关税，以保护本国的市场，同时在国外市场上进行低价销售。这时只有英国仍实行自由贸易政策。到 1931 年，在严重的经济危机打击下，英国也最后放弃了自由贸易政策，转而全面实行贸易保护政策。1933 年，资本主义世界范围内空前严重的经济危机使世界市场矛盾进一步尖锐化，各国超保护贸易政策盛行，并被西方各国经济学家用各种理论加以粉饰。其中有重大影响的是凯恩斯主义的对外贸易乘数理论。他和其弟子在该理论中有关国际贸易理论的观点和论述，为超保护贸易政策提供了重要的理论依据。

约翰·梅纳德·凯恩斯(John Maynard Keynes，1883—1946)和他的弟子们认为古典派的自由贸易理论已经过时了。首先，20 世纪 30 年代大危机以后，古典自由贸易理论“充分就业”的前提已不复存在，代之而起的是大量失业现象。其次，凯恩斯主义认为自由贸易理论只用“国际收支自动调节说”来说明贸易顺逆差的最终均衡的过程，没有考虑到调节过程对一国国民收入和就业的影响。他们认为，贸易顺差可以为一国带来黄金，扩大支付手段，压低利息率，刺激物价上涨，扩大投资，从而有利于缓和国内危机和扩大就业量。而高的投资率可以保持国内就业，这种投资可以是国内投资，也可以是国外投资。当时的国外投资率决定于出口超过进口的差额，即由贸易的顺差而决定。而贸易逆差造成黄金外流，使物价下跌，招致国内经济萧条，增加失业人数，没有好处。因此，凯恩斯主义赞成贸易顺差，反对贸易逆差。

为了进一步说明投资对就业和国民收入的影响，凯恩斯提出了著名的乘数理论。

乘数(K)的公式表示如下：

$K=1/(1-$边际消费倾向$)$

国民收入增加量(ΔY)＝乘数(K)×投资的增加量(ΔI)

凯恩斯的追随者在乘数理论基础上引申出对外贸易乘数理论。他们认为,一国出口的增长,代表有效需求的增长,如同国内投资一样,它可以一轮一轮地引起与这一出口量直接或间接有关的国内其他产业的连锁反应,从而对国民收入产生乘数或倍数的扩大效应。这是因为出口扩大使得出口部门收入增加,消费增加,并带动向出口部门提供生产资料、生活资料的有关产业部门生产增加,收入与消费增加,循环往复,国民经济收入总增量必将是出口增量的若干倍。反之,一个国家的进口如同国内储蓄一样,是有效需求的负增长,因而有对国民收入产生乘数或倍数的收缩作用。

对外贸易顺差对国民收入的影响倍数公式为:

$$\Delta Y=(\Delta I+\Delta X-\Delta M)\times K$$

对外贸易乘数理论是凯恩斯主义超保护贸易学说的核心内容,它在一定程度上揭示了贸易顺差和国民收入及国内就业量之间的关系,但这一理论也存在着很大的局限性。首先,对外贸易乘数理论把经济运行机制简单化了。贸易顺差或逆差对国民收入的影响是不能用一个简单的公式来概括的。而且,这种公式往往是有一定前提条件的,而这些条件有些难以测量,有些和现实可能相差甚远。其次,对外贸易乘数理论过于强调贸易顺差对国民收入的益处,而对过多贸易顺差可能带来的害处置于不顾。例如,"奖出限入"的超保护政策可能会引起他国的报复,导致贸易战升级;过多贸易顺差可能会引起本币升值、贸易摩擦加剧等。最后,对外贸易乘数理论是为本国垄断资产阶级服务的,由于它诞生在发达国家的经济土壤中,所以这种理论对落后的发展中国家并不完全适用。

四、新贸易保护主义政策

20 世纪 70 年代中期以后,由于世界性经济危机(1973—1974)的再次爆发,市场问题日趋复杂尖锐,在战后贸易自由化的总趋势下,贸易保护主义重新抬头,出现了新贸易保护主义。其主要特征是:

(1)被保护的商品范围不断扩大;

(2)被保护的程度不断提高;

(3)贸易保护措施多样化;

(4)"奖出限入"的重点从限制进口转向以鼓励出口为主;

(5)贸易歧视性有所加强。

第三节 自由贸易政策

自由贸易形成于资本主义自由竞争时期,开始于经济最发达的英国,其后,其他国家随着经济发展水平的提高和经济发展的要求也开始接受并实施自由贸易。在资本主义进入垄断阶段后,自由贸易发展一度受阻,这种状态一直持续到第二次世界大战以后,自由贸易又被重新推到前台,成为大多数国家一致推举的贸易政策与做法。

一、自由竞争时期的自由贸易政策

18世纪中叶，在英国开始的产业革命使英国的工业迅速发展，英国“世界工厂”的地位被确立并得到巩固。在主张实行自由贸易政策的新兴工业资产阶级的推动下，古典经济学派的自由贸易理论代替了重商主义的经济思想。

古典经济学派的代表亚当·斯密认为重商主义的贸易保护政策限制了国际贸易的发展，妨碍了社会福利的增长，只有自由贸易政策才能使各国按绝对利益进行贸易，分享国际分工的好处。他们主张，从绝对利益出发，把国内分工扩大到国际分工，每个国家只发展那些具有优势条件的工业，用本国具有优势条件的工业所生产的产品与其他国家进行交换，而不必发展那些不具备优势条件的工业。大卫·李嘉图发展了这一观点，认为在国际分工的国际贸易中起决定作用的不是绝对利益，而是比较利益(比较成本)。他认为由于各个国家在生产上优势地位不同，不利程度也不同，每个国家不一定生产各种商品，而应集中力量生产那些有利程度较大、不利程度较小的商品，然后通过对外贸易进行交换，这样，在资本和劳动力不变的情况下，生产总量就会增加，这种交易对各国都有利。而这样的“两优取重，两劣取轻”比较优势原则只有在自由贸易条件下才能实现。李嘉图的经济理论揭示了国际贸易的一个客观规律，把自由贸易推到一个更广阔的领域。

古典经济学派的自由贸易理论为英国制定自由贸易政策提供了理论依据。英国于19世纪前期建立了一种开放性的自由贸易政策体系。这些政策主要包括：①废除谷物法；②逐步降低关税税率，减少纳税的商品项目和简化税法；③取消特权公司，允许一切行业和个人从事对外贸易；④废除航海法；⑤改变对殖民地贸易政策的做法，逐步采取自由放任的态度；⑥与外国签订贸易条约等。

在英国的带动下，法国、荷兰、比利时等相继实行了自由贸易政策，形成了国际贸易史上第一次也是唯一一次较为彻底的自由贸易时代。

二、第二次世界大战后的贸易自由化政策

第二次世界大战以后，以关税及贸易总协定(General Agreement on Tariffs and Trade, GATT)的签订并正式生效为标志，国际贸易进入以自由贸易为主导的发展阶段，贸易自由化不仅仅是发展趋势，而且也是在历经反复中不断向前发展的现实。与战前形成鲜明对照的是：20世纪70年代中期受世界性经济危机的打击，许多国家推出了新的贸易保护措施，形成了新的贸易保护高潮，但这只对贸易自由化趋势造成了一定冲击，却没有也不可能中断业已十分强大的国际贸易自由化进程。

20世纪80年代以来，随着冷战结束和各社会主义国家改革的不断深入，各国纷纷向市场经济过渡，实行对外开放政策，世界经济市场化越来越明显，全球性质的合作与交流便开始了。这种贸易自由化的趋势在世界贸易组织成立后得到了进一步加强。按照世界贸易组织的有关规定，各国实行的非关税壁垒将予以关税化，而关税水平将不断降低。1997年，发达国家的平均关税水平已经降至3.8%，发展中国家的平均关税水平也已经降至12.5%。

(一)第二次世界大战后贸易自由化的主要原因

是什么原因导致贸易自由化成为不可逆转的历史潮流呢？这是因为国际分工是社会生产力发展到一定水平后的产物。它同世界技术革命紧密联系在一起，促进了国际间的贸易

来往,加快了经济的全球化。第三次技术革命产生了大量的新产品、新材料、新原料,涌现了大量新兴工业部门,并推动了原有的工业部门的新发展。一方面,加速了发达国家产业结构的升级换代;另一方面,大大推动了生产国际化和跨国公司的发展。跨国公司把一种产品的各个部件交给分布在不同国家的子公司进行生产和装配,扩大了国际间的生产专业化;同时,跨国公司以世界市场为其投资和产品销售的目标,在全球范围内组织生产、投资和销售,使国际分工有了崭新的内容。首先,先进国家的许多新产业处于相近的竞争水平上,更多的产业内部分工得到发展;其次,科技革命使同一产品的零部件生产乃至工艺上要求合作,各国之间的竞争,已不只是产业的竞争,更重要的是在同一产业的某个环节上取得比较优势,从而分得国际贸易的利益。因此,行业内贸易成为国际贸易的主要部分。

信息革命促进了世界贸易的信息化,为全球贸易的迅速发展注入了生机和活力。贸易信息系统已于20世纪80年代后期建成,它是指电子商务、电子数据交换(EDI)国际贸易方式及网络贸易的建成、实施和推广。电子商务是实现贸易全球化的技术前提条件,而电子数据交换则开创了世界范围内实现商业文件标准化、电子自动处理和交换的新型贸易方式,使国际贸易能够按照国际统一的贸易程序进行贸易交往及商务处理。网络贸易突破了服务业的时空限制,使服务业中长期以来难以或完全不能从事贸易的行业获得了解放,获得了"可贸易"的物质条件。

最主要的原因是贸易自由化已进入各国共同实行自由贸易的公平贸易时代。任何一个国家都不可能在分享他国自由贸易的好处的同时,在本国实行保护贸易政策。需要注意的是,发展中国家薄弱的经济基础和相形见绌的竞争力,使其难以在经济全球化和自由化中短期受益。因此,发展中国家应该考虑各自国情、经济发展水平和承受能力,谨慎选择参与的方式。但是,发展中国家必须认识到,自由贸易已经成为经济全球化的重要动力,融合到全球经济一体化的浪潮中去是发展中国家的唯一选择。

贸易自由化(Trade Liberalization)实行放宽乃至取消贸易限制,逐步实现国际商品自由流通的政策主张。战后,贸易自由化首先由美国提出,后为各种国际经济组织作为政策目标在国际范围积极推行,并取得进展。当时西方国家在战时实行的国营贸易仍继续保留,政府对特定商品规定进出口数量,由专设机构经营,私人不得参与。此外,政府尚对许多商品规定进口配额,在私营贸易商间进行分配,超过配额不得进口。这两种数量限制被认为是恢复和发展国际贸易的障碍。与此相适应,推行贸易自由化也有两个方面的内容:一是缩减国营贸易,扩大私营贸易。私营贸易在一国对外贸易中所占比重,成为贸易自由化率的一个指标。二是逐步取消进口配额,扩大自由进口。自由进口在一国对外贸易中所占比重,成为贸易自由化率的另一个指标。早在1945年,联合国国际贸易与就业会议曾对美国所提贸易自由化议案进行讨论,并发表了《最后文件》。1947年成立的关税及贸易总协定,目的就在于推行贸易自由化。该协定承认国营贸易,但附有极严格的约束条件:原则上禁止采取进口配额制,但又规定若干例外。1948年成立的欧洲经济合作组织,在成员间推行贸易自由化,1949年曾要求各国对私营贸易限制削减50%,被称为"自由化配额(Liberalization Quota)",根据《自由化规约》逐步提高私营贸易自由化率。1959年各国平均自由化率已达到89%。关于取消进口配额经过欧洲共同体、欧洲自由贸易联盟以及关税及贸易总协定的推行,也有很大进展,但西方国家都或多或少有所保留,被称为"残留进口限制(Residual Import Restriction)"。按照总协定规定,对于残留进口限制的品目,须通知总协定常设机构,须同有关国家进行协商并允许这些国家采取报复措施。西欧国家在1958年贸易自由化已达到97%，日本在1972年已达到97%。这种残留进口限制品目，20世纪80年代中期日本尚有27种，法国有48种，美国有7种。贸易自由化的进展对国际贸易的恢复与发展起了促进作用。

（二）第二次世界大战后贸易自由化的主要表现

1. 关税大幅度降低

二战后初期至20世纪70年代初，世界各国作为限制进口的主要手段的关税税率都大幅度降低，主要资本主义国家的平均关税水平已由50%左右下降到5%左右。促使关税大幅度削减的主要原因有：①关贸总协定的签订；②欧共体的建立；③普惠制的实施等。这些贸易协定和经济同盟的建立，是以关税减让为前提的。

2. 非关税壁垒被削弱

二战后，在贸易自由化趋势下，各国除大幅度降低关税外，还在不同程度上降低或撤销非关税壁垒。其措施包括放宽进口数量限制，扩大进口自由化，增加自由进口的商品，促进贸易自由化的发展等。

3. 放宽外汇管制

随着经济的恢复与国际收支状况的改善，发达国家都在不同程度上放宽或解除了外汇管制，恢复了货币的自由兑换。

4. 发展中国家和最不发达国家得到优惠待遇

如普遍优惠制的实施，发达国家对来自发展中国家的制成品、半制成品给予了普遍的、非歧视的单方面的关税优惠；关贸总协定中对发展中国家及最不发达国家的例外条款，促进了这些国家的对外贸易发展。

（三）第二次世界大战后贸易自由化的主要特点

1. 贸易自由化领域拓宽，参加者增加

其拓宽领域主要是指服务贸易、技术贸易和信息产品贸易，参加者增加主要是指广大发展中国家的参与。

2. 贸易自由化主要是在多边、区域或双边的贸易协议框架内进行的

主要是指国家间通过签订多边、区域或双边的贸易协议，约定彼此间削减关税，抑制非关税壁垒的使用，取消国际贸易中的障碍与歧视，促进贸易自由化。

3. 贸易自由化是一种有选择的贸易自由化

这一时期的自由贸易政策在一定程度上仍和保护贸易政策相结合，农产品等受保护程度仍然很高。

4. 贸易自由化促进了世界经济的高速发展

世界经济整体上都得到快速发展，尤其是日本、西欧和新型工业化国家的发展速度更是奇迹性的。

知识链接

我国的对外贸易政策可以分为两个阶段：一是改革开放前的高度管制阶段；二是改革开放后的相对自由政策阶段。

一、改革开放前的对外贸易政策

新中国建立以后，面临国际上的冷战形势，根据经济建设的需要，借鉴苏联的经验，我国采取的是国家管制的内向型保护贸易政策。这种内向型的保护贸易政策对于粉碎帝国主义的“禁运”和“封锁”，顶住外国的经济压力，密切配合外交斗争，促进社会主义经济建设起了积极的作用。但是，这种政策也存在相当的副作用，主要表现在对国内企业保护过度导致中国外贸企业效率不高，国际竞争力低下，不能积极参加国际分工，使我国的对外贸易事业发展缓慢。

二、改革开放后的对外贸易政策

改革开放以后，我国调整了外贸政策，把国家统管下的内向型保护贸易政策转变为开放型的适度保护贸易政策。对外贸易活动由国家实行宏观调控，把扩大出口与开放国内市场相结合，积极参与国际市场上的国际分工和交换。其主要内容有：实行有条件的、动态的、适度的贸易保护手段，对生产技术条件不同的工业部门，在不同时期采取不同程度的适度保护；出口的目的不仅仅为了获取外汇，还要带动和促进国民经济的发展、结构的升级和技术的进步；进口的目的不仅仅为了满足国内生产和消费，还要发展出口，为面向出口的产业服务；大量引进先进技术和关键设备，发展独立完整的国民经济体系；积极地利用外资扩大社会再生产规模；改革外汇体制，实行单一有管理的浮动汇率；积极努力加入世界性的经贸组织，并于 2001 年经过 10 余年的艰苦谈判，我国成功地加入了世界贸易组织，使我国对外贸易政策走上了新的阶段。

第四节　关税措施

一、关税的概念和特点

(一)关税的概念

关税是一国海关在进出口商品经过关境时，向本国的进出口商所征收的一种税收。

关税是通过海关来执行的。海关是设在关境上的国家行政管理机构，其任务是根据本国有关的政策、法律和规章，对进出口商品、货币、金银、行李、邮件和运输工具等进行监督管理、征收关税、查禁走私货物、临时保管通关货物和统计进出口商品等。海关有权对不符合国家规定的进出口货物不予放行、罚款，直至没收或销毁。

海关征收关税的领域叫关境或关税领域，是海关所管辖和执行有关海关各项法令和规章的区域。一般来说，关境和国境是一致的，但有些国家在国境内设有自由港、自由贸易区或出口加工区等经济特区，这些地区不属于关境的范围，此时关境是小于国境的。当几个国家缔结成关税同盟，对内取消一切贸易限制，对外执行统一的关税政策，参加关税同盟的国家的领土属于统一的关境，此时的关境大于国境。

一般来说，征收关税的目的有两个：一是增加本国财政收入，称为财政关税；二是保护本国的工业生产和国内市场，称为保护关税。随着二战后世界经济的发展，其他税源的增加，财政关税在一国特别是发达国家财政收入中的重要性及其所占比重相对降低；同时以保护本国生产和国内市场为目的的保护关税的作用有所加强。关税除了具有上述两个作用外，还常被用于各国促进贸易往来、密切经济关系的一种手段和国际经济斗争的一种武器。

（二）关税的特点

关税具有一般税收的特点，即强制性、无偿性和预定性。此外，关税作为一种特殊的税种，还具有以下的特征。

1. 关税是一种间接税

关税的名义承担者是本国进出口商，实际上其最后负担者是消费者，因为其税款已经被进出口商作为成本的一部分加在了商品的价格中。

2. 关税的征收主体和客体的特定性

税收的主体是指负担税收的自然人或法人，或称纳税人。税收的客体是指征税对象。关税的税收主体是本国进出口商，税收客体是进出口商品。

3. 关税是调节进出口贸易的重要手段

关税措施体现了一国对外贸易政策。对于国内能够大量生产或具有生产潜力的商品，或者对于非必需品和奢侈品的进口，国家可以制定较高的关税；对于本国不能生产而本国居民消费或生产必需的原料的进口，则制定较低的税率。另外，可以通过关税的调节来调整本国的贸易平衡。

知识链接

从2005年1月1日起，我国进一步降低进口关税，关税总水平由10.4%降低到9.9%，农产品平均税率由15.6%降低到15.3%，工业品平均税率由9.5%降低到9.0%。其中，主要农产品包括小麦、玉米、大米、棉花、羊毛等的配额内进口关税只有1%，大豆为3%，汽车整车关税为30%，木材、纸及其制品为4.6%，纺织品和服装为11.4%，石油化工品为6.9%，信息技术产品所涉及的251个税目将全部实现零关税。

从2005年1月1日起，为适当调整纺织品的出口节奏，促进纺织品出口结构的优化，维护我国纺织行业的长远利益，我国对外衣、裙子等六类纺织品从量征收出口关税；为保证农业春耕用肥需要，作为临时措施，对尿素从量征收260元/吨的出口关税；对电解铝、铜、镍等部分高耗能产品和资源性产品恢复征收30%的出口关税。

试从上述材料中分析我国关税政策调整导向，并总结我国相关产品征收出口关税的目的。

二、关税的种类

关税可以按照商品的流向、征税方法和税率等不同标准来进行分类。

（一）按照征税商品的流向分类

1. 进口税

进口税是指进口国家的海关在外国商品流入时，根据海关税则对本国进口商所征收的关税。进口税是关税中最主要的税种,也是保护关税的主要手段,一般在外国商品(包括从自由港、自由贸易区或海关保税仓库等地提出运往进口国内市场的外国商品)进入关境,办理海关手续时征收。

进口税反映了进口国与世界各国之间政治、经济和外交关系,根据其征税税则不同,对同一进口商品根据不同的贸易对象国制定了不同的进口税率。

(1)普通税率

如果商品的进口国和出口国没有签订最惠国待遇条款,也不享受优惠待遇,则进口国对该商品征收普通税率的关税。普通税率是最高税率,一般高出最惠国税率1～5倍,少数商品甚至达10～20倍。目前仅有个别国家对极少数国家(一般为非建交国)的商品实行这种税率,而大多数只是将其作为其他优惠税率的减税基础。

(2)最惠国税率

最惠国税率是指来自同进口国签有双边或多边最惠国待遇条款的国家的进口商品适用的税率。最惠国税率比普通税率一般要低很多。例如,美国对进口玩具征收的普通税率为70％,最惠国税率仅为6.8％;中国2002年对香水的进口征收22.5％的最惠国税,其普通税率达到150％。

世界上大多数国家都享有最惠国待遇,尤其是世贸组织已经把最惠国待遇作为一项基本条款之后,最惠国待遇其实已经成为一种非歧视待遇的保障条款,表明贸易国之间是一种正常的贸易关系。因此,最惠国待遇又称为正常关税,而不是最优惠的关税。

征收进口关税的目的主要在于提高进口商品的成本,削弱进口商品在本国市场的竞争能力,减少外国商品的进口数量,从而起到保护国内市场和生产的作用。因此,高进口税往往是国家限制进口,垄断国内市场的重要措施。

2.出口税

出口税是出口国海关对输往国外的商品征收的关税。征收出口税会增加出口商品成本,削弱出口商品的竞争力,不利于扩大出口,因此现在已经很少有国家征收。目前,世界上征收出口税的国家主要是一些发展中国家,其目的是为了增加财政收入;另外一些国家为了保障国内生产的需要和增加国外商品的生产成本,会对一些重要原材料或战略资源征收出口关税。例如,瑞典、挪威对木材的出口,中国对钢材的出口都会征收部分的出口关税。拉丁美洲的大多数国家为了增加财政收入,会征收1％～5％的出口关税。

3.过境税

过境税是一国对于通过其领土运往另一国的外国货物所征收的关税。过境关税一般是拥有特殊或有利地势的国家对通过本国海域、港口、陆路的外国货物征收的关税。

资本主义发展初期,过境税曾流行于欧洲各国。但是由于货物过境不会对过境的国家产品市场造成影响,因此过境税率一般较低。后来,随着交通运输业的发展以及自由贸易理论被大多数资本主义国家接受,19世纪末各国相继取消了过境税。在1921年,主要资本主义国家签订了取消一切过境关税的条款。

《关税及贸易总协定》第5条明文规定:"来自或前往其他缔约国领土的过境运输,不应受到不必要的耽延或限制,并应免征关税、过境税或其他有关过境的费用。但运输费用以及相当于因过境而支出的行政费用或提供服务成本的费用,不在此限。"目前,大多数国家对过境货物只征收少量的签证费、印花费、登记费、统计费等。

(二)按照差别待遇和特定的实施情况分类

有的国家为了体现差别待遇和特定的目的,会征收进口附加税、差价税、特惠税或普惠税。

1.进口附加税

进口附加税是指进口国海关对进口的商品在征收进口关税的同时,处于特定的目的加征的额外进口关税。进口附加税往往是一种临时性措施,由一国根据与他国的贸易关系、政治关系等方面的因素而制定,不像一般进口关税受到只能降不能升的限制,因此进口附加税又称为特别关税。其征收的目的主要有:应付国际收支危机,维持进出口平衡;防止外国货物低价倾销;对某些国家进行歧视报复等。例如,1971 年美国出现首次贸易逆差,为了扭转这种不利局面,总统尼克松宣布实行“新经济政策”,其中包括规定对进口商品一律征收10%的附加税的措施,以限制进口,调节国际收支平衡。

(1)反倾销税

《关税及贸易总协定》第 6 条对倾销有下面的定义:“一国将产品以低于正常价格挤入另一国贸易时,若因此对某一缔约国内已建立的某项工业造成重大损害或产生重大威胁,或者对某一国内工业的兴建产生严重阻碍,便是倾销。”这里所指的“正常价格”,是指相同产品在出口国用于国内消费时在正常情况下的可比价格。如果没有这种国内价格,则是指相同产品在正常贸易情况向第三国出口的最高可比价格;或者是指产品在原产国的生产成本加上合理的推销费用和利润,即产品的构成价格。

反倾销税就是对于实行商品倾销的进口货物所征收的一种进口附加税。其目的在于抵制商品倾销,保护本国产品的国内市场。因此,反倾销税的税额一般按倾销差额征收,来抵消低价倾销商品价格与该商品正常价格之间的差额。通常反倾销税由受害产业的当事人提出出口国进行倾销的事实,请求本国政府机构征收。政府机构对该项产品的价格状况及产业受损害的事实与程度进行调查,确认存在倾销,则征收反倾销税。在调查期间,政府还可以对该产品进口征收暂时的相当于税额的保证金。如果调查结果认定倾销不成立,则予以退还。进口方主管机构应自反倾销案件正式立案调查之日起 60 天后,才能采取这种临时反倾销措施,而且这种措施一般情况下不得超过 4 个月,特定情况下可以延长到 6～9 个月。有的国家规定只要进口商品价格低于其规定的基准价格,就自动开始反倾销调查。

由于各国关于反倾销的法律规定不同,导致一些国家对反倾销措施的滥用。1979 年东京回合所达成的《1979 年反倾销守则》对原来的反倾销条款进行了修改,要求发达国家在制定反倾销措施时,对发展中国家给予特殊考虑。该守则的内容主要包括:

一是倾销的认定。如果商品进口国认为倾销对本国的工业造成重大损害,应提供有足够证据的书面要求:存在倾销;存在损害;倾销和损害之间存在因果关系。有关当局接到有足够证据的书面要求后方可发起调查。在调查过程中,进口国应给予有关当事双方以充分的机会,便于他们能够提供充分的证据进行磋商。一般情况下,反倾销调查应在 1 年内结束,最长不超过从调查之后的 18 个月。

二是损害的确定。产业损害包括三种情况:实质损害;实质损害威胁;实质阻碍产业的新建。实质损害是指进口国国内产业造成实质性的重大损害,轻微影响不能予以考虑。这种损害的确定主要是进口商品倾销的数量情况、对进口国市场同类产品价格影响情况以及进口产品对国内同类产品和产业产生的影响。实质损害威胁是指进口成员方的有关产业尚未处于实质损害的地步,但事实将会导致这种损害。实质阻碍产业的新建不能被理解为倾销产品阻碍了建立一个新产业的设想或计划,而应是一个新产业的实际建立过程受阻。

三是反倾销税的征收。该协议规定:"对任何产品征收反倾销税时,应在非歧视的基础上对所有经查明进行倾销并造成损害的进口商品征收适当税额的反倾销税,但反倾销税不应超过所定的反倾销差额。"另外,进口国对出口国提出的关于影响争议执行的任何问题,应给予充分磋商的机会。磋商如果不能达成一致,双方可提交反倾销委员会进行调解。

总之,反倾销措施的制裁报复手段,已经成为当前贸易保护主义的主要手段。近年来,反倾销案件涉及的商品越来越多,金额越来越大,倾销与反倾销已经成为导致国际摩擦的主要原因之一。

知识链接

与反倾销密切相关的是对"正常价值"和"重大损失或产生重大损失"的确定,世界贸易组织的《反倾销协议》对此都作了详细规定,如何确定"正常价值",有些产品在出口国国内市场销售量很小,或可能专门用于出口,协议规定,在国内市场不存在不足以证明商品正常价值的情况下,可按该国的第三国出口价格作为可比价格。

协议同时规定:在进口商与出口商由于其内在特殊关系而无法从价格上确定是否存在倾销或第三国市场也不能判断的情况下,倾销存在与否可根据出口产品的"构成价值"来加以确定。在国内工业受到损害方面,协议规定得比较明确具体。

(2)反补贴税

反补贴税是指为抵消进口商品在制造、生产或运输时直接或间接接受的任何形式的奖金或补贴而征收的一种进口附加税。征收反补贴税的目的在于增加进口商品的成本,抵消进口商品所享受的补贴金额,削弱其竞争力,使进口商品和本国商品在同等条件下公平竞争,从而保护国内市场和生产。

反补贴税最早出现于 19 世纪末,1897 年欧洲几个国家对精制甜菜砂糖给予了高额的出口补贴,导致出口量大增,使其他国家甘蔗销售受到很大损失。英国首先声明对其征收高关税,美国也做出了对此征收与出口补贴额相等的关税,后来印度也加以效仿。

为了规范反补贴措施的实施,《补贴与反补贴协议》于 1995 年正式生效。该守则旨在保证任一世贸组织成员不得使用补贴损害另一成员的贸易利益,也不得采取不合理的反补贴措施阻碍正常的国际贸易活动。协议首先把补贴分为三类:禁止使用的补贴、可申诉的补贴和不可申诉的补贴。禁止使用的补贴是指法律上或事实上以出口实绩为条件而给予的出口补贴或以使用国产货物为条件给予的进口替代补贴,又称"红灯补贴"。可申诉的补贴是指在一定范围内允许实施,但如果在实施过程中对其他成员的经济贸易利益造成了严重损害,或产生了严重歧视影响时,受到损害或歧视影响的成员也可对其补贴措施提出申诉,因此又称"黄灯补贴"。不可申诉的补贴是指补贴不具有转向性,即不向特定行业或行业的部分企业提供的补贴,或者是符合特定要求的转向性补贴,又称"绿灯补贴"。

与《反倾销协议》有关规则相似,《补贴与反补贴协议》规定了反补贴措施的规则,包括以下主要内容:

一是反补贴的调查程序。签字国必须要按照规定的程序发起调查，而且有充分的证据，才能征收反补贴税：包括补贴存在、产生损害、补贴和损害之间存在因果关系。除非特殊情况，反补贴调查应在一年内结束，并给予被调查国充分的机会进行磋商，以澄清事实真相。

二是损害的确定。损害是指对某种国内工业造成实质损害，或者对建立此种工业有实质妨碍。损害的确定必须考虑以下的客观因素：补贴进口的数量及其对国内市场同类产品价格的影响；对国内同类产品生产者所带来的影响，如产量、销售、利润、市场份额、生产率、投资利润、设备利用等。

三是反补贴措施的规定。该协议规定了三类反补贴措施。第一类是临时措施，如果反补贴调查当局确认初步存在补贴，且对进口成员产业已造成实质性损害或严重威胁，为防止在调查期间继续造成损害，可以采取临时措施。临时措施可采用临时补贴、反补贴形式。但该措施不得早于发起调查之日以后的 60 天，实施期限不得超过 4 个月。临时反补贴税应按初步确定的补贴额所交存的现金存款或担保。第二类是承诺，如果在反补贴调查期间收到以下令人满意的和自愿的承诺，可以中止或终止调查程序，而不采取临时措施或反补贴税：出口成员方政府同意取消或限制补贴，或采取其他有关减少补贴的措施；出口商同意修正其价格，并使调查当局满意，认为补贴造成的损害作用业已消除。第三类是反补贴税，如果反补贴调查最终裁定存在补贴和补贴产品的进口造成了损害，进口成员方当局便可以决定对受补贴进口产品无歧视地征收不超过补贴额的反补贴税，但对于已撤回的补贴或做出承诺的进口商除外。

尽管《补贴与反补贴协议》与《反倾销协议》的规则相似，但两者仍存在一些差别。主要体现在以下几个方面。①对微量标准的标准规定不同。在反倾销调查中，2%或 2%以下的倾销幅度被认为是微量的；在反补贴调查中，只有补贴低于从价金额的 1%，才能被认为微量，对发展中国家成员适用的比例可以低于 2%。②对忽略不计的标准规定不同。在反倾销调查中，如果一成员倾销产品对特定市场的出口量不足该市场进口总量的 3%，则该进口量可以忽略不计，除非此种比例均低于 3%的几个成员合计比例超过 7%；在反补贴调查中，针对发展中国家成员的比例为 4%，作为例外的合计比例。③邀请磋商是发起反补贴调查成员方的义务，而反倾销调查中不存在这种规定。④价格承诺的方式不同。反补贴中的价格承诺有两种形式：一是出口商同意修改其价格，以消除补贴的损害；二是出口方政府同意取消或限制补贴，或采取其他措施消除补贴的影响。而在反倾销的价格承诺中，不存在政府承诺的问题。

2. 差价税

差价税又称差额税，是当本国生产的某种产品的国内价格高于同类进口商品的价格时，为削弱进口商品的竞争力，保护本国生产和国内市场，按国内价格与进口价格之间的差额征收的关税。由于差价税是随着国内外价格差额的变动而变动的，因此又称之为滑动关税。

征收差价税的目的是使该种进口商品的税后价格保持在一个预定的价格标准上，以稳定进口国国内该种商品的市场价格。这种差价关税有的按价格差额征收，有的在正常关税以外另行征收，实际上又属于进口附加税。

征收差价税的典型例子是欧盟所实行的共同农业政策中的差价税制度。这种政策的目的是统一欧盟区域内的农产品市场价格，保护其农畜产品免受非成员方低价农产品竞争。欧盟征收差价税首先在共同市场内部以生产效率最低而价格最高的内地市场的价格为准，制定统一的指标价格，这种价格一般高于世界市场的价格。为了维持这种价格，欧盟还制定了干预价格，一旦中心市场的实际市场价格跌到干预价格水平，有关机构便从市场上购进谷物，以防止价格继续下跌。其次，从指标价格中扣除运输谷物到内地中心市场的运费、保险费、杂费和销售费用，得到闸门价格，或称门槛价格。最后，根据有关产品的进口价格与门槛价格的差额确定差价税额：

差价税额＝门槛价格－进口价格

3.特惠税

特惠税又称优惠税，是指对某个国家或地区进口的全部商品或部分商品，给予特别优惠的低关税或免税待遇。特惠税有些是互惠的，有些是非互惠的，因此这种优惠只适用于特定的国家和地区，而非受惠国家不能享受这种关税优惠待遇。

特惠税最早开始于宗主国与殖民地及附属国之间的贸易，目的在于保护宗主国在其殖民地及附属国市场上的优势。目前，在国际贸易中在起作用的、最有影响力的是《洛美协定》，该协定是欧盟向参加协定的非洲、加勒比海和太平洋地区（简称“非加太地区”）的发展中国家在多哥首都洛美签署的，向它们提供单方面的特惠关税。截至1999年年底，参加《洛美协定》的国家达到86个，其中包括欧盟的15个成员。按照《洛美协定》，欧盟在免税、不限量的条件下，接受受惠国的全部工业品和96％的农产品进入欧盟市场，而不要求受惠国给予反向优惠，并放宽原产地限制和部分非关税壁垒。另外，该协定也规定，如果大量进口产品在欧共体的国家引起严重混乱，欧共体保留采取保护措施的权利。

第五个《洛美协定》于2000年2月3日签署，有效期20年，其主要内容是：民主、人权、法制和良政为执行该协定的基本原则，欧盟有权中止向违反上述原则的国家提供援助；欧盟逐步取消对非加太地区国家提供单向优惠贸易政策，代之以向自由贸易过渡，双方最终建立自由贸易区，完成与世贸规则接轨；欧盟将建立总额为135亿欧元的第九个欧洲发展基金，用于向非加太地区国家提供援助，并从前几个发展基金余额中拨出10亿欧元用于补贴重债穷国等。

4.普遍优惠制

普遍优惠制又称普惠制，是发达国家对发展中国家或地区输入的商品，特别是制成品和半制成品，给予普遍的、非歧视的和非互惠的关税优惠待遇。所谓普遍的，是指发达国家对发展中国家或地区出口商品给予普遍的优惠待遇；所谓非歧视的，是指应使所有发展中国家和地区都无一例外地享受普惠制的待遇；所谓非互惠的，是指发达国家单方面给予发展中国家或地区关税优惠，而不要求发展中国家和地区提供反向优惠。其中，非互惠原则是普惠制的核心，它虽是对关贸总协定最惠国待遇原则的背离，但却是发达国家为促使经济相对落后的发展中国家和地区加速发展而做出的例外安排，已成为当今发展中国家和发达国家之间贸易关系的一个重要原则。

普惠制的主要目的是增加发展中国家或地区的外汇收入，促进发展中国家或地区的工业化，加速发展发展中国家或地区的经济增长率。普遍优惠制是发展中国家在联合国贸易与发展会议上长期斗争的结果。从1968年联合国第二届贸发会议通过普惠制决议至今，全世界享受普惠制待遇的发展中国家和地区已经有190多个，给惠国则达到31个，其中包括欧盟15国（法国、英国、爱尔兰、德国、丹麦、意大利、比利时、荷兰、卢森堡、希腊、西班牙、葡萄牙、奥地利、瑞典和芬兰）、挪威、瑞士、日本、加拿大、美国、澳大利亚、新西兰、俄罗斯、白俄罗斯、乌克兰、哈萨克斯坦、捷克、斯洛伐克、匈牙利和保加利亚等。其中欧盟 15 国实施同一个给惠方案，其余 16 国各自有自己的给惠方案，这些方案各有特点，不尽相同，主要是下面四个部分。

(1)对受惠国家和地区的规定

即受惠国或地区的名单。普惠制原则上应对所有发展中国家或地区都无例外地提供优惠待遇，但有的国家基于经济和政治利益的角度，把某些受惠国和地区排除在受惠国名单之外。如美国公布的受惠国名单中，就不包括某些社会主义发展中国家、石油输出国组织成员国等。

(2)对受惠产品范围的规定

普惠制规定对受惠国所有制成品和半制成品提供关税优惠，实际上许多给惠国往往随着它们经济贸易政策的需要而有所调整。一般来说，工业品受惠较多，农产品受惠较少，而少数敏感性产品如石油产品被排除在外。目前，所有给惠国都采用商品名称及编码制度，在本国的税则目录中列出受惠产品范围的清单。

(3)对受惠产品减税幅度的规定

受惠产品的减税幅度是指最惠国税率与普惠制税率的差额。差额越大，优惠幅度也就越大。一般农产品的减税幅度要小于工业品的减税幅度。为了削弱某些受惠产品的竞争力，有些给惠国按各类受惠国产品规定不同的减税幅度。如欧盟将受惠产品按敏感程度分为非敏感产品、半敏感产品、敏感产品、非常敏感产品、石油产品等五类，减税幅度依次降低。

(4)对给惠国的保护措施的规定

各给惠国一般都会在其方案中规定保护措施，来保护本国的一些产业利益。其主要内容有：

①免责条款。指给惠国产品的进口量增加到对本国的同类产品或有直接竞争关系的产品的生产者造成或即将造成严重损害时，给惠国保留对该产品部分或完全取消优惠待遇的权利。这种条款作为给惠国保留的一项权利，实际上很少使用。

②预定限额。指预先规定一定时期的某些受惠产品的优惠关税进口限额，对超过限额的进口产品征收最惠国税率。它包括最高限额、分配限额和国家最大额度三种，施行预定限额的国家主要是欧盟、日本和澳大利亚。

③竞争需要标准。指在一年内对来自受惠国的某项进口产品，如超过竞争需要限额或超过美国进口该项产品总额的 50%，则取消下一年该受惠国或地区该项产品的关税优惠待遇；如下一年该产品进口额降低至限额以内，则第三年可以恢复其关税优惠待遇。这种标准主要由美国采用。

④毕业条款。指当一个受惠国和地区的某项或全部产品生产发展到较高水平，使其在世界市场上显示出较强的竞争力时，则取消该产品或全部产品所享受的关税优惠待遇资格，称之为“毕业”。按照适用范围不同，可以分为“产品毕业”和“国家毕业”。美国在 1988 年首先宣布新加坡、韩国和中国的香港、台湾地区适用“国家毕业”的规定，从 1989 年起取消其普惠制待遇。欧盟从 1995 年起也开始实施这种规定。

⑤原产地标准。指衡量受惠国出口产品能否取得原产地规则、享受优惠的标准，目的是确保发展中国家或地区的产品利用普惠制扩大出口，且防止非受惠国产品利用普惠制来扰乱贸易秩序。各给惠国的普惠制方案中原产地规则一般包括原产地标准、直接运输规则和

原产地证明文件三部分。

(三)按照关税的征税标准分类

按照关税的征收标准,关税可以分为从量税和从价税两种,在此基础上,还可以派生出混合税和选择税。

1.从量税

从量税是指按照商品的重量、数量、容量、长度、面积等计量为标准计征的关税。从量税的其计算公式为:

从量税额=商品数量×每单位从量税

各国征收的从量税,大部分以商品重量为单位征收。各国在实际应用中计算重量的标准各不相同,一般采用毛重、法定重量和净重等方法计算。从量税的优点在于课税标准一定,征税手续简便;缺点在于同类货物无论等级质量,均征同样的关税,使得其保护程度不一致,且不能随商品价格变化而变化。从量税的适用商品一般是谷物等大宗或标准产品,而对某些艺术品及贵重物品则不适用。如中国对啤酒征收的从量税,普通税率每升 7.5 元人民币,优惠税率每升 3.5 元人民币。

2.从价税

从价税是指以商品的价格为标准征收的关税,其税率表现为商品价格的百分率。从价税的计算公式为:

从价税额=商品总值×从价税率

从价税额随商品价格的变化而变化,关税收入直接与商品价格挂钩,因此它的保护作用不受商品价格变动的影响。从价税的优点主要在于其征收简便、税率明确、税收负担较为公平、税收的保护作用随价格上涨增加。例如,2006 年中国的汽车进口关税为 25%,如果一辆进口汽车价格为 3 万美元,其关税税额为 30000 美元×25%=1500 美元。

在从价税的征收过程中,比较复杂的是计算进口商品的完税价格。完税价格是指经过海关审定作为计征关税的货物的价格,是决定税额多少的重要因素。世界各国对商品完税价格的审定主要有以下几种标准:①CIF 价格(成本、保险费加运费);②FOB 价格(装运港船上交货价格);③进口国国内市场价格或法定价格。

为了弥补从量税和从价税的不足,关税的征收标准在此基础上,又产生了混合税和选择税。

3.混合税

混合税又称复合税,是指对某种进口商品采用从量税和从价税同时征收的一种方法。混合税的计算公式为:

混合税额=从量税额+从价税额

按照从量税额与从价税额的主次不同又可以分为两种情况,一种是以从量税为主加从价税,另一种是以从价税为主加从量税。这种方法综合了从量计征和从价计征方法的优点,使不同档次、不同价格的同一类商品税负比较合理,但计算税额时相对麻烦。

4.选择税

选择税是指对一种进口商品同时定有从价税和从量税两种税率,在征税时选择其中一种征收,一般是按照税额较高的一种税率征收。例如,日本对布坯的进口征收协定税率为 7.5%或每平方米 2.6 日元,从高征收。有时,为了鼓励某些商品的进口,也可以选择其中税额较低者征收。

(四)按照关税的保护程度分类

按照保护的程度和有效性,关税可以分为名义关税和有效关税两种。

1.名义关税

名义关税是指当某种进口商品进入一个国家的关境时,海关根据海关税则对其征收的关税。在其他条件不变的条件下,名义关税税率越高,其对本国同类产品的保护程度也越高。

2.有效关税

在现实生活中,一个国家的最终产品中,往往会含有大量的进口材料或中间产品,如果简单计算名义关税则不能考虑到关税对产品不同阶段的不同影响。如果一国对最终产品的进口征收关税,就会提高该产品的国内价格,从而提高国内生产的同类产品的增加值;如果对产品的原材料或中间产品的进口征收关税,原材料或中间产品的价格上涨则使任何购买该产品作为投入品的部门减少其最终产品的增加值。

有效关税是指对某个工业每单元产品的“增值”部分的从价税率,代表着关税对于本国同类产品的真正有效保护程度。有效关税税率是指一个国家征收关税后单位产品产出增值量与自由贸易条件下单位产品产出增值量相比增加的百分比,即:

$$E=T/V$$

其中,E 表示有效保护率,T 表示进口最终产品的名义关税税率,V 表示该产业最终产品的增值比率。例如,棉布的名义关税税率为 30%,纺织业的最终产品的增值比率为 40%,则该产品的有效保护率为 75%。

由此可见,有效关税保护率受到进口国最终产品的名义关税税率、进口原材料的名义关税税率和所用原材料在最终产品所占比重大小的影响。实际上,很多国家对原材料实行低关税,对半成品实行较高关税,对制成品实行高关税,一些工业发达国家的有效关税保护率往往比名义关税税率高出很多,以达到进一步限制商品进口的作用。

三、关税的征收依据与程序

(一)海关税则

各国征收关税的依据是其海关税则,或称关税税则,指一国对进出口商品计征关税的规章和对进出口的应税和免税商品加以系统分类的一览表,是该国关税政策的体现。

海关税则一般包括两个部分:一是海关课征关税的规章条例及其说明;二是关税税率表。

关税税率表是海关税则的主要内容,又包括三个部分:一是税则号列,即税号;二是商品分类目录;三是税率。

1.海关税则的商品分类

海关税则中的商品分类,有的按商品的加工程度划分,有的按商品的性质划分,也有的按两者的结合划分:先按商品性质分成大类,再按加工程度分成小类。

(1)海关合作理事会税则目录

为了解决各国海关编制税则商品目录标准差异给国际贸易活动和经济分析带来的困

难，欧洲关税同盟研究小组1952年制定了《海关合作理事会税则目录》，又称《布鲁塞尔税则目录》。这个税则目录以商品性质为主，结合加工程度进行分类，把全部商品分成21个大类、99章、1015项税目。其中1～24章为农畜产品，25～99章为制成品。目录编号采用四位数，前两位数字表示章，后两位数字表示该章下的税目号。各国可在税目下加列子目，税则商品分类如此繁细，反映了商品种类的繁多，同时也为了便于实行差别关税以及贸易歧视政策，来体现一国的关税政策。

(2)商品名称及编码协调制度

为了使国际贸易商品分类统计与海关关税税则目录相统一，兼顾海关、贸易统计与运输保险业的需求，海关合作理事会协调制度委员会在1983年主持制定了《商品名称及编码协调制度》，简称《协调制度》(H.S.)。该制度于1988年正式在国际上实施，我国于1992年1月1日开始采用。

《协调制度》是在《海关合作理事会税则目录》与联合国统计委员会的《国际贸易标准分类》的基础上编制的。它将商品分为21类、97章、1241个四位数税目、5019个六位数子目。这种新型的、系统的、多用途的国际贸易商品分类体系，除了用于海关税则与贸易统计以外，为运输业的计费和统计、计算机数据的传递、国际贸易单证简化以及普惠制的受惠标准等方面都提供了一套适用的分类制度，避免了一种商品在一次国际贸易中，因多个环节而多次改变商品编号的情况。

2. 海关税则的分类

(1)根据海关税则税率设置分类

根据海关税则税率设置的不同，海关税则可以分为单式税则和复式税则两类。

单式税则是指一个税目下只有一个税率，适用于任何国家的同类产品，没有差别待遇。这种税则主要存在于垄断资本主义之前的时期。现在，很多国家为了发展对外贸易，与其他国家签订贸易条约或协定，实行关税互惠和对外差别待遇，因此只有少数国家，如委内瑞拉、巴拿马等还在实行单式税则。

复式税则是指一个税目下有两个以上的税率，对来自不同国家的商品适用不同的税率，实行差别待遇。各国复式税则的设置不尽相同，有2～5栏不等，设有普通税率、最惠国税率、协定税率、特惠税率等。一般普通税率最高，特惠税率最低。目前，世界上大多数国家出于贸易竞争的需要，对不同国家实行差别或歧视待遇，或为争取关税上的互惠，以保证其商品的销售市场和原料来源，都实行复式税则。

(2)根据海关税则的制定方式分类

根据海关税则制定的权限不同，海关税则可以分为自主税则和协定税则。

自主税则又称国定税则，是指一国立法机关根据关税自主原则独立制定的一种税则。它又可以分为自主单式税则和自主复式税则。

协定税则是指一国与其他国家或地区经过谈判，以贸易条约与协定的形式而订立的一种税则。它是本国与其他国家通过关税减让谈判，在自主税则的基础上规定的税率，一般其税率比自主税则要低。

(二)关税的征收程序

关税的征收程序又称通关手续，是指进出口商品向海关申报进口或出口，接受海关的监督与检查，履行海关所规定的手续。通关手续通常包括货物申报、货物查验和征税放行三个基本环节。

1. 货物申报

货物进出境时,货物的所有人或代理人必须按照规定向海关申报,提交有关单证和填写海关所发的表格,主要单证包括报关单、许可证、提单、发票、装箱单、原产地证书和有关证明文件等。

2. 货物查验

海关按照有关法律规定来审核单证、查验货物,看单证是否真实完整,货物是否与单证相符。

3. 征税放行

海关在货物查验后,照章办理收缴税款和其他费用,在提单、运单、装货单上加盖海关放行图章,进出口货物即可通关,由收、发货人据此向港口、民航、车站、集装箱场或邮局办理提取托运手续。

应当注意,很多国家的报关手续往往十分繁杂,因此,海关通关手续办理有时候在一定程度上会影响其在货物进口国的销路,从而间接起到限制进口的作用。

四、关税对一国经济的影响

征收关税对进出口国经济会产生多方面的影响,比如会引起参加贸易商品国际价格和国内价格的变动,引起进出口国家在生产、分配、交换和消费等方面的调整。这些关税对经济的影响主要包括价格效应、贸易条件效应和国内效应等。

(一)关税的价格效应

价格效应主要指的是关税对货物进口国的影响。进口商向海关纳税的税收成本,总会通过相应提高商品价格来弥补。至于进口商会把税负的多大比例转嫁给消费者,也就是说,关税是否完全由消费者负担,正是其价格效应所探讨的主要内容。这种价格的效应对于大国和小国是不同的。

大国对进口商品征收关税,进口商品成本增加,导致其在国内市场的价格提高,从而这种商品的需求量减少,进口量下降。由于大国的进口量与消费量在国际市场中的比重较大,这种需求量的减少会引起国际市场价格的下跌,进而会引起商品出口国价格的下跌。因此,大国征收关税,其税负是由进口国的消费者和出口国的出口商共同承担的。最终大国可以将多少比例的税负转嫁给出口国则取决于进口国对该商品的需求价格弹性及出口国的供给价格弹性。如果出口国供应商对国际市场供求变化的应变能力很强,则被转嫁的税负部分会较小。

小国对进口商品征收的关税,依然会导致进口商品成本增加,国内市场价格上升,从而需求量与进口量下降。但这种需求量的减少在国际市场上的比例很小,因此其变化不能引起国际贸易量的波动,也不足以影响商品出口国的价格。因此,对小国征收进口关税的税负会完全由本国消费者来承担。小国作为国际市场价格的接受者,只能从其价格变化过程中获取可能的利益。

(二)关税对贸易条件的影响

贸易条件是一国用出口交换进口的条件,当出口商品可以换取更多的进口商品时,称贸易条件改善；反之，则为贸易条件的恶化。关税对进口国贸易条件的影响也根据大国和小国而有所不同。

对大国来说，假定国际市场上商品价格不变，向进口商品征收关税，使其在国内市场的价格上涨，结果会导致该商品国内消费量与进口量的减少。大国的进口量在世界上所占比重较大，因此其进口量减少会导致这种商品在国际市场上供过于求，从而国际市场的价格下跌。这种变化使该国出口与进口的价格比率上升，即同样的出口商品可以换取更多的进口商品，其贸易条件得到改善。而对这种商品的进口国来说，如果其他条件不变，则会使它的贸易条件恶化。

对小国来说，进口商品的关税只会导致其国内市场价格上升，进口量下降。这种变化不足以影响商品在国际市场上的价格，因而对进口国和出口国的贸易条件都不会产生影响。

（三）关税对进口国国内的影响

关税可以对进口国国内的消费、税收、再分配产生影响。由于上面的分析，关税的税负会由于大国与小国的不同对进口国国内产品价格产生不同程度的影响，因此也会对进口国国内经济的其他方面的影响有所区别。小国只能作为价格的接受者，而大国是价格的影响者甚至决定者，从而可以将部分关税转嫁给出口国。

无论大国或小国，征收关税都会降低贸易双方的国民福利以及世界福利水平，损害消费者的利益，同时会对生产进口替代产品的厂商有利。除了少数例外，实行自由贸易才是对贸易双方以及世界的福利最有利的政策。

第五节　非关税壁垒措施

一、非关税壁垒的概念和特点

（一）非关税壁垒的概念

非关税壁垒是指关税以外的一切限制进口的措施，是相对于关税壁垒而言的。非关税壁垒按照其对进口商品的作用，可以分为直接的非关税壁垒措施和间接的非关税壁垒措施。前者指进口国直接对进口商品规定进口的数量或金额，以达到限制或迫使出口国直接规定该商品的出口数量或金额的出口，如进口配额制、“自动”出口配额制、进口许可证制等；后者指进口国虽未直接规定进口商品的数量或金额，但对进口商品制定种种严格的条例，以间接影响和限制商品的进口，如进口押金制、海关估价制、成本性外汇管制、繁苛的技术标准、安全卫生检疫和包装标签规定等。

非关税壁垒最早出现于资本主义发展初期，而普遍发展时期是在 20 世纪 30 年代资本主义世界经济危机爆发之后，当时西方各国为了缓和国内市场矛盾，广泛采用进口配额、进口许可证和外汇管制等非关税壁垒措施，以达到更加有效限制商品进口的目的。二战以后，随着关贸总协定的成立和自由贸易谈判的进行，资本主义国家开始大幅度地降低关税，同时也开始放宽非关税壁垒。但是到了 20 世纪 70 年代以后，两次能源危机导致世界经济危机，资本主义国家尤其是发达国家之间的贸易摩擦愈演愈烈，限制进口措施日益加强，此时主要依据的是种种非关税壁垒措施，形成了新贸易保护主义。据统计，非关税壁垒措施在20世纪60年代时达850多项，发展到目前已远远超过1000项，且还有增加的趋势。

非关税壁垒措施与关贸总协定（世界贸易组织）促进贸易自由化的宗旨是相违背的，在关贸总协定第七轮"东京回合"谈判中，就第一次把减少、消除非关税壁垒作为谈判的主要议题之一，并提出了减少或消除非关税壁垒对国际贸易的限制及不良影响，以将其置于有效的国际控制之下的条款。但是这些条款与协议本身是有所保留的，且新的非关税壁垒的形式层出不穷、花样繁多，导致非关税壁垒越来越趋向于采用处于总协定法律原则和规定的边缘的歧视性措施，成为"灰色区域措施"，在一定程度上构成了对国际贸易体系的威胁。

（二）非关税壁垒的特点

与关税相比，非关税壁垒有其自身显著的特征。

1. 灵活性

关税的制定一般要通过立法程序，并要求有一定的延续性和稳定性。如果要调整关税税率，也必须经过法律的程序进行，花费较长的时间，因此很难在遇到紧急限制进口的情况时收到立竿见影的效果。非关税壁垒的制定和调整，往往只需要行政程序完成，手续简便，因此可以针对某个国家或商品采取临时的应对措施，具有较强的灵活性。

2. 有效性

关税对进口商品的限制是通过提高进口商品的成本来完成的，因此是间接的、相对的作用。如果要应对国外越来越普遍的出口补贴、出口退税、商品倾销等鼓励出口的措施，单靠关税的限制作用，效果往往并不明显。而如果运用进口配额、进口许可证等直接规定其进口商品的数量和金额，就可以更直接地限制进口。因此，非关税壁垒是更加有效地管理商品进口的措施。

3. 隐蔽性

关税的税率一旦确定，就必须对公众公布公开，因此具有较高的透明度。非关税壁垒则往往是借助于进口国相关行政规定和条例，巧妙地隐蔽在具体执行过程当中；或者规定极为繁杂的标准和程序，使进口商难以应付，比如技术标准、卫生检疫等。这样，就增加了国际贸易活动的困难程度。

4. 歧视性

每个国家都只有一部关税税则，关税对于所有贸易对象国的影响程度是同等适用的，不具有差异性。而非关税壁垒则可以针对某个国家或商品制定不同的贸易政策和措施，具有差别和歧视性。例如，英国的糖果曾长期在法国有很好的销路和市场，但后来法国规定禁止进口含有红霉素的糖果——而红霉素正是英国糖果普遍使用的色素，这导致了英国糖果在法国的市场份额大大减少。

二、非关税壁垒的种类

非关税壁垒的名目和种类繁多，主要可以分为下面几种。

（一）进口配额制

进口配额制又称进口限额制，是一国政府在一定时期（通常是一年）内，对某些商品的进口数量或金额加以直接限制。在规定的期限内，配额以内的货物可以进口，超过配额则不准进口，或者需要征收高关税以后才准许进口。进口配额主要分为绝对配额和关税配额两种形式。

1. 绝对配额

绝对配额是在一定时期内，对某些商品的进口数量或金额规定一个最高限额，达到这个限额以后便不准进口。绝对配额在其实施或分配的过程中，可分为全球配额和国别配额。

(1)全球配额

全球配额属于世界范围的配额，指对某种商品的进口规定一个总的限额，对来自任何国家或地区的商品一律适用。当配额公布后，政府主管当局按照进口商申请的先后或其过去一定时期的实际进口额批给一定的额度，直至总配额批完为止，超过总配额便不再准许进口。

由于全球配额不对进口国家和地区加以限制，因此在当年的配额公布以后，进口商便竞相争夺这些配额，而地理上相近的国家因为运输和销售成本相对较低，就成为进口商的首选。这种情况使进口国难以贯彻国别政策，容易引起贸易摩擦，因此许多国家选择使用国别配额。

(2)国别配额

国别配额是在总配额内按照国别或地区分配给固定的配额，超过规定配额便不准进口。实行国别配额可以贯彻进口国家与其贸易对象国的政治经济关系，从而体现其国别政策。为了区分来自不同国家和地区的商品，在进口商品时进口商必须提交原产地证明书。例如，美国曾经通过不同的纺织品国别配额来区别对待中国大陆和台湾，因此这种配额具有较强的选择和歧视性。

国别配额根据分配方式不同，又可分为自主配额和协议配额。自主配额又称单方面配额，是由进口国自主、单方面地强制规定在一定时期内从某个国家和地区进口的某种商品配额。自主配额的确定一般参照这些国家过去某时期的输入实绩，按照一定的比例来确定新的进口数量或金额，同时可以根据这些比例的差异和变化，来贯彻进口国的国别政策。由于自主配额往往带有歧视性，容易受到其他国家或地区的不满甚至贸易报复，因此更多的国家采用协议配额的方式。

协议配额又称双边配额，指进口国与出口国政府或民间团体之间协商所确定的配额。由于这种配额是进出口国家双方协商确定的，通常不会引起出口国家的报复，因此执行也较为容易。目前，协议配额的运用十分广泛，一些国家为了加强进口配额的作用，往往规定十分繁杂的配额细则。

一般情况下，绝对配额用完之后就不准进口。但有些国家出于一些特殊需要，也可以另行确定额外的特殊配额或补充配额，比如进口某些半制成品加工后再出口的配额、展览会或博览会配额等。

2. 关税配额

关税配额是指进口国对商品进口的绝对数额不加限制，而规定对在一定时期内，一定配额以内的进口商品给予低税、减税或免税待遇，超过配额的进口商品则征收较高关税、附加税或罚款。

按照商品进口的来源，关税配额可分为全球关税配额和国别关税配额。

按照征收关税的目的，关税配额可分为优惠性关税配额和非优惠性关税配额。前者指对关税配额内进口的商品给予较大幅度的关税减让，甚至免关税，而对超过配额的进口商品实行原来的正常关税（最惠国关税）。欧盟在实行普遍优惠制中所采取的关税配额即属于这一类。后者指在关税配额内征收正常的关税，对超过配额的进口商品，则征收极高的附加税或罚款。可见，关税配额是一种将征收关税与进口配额结合在一起的限制措施。

目前，大多数发达国家与发展中国家仍在实行进口配额制。发达国家主要是将其作为一种贸易歧视手段，发展中国家则主要是为了限制非必需品以及与本国产品相竞争的产品进口，以达到节省外汇开支，促进民族经济发展的目的。随着贸易自由化与世贸组织谈判的进行，某些商品（如纺织品）的进口配额已在逐步放宽或取消。

知识链接

2005 年之前，纺织品配额一直作为纺织品贸易主要的非关税壁垒。自 2005 年 1 月 1 日起纺织品全球配额取消，纺织品贸易进入自由贸易时代。2005 年 5 月 18 日，美国纺织品协议执行委员会以“市场扰乱威胁”为由，做出对来自中国的化纤针织衬衫、化纤制裤子、棉及化纤梭织男衬衫和精梳棉纱采取纺织品特别限定措施的决定。根据这一决定，中国进入美国市场的这七类纺织品数量最多只能年增长 7.5%。2005 年 1—4 月份，中国对欧盟纺织品出口增长达到 600%，中国与欧盟当局于 2005 年 6 月 11 日签署《中华人民共和国与欧盟委员会关于中国部分输欧纺织品备忘录》就接下来三年中国对欧盟纺织品出口增长达成协议。该协议到 2007 年年底截止，2008 年欧盟市场对中国纺织品全面开放。

（二）“自动”出口配额制

“自动”出口配额制又称“自动”限制出口或“自限制”，是指出口国家或地区在进口国的要求或压力下，或按照双方达成的协议额度，“自动”规定某一时期内某些商品对该国的出口限额，在限定配额内自行控制出口，超过配额便禁止出口。

“自动”出口配额制在形式上与进口配额制有所不同，前者表现为出口国的限制，后者表现为进口国的限制。但就实质来说，“自动”出口配额制与进口配额制一样，都是进口国限制进口的一种手段，所谓的“自动”，实际上是出口国迫于进口国的压力或防止造成所谓的“市场混乱”，而被迫采取的出口限制。

“自动”出口配额制一般有下面两种形式。

1. 非协定“自动”出口配额

非协定“自动”出口配额是指出口国未受到国际协定的约束，而是在迫于进口国压力下自行单方面规定限制出口的配额，来限制商品出口的一种措施。出口商必须向政府主管部门申请配额，领取出口许可证才能出口；或本国大的出口厂商、协会“自动”控制出口。

2. 协定“自动”出口配额

协定“自动”出口配额是指进出口双方通过谈判签订“自限协定”或“有秩序销售协定”，规定有效期内某些商品的出口配额。出口国则根据这种协定来发放出口许可证，自行限制商品出口;进口国则根据海关统计资料进行核查监督。一般来说,各种"自限协定"的内容不尽相同,但都包含了配额水平、自限商品的分类、限额的融通、保护条款、出口管理的规定和协定期限等内容。

(三)进口许可证制度

进口许可证制度是指进口国家规定某些商品的进口必须得到相关部门批准,领取许可证之后才能进口的一种行政措施。这种措施是进口国进行贸易管理的一种重要手段,常与配额、外汇管制等结合使用。

按照不同的方式,进口许可证有以下一些基本类型。

1.按照进口许可证与进口配额的关系分类

(1)有定额的进口许可证

有定额的进口许可证是指国家相关机构预先规定有关商品的进口配额,在配额限度内,根据进口商的申请对每一笔进口货物发放给进口商一定数量或金额的进口许可证,配额用完即停止发放。这是一种将进口许可证与进口配额相结合的进口管理方式。一般来说,这种许可证是由进口国当局向提出申请的进口商发放,或者交给出口国自行颁发。

(2)无定额的进口许可证

无定额的进口许可证是指预先不公布进口配额,只是在个别考虑的基础上,来决定是否颁发进口许可证。这种许可证的发放权完全在进口国政府主管部门,具有更大的隐蔽性与歧视性,因此其限制进口的作用也更大。

2.按照进口许可证对进口商品的限制作用分类

(1)公开一般许可证

公开一般许可证或称自动出口许可证,对于出口国别或地区没有限制,凡列明属于公开一般许可证的商品,进口商只要填写公开一般许可证后,就可以获准进口。这种许可证的目的不在于限制商品进口,而主要是起到海关统计和管理的作用。

(2)特种进口许可证

特种进口许可证又称非自动进口许可证,进口商必须向政府有关当局申请,经政府逐笔审查批准后才能进口。这种进口许可证,多数都指定商品的进口国别或地区。为了区分公开一般许可证与特种进口许可证所允许进口的商品范围,进口国当局通常定期公布有关商品的目录及调整情况。一般来说,特种商品主要是指烟酒、武器、麻醉品等一些敏感商品。

进口许可证的使用有利于进口国政府直接控制商品进口,一些国家更通过繁琐的程序来申领进口许可证,达到阻碍进口的目的。关贸总协定在"东京回合"多边贸易谈判中,制定了《进口许可证手续协议》,希望可以简化国际贸易中所运用的管理手续和做法,使之具有透明性,并能确保公平合理地应用和实行。

(四)外汇管制

外汇管制是指一国通过法令对国际结算和外汇买卖实行限制国际收支和维持本国货币汇价的一种制度。实行外汇管制的国家大多规定出口商的外汇收入按照官方汇率卖给外汇管制机构,进口商也必须在外汇管制机构按官方汇率申购外汇以支付货款。同时,外汇管制对携带本国货币出入国境也有严格的限制。这些国家通过确定汇价,集中外汇收入和控制外汇供应数量的办法来限制商品进口的数量、种类和国别,达到进口管制的目的。

外汇管制的形式一般有数量性外汇管制、成本性外汇管制和混合性外汇管制三种。

1. 数量性外汇管制

数量性外汇管制是指国家外汇管理机构对外汇买卖的数量直接进行限制和分配，旨在集中外汇收入，控制外汇支出，达到限制进口商品品种、数量和国别的目的。有的国家在实行数量性外汇管制的时候，还会结合所发放的进口许可证的情况。因此，这种外汇管制措施实质上也是一种直接限制进口的措施。

2. 成本性外汇管制

成本性外汇管制是指国家对外汇实行复汇率制度，利用买卖成本的差异，来间接影响不同商品的进出口，达到限制或鼓励某些商品进出口的目的。所谓复汇率制，是指一国货币的对外汇率不只有一个，而是有两个或两个以上，分别适用于不同的进出口商品。一般来说，对于国内需要又供应不足的进口商品，或者缺乏竞争力但又要扩大出口的商品，适用较为优惠的汇率；对于国内大量生产的商品和非重要的进口商品，或者一般出口商品实行一般汇率；而对于奢侈品或非必需品的进口，则适用最不利的汇率。

3. 混合性外汇管制

混合性外汇管制是指同时采用数量性和成本性的外汇管制，对外汇实行更加严格的管制，以控制商品的进出口。

一国外汇管制的松紧，主要取决于该国的经济、贸易、金融及国际收支情况。1931 年，在资本主义世界经济危机爆发后，许多国家实行外汇管制，以缓解国际收支失衡的情况。近年来，国际金融形势动荡不安，如美国次贷危机、石油价格波动等，对国际金融及国际经济产生了重大影响，各个国家的外汇管制有加强的趋势。

（五）进口押金制

进口押金制又称进口存款制，是指进口商在进口商品前，必须预先按进口金额的一定比例，在规定的时间和指定的银行无息存入一笔现金的制度。这种制度实际上是对进口商一定资金流的冻结，相当于征收了一定比例的进口附加税，从而增加了进口商的资金负担，起到了限制进口的作用。

意大利在 20 世纪 70 年代曾对 400 多种商品实行这种制度，规定进口商必须向中央银行缴纳相当于进口货值一半的现金，无息冻结 6 个月。据估计，这种措施相当于征收 5%以上的进口附加税。巴西的进口押金制规定，进口商必须按进口商品船上交货价格缴纳与合同金额相等的为期 360 天的存款，方能进口。

（六）进出口的国家垄断

进出口的国家垄断又称国营贸易，是指在对外贸易中，对某些或全部商品的进出口规定由国家直接经营，或者国家授权给某些垄断企业经营。

各国主要由国家垄断经营的产品有三类。第一类是烟和酒。各国可以从烟酒的国家经营中获取高额的垄断利润，取得巨大的财政收入。第二类是农产品。主要发达国家把农产品的对外垄断经营作为国内农业政策措施的一部分，高价收购大量的农产品，然后再低价倾销出口，或“外援”到缺粮的国家。第三类是武器。这种关系到国家安全和世界和平的产品自然要由国家严格控制。

（七）最低限价制和禁止进口

最低限价制是指一国政府规定某种商品的进口的最低价格，凡进口商品价格低于这个标准,就加征进口附加税或禁止进口。例如,智利在1985年对绸坯布进口规定每公斤最低52美元的价格,低于这个限价,将征收进口附加税。

20世纪70年代,美国为了抵制日本、欧洲的低价钢材和钢制品进口,在1977年实施了对这些产品进口的"启动价格制"。其启动价格是由当时世界上生产率最高的钢材生产者的生产成本为基础计算出来的,作为进口钢材的最低限价,低于该价格的进口钢材则有可能遭到反倾销报复。欧共体也曾经在20世纪80年代制定了其农产品市场的最低进口限价,称作"闸门价"。

禁止进口是进口限制的极端措施。当有些国家认为实行进口数量限制或成本限制的措施已不能走出经济和贸易的困境时,可能会颁布法令,禁止某些商品的进口。墨西哥就曾在1976年由于无力偿还外债宣布几百种商品暂时停止进口。这种措施由于过于激烈,容易引起贸易摩擦和报复,因此不宜贸然采用。

(八)国内税

国内税是指一国政府对本国境内生产、销售、使用或消费的商品所征收的各种捐税,如养路税、零售税、消费税、营业税、增值税等,一些国家往往采用国内税制度直接或间接地限制某些商品的进口。这种措施对国内外商品实行不同的征税方法,以增加进口商品的成本,削弱其竞争力,因此往往比关税更灵活,也更容易伪装。它的制定和执行属于国内政府机构甚至是地方机构的权限,因此不受国际协定的限制。

法国就曾对引擎为5马力的汽车每年征收养路税12.15美元,对引擎为16马力的汽车每年征收的养路税达30美元,而当时法国生产的最大型汽车发动机为12马力。这种手段显然就可以增加进口汽车的成本。另外,美国、瑞士、日本等对进口酒精饮料的消费税都高于本国制品。

(九)歧视性政府采购政策

歧视性政府采购政策是指国家通过法令和政策,明文规定政府机构在采购时要优先购买本国产品的做法。有些国家虽无明文规定,但优先采购本国产品已成为惯例。

美国从1933年开始实施《购买美国货法案》,规定凡是美国联邦政府所要采购的货物,应该是美国制造,或是美国的原料制造的。后来该法案在1954和1962年进行了修改,不过其宗旨都是保证采购的国产化,是一种歧视外国产品的贸易保护措施。这个法案直到"东京回合",美国签订了政府采购协议才最终废除。其他许多发达国家(英国、法国、日本等)也都有类似的制度。

(十)海关估价制

海关估价制是指有些国家根据某些特殊规定,专断地提高某些货物的海关估价,来增加进口货物的关税负担,阻碍商品进口。海关为了征收关税,确定进口商品价格的制度称为海关估价制。

长期以来,美国实行的"美国售价制"就是海关估价限制进口的例子。美国海关是按照进口商品的外国价格(进口货物在出口国国内销售市场的批发价)或出口价格(进口货物在来源国市场供出口用的售价)两者之中较高的一种进行征税。当这种海关估价计征关税仍不足以限制该种商品的大量进口时,就以美国国内批发价格作为估价标准计征进口关税。按照这种标准估价的商品通常都是在美国市场售价很高的商品,如煤焦油产品、毛手套、胶底鞋类等，这种方式可以大大增加进口商品的关税负担。美国的这种海关估价制引起了许多国家的反对，直到“东京回合”签订了《海关估价准则》，美国才废除这种制度。

后来的乌拉圭回合谈判达成了关贸总协定第七条的协议，即《海关估价协议》，规定了主要以商品的成交价格作为海关完税价格的新估价制度，目的在于为签字国的海关提供一个公正、统一、中性的货物估价制度，避免使海关估价成为国际贸易活动的障碍。协议明确规定了六种应按照顺序实施的估价方法：进口商品成交价格、相同商品的成交价格、类似商品的成交价格、倒扣法、计算价格法和合理法等，并对不应使用的方法做了限制。

除了海关估价制以外，有些国家还通过把某些商品归类到税率较高的一栏征收关税的方式，来提高商品征税税额，提高其进口的成本，这样既会增加商品的税收负担，又增加了贸易的不确定性。另外，有的国家的海关在商品进口通关时，规定极其繁杂的清关手续及单证要求，故意制造一些程序上的麻烦，来增加进口阻力，无形中起到了拖延进口时间或增加进口成本的作用。

(十一)技术性贸易壁垒

技术性贸易壁垒是指一国以维护生产、消费安全和人民健康为理由，制定一些复杂苛刻且经常变化的技术标准、卫生检疫规定、安全标准、商品包装和标签规定等以限制进口的一系列措施。这些规定往往使外国产品难以适应，在一定条件下成为进口国家限制进口的障碍。

1. 技术标准

技术标准主要是一些发达国家对于工业制成品所规定的极为严格、繁琐的技术准则。发达国家凭借着技术优势和在国际贸易中的主导地位，往往率先制定游戏规则，强行推行根据发达国家技术水平做出的技术标准，使广大发展中国家的出口厂商无所适从。而这种标准又经常变化，有时甚至针对某些国家制定。例如，原联邦德国禁止在国内使用车门从前往后开的汽车，而这种汽车正是意大利菲亚特500型汽车的式样。法国为了限制美国食品，规定禁止进口含有葡萄果汁的产品。

2. 卫生检疫规定

这种规定主要针对的是农副产品，而随着国际贸易的摩擦加剧，各国尤其是发达国家更加广泛地利用卫生检疫的规定来限制商品的进口。例如，日本对茶叶残留量规定不能超过百万分之零点二到百万分之零点五，美国、加拿大规定陶瓷制品的含铅量不得超过百万分之七。美国对其他国家或地区输往美国的食品、饮料、药品及化妆品规定，必须要符合美国的《联邦食品、药品及化妆品法》，否则不准进口。

3. 安全标准

有些国家为了保障消费者的人身安全，对消费品的安全提出了更高的要求，专门制定相关方面的法规。例如，美国和欧盟都分别制定了针对儿童玩具的外形、涂料、附件以及填充物的标准。

4. 商品包装和标签规定

许多国家对于在国内市场上销售的产品，规定了种种包装和标签条例，这些条例内容复杂，手续麻烦，内容涉及包装材料、形状、标签以及对运输、广告的要求。进口商品必须符合这些规定，否则不准进口。

发达国家近年来相继采取措施，发展绿色包装，包括以立法的形式来禁止含有铅、汞、镉等成分的包装材料，建立存储返还制度，并根据包装材料是否可以循环利用制定税收优惠或处罚的措施。

根据统计，技术性贸易壁垒已超过传统的配额、进口许可证措施、甚至反倾销，成为影响中国企业出口的最大障碍之一。

（十二）绿色壁垒

绿色壁垒又称环境壁垒，是指为了保护环境，通过立法、签订环境公约等形式，对商品作出的一种准入限制。为避免人类健康和生态环境遭到灾难性破坏，国际社会签订了一系列国际公约，制定有关野生动物保护、臭氧层保护、生物多样化、气候变化等方面的准则，以达到保护环境的目的。涉及国际贸易方面，其表现主要为绿色关税、绿色市场准入、绿色补贴、强制性绿色标志、绿色技术标准等。

绿色壁垒也可以被归属到技术性贸易壁垒里面，产生于20世纪80年代后期，90年代开始兴起，但其对国际贸易的影响是巨大的。欧盟正在推行的国际环保纺织品——OKO-Tex Standard 100，除禁用燃料外，还要求严格检测甲醛、色牢度、贵金属残留物、增白剂等的使用以及对包装原料的使用和处置提出了要求。这种复杂的检测鉴定程序，极大影响了发展中国家的纺织品出口。中国在加入WTO以后，在农、畜、水产品的出口方面不断受到绿色壁垒的影响。

知识链接

20世纪90年代初，欧洲国家严禁进口含氟利昂的冰箱。1991年与1988年相比，我国冰箱出口下降了3.59%。在这种形势下，海尔集团采用进口工艺，取得了欧盟的环境标志，在1992年就向德国出口冰箱4万台，创汇800万美元。

1993年德国颁布了关于纺织品的两项技术标准，要求检验纺织品中甲醛、贵金属等物质，提出了苛刻的环保要求。印度政府针对德国的这一举措向本国纺织品生产企业广泛宣传德国的环保要求并帮助克服技术难关，结果印度对德国的纺织品出口非但未受影响反而有所增长。

从上述资料你可以得到什么启示？

三、非关税壁垒对一国经济的影响

与关税壁垒一样，非关税壁垒也可以起到限制进口，保护本国市场和生产的作用。在其他条件不变的情况下，进口商品数量的减少，将引起进口商品价格的上涨，国内同类产品的价格也随之升高。例如，美国在1980年与日本签订自愿出口限额协议以前，其三大汽车公司每年有40亿美元的亏损，而通过这个“自限协定”限制日本汽车进口，美国汽车价格上升了185～831美元，日本三大汽车公司在1987年的利润总额达到76亿美元。

对出口国来说，非关税壁垒特别是直接的数量限制，会使它们商品的出口数量和价格受到严重影响，引起出口数量减少与价格下跌。价格变化的幅度与出口商品的供给弹性有关，而数量变化幅度与配额的分配方式有关，对出口国的影响还与该商品在出口国对外贸易中的地位等因素有关。

总之，非关税壁垒措施与关税相比，可能会给进口国和出口国的经济福利造成更大的损失，也更容易导致经济效益的损失。从实际情况看，发达国家主要在纺织品、农产品方面广泛使用配额等措施，而在其他产业中倾向于使用技术性贸易壁垒等较新型的非关税壁垒，发展中国家则把进口配额放在更为重要的位置来限制商品的进口。如何协调这些国际生产与贸易中的摩擦和矛盾，是各国和世贸组织需要研究的重大问题。

第六节 出口管理措施

各国的贸易政策特征都集中表现为"奖出限入"。从国际经济竞争与保护国内产业的战略角度来看，无论是关税壁垒还是非关税壁垒措施，都带有鲜明的防御性特征，防御的依托是各种限制进口的壁垒，达到"限入"的目的；而针对出口的政策措施，则带有鲜明的进攻性特征，进攻的武器则是各种增强本国出口产品竞争力的政策措施，主要是利用各种或明或暗的补贴，贯彻其"奖出"的意图。从这个意义上，也可以将针对出口的鼓励政策视为以攻为守的政策，是变消极防守为积极进攻的贸易政策。

同时，出于某些政治、经济、军事的考虑，各国可能会限制某些战略性商品或其他重要商品输出国外，进而采取出口管制的措施。

一、出口鼓励措施

出口鼓励措施是指出口国为了促进本国商品的出口，通过经济、行政和组织多方面的措施来开拓和扩大国外市场。各国鼓励出口的方式很多，涉及经济、政治、法律等方面，既有微观也有宏观的方面，本部分主要从国家宏观政策方面论述鼓励出口的措施。

(一)出口信贷

出口信贷是指一个国家为了鼓励商品出口，增加商品的竞争力，通过银行对本国出口商或国外进口商提供贷款。这是一种出口商利用本国银行贷款扩大商品出口的手段，主要适用于金额较大、期限较长的商品，比如成套设备、船舶等商品的出口。

1. 出口信贷的特点

与一般的商业贷款相比，出口信贷有自己显著的特征。

(1)贷款利率低。与国际金融市场贷款的利率相比，出口信贷的利率较低，这种利率差由政府补贴给发贷银行。

(2)非全额贷款。出口信贷的贷款金额，通常只占买卖合同金额的85%左右，其余15%左右由进口商预先支付现汇。

(3)贷款用途限定。出口信贷的资金必须用于出口项目，且主要享受的产品是本国需要出口的大型设备。

(4)与国家担保相结合。为避免或减少信贷风险，出口信贷须与出口信贷国家担保相结合。

(5)信贷机构设定。各国一般都会成立专门的政策性银行，来处理出口信贷的各种事务。如美国的进出口银行、日本的输出入银行、法国的对外贸易银行、中国的进出口银行及中国银行等。

2. 出口信贷的种类

按照还贷时间长短，出口信贷可以分为短期信贷、中期信贷和长期信贷。短期信贷的还款时间通常是 180 天以内，中期信贷为 1～5 年，长期信贷一般是 5～10 年。不同的还贷时间适用于不同的商品种类，例如一些原料、小型设备的还款时间较短，而一些大型成套设备、船舶等的还贷时间要长得多。

如果按照信贷关系来划分，出口信贷分为卖方信贷和买方信贷两种。

(1)卖方信贷。卖方信贷又称出口卖方信贷，是指出口方银行向出口商(即卖方)发放贷款的形式，贷款协议由出口商与银行签订，来鼓励本国出口商以延期付款的方式来出口大型设备。

卖方信贷的一般做法是，在一项商品交易合同签订后，进口商用自有资金支付货款的 15%左右作为定金，其余 85%左右的货款出口商从与出口方签订的贷款合同中得到，以便周转。进口商按照合同规定的延期付款时间向出口商支付余款与利息，出口商再向出口方银行偿还贷款与利息。卖方信贷的手续较为简便，但进口商从商品报价中难以掌握其真正的价值，因为其中包含了贷款利息、附加费等费用。

(2)买方信贷。买方信贷又称约束性贷款，是指出口方银行直接向外国进口厂商(即买方)或进口方银行提供的贷款，来鼓励外国进口厂商以即期付款的方式从贷款提供国进口大型设备。

买方信贷有两种方式，一是贷款直接向外国进口商提供，二是贷款向进口方银行提供，再由进口方银行向进口商提供。买方信贷不仅可以使出口商较快地得到贷款和减少风险，而且使进口商对货物价格以外的费用比较清楚，因此这种方式目前比较流行。

(二)出口信贷的信用保险

出口信贷的信用保险是指国家为了扩大出口，对于本国出口信贷机构向外国进口商或银行提供的信贷，由国家成立专门的机构出面担保，当外国债务人拒绝付款时，担保机构即按照承保数额给予补偿。这种担保制度是在国际市场上商品竞争日益激烈的情况下，提高出口国商品非价格竞争力的重要手段。

出口信贷国家担保制所担保的项目往往是一般商业保险公司难以承担的、风险较大的出口项目，其担保费用较低，担保期限与贷款期限一致，一般也比较长，所担保的风险包括经济、政治、战争风险等，大部分国家都指定其担保机构。

按照担保对象的不同，出口信贷的国家担保制可以分为对出口商的担保和对银行的直接担保。

(1)对出口商的担保。出口商向本国的商业银行要求进行出口信贷时，可先向国家担保机构申请担保，由担保机构对商业银行给予出口商的贷款提供担保。当债务人不能按期还本付息时，供款银行就可以从担保机构得到补偿。

(2)对银行的直接担保。出口国银行只要提供了出口信贷，一般就可以从国家担保机构获得担保，这也是担保机构对供款银行的一种责任。某些国家的担保待遇非常优厚，如英国出口信贷担保署对商业银行向出口商提供的某些信贷，一旦出现未能偿付贷款时，该署可给予 100%的补偿，而无需清楚未清付原因，同时保留对出口商偿付的追索权。

当前，许多发达国家担保的范围不断扩大，国家担保的信用额在本国出口贸易中的比例不断提高，其担保基金也不断增加，以此来达到扩大出口，争夺国际市场的目的。

(三)出口补贴

出口补贴是指一国的出口厂商在出口某些商品时，可以获得政府的现金补贴或财政上的优惠待遇，以降低出口商品的价格，增强其在国外市场的竞争力，扩大出口。

在发达国家，出口补贴通常用于促进本国农产品或夕阳工业产品的出口，发展中国家则多用于本国的幼稚工业。出口补贴的实质是降低了出口产品的成本，但是为了避免贸易对象国的反补贴报复措施，也不可滥用出口补贴。

为了规范补贴与反补贴的使用，关贸总协定在“乌拉圭回合”谈判中签订了《补贴与反补贴协议》，把补贴分为禁止使用的补贴、可申诉的补贴和不可申诉的补贴，并规定除农产品外任何出口产品的直接或间接补贴，如果对贸易对象国造成了损害，均为禁止使用的补贴，其他成员可以针对这种出口补贴直接采取反补贴措施。该协议还对可申诉补贴与不可申诉补贴做出了规定。其中禁止使用的补贴与可申诉的补贴是可能引发贸易对象国反补贴报复的两种形式。

按照出口补贴的方式，出口补贴可以分为直接补贴与间接补贴。前者是指出口某种商品时，出口商直接从本国政府得到现金补贴；后者是指政府对某些商品的出口采用减免税、退税等财政优惠，以达到降低出口成本，鼓励商品出口的目的。间接补贴的具体形式主要有出口退税、免税出口、运费优惠等。

(四)商品倾销

商品倾销是指出口商以低于国内市场价格，甚至低于商品生产成本的方式在国外市场抛售商品，打击竞争者，以达到占领国外市场的行为。商品倾销通常由私人垄断企业进行，但随着国家垄断资本主义的发展，一些国家专门设立相关机构对外进行商品倾销。例如，美国政府成立的商品信贷公司，就以高价收购本国的农产品，再以低价向国外抛售。

一般来说，构成倾销必须具备三个条件：一是出口商品以低于正常价格向进口国进行抛售；二是销售的数量较大，以致不能忽略不计；三是销售的产品对进口国的相关产业造成实质损害或威胁，且倾销行为与这种实质损害或威胁之间存在因果关系。

按照倾销目的和持续时间的不同，商品倾销可以分为三种形式。

1. 偶然性倾销

偶然性倾销是指在销售旺季已过，或公司改营其他业务的时候，为了处理国内市场不能售出的“剩余货物”，而进行商品倾销的活动。由于这种倾销持续时间短，销售量一般较小，且不容易对国外市场造成不利影响，因此一般不会受到进口国家的反倾销报复。

2. 间歇性倾销

间歇性倾销又称掠夺性倾销，是指出口厂商为了从进口国竞争对手手中掠夺市场份额，获得垄断利润，以低于售价甚至成本价的方式倾销商品。一旦竞争对手被击垮，则提高价格，以赚取高额利润；若产生新的竞争对手，出口厂商又会进行掠夺式的倾销行为。这种倾销会严重损害进口国家的利益，因而许多国家都采取反倾销等措施进行抵制和报复。

3. 长期性倾销

长期性倾销又称持续性倾销，是指长期以低于国内价格，但高于边际成本的方式在国外市场出口产品的行为。为避免长期倾销带来的损失，出口厂商往往利用规模经济来降低生产成本，或者通过本国政府的出口补贴来维持生产。

商品倾销给出口商带来的利润减少甚至亏损，一般通过维持国内高售价、国家补贴、垄断国外市场后再提高价格等方式来弥补。

(五)外汇倾销

外汇倾销是指在本国货币对外贬值时，用外汇表示的本国出口商品的价格会降低，商品在国外市场上的价格竞争力增强，出口厂商借以向国外市场抛售商品的手段。

假定在其他条件不变的情况下，原来美元对人民币的汇率是1比4，也就是1美元可以换取4元人民币，现在人民币贬值到1美元可以换取8元人民币。中国出口商品的价格如果保持在40元人民币不变，在人民币贬值以前用美元表示的价格是10美元，贬值以后用美元表示的价格则只有5美元，这无疑会大大刺激产品的出口。反之对于从美国出口到中国的商品来说，用人民币表示的美国商品的价格会大大提高，从而起到抑制进口的作用。

尽管如此，外汇倾销对出口的促进作用必须要满足两个条件：一是本国贬值的幅度大于国内物价上涨的幅度，这也是保障出口商品的生产成本保持不变或涨幅低于贬值幅度的条件；二是进口国不会实行相同程度的货币贬值措施或其他报复性手段。在1997年东南亚金融危机在亚洲蔓延时，很多国家纷纷采取货币贬值的措施促进商品出口，但是中国当时却宣布人民币不贬值，这种政策虽然暂时对中国出口产生了不利影响，却抑制了国际经济的恶性循环，对世界经济的稳定和恢复起到了关键性作用。

(六)出口鼓励的其他措施

除上述五种主要的出口鼓励措施以外，出口厂商还可以利用其他一些行政或贸易政策措施来扩大出口。

1.行政组织措施

有些国家可以通过设立贸易研究机构来研究和制定策略，扩大出口，例如美国的总统贸易委员会就是这样的组织；或者通过设立官方商情网络系统来搜集商业情报与市场信息，对其他国家进行市场调研，如英国的出口情报服务处、日本的贸易振兴会等；另外，有的国家通过组织商务代表团出访，来促进与国外的经贸往来，甚至在国外设立专门的机构，从而为进出口厂商建立有秩序的贸易体系提供服务。

2.其他贸易措施

二战以后，很多国家采取外汇分红、复汇率制、出口奖励证制度、进出口连锁制度和政府援助贷款等措施，进行资本输出和商品输出。

二、出口管制措施

出口管制是指有些国家为了保障国家安全与世界和平，或者达到一定的政治、军事和经济目的，对某些商品的出口实行限制甚至禁止出口的措施。出口管制通常是发达国家实行贸易歧视的重要手段。

(一)出口管制的商品

受到出口管制的商品一般有下面几类。

1. 战略物资及有关技术资料

诸如武器、军用飞机、军舰、先进的电子计算机技术等，大多数国家对于这类商品与技术的出口都严格控制，出口前必须领取出口许可证。

2. 国内紧缺的原材料、半制成品及国内供不应求的必需品

如英国的某些化学品、石油、药品、活牛、活猪；瑞典的废金属、生铁；日本的矿产品、肥料；等等。

3. 自限协定的商品

这种对商品出口的管制主要是为了缓和国际贸易摩擦，或在进口国的压力下制定的，例如发展中国家根据纺织品"自限协定"自行控制的商品。

4. 计划安排生产和统一实行进口许可证的商品

如我国的玉米、人参、原油、轮胎、机床等产品就属于此类。

5. 对某些国家进行经济制裁而限制甚至禁止出口的商品

禁止各国向伊拉克出口除食品和药品以外的商品，同时对药品出口实行限制。

6. 重要文物、艺术品的出口

大多数国家对这类产品的出口都有严格的规定，需要特许才能出口。

(二)出口管制的形式

1. 单方面的出口管制

单方面的出口管制是指一国根据本国的出口控制条例，设立专门的执行机构，对某些商品进行出口审批和颁发出口许可证的管理措施。实行出口管制的商品、程序和机构完全由出口国自行决定。如美国商务部的贸易管制局、中国商务部的科技司等都是管理管制商品的机构。关于出口管制条例，美国国会 1949 年通过的《出口管制法案》就是典型例子，该法案授权总统"禁止和削弱"全部商业性出口，对当时的社会主义阵营国家实行"禁运"，后来这个法案几经修改，被 1985 年的《出口管制法 1985 年修正案》所取代。

2. 多边出口管制

多边出口管制是指两个以上的国家政府为达到共同的政治和经济目的，通过一定方式建立国际性的多边出口限制机构，规定出口管制的商品和形式的管理措施。比较典型的例子是 1949 年成立的巴黎统筹委员会(已于 1994 年 4 月解散)和美国胁迫下成立的输出管制委员会等。

(三)出口管制的措施

即使多边出口管制机构统一负责编制、修订和审批多边出口管制的清单，但是其具体管理程序和出口申报手续依然由各国自行办理。

1. 出口管理清单的制定

贸易管理局根据相关的法案和条例，制定出口管制货单和输出国别分组管制表，输出国别分组管制表将有关商品输往的国家或地区分类，以便实行出口差别待遇。

2. 出口许可证的申请

以美国为例，其出口商若要出口受到管制的商品，就必须向商务部贸易管理局申请出口许可证。美国的出口许可证分为一般许可证和有效许可证，前者对出口管制很松，只要出口商在出口报关时填写相关的商品许可证编号即可；后者必须由出口商向商务部贸易管理局

申请,填写许可证相关内容,附上相关证件,并需要说明商品用途,经审核批准后方能出口。

3. 出口许可证的审批与发放

这主要针对有效许可证而言。出口政策咨询管理会对于那些可能与"国家安全"有关的商品,建立严格的审批制度。只有经过批准以后,出口商才能根据申请书凭证向海关报关出口。

总之,出口管制是发达资本主义国家对外实行差别待遇的重要工具。20 世纪 70 年代以后,随着世界格局的重大变化,一些国家的出口管制有所放松,但还是会随着本国国际政治和经济关系的需要出现或松或紧的波动。

三、经济特区措施

为了促进本国经济与贸易的发展,很多国家采取了建立经济特区的措施。经济特区是指一个国家或地区在其关境以外划出一定的范围,建筑或扩建码头、仓库、厂房等基础措施和实行免税等优惠待遇,以吸引外国企业从事贸易与出口加工工业等业务。经济特区的目的是鼓励转口贸易和出口加工贸易,繁荣经济特区及邻近地区的发展,增加财政收入和外汇收入。

经济特区的发展可以追溯到 16 世纪,当时欧洲的一些国家为了发展对外贸易,建立了自由港,作为经济的特殊区域。17—19 世纪,当时的国际分工和贸易中心荷兰、英国等也都开辟了地中海沿岸的港口等作为自由港。二战以后,更多的国家和地区为了增强自身的经济实力和扩大对外贸易,积极发展经济特区。

经过 400 多年的发展,经济特区已发展出多种多样的形式,且规模不一,根据其主要作用可以分为下面几种。

(一)自由港或自由贸易区

两者的主要作用都是用来发展转口贸易,允许国外全部或大部分商品免税自由进出口的经济特区。

自由港又称为自由口岸,是指全部或大部分外国商品可以豁免关税自由进出的港口,一般设在邻近港口的地区或港口的港区,被划在一国关境之外,外商可以在港区自由居留和从事相关业务,所有居民和旅客享受关税优惠,例如中国香港地区和新加坡。自由港的主要特点是它必须是港口或港口的一部分,其开发目标与营运功能与港口本身的集散作用密切相关。

自由贸易区是指划在关境以外,准许外国商品豁免关税自由进出的地区,一般是在自由港的基础上发展而来,主要目的是为了方便转口和对进口货物简单加工,多设在发达国家。其与自由港的主要区别是所处的地理位置有所不同,且开放度相对自由港稍低。如巴拿马的科隆自由贸易区。

对进入自由港或自由贸易区的商品,不必办理报关手续,免征关税,但如果港内的外国商品要转运到所在国国内市场上进行销售,则必须办理报关手续并缴纳关税;允许进入自由港或自由贸易区的外国商品在港区内加工后再出口或向所在国市场出售;对诸如武器、弹药或其他敏感产品的进口则需要进行特别管制。

(二)保税区

保税区又称保税仓库区,是指海关所设置的或经海关批准注册的特定地区和仓库。外国商品进入保税区,可以暂时不缴纳关税,如再出口,也无需缴纳出口税;但如果要运入所在国销售，则必须办理报关手续，缴纳关税。运入保税区内的商品可以进行储存、改装、展览、加工和制造等，有的保税区还允许在区内经营金融、保险、房地产、展销和旅游业务。

与自由港和自由贸易区相似，保税区的作用也主要是发展转口贸易，增加各种费用收入，给予经营商便利。日本经济特区的主要形式便是保税区，它规定外国货物出各种保税区，可以暂时免征关税，但应预先向日本海关呈交申报单，接受海关人员监督，如以后运入日本市场销售再加征关税。按照职能与储存期限的不同，保税区还可以分为指定保税区、保税仓库、保税工厂等形式。

我国最早于 1984 年提出建立保税区，并在 1990 年建立第一个保税区——上海外高桥保税区。截至目前，中国已设立 15 个保税区，这标志着保税区在我国对外贸易中的地位和作用都在提高。

(三)出口加工区

出口加工区又称加工出口区，是指专门为生产出口产品而开辟的加工制造区域。出口加工区一般是在港区、邻近港口和国际机场的地区划出一定范围，配以良好的码头、车站、道路、仓库和厂房等基础设施和生活服务设施以及免税等优惠待遇，以吸引外国企业和本国企业投资办厂，所生产的产品全部或大部分用于出口。

出口加工区一般分为综合性出口加工区与专业性出口加工区两种类型。前者是指经营多种出口加工产品的加工区域，如菲律宾的加丹出口加工区；后者是指经营某种特定的出口加工产品的加工区域。目前世界上大多数出口加工区都属于综合性出口加工区。

与自由港或自由贸易区相比，出口加工区的主要作用是面向加工工业，而不是以发展贸易为主，因此需要提供更加健全的基础设施，如交通、通信、仓储设施和生产厂房等。目前，中国已批准设立的出口加工区已达到 39 个。

(四)自由边境区

自由边境区是指一国或地区为了开发本国的边区经济，在本国边境地区设立的一种经济特区，以吸引国内外厂商投资、开展贸易，并给予减免关税的优惠。这种经济特区的作用与自由贸易区或出口加工区的作用也比较类似，但其进口的商品主要不是为了出口，而是在区内使用。例如，墨西哥境内就设有这样的自由边境区。

(五)过境区

过境区是指沿海国家为了便利内陆邻国的进出口货运，开辟某些海港、河港或过境城市作为货物过境区，区内对过境货物简化海关手续、免征关税或只征收小额的过境费用。过境货物一般可在过境区内作短期储存、包装，但不得加工。

(六)综合性经济特区

综合性经济特区又称多种经营的经济特区，是指在自由港、自由贸易区和出口加工区的基础上发展起来的，兼有两种职能的区域，以吸引外国企业在区内从事外贸、加工工业、服务业等多种经营活动。我国所设立的深圳、珠海、汕头、厦门和海南经济特区就是属于这种类型的经济特区。

经过 20 多年的实践，中国的五个经济特区在改革开放中起到了重要作用，在技术、管理、知识的引进方面都显示了巨大的优势，是联系内地与世界的桥梁；它们承担了中国经济体制改革"先驱"的任务，促进了社会主义市场经济的建设与发展。

知识训练

一、名词解释

自由贸易政策	保护贸易政策	重商主义	进口附加税
普遍优惠制	反倾销税	反补贴税	进口配额制
“自动”出口配额制	技术性贸易壁垒	绿色壁垒	进口押金制

二、判断题

1. 目前大多数国家对绝大部分商品都不征收出口税。 （ ）

2. WTO规定，凡接受出口补贴而进口的倾销商品，进口国可以同时征收反补贴税和反倾销税。 （ ）

3. 在税率不变时，从价税税额随商品价格上涨而增加，既可增加财政收入，又可起到保护关税的作用。 （ ）

4. 按从量税方法征收进口税时，在商品价格下降的情况下，保护作用也随之减弱。 （ ）

5. 进口押金制是非关税壁垒限制进口的间接措施之一。 （ ）

6. “自动”出口配额是出口国自愿限制出口的措施，不具有强制性。 （ ）

7. 买方信贷中，出口方银行直接向外国的进口厂商或进口方银行提供的贷款叫约束性贷款。 （ ）

8. 出口管制是发达资本主义国家实行贸易歧视政策的重要手段。 （ ）

三、简答

1. 关税的特点是什么？如何分类？

2. 关税的征收方法有哪些？

3. 关税对商品价格、生产和销售有何影响？

4. 非关税壁垒与关税壁垒相比有何特点？

5. 简述各种配额的特点及作用。

6. 进口许可证分为哪些种类？

7. 什么叫外汇倾销？说明进行外汇倾销的条件。

8. 简述对外贸易政策的演变过程。

四、论述

1. 关税对国际贸易的影响。

2. 非关税壁垒对国际贸易的影响。

3. 保护幼稚工业的贸易政策。

能力训练

1. 阅读下面案例，说明CR法案的性质，并讨论中国企业的应对之策。

欧盟于2002年4月30日通过CR法案，要求投放欧盟市场的售价在2欧元以下的打火机必须安装儿童防护即CR装置。原因是2欧元以下打火机易被儿童玩耍，为保护儿童的安全而设的，称为CR法案。这种完全合理的政策却引起中国相关产业极大的关注，关键的原因是，当时欧盟规定的标准是2欧元，而中国出口到欧盟的打火机99.9%都是在2欧元以下的，即中国的打火机都必须加CR，而且中国温州拥有打火机生产企业近千家，年产金属外壳打火机6亿多只，销量占世界市场份额的80%以上。其他国家比如日本、韩国在中国贴牌生产的打火机，由于品牌效应可以规定在2欧元以上，不用CR装置。这种价格与安全性挂钩的依据显然站不住脚。由中国国家商务部、质检总局及温州市、宁波市外贸局组成的中国政府交涉团，由中国机电商会和温州市、宁波市烟具行业协会会员组成的民间游说团，奔赴欧盟各国进行交涉和游说。经过三年的努力，2005年7月，欧盟的CR法案终于被搁浅了。但在欧盟CR法案背后还蕴藏着很多东西：CR法案是欧盟的境内生产商推动出台的，而另外一方面防止儿童开启装置在国外有两三百项专利，专利都掌握在外国公司手里。这项法案一旦实施，中国企业要运用一种技术就要购买专利使用权，这无疑会增加出口成本。

2.根据以下案例中的成功经验，可以给我国政府和企业什么启示？

2004年4月22日，应江苏省紫菜协会的申请，商务部对日本关于紫菜进口的管理措施（以下简称"被调查措施"）进行贸易壁垒立案调查。调查期间，商务部有关调查机关对"被调查措施"进行了调查，并与日本政府有关部门就"被调查措施"分别在东京和北京举行了三轮磋商。在2004年10月中旬于北京举行的第三轮政府磋商中，日方承诺将采取切实措施积极解决中方关注问题。为使中日双方能够继续通过磋商达成双方满意的解决方案，依据中华人民共和国商务部《对外贸易壁垒调查暂行规则》第22条的规定，2004年10月21日，商务部发布第65号公告，中止了本次调查。调查中止后，中日双方就解决中方关注问题的具体措施进行了多次磋商。日本对"被调查措施"进行了调整，2005年2月21日，日本经济产业省公布了日本2005年紫菜进口配额方案，取消了对进口干紫菜和调味紫菜原产国的限定，2005年日本干紫菜和调味紫菜进口配额总量为4亿张。根据调查结果，鉴于日本政府已取消对中国产干紫菜和调味紫菜的歧视性措施，并就解决烤紫菜对日出口等问题作出了相关承诺，依据《对外贸易壁垒调查暂行规则》第25条的规定，商务部决定终止自2004年4月22日启动的关于日本紫菜进口管理措施的贸易壁垒调查。此案被业内称为中国"贸易壁垒调查第一案"。

背景提示：我国是世界紫菜生产第一大国；日本是世界第一紫菜消费大国，年消耗紫菜量达100亿张。截至商务部关于日本紫菜进口管理措施的贸易壁垒调查结束之前，中国紫菜没有一张进入日本市场。多年来，日本政府一直将干紫菜和调味紫菜纳入进口配额产品目录，通过进口配额、批准及原产地限制措施，设置贸易壁垒，限制中国紫菜进入日本市场，这种歧视性做法显然违反了世贸组织相关协定。江苏省是"被调查措施"所涉及产品在中国的主产区，其产量占全国该产品总产量的95%。商务部根据申请方——江苏省紫菜协会的申请进行立案后，组织有关部门依法进行调查，依据世贸组织规则及有关多、双边协议，成立由政府有关部门、专家、学者组成的专家咨询组，全面评估日本的紫菜管理措施，调查结果认定日方违反其承担的多、双边义务和存在贸易壁垒，并就紫菜产品的市场准入问题与日方进行多次磋商。同时，江苏省紫菜协会与日本紫菜协会进行了多次接触和磋商。中日双方就公布全球配额、配额比例、贸易方式等具体事宜进行了洽谈，最终同意在2005年2月底前正式公布对中国紫菜进入日本市场解除禁令。日本紫菜案件的成功解决，标志着我国企业在对外贸易中维护自身权利意识的增强，将有利于企业出口环境的改善和合法利益的维护，并最终有利于我国对外贸易的健康发展。

第四章　国际贸易的基本规则

学习目标

通过本章的学习，了解关贸总协定和WTO产生的世界经济和全球贸易背景；理解WTO的组织机构和基本原则；了解入世对中国经济贸易的影响。

第一节　关贸总协定与WTO

一、从关贸总协定到WTO

世界贸易组织(WTO)成立于1995年，总部设在瑞士日内瓦，到2007年1月1日时已有150个成员单位。

世贸组织是全球唯一的一个国际性贸易组织，负责处理国与国之间贸易往来和协定。成立世贸组织的基本目的就是促进各国的市场开放，调解贸易纠纷，实现全球范围内的贸易自由化。

世贸组织的前身为关税及贸易总协定(General Agreement on Tariffs and Trade，GATT)。关税与贸易总协定是第二次世界大战后成立的临时性组织。关税与贸易总协定是一项有关关税和贸易的多边国际协定，也是一个调节缔约国之间经济贸易关系的国际组织。协定本身以及后来经谈判签订并作为补充的一系列个别协议结合在一起，形成了一整套调整国际经济和贸易关系的规则和程序，并且对其成员单位之间的权利和义务作了具体的规定，其法律框架调节着现有100多个总协定缔约方和20多个适用关贸总协定的国家和地区之间的多边贸易关系。这些国家和地区分属于不同经济制度和发展水平，占世界国家总数2/3以上，贸易量占世界贸易总量的85%以上。关贸总协定的常设机构在日内瓦，定期召开缔约国大会和部长会议，发起过多轮全球性的多边谈判，讨论和解决国际间在经贸交往中存在的问题。它虽不是联合国的专门机构，但它是在联合国召开的国际会议上所订立的协定基础上产生的，在工作过程中同联合国发生一定的联系。因此，将其称为“准国际贸易组织”毫不过分。

缔约于1947年、正式生效于1948年1月1的关贸总协定，其酝酿和发端可远溯至20世纪30年代。当时，一些国家开始进入垄断资本主义阶段；由于重商主义经济思潮在各资本主义大国占统治地位，各国的贸易政策一直朝着逐步提高关税、设置进口障碍的方向发展。这种发展倾向同当时资本主义各国生产过剩的矛盾纠合在一起，终于引发了1929—1933年历史上空前的、破坏性极大的世界性经济危机。这场危机促使各国开始认识到在生产国际化日益发展的背景下，广泛开展国际协调与合作的必要性。1947年，由包括中国在内的23个国家的代表在古巴哈瓦那根据《哈瓦那宪章》中有关国际贸易政策的内容，进行了减让关税的多边谈判，签订了《关税及贸易总协定》，并于1948年起临时生效。

关贸总协定在国际上提供了一套调整国际贸易关系的规则和程序，并对缔约国之间的权利与义务作了具体规定。尽管关贸总协定作为临时性协议而实施，但在半个世纪的历程中几经修订和充实，已演变为一个事实上的经济贸易组织。在关贸总协定的主持下，各缔约方的关税均有了较大幅度的降低，发展中国家则下降至12%左右，对于促进贸易自由化和国际贸易的发展作出了积极贡献。

关贸总协定从1948年1月1日实施一直到1995年1月1日世界贸易组织成立，共存在了47年。关贸总协定成立以来，先后组织了八轮多边贸易谈判。通过这些谈判，关贸总协定的法律框架逐步完善和健全，涵盖面几乎涉及国际贸易的所有领域，并开始扩展到国际经济合作领域。通过前七轮多边互惠减让关税的谈判，已大幅度削减了各缔约方的关税税率，使发达国家的平均关税由原来的54%降低为今天的47%，发展中国家平均关税也降低到14%，新一轮"乌拉圭回合"的谈判继续在已有基础上将关税降低33%，现已基本达成了协议。

大幅地降低关税，促进了世界贸易的快速成长。自关贸总协定成立以来，世界贸易量增长逾十倍，远远超过同期内世界国民生产总值的增长，国际贸易已成为带动经济发展的火车头。可以说，第二次世界大战以来，世界出现长期和平、繁荣和稳定，同关贸总协定在其中发挥的作用是分不开的。

为适应形势和社会发展的需要，根据关贸总协定"乌拉圭回合"达成的《建立世界贸易组织的协议》，1995年1月1日起世界贸易组织正式生效运转。1995年1月31日，世贸组织举行成立大会，取代了关税与贸易总协定。

世界贸易组织是多边贸易体系的法律基础和组织基础。它规定了主要的协定义务，以决定各缔约方政府如何制定和执行国内贸易法律制度和规章。同时，它还是各国通过集体辩论、谈判和裁判，发展其贸易关系的场所。

根据世贸组织的规定，一国要加入该组织必须提出申请，并递交备忘录，详细列出申请国符合世贸组织规定的经贸政策和法律原则。世贸组织则成立一个工作小组，进行审核，并与申请国就开放市场等问题进行谈判，谈判结束后，再经世贸组织理事会通过相关的文件后，申请国即可签署相关的议定书，并在向世贸组织呈交正式通知书30天后成为成员单位。

二、关贸总协定的主要内容

(一)关贸总协定的宗旨

关贸总协定的序言明确规定其宗旨是：缔约各国政府认为，在处理它们的贸易和经济事务的关系方面，应以提高生活水平、保证充分就业、保证实际收入和有效需求的巨大持续增长、扩大世界资源的充分利用以及发展商品生产与交换为目的。通过达成互惠互利协议，大幅度地削减关税和其他贸易障碍，取消国际贸易中的歧视待遇等措施，以对上述目的作出贡献。

(二)关贸总协定的作用

关贸总协定实施以后,即开始进行全球多边贸易谈判,40多年来,经过多次关税减让谈判,缔约国关税已有大幅度的削减,世界贸易已增长十几倍,其在国际贸易领域内所发挥的作用越来越大,主要表现在以下几个方面:

(1)总协定为各成员单位规范了一套处理它们之间贸易关系的原则及规章。总协定通过签署大量协议,不断丰富、完善多边贸易体制的法律规范,对国际贸易进行全面的协调和管理。

(2)总协定为解决各成员单位在相互的贸易关系中所产生的矛盾和纠纷提供了场所和规则。总协定为了解决各成员单位在国际贸易关系中所产生的矛盾和争议,制定了一套协调各成员单位争议的程序和方法。总协定虽然是一个临时协定,但由于其协调机制有较强的权威性,它使大多数的贸易纠纷得到了解决。

(3)总协定为成员单位举行关税减让谈判提供了可能和方针。总协定为各国提供了进行关税减让谈判的场所。总协定自成立以来,进行过八大回合的多边贸易谈判,关税税率有了较大幅度的下降。发达国家的平均关税已从1948年的36%降到20世纪90年代中期的3.8%,发展中国家和地区同期降至12.7%。这种大幅度减让关税是国际贸易发展史上所未有的,对于推动国际贸易的发展起了很大作用,为实现贸易自由化创造了条件。

(4)总协定努力为发展中国家争取贸易优惠条件。关贸总协定成立后被长期称作"富人俱乐部",因为它所倡导的各类自由贸易规则对发达国家更有利。但随着发展中国家成员单位的增多和力量的增大,总协定不再是发达国家一手遮天的讲坛,已经增加了若干有利于发展中国家的条款,为发展中国家分享国际贸易利益起到了积极作用。

(5)总协定为各国提供经贸资料和培训经贸人才。关贸总协定与联合国合办的"国际贸易中心",从各国搜集统计资料和其他资料,经过整理后再发给各成员单位,并且举办各类培训班,积极为发展中国家培训经贸人才。

(三)《关税及贸易总协定》的内容

《关税及贸易总协定》分为序言和四大部分,共计38条,另附若干附件。第一部分从第1条到第2条,规定缔约各方在关税及贸易方面相互提供无条件最惠国待遇和关税减让事项。第二部分从第3条到第23条,规定取消数量限制以及允许采取的例外和紧急措施。第三部分从第24条到第35条,规定本协定的接受、生效、减让的停止或撤销以及退出等程序。第四部分从第36条到第38条,规定了缔约国中发展中国家的贸易和发展问题,这一部分是后加的,于1966年开始生效。

《关税及贸易总协定》的主要内容有:

(1)适用最惠国待遇。缔约国之间对于进出口货物及有关的关税规费征收方法、规章制度、销售和运输等方面,一律适用无条件最惠国待遇原则。但关税同盟、自由贸易区以及对发展中国家的优惠安排都作为最惠国待遇的例外。

(2)关税减让。缔约国之间通过谈判,在互惠基础上互减关税,并对减让结果进行约束,以保障缔约国的出口商品适用稳定的税率。

(3)取消进口数量限制。总协定规定原则上应取消进口数量限制。但由于国际收支出现困难的,属于例外。

(4)保护和紧急措施。对因意外情况或因某一产品输入数量剧增，对该国相同产品或与其直接竞争的生产者造成重大损害或重大威胁时，该缔约国可在防止或纠正这种损害所必需的程度和时间内，暂停所承担的义务，或撤销、修改所作的减让。

(四)关贸总协定的组织机构

关贸总协定最高权力机构是缔约国大会，一般每年举行一次。代表理事会在大会休会期间负责处理总协定的日常和紧急事务。下设若干常设和临时委员会与工作组，其中重要的有"贸易和发展委员会"和"国际贸易中心"。秘书处为职能机构提供经常性服务。

关贸总协定由序言和四个部分组成，共计 38 条。其基本原则是：贸易应当在非歧视待遇的基础上进行；成员单位只能通过关税而不能采用直接进口管制措施保护本国工业；应通过多边谈判来削减关税，限制贸易壁垒；成员单位应当通过磋商解决贸易问题及争端。总协定第四部分还专门规定了发展中国家在贸易与发展方面的一些特殊要求和有关问题。

从名称上看，关贸总协定只是一项"协定"，但它实际上等于是一个"组织"。这个在总协定基础上形成的国际组织，其最高决策机构是缔约国大会(通常每年举行一次)，其常设机构是由缔约国常任代表组成的理事会(一般每两个月开例会一次)，其常设秘书处设在日内瓦。此外，关贸总协定下还设有 20 个机构，如贸易与发展委员会、国际收支限制委员会、关税减让委员会、反倾销委员会、纺织品委员会等分别负责各种专门问题事务。

关贸总协定组织的主要活动是举行削减关税和其他贸易壁垒的谈判。这种谈判有一个专门术语，称为"回合"。从 1947 年至 1979 年，在总协定的主持下各国共进行了七次多边贸易谈判。其中最著名的是 1964 年的"肯尼迪回合"和 1973 年的"东京回合"。除组织多边关税及贸易谈判外，关贸总协定还组织有关国家对于商业政策方面出现的问题进行磋商，解决争端；协助个别国家解决其本国贸易中的问题；帮助有关国家加强地区性贸易合作；执行培训国际贸易专业人员的计划等。

关贸总协定对世界贸易具有非常重大的影响。到 1985 年 5 月为止，关贸总协定的正式成员单位已发展为 90 个国家和地区。参加关贸总协定的国家和地区的总贸易额占世界总贸易额的 80%以上。

中国也是关贸总协定的创始会员国之一，参加了关贸总协定的谈判和签字。1950 年 3 月，台湾当局宣布退出关贸总协定。由于当时国际和国内的历史原因，中华人民共和国政府未能立即参加关贸总协定的活动或与之保持联系。根据公认的国际法原则，一个国家的政府更替不应影响该国所承担的国际条约义务和享有的国际条约权利。1949 年中华人民共和国成立后，便成为中国的唯一合法代表，台湾当局无权代表中国。因此，台湾当局退出关贸总协定，不应影响中国在关贸总协定中的法律地位。考虑到这一事实本身具有的独特历史原因，关贸总协定各成员单位均应在非歧视的基础上承认中国的创始会员国资格。多年来，中国政府一直在为恢复其在关贸总协定中的合法地位而努力，直至 1995 年 1 月 1 日，世界贸易组织取代了关贸总协定，中国的这一愿望也未能实现。2001 年 12 月 11 日，中国加入了世界贸易组织。

(五)关贸总协定的主要活动

在关税及贸易总协定组织主持下，从 1947 年迄今已举行了八次多边贸易谈判。第一次于 1947 年 4—10 月在日内瓦举行，使占资本主义国家进口值 54%的商品平均降低关税

35%。第二次于1949年4—10月在法国安纳西举行，使占应征税进口值5.6%的商品平均降低关税35%。第三次于1950年9月至1951年4月在英国托基举行，使占进口值11.7%的商品平均降低关税26%。第四次于1956年1—5月在日内瓦举行，使占进口值16%的商品平均降低关税15%。第五次于1960年9月至1961年7月在日内瓦举行，被称为"迪龙回合"，使占进口值20%的商品平均降低关税20%。第六次于1964年5月至1967年6月在日内瓦举行，被称为"肯尼迪回合"，使关税税率平均水平下降35%。第七次于1973年9月至1979年4月在日内瓦举行，被称为"东京回合"。这次谈判的重心已从关税转移到非关税壁垒上，并达成七个非关税壁垒方面的守则。这七个守则，在法律上独立于总协定，它们仅对在守则上签字的成员单位具有法律效力。第八次于1986年9月开始，被称为"乌拉圭回合"。谈判涉及货物贸易，并首次将劳务贸易列入多边贸易谈判范围。除了货物贸易外，还将知识产权和投资问题列入了谈判内容。1990年12月，各谈判组都形成了框架协议，但是在布鲁塞尔部长级会议上讨论的一揽子最后文件，因美国和欧洲共同体对农产品价格补贴问题的谈判破裂，未能如期完成。

(六)关贸总协定与中国的关系

中国是关贸总协定的创始国之一。1949年中华人民共和国建立后，台湾当局占据中国席位。1950年3月台湾退出总协定，但以观察员身份列席总协定会议。1971年11月总协定取消台湾的观察员资格。1986年7月，中华人民共和国政府正式提出恢复关贸总协定缔约国地位的申请。

(七)关贸总协定的局限性

由于关税与贸易总协定不是一个正式的国际组织，这使它在体制上和规则上有着多方面的局限性。

(1)总协定的有些规则缺乏法律约束，也无必要的检查和监督手段。例如，规定一国以低于"正常价值"的办法，将产品输入另一国市场并给其工业造成"实质性损害和实质性威胁"就是倾销。而"正常价值"、"实质性损害和实质性威胁"难以界定和量化，这很容易被一些国家加以歪曲和用来征收反倾销税。

(2)总协定中存在着"灰色区域"，致使许多规则难以很好地落实。所谓"灰色区域"是指缔约国为绕开总协定的某些规定，所采取的在总协定法律规则和规定的边缘或之外的歧视性贸易政策措施。这种"灰色区域"的存在，损害了关贸总协定的权威性。

(3)总协定的条款中对不同的社会经济制度带有歧视色彩。例如，对"中央计划经济国家"进入关贸总协定设置了较多的障碍。

(4)总协定解决争端的机制不够健全。虽然关贸总协定为解决国际商业争端建立了一套制度，但由于总协定解决争端的手段主要是调解，缺乏强制性，容易使争端久拖不决。

(5)允许纺织品配额和农产品补贴长期存在，损害了总协定的自由贸易原则。

正是由于关税与贸易总协定的上述种种局限性，使这个临时性准国际贸易组织最终被世界贸易组织(WTO)所取代。

三、WTO的主要内容

WTO是世贸组织的英文简称，是一个独立于联合国的永久性国际组织。1995年1月

1日正式开始运作，负责管理世界经济和贸易秩序，总部设在瑞士日内瓦莱蒙湖畔。世贸组织是具有法人地位的国际组织，在调解成员争端方面具有更高的权威性。世贸组织与世界银行、国际货币基金组织一起，并称为当今世界经济体制的“三大支柱”。另有，世界旅游组织、华沙条约组织、世界厕所组织也简称 WTO。

(一)WTO 的宗旨与目标

在建立世界贸易组织协议的序言中指出了其宗旨和目标是世界贸易组织成员“在处理它们的贸易和经济领域的关系时，应以提高生活水平、确保充分就业、大幅度和稳定地增加实际收入和有效需求，拓展货物和服务的生产和贸易，持久地开发和合理地利用世界资源，努力保护和维持环境，并通过与各国在不同经济发展水平的需要和相符合的方式，来加强环保”。

(二)WTO 的职能

根据世界贸易组织协议，世界贸易组织的职能为：

(1)促进世界贸易组织目标的实现，监督和管理其统辖范围内的各项协议的贯彻实施；

(2)组织实施各项多边贸易协议，为各成员方提供多边贸易谈判的场所，按一体化的争端解决规则与程序，主持解决各成员方之间的贸易纠纷；

(3)按照有关贸易政策审议机制，负责定期审议各成员方的贸易制度和与贸易相关的国内经济政策；

(4)协调与国际货币基金组织和世界银行的关系，以保障全球经济决策的一致性；

(5)编写年度世界贸易报告和举办世界经济贸易研讨会；

(6)向发展中国家和转型经济国家提供必要的技术援助。

(三)WTO 与 GATT 的主要区别

(1)GATT 是临时性的。GATT 从未得到成员单位立法机构的批准，其中也没有建立组织条款。WTO 及其协议是永久性的。作为一个国际组织，WTO 具有良好的法律基础，因其成员已经批准 WTO 协议，而且协议本身规定了 WTO 如何运作。

(2)WTO 拥有“成员”，GATT 拥有“缔约国”。这就说明了这样一个事实，即从正式角度讲，GATT 只是一个法律文本。

(3)GATT 处理货物贸易，WTO 还涉及服务贸易和知识产权。

(4)WTO 争端解决机制与原 GATT 体制相比，速度更快、更主动，作出的裁决不会受到阻挠。

(四)WTO 的组织机构和决策机制

1. WTO 的组织机构和职能

为了执行其职能，世界贸易组织在瑞士日内瓦设立相应的组织机构(见图 4-1)。

(1)部长会议。世贸组织的最高权力机构。由所有成员的主管外经贸的部长、副部长级官员或其全权代表组成，部长会议至少每两年举行一次，部长会议具有广泛的权力，主要有：立法权；准司法权；豁免某个成员在特定情况下的义务；批准非世贸组织成员单位所提出的取得世贸组织观察员资格申请的请示。

(2)总理事会。在部长会议休会期间，由全体成员代表组成的总理事会代行部长会议职能。总理事会可视情况需要随时开会，自行拟订议事规则及议程，随时召开会议以履行其解决贸易争端和审议各成员贸易政策的职责。

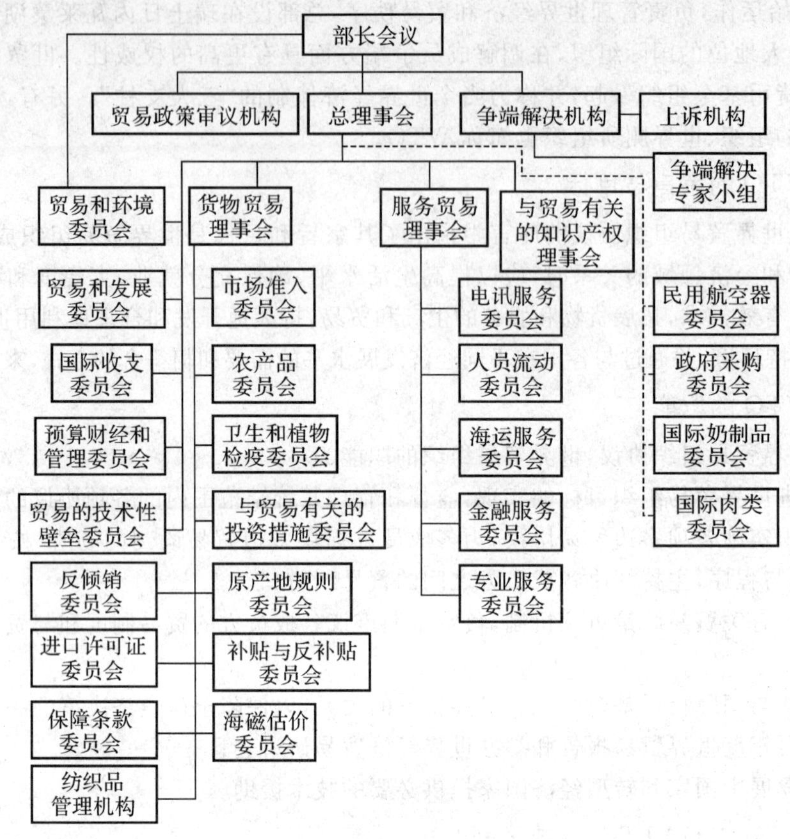

图 4-1　世贸组织机构

资料来源:WTO 秘书处出版物 *Focus* 1995 年 1—2 月号。

(3)总理事会下设货物贸易理事会、服务贸易理事会、知识产权理事会。这些理事会可视情况自行拟订议事规则,经总理事会批准后执行。所有成员均可参加各理事会。

(4)各专门委员会。部长会议下设立专门委员会,以处理特定的贸易及其他有关事宜。已设立贸易和发展委员会;国际收支委员会;预算财经和管理委员会;贸易和环境委员会等10 多个专门委员会。

(5)秘书处与总干事。世贸组织成立由一位总干事领导的世界贸易组织秘书处(下称秘书处)。世贸组织秘书处设在瑞士日内瓦,大约有 500 人。秘书处工作人员由总干事指派,并按部长会议通过的规则决定他们的职责和服务条件。

总干事由部长会议选定,并明确总干事的权力、职责、服务条件及任期规则。世贸组织总干事主要有以下职责:可以最大限度地向各成员施加影响,要求它们遵守世贸组织规则;总干事要考虑和预见世贸组织的最佳发展方针;帮助各成员解决它们之间所发生的争议;负责秘书处的工作,管理预算和所有成员有关的行政事务;主持协商和非正式谈判,避免争议。

2. WTO 争端解决机制

世界贸易组织争端解决机制以法律形式确立了多边贸易体制的权威性。与关税与贸易总协定相比,世界贸易组织的争端解决机制在法律形式上更具权威性。由于一国参加世界贸易组织是由其国内的立法部门批准的,所以世界贸易组织的协定、协议与其国内法应处于平等的地位。

世界贸易组织成员需遵守世界贸易组织各协定、协议的规定，执行其争端解决机构作出的裁决。并且，争端解决仲裁机构作出决策是按"除非世界贸易组织成员完全协商一致反对通过裁决报告"，否则视为"完全协商一致"通过裁决，这就增强了争端解决机构解决争端的效力。加之对争端解决程序规定了明确的时间表，使其效率大大提高，权威性得以确立。

与过去关税与贸易总协定争端解决机制中的"完全协商一致"的含义完全不同，在关税与贸易总协定体制下，只要有一个缔约方(最可能的就是"被申诉人"或"被告")提出反对通过争端解决机构的裁决报告，就认为没有"完全协商一致"，则关税与贸易总协定不能作出裁决，这自然大大削弱了关税与贸易总协定争端解决机制的权威性、有效性。因此有人戏称"关税与贸易总协定争端解决机制是一只没有牙齿的老虎"。可以说，世界贸易组织下的争端解决机制是多边贸易体制得以维持的保障，它的存在和有效运行使得小国增强了对多边贸易体制乃至这一国际贸易组织的信心。

当一成员对另一成员执行 WTO 协议的情况感到不满，造成了利益损害或丧失时，就可以启动 WTO 的争端解决机制。这一机制的具体程序规定是在《关于争端解决规则与程序的谅解》(Understanding on Rules and Procedures Governing the Settlement of Disputes，简称 DSU)中规定的，该谅解由争端解决机构(Disputes Settlement Body，简称 DSB)负责，WTO 的所有成员均是该机构的成员。

根据关税与贸易总协定文本第 23 条规定，若一成员认为发生了如下情况中的任何一种时，就可以启动争端解决程序：一是《1994 年关税与贸易总协定》赋予该成员的利益受到减损或丧失；二是由于其他成员未履行《1994 年关税与贸易总协定》中规定的义务或其他成员采取了某项措施等而阻却了《1994 年关税与贸易总协定》目标的实现。

争端解决的各个阶段：

(1)申诉方与被申诉方之间进行磋商。磋商文件中要包括有关申诉的简要描述，并需要明确被控的措施以及要求申诉的法律依据。要将要求磋商的通知提交 DSB 及有关理事会和委员会。被申诉方须在 10 日内作出答复，并在 30 日内进入磋商。

(2)若在规定的时间内未得到答复，起诉方可要求成立专家组(Panel)。若磋商未在 60 日内达成协议，申诉方也可以要求成立专家组，同时提供有关案情的具体情况。专家组一般由 3 名成员组成，在争议各方达成一致的情况下，也可以选择 5 人专家组。专家组审查申诉方的申诉，提供调查结果以协助 DSB 提出建议或按照有关协议规定作出裁决。专家组应在 6 个月内结束工作，在紧急情况下的时限为 3 个月。随后，DSB 在将报告分发给有关成员单位的 20 日之后，开始审议专家组的报告。除非当事方的一方提出上诉申请或 DSB 协商一致决定不通过该报告，否则 DSB 必须在分发报告后的 60 日内通过该报告。

(3)有上诉的情况下，上诉机构应在当事方正式提出上诉的 60 日内作出决定。上诉机构的报告必须由 DSB 通过，除非 DSB 协商一致不通过该报告。在专家组或上诉机构通过报告的 30 日内，有关成员将通知 DSB 其实施有关建议的意向，并提出实施时间表。

(4)若 DSB 同意，则按此时间表执行；若 DSB 不同意，则当事方仍有机会在 45 日内讨论达成一个时间表。若达不成协议，则需要在通过报告的 90 日内就时间表问题进行仲裁。原则上，实施建议不得超过自报告通过之日起的 15 个月。

第二节　WTO 的基本原则

为保障和促进成员之间进行平等、公正、互惠的贸易，避免贸易歧视和贸易摩擦，实现世界贸易自由化，世界贸易组织制定了一系列的贸易原则和规则。其中最基本的原则是：最惠国待遇原则，即世贸组织的《1994 年关税与贸易总协定》及其他协议规定了成员之间应相互给予最惠国待遇。要求成员之间进行贸易时彼此不能歧视，大小成员一律平等。某一成员提供给其他成员的任何利益、优惠、特权或豁免，都应立即无条件地给予全体世贸组织成员。

一、无歧视待遇原则

无歧视待遇原则也称无差别待遇原则，是指一缔约方在实施某种限制或禁止措施时，不得对其他缔约方实施歧视性待遇。任何一方不得给予另一方特别的贸易优惠或加以歧视。该原则涉及关税削减、非关税壁垒的消除、进口配额限制、许可证颁发、输出入手续、原产地标记、国内税负、出口补贴、与贸易有关的投资措施等领域。

二、最惠国待遇原则

最惠国待遇原则是指 WTO 成员一方给予任何第三方的优惠和豁免，将自动地给予各成员方。该原则涉及一切与进出口有关的关税削减、与进出口有关的规则和程序、国内税费及征收办法、数量限制、销售、储运、知识产权保护等领域。

三、国民待遇原则

国民待遇原则是指缔约方之间相互保证给予另一方的自然人、法人和商船在本国境内享有与本国自然人、法人和商船同等的待遇。该原则适用于与贸易有关的关税减让、国内税费征收、营销活动、政府采购、投资措施、知识产权保护、出入境以及公民法律地位等领域。

四、透明度原则

透明度原则是指缔约方有效实施的关于影响进出口货物的销售、分配、运输、保险、仓储、检验、展览、加工、混合或使用的法令、条例，与一般援引的司法判决及行政决定，以及一缔约方政府或政府机构与另一缔约方政府或政府机构之间缔结的影响国际贸易政策的现行规定，必须迅速公布。该原则适用于各成员方之间的货物贸易、技术贸易、服务贸易，与贸易有关的投资措施，知识产权保护，以及法律规范和贸易投资政策的公布程序等领域。

五、贸易自由化原则

贸易自由化原则是指通过限制和取消一切妨碍和阻止国际贸易开展与进行的所有障碍，包括法律、法规、政策和措施等，促进贸易的自由发展。该原则主要是通过关税减让、取消非关税壁垒来实现的。

六、市场准入原则

市场准入原则是指一国允许外国的货物、劳务与资本参与国内市场的程度。该原则在WTO现在达成的有关协议中，主要涉及关税减让、纺织品和服装、农产品贸易、热带产品和自然资源产品、服务贸易以及非关税壁垒的消除等领域。

七、互惠原则

互惠原则是指两国互相给予对方以贸易上的优惠待遇。该原则的适用随着关贸总协定的历次谈判及其向 WTO 的演变而逐步扩大，现已涉及纺织品和服装、热带产品、自然资源产品、农产品、服务贸易以及知识产权保护等领域。

八、对发展中国家和最不发达国家优惠待遇原则

对发展中国家和最不发达国家优惠待遇原则是指如果发展中国家在实施 WTO 协议时需要一定的时间和物质准备，可享受一定期限的过渡期优惠待遇。这是关贸总协定和WTO 考虑到发展中国家经济发展水平和经济利益而给予的差别和更加优惠的待遇，是对WTO 无差别待遇原则的一种例外。

九、公正、平等处理贸易争端原则

公正、平等处理贸易争端原则是指在调解争端时，要以成员方之间在地位对等基础上的协议为前提。调解人通常由总干事来担任。该原则普遍适用。

第三节　WTO 与中国

在 1995 年 1 月 1 日，世界贸易组织取代关贸总协定后，多边贸易体制不仅从法律上具备了健全的国际法人资格，而且协调管理的领域拓宽，规则更加严密，对世界经济贸易发展影响越来越大，已成为名副其实的“经济联合国”。世界上许多国家的领导人把世贸组织看做是冷战后推进经济全球化和建立国际经济秩序的重要支柱。我国党和国家领导人出于长远的战略考虑，非常重视我国加入世贸组织的问题，明确了四条精神：一是态度要积极；二是利弊得失要衡量；三是准备步骤要加快；四是要培养一大批谈判的、法律的、管理的、科技的、营销的各类人才。江泽民总书记曾指出：“要向各行各业解释清楚，什么是世贸组织，入世到底有什么利弊，以便在全国上下对这样一个重大外交政治问题统一认识。”因此，我国加入世贸组织已成为国家全局性的一件大事，必将对人们的思想观念和国家的政治体制改革、经济建设产生重大影响。

一、我国加入世贸组织的利与弊

（一）我国加入 WTO 有利的方面

回顾过去十多年从争取“复关”到争取“入世”的漫长过程，证明了中国扩大对外开放的

决心,更证明了中国人的信心。事实上,中国已经找到了适合自己的发展道路,过去中国未能"复关"、"入世",按照既定的以经济建设为中心的目标去工作,我们的改革开放与经济建设照样进展得挺快;更重要的是,谁都明白,中国快速发展的经济意味着一个全球最大的市场正在形成。因此,我国加入 WTO 将更加促进我国经济和社会的全面发展,具体的好处体现在以下 10 个方面。

1. 有利于促进我国改革开放

我国加入世贸组织,不但会有力地促进中国经济的发展,而且会有力地推进中国改革开放的进程。我国以往的对外开放有两大特点:一是主动开放,二是政策性开放。

所谓主动开放,就是我国在对外开放步骤的安排、开放时序的把握、开放程度的掌握方面,都是由我们自己决定的。走的是一条"渐进"的道路,采取的是"梯度开放"战略。一是在开放的程度上,先从经济特区的创办到沿海港口城市开放;再到开辟沿海经济开放区,20 世纪 90 年代浦东新区的开发和开放,沿江、沿边和内陆省会城市的开放,逐步形成了沿海、沿边、沿江、内陆相结合的多层次、多渠道、全方位的对外开放的格局。二是在开放的内容上,主要是发展外向型经济,改变原来的与世界经济隔绝的封闭式发展模式;以自身的资源、劳动力等生产要素优势参与国际分工贸易,参加到国际经济的循环中去,在国际经济关系的调整和国际市场的激烈竞争中,寻找自己的发展机会,从经济开放中获得比较好的利益,带动本国经济的发展。其基本措施主要有:①吸引外资,鼓励或引导外资投向劳动密集型产业以创造大量就业机会;②鼓励出口,以低成本劳动密集型产品参与国际市场竞争,以获取支付进口先进技术和机器设备的外汇;③采取各种保护贸易的政策和措施,诸如关税、配额等手段保护本国的产业和市场,以逐步培育本国经济的国际竞争力。总之,开放的主动权在我们手里。加入 WTO 以后,我国经济全面融入经济全球化的潮流,我国的对外开放也面临着质的变化,即由主动开放向被动开放转变,我国作为 WTO 的正式成员,必须遵循 WTO 为国际贸易所制定的为各成员普遍接受的规则,逐步削减贸易和非贸易壁垒。推动货物贸易、服务贸易、投资与金融等领域的自由化,按照多边自由贸易的框架的规定开放市场。开放的时间表就不掌握在我们的手里了,而要按照 WTO 规则办事。这就是所谓被动开放的实际含义。如果我们不能正确把握融入经济全球化潮流后参与国际分工与竞争的主动权,变"被动开放"为积极应对,适时转变开放战略,就很难做到在参与经济全球化的过程中趋利避害,掌握加入 WTO 以后经济发展的主动权。

2. 有利于扩大我国的出口贸易

中国加入世贸组织之后,一些国家对我国设置的贸易障碍将会自动取消,某些国家对中国出口商品的歧视性行为也会终止,中国在履行义务的同时,将享受世贸组织成员单位的正当权利。这些权利包括享受无条件多边最惠国待遇的权利,享受世贸组织内发展中缔约国的各种优惠待遇的权利,享受普惠制待遇的权利,享受公正裁决贸易纠纷的权利,享受在世贸组织这个国际贸易讲坛上发言的权利等。到那时,中国外部的经济贸易环境将大为改善,将可能与亚太经合组织 18 个成员单位完全实现贸易自由,也不易再受美国等国反倾销的困扰。

3. 有利于扩大我国正常渠道的进口

目前,我国名义关税和实际关税相距甚远,1994 年名义关税是 36%,实际关税仅有 4.2%,加上平均关税为 5.5%,这实际上已接近发达国家水平。造成实际关税收入不多的主要原因是中国存在大量走私，使中国实际上已成为开放的市场。例如，美国的香烟、胶卷和西洋参，日本的家用电器，欧洲的高档音响，以及东南亚的药品等，都从中国各口岸渗入中国市场，造成我国关税大量流失。

4. 有利于引进外资和促进企业发展

改革开放以来，我国引进外资的水平有了长足的发展，但是，与13亿人口的市场经济国家应有的规模还有一定的距离。加入 WTO 以后，由于各国公平国民待遇的实现，中国实际利用外资的水平还将有一个非常显著的提高。这对加快中国的改革开放进程是起着推动作用的。

5. 有利于避开美国的歧视

一年一度的美国对中国的最惠国待遇的讨论其实是对中国的歧视，对中国参与世界多边贸易体系是非常不利的。加入 WTO 以后，这一悬而未决的问题将不复存在了，我国将可以以平等的身份在世界多边贸易体系中获得利益并承担义务。

6. 有利于促进教育事业的发展和扩大就业

国家教育发展研究中心周满生认为，加入 WTO，对中国教育的影响体现在七个方面：①我国教育发展的经济基础会得到明显改善；②促进我国办学体制和教育管理体制改革的深入，民办教育和国际合作办学将进一步发展；③对各级各类人才素质的要求进一步提高；④构建终身教育体系的要求更加迫切；⑤人才资源的竞争加剧；⑥思想品德教育和民族优秀文化传统教育需进一步加强；⑦与教育相关的产业将受到冲击和挑战。

7. 有利于贸易机制的进一步完善而与国际接轨

一个国家的贸易是影响其经济增长的非常重要的一个方面，一种合理有效的贸易机制，能够更好地促进本国的经济增长。WTO 的宗旨是促进世界经济增长，是增进各国公开竞争和人民福利的运行体制，通过这一运用体制，促进各国与国际接轨，利用贸易这一有效的手段，合理配置世界资源，促进全球经济发展。

8. 有利于汇入世界贸易体系的主流

WTO 规定了一系列贸易争端解决机制，依靠这些机制，我国可以在国际贸易的实践中坚决捍卫自己利益，而不是任由几个发达国家指手画脚。加入 WTO 以后的中国，将一改过去游离于世界贸易体系主流之外的被动地位，在多边贸易体系中发挥与其相称的作用。

9. 有利于扩大服务贸易量

中国的服务贸易前景广阔，只要 WTO 能够提供给中国应有的舞台空间，中国的服务贸易将有一个大发展。进入20世纪90年代以来，世界服务贸易的发展异常迅猛，贸易量逐年增加，事实上已成为世界经济增长的发动机。

10. 有利于我国市场经济的发展

我国加入 WTO 以后，市场经济就会大大的发展，经济体制将进一步完善，国力将大大增强，使老百姓能够享受更多的物质与精神文明，更快地提高生活水平和生活质量。这样，中国可以更快地建立自己的社会主义市场经济，解决经济改革过程中一直未能解决的深层矛盾。

(二)我国加入 WTO 不利的方面

1. 入世后带来了一些体制上的震动和冲突

中国的市场经济体制与 WTO 的基本原则之间存在一个根本共同点即市场经济。但是，现行的经济体制与WTO的基本原则之间也存在许多重大差距，例如，除了经济方面以外，还有理念、文化、政治、传统等方面的诸多差异性，它们必然会带来体制上的巨大震动和冲突。例如有某些失去保护的行业或大中型国有企业会受到较大冲击，其性质、时间、范围、程度，与入世之前相比，均不能同日而语；合资或独资企业的行业覆盖范围、规模、经济影响力和控制力与今天相比，都将会发生巨大的变化。简而言之，体制上的差异性调整和适应需要很长的时间。

2. 宏观调控难度增大，受世界经济波动影响的可能性增加

加入WTO之后，中国产品对国际市场的依存度增加，固定资本投资对国际资本市场的依赖也会增加。尤其是，按承诺的期限，若干年以后，银行、证券、外汇等市场全面开放，国际商品市场、国际资本市场的波动对中国的影响必将十分明显，国际金融风波对中国的影响也将会甚于以往。诚然，开放金融服务市场并不等于实现人民币在资本项目下的自由兑换，但尽管如此，对中国银行体系也带来了很大冲击。金融安全一旦出现问题，就会对国家安全产生重大影响。

3. 劳动力部门转移会产生重大调整，就业压力将会增大

中国农业部门所占的就业比重很高，占就业人口总量的60%以上。由于农业生产集约较差，在粮食等大宗产品生产上缺乏优势，价格与国际市场存在差距。入世之后，农产品市场受冲击较大，大量农业劳动力需要转移到工业和服务业。据研究，1999—2010年大约近1000万农业劳动力需转移到其他部门。劳动力在部门之间的转移或称产业结构的调整必将带来相应的调整成本。此外，入世之后，关税和非关税壁垒的大幅下降必将对竞争力不足的产业生产冲击，信息、金融、化工制药、汽车、机械等某些资金技术含量较高的行业和产品将会被迫逐渐退出市场，从而造成新的就业压力。

4. 将会加大收入分配不公

入世后对农业部门的冲击很可能会导致农村居民的收入减少，虽然一部分农业劳动力可以转移到其他部门，但到2005年，农村居民的实际收入将会比基准情景下降2.1%左右，而城镇居民的人均实际收入则会增加4.6%。城乡之间收入差异的扩大将会为社会稳定带来潜在的负面影响。

5. 对知识产权保护力度的强化将会让出一定的市场份额

知识产权涉及每一个行业，但它本身又不专属哪一个行业。中国入世后，必须要全面履行自己在知识产权领域中应承担的权利和义务，加强对知识产权的保护，特别是对假冒、盗版行为进行有效、有力地打击和制裁，其结果将使那些缺乏创新能力、缺乏品牌、依靠仿制生存的企业被淘汰出局，最终不得不让出一定的市场份额。但从长期看，我们的企业要生存，要发展，要想在更大程度上参与国际竞争，就必须更多地依靠和运用知识产权来激励和保护自己，提高掌握和运用知识产权保护的能力和水平。

二、入世后中国经济贸易的发展

今天我们所生活的世界变得越来越小，地区之间、国家之间的商品、资金和生产资料的流通变得顺畅无阻碍，单打独斗的时代已付水东流，联合分工生产的时代已随之而来。麦当劳、KFC已成为世界各地的基础建设中的必需品，而“没有中国商品的生活一团糟”这句感慨已成为众多美国家庭主妇的口头禅。这一切的一切都反映出经济全球化所带给我们的巨

大影响。

(一)关税平均水平降至9.8%

我国于2001年成为WTO的正式成员。加入WTO十多年来，我国经济指标年年都有新突破，最直接的体现便是外贸数据，2001年至今外贸进出口、出口和进口值均增长近4倍，其中进出口值由2001年的5096.5亿美元增长至2009年的22072.7亿美元。

(二)让步条款增加贸易摩擦

尽管取得了如此多的成就，但不可避免的是，中国贸易纠纷案件迅速增加。据商务部数据，自中国入世至2010年，起诉案件有7起，被诉案件有8起。除了上诉至WTO的这些案件外，更多的是各国针对中国产品而发起的各种贸易调查。截至2010年年底，全球47%的新发起贸易调查与82%的已完成贸易调查均针对或涉及中国。加入WTO以来，仅欧盟对中国发起的贸易救济调查就高达66起。

(三)继续争取市场经济地位

中国开放度已经很高了，但市场化程度不高。目前我国只是被动地在发达国家的压力下推动前进，更重要的是要有自己整体的中长期战略和改革时间表。

中国已成为全球贸易大国，未来中国不应该仅仅是价格的接受者，而应该有影响市场价格的责任。要考虑行为是否符合作为大国的责任，是否是公平的市场竞争。

第四节　WTO与发展中国家

一、WTO中的发展中国家

在世贸组织的许多协议中都有“发展中国家成员”的提法，还专门有为“发展中国家成员”制定的条款。世贸组织中的发展中国家成员基本上可分为三大类：

第一类是最不发达国家和地区(以联合国认定为依据)，按1995年世界银行标准，是指年人均国民生产总值765美元及以下的国家，这样的国家有49个，其中29个是世贸组织成员。

第二类是年人均国民生产总值低于1000美元的国家，世贸组织曾列举过这类国家。主要指玻利维亚、喀麦隆、埃及、加纳、印度、印度尼西亚、肯尼亚、摩洛哥、尼加拉瓜、尼日利亚、巴基斯坦、菲律宾、塞内加尔、斯里兰卡和津巴布韦等。

第三类是“其他发展中国家成员”，即不属于上述两类。但是，世贸组织没对这类成员，也没对“发达国家成员”规定判断标准。这对一些协定、协议的执行会带来不确定因素。

二、WTO的规则与发展中国家成员的权利和义务

在对发展中国家权利地位的规定上，WTO协议与GATT条款存在着较为明显的差别。在WTO的框架下，各成员不得对协议的任何规定提出保留，一揽子承诺是所有国家加入WTO的首要原则，发展中国家只有在承担大量基本义务的条件下，才能在过渡期时间安排和关税减免幅度上享受适度的灵活待遇。在给予发展中国家特殊豁免权和差别优惠待遇

上,GATT 第 36 条第 8 款明确规定:“发达的缔约方对它们在贸易谈判中对发展中的缔约方的贸易所承诺的减少或撤除关税和其他壁垒的义务,不能希望得到互惠。”而 WTO 却改变了 GATT 在特定条款上给予发展中国家豁免的做法,更为强调的是所有成员之间在权利义务上的平衡。WTO 的有关协议和规则主张对等互惠,而对根据发展中国家经济发展水平作出合理安排的意见却缺乏应有的重视。也就是说,乌拉圭回合以后,在新的多边贸易体制下,发展中国家已被要求履行与发达国家基本相同的义务,发展中国家与发达国家在 WTO 中的权利和义务水平上的差异已日趋缩小。WTO 协议还对发展中国家进行细分,提出最不发达国家的概念,以此来尽量缩小能够享受部分优惠安排的发展中国家的范围。显然,WTO 的规则对发展中国家既有权利地位的承诺和关注不仅十分欠缺,而且在趋于下降。正如 WTO 总干事鲁杰罗 1997 年 4 月在韩国作的一次题为“多边贸易体制的未来道路”的演讲中所说:“世贸组织以非歧视原则为基础。换言之,这是一个包容的、开放的体制——是一种整合的努力——而非排他的和特惠的体制。”

WTO 的不少单项协议的有关规则反映出一种对发展中国家的市场开放提出了较高要求,而对其优惠待遇却缺乏足够重视的倾向。作为乌拉圭回合重要成果之一的《纺织品和服装协议》,试图通过取消配额限制,来推进纺织品贸易自由化的进程。就是这样一个对发展中国家中的纺织品出口国有着重大利益的协议,在一些实施细则上也对出口成员单位设置了诸多限制。首先,该协议为最终取消纺织品数量限制设置了分为三个阶段的长达 10 年的过渡期,而在发达国家极为关心的一些新贸易领域所达成的协议,发展中国家理应更需要有一个较长时间的准备和适应过程,但却只安排了较短的过渡期。如《与贸易有关的投资措施协议》要求所有成员在 2～5 年内实施本协议,其中的最不发达国家也只享有 7 年的过渡期;《与贸易有关的知识产权协议》规定发展中国家适用协议的各项规则也只能有条件地享有 4 年的过渡期,最不发达国家才被允许延长到 10 年;《信息技术协议》规定了分四个阶段的过渡期,最终到 2000 年,其成员除极少数例外要全部取消关税和相关收费。其次,由于《纺织品和服装协议》对管辖产品范围的扩大,包含了许多以前未受限制的产品,这可能使得协议规定前两个阶段应达到的回归比率(即进口总量中不受配额限制产品应占的比例)缺乏实质性的内容和约束,那些保护较强的敏感产品会被拖到最后才纳入自由化的进程。所以,在该协议实施的早期,发展中出口国难以获得什么实际利益。最后,该协议设置了特定的过渡期保障机制,在确定对进口方造成严重损害或实际威胁时,协议在列举的应予考虑的因素中加进了诸如生产率、工资、国内价格等新的内容,同时还引入了“损害累计”(即多个成员共同对严重损害负责)的概念,这些措施对发展中国家都是极为不利的。

在《与贸易有关的知识产权协议》中,有关条款没有充分考虑发展中国家目前在国际技术贸易中所处的地位及其经济和技术发展的水平。该协议更多地考虑了发达国家在知识产权保护中的利益,规定了高标准的知识产权保护水平,却未对其在国际贸易中滥用技术垄断地位制定出有效的限制和约束规定,也未对发展中国家在经济发展和国际贸易中所需的技术转让、扩散、援助给予应有的重视,在促进技术交流的自由化和制订技术转让的公平规则上无所作为,没有采取措施,形成一套机制来努力缩小南北双方在技术发展上的巨大差距。所以,该协议在体现发达国家和发展中国家的权利义务上是不平衡的。

《与贸易有关的投资措施协议》的有关规则,极大地影响着许多发展中国家的外资管理政策,像“当地成分要求”、“贸易平衡要求”、“外汇限制”、“当地销售比例”等措施,在该协议中均属禁用之列，发展中国家目前对外资采用的这些限制性措施将面临调整。现有协议没有充分考虑有的措施对发展中国家经济发展的促进作用和限制跨国公司不正当竞争的积极意义，对跨国公司滥用其经济实力和市场垄断地位谋取超额商业利润缺乏相应的约束。协议强调了国际资本流动的自由度和安全度，却忽视跨国公司大量采用限制性商业惯例对贸易造成的扭曲，缺乏对东道国的保护措施，没有建立起对国际资本的管理机制。

再如《补贴与反补贴协议》中有关发展中国家成员的条款，与东京回合的补贴与反补贴守则相比，新增加了对发展中国家的分类，并按照这一分类实行区别对待，即规定了各类发展中国家取消出口补贴的不同时限，协议还进一步明确了东京回合守则中已包含的“毕业”思想，具体要求发展中国家承诺对已具有出口竞争力的产品在两年内取消补贴。这反映出在新的《补贴与反补贴协议》中，发展中国家的地位反而有所下降。其他如《农产品协议》、《贸易技术壁垒协议》、《关于实施卫生和植物卫生措施的协议》以及《服务贸易总协定》等，也都在其规则中不同程度地体现出对早已形成的给予发展中国家差别和更优惠待遇的基本思想不够重视的倾向。

以上各方面的变化和调整，十分清楚地反映出在新的多边贸易体制下，发展中国家承担的义务有了大幅度的增加，但其权利地位却没有得到相应的改善，有些原本享有的优惠待遇反倒有所削弱。特别是随着 WTO 有关协议和规则的陆续实施，贸易自由化的进程有所加快，在市场更加开放的情况下，如果缺少对发展中国家经济利益的必要关注，如果对发展中国家的既有保护措施不仅得不到应有的改进反而逐渐消失，无疑将使发展中国家的对外贸易受到更大压力，被迫面对一个更加严峻的竞争环境。

三、WTO 关注的热点与发展中国家的利益

WTO 成立以来，从已达成协议的领域和各协议的实施进度来看，与发达国家利益攸关的问题被放到了优先位置，成为 WTO 关注的热点，这已是不争的事实并日益成为多边贸易体制演进的一种趋势。WTO 总干事鲁杰罗说过：“现在世贸组织正显示，它将像关贸总协定在货物贸易领域曾经做过的那样，在那些新兴的服务和技术领域中帮助创设开放的、可预见的、非歧视的贸易准入的条件。”

几年来，WTO 的实际运作表明，它主要不是像 GATT 那样通过主持包括广泛内容的回合谈判来推进贸易自由化的进程，而是把部门谈判作为一种现实的选择。这样一来，能否列入谈判议程以及部门安排的先后顺序、轻重缓急，就极大地影响着相关领域市场开放的程度和有关国家的贸易利益。与 GATT 相比，WTO 新增加的管辖范围，如知识产权、投资措施、服务贸易等，都是发达国家占有显著优势并十分关注的领域。在乌拉圭回合，发达国家就坚持要求把上述问题纳入谈判议程，最终分别达成了有关协议。WTO 开始运作以后，又先后达成了《基础电讯协议》、《信息技术协议》和《金融服务协议》，1996 年在新加坡举行的 WTO 首次部长会议，还将“劳工标准”（即发达国家要求在工资、劳保、工时、福利等方面制定统一的国际劳工标准，对低标准国的贸易进行限制）的问题列入了大会议题并最终在部长宣言中得到了一定程度的体现。WTO 认为在这些发达国家具有绝对优势的领域取得实际成果绝不是偶然的，所有这些领域的进展，都是在发达国家的积极倡导和推动下取得的。随着这些协议的陆续付诸实施，给发达国家带来了更为完善的权益保护和巨大的贸易利益。

与上述情况形成鲜明对比的是，发展中国家极为关心的，对其经济发展具有重大利益

的，以及已成为扩大货物贸易的重要障碍而急需解决的一些议题，却被长时间搁置或者进展迟缓。原产地规则对传统货物贸易的很多领域，如配额制度的管理，关税优惠的管理，反倾销、反贴补税的管理等领域，具有重大的影响。20 世纪 80 年代以来，原产地规则作为非关税措施的主要形式之一，日益成为许多发达进口国阻碍发展中国家享受普惠制待遇，扩大出口的重要政策工具。随着国际投资的扩大，现行的原产地规则早已过时，但 WTO 在不断追求新领域新规则的同时，却没有及时地采取措施改变现有的不合理规则。在乌拉圭回合上签署的《原产地规则协议》至今未能完成工作规划，统一的、公正的、连贯的、新的原产地规则的实施至今仍然遥遥无期。又如《纺织品和服装协议》给主要是发达国家的进口方设置了漫长的过渡期，人为地延缓了纺织品贸易自由化的进程。

由上可知，在新的多边贸易体制下，各个领域贸易自由化的进展存在着严重的不平衡，新兴领域自由化的程度远高于传统领域。在新兴产业部门，发达国家和发展中国家的差距非常大，新兴产业在发展中国家大多属于幼稚产业，其产品缺乏市场竞争能力；而在传统产业部门，发展中国家具有一定的比较优势，其产品虽有扩大出口的可能，但却受到大量关税和非关税措施的限制。如果新的国际贸易体系的形成，不仅不考虑这种现实的状况和差距，反而在市场开放的顺序上向有利于发达国家的方向倾斜，那必然影响发展中国家比较优势的正常发挥，并严重削弱发展中国家在贸易自由化进程中能够获得的利益。

这种状况，正如在 WTO 首届部长大会上中国代表团团长龙永图的发言所指出的：发达国家大力推动那些与其利益攸关的协议的执行，而对那些事关发展中国家贸易利益的协议的实施则采取了拖延态度。由于实施各协议的力度不同，有可能破坏各成员在乌拉圭回合一揽子协议中权利与义务的平衡，这种不平衡的受害者将是广大发展中国家。大国操纵多边决策进程的现象没有得到改善，出现了不顾世界经济发展的现实，人为地扩大世贸组织的协调范围，有选择地扩大贸易自由化的新领域，使贸易自由化进程脱离了许多发展中国家现阶段的发展水平，有损这些国家的经济发展。

四、WTO 的运行对发展中国家的影响

旨在建立一个公平、开放的多边贸易体系的 WTO，在当前贸易保护主义政策盛行和大国操纵多边决策进程的现象没有得到根本改变的情况下，远不是一个真正的自由贸易机构，只是为维持有规则的贸易而形成的一种制度性安排。由于任何贸易条约、协定，任何贸易谈判，任何竞争规则，归根到底都会反映出对手之间综合经济实力进行较量的结果，WTO 也不例外。从其实际运作情况来看，它的许多协议没有充分体现长期以来业已形成的对发展中国家提供差别和更优惠待遇的基本思想，并在达成协议的领域和实施协议的进度上存在着对发展中国家显失公允的不平衡发展，所以，在新的多边贸易体系形成过程中，发展中国家在许多方面付出了沉重的代价，在许多领域面临着严峻的挑战。

乌拉圭回合的重大成果之一是大大提高了成员单位对工业品和农产品的关税约束水平。据统计，在工业品关税项目约束比例上，发达国家从回合前的 78%提高到回合后的 99%，发展中国家则从 21%提高到 73%，工业品进口关税约束比例发达国家由 94%提高到 99%，发展中国家由 13%提高到 61%；在农产品方面，关税项目约束比例发达国家从回合前的 58%提高到回合后的 100%，发展中国家从 17%提高到 100%，进口约束比例发达国家从 81%提高到 100%，发展中国家从 22%提高到 100%。显然，在关税约束问题上，发展中国

家提高约束水平的幅度是最大的，不论是工业品还是农产品均数倍于(甚至数十倍于)发达国家提高的幅度。为减少贸易的扭曲，扩大市场开放，发展中国家放弃了大量既有的权益，作出了巨大让步。

随着WTO的正式运行，关税水平的全面下降，给予发展中国家优惠关税待遇的普惠制的作用已严重削弱，发展中国家从普惠制中获得的利益也大为减少，目前受惠国享受普惠制待遇的出口大约只占其向给惠国出口的应税货物的1/4。发达国家在不断促成贸易自由化范围扩大的同时，却拒绝将普惠制的原则扩展到新的贸易领域，这严重地影响到发展中国家的贸易条件。发展中国家中的非燃料出口国的商品贸易条件的年度百分比变化如下：1994年为0.6％，1995年为－0.7％，1996年为－1.0％，具有不断恶化的趋势。

由于新的多边贸易体系在提高市场准入程度的同时，并未相应改善发展中国家的外贸环境，发展中国家在世界贸易中所占份额的下降与此不无关系。据国际货币基金组织提供的数据，在世界商品和服务出口总额中，发展中国家1995年占了26.9％的比重，1996年则只占17.3％，而同年发展中国家的GDP占全球GDP的比重为39.2％，可见WTO提出的确保发展中国家，尤其是最不发达国家，在国际贸易增长中获得与其经济相应的份额的目标，由于缺乏必要的保障措施，实际结果是落空的。不仅是发展中国家的贸易量在世界贸易中所占的比重降低，而且其出口增长率近年来也趋于下降。据统计，在商品和服务贸易的出口贸易量指标上，发展中国家1994年的增长率为12.5％，1995年为10.5％，1996年为8.6％，逐年降低；尤其是出口制成品的发展中国家，由于开放该市场的实质性进展不大，出现了制成品出口大幅度下降的局面，其出口贸易量增长率1994年为19.7％，到1997年降为7.5％，年均下降幅度超过4个百分点。

另外，WTO的不少单项协议在实施的前期，并未使发展中国家享受到实际利益，反而给其带来了巨大的负面影响。我们知道，大多数发展中国家是农产品的净进口国，随着《农产品协议》的实施，非关税壁垒逐渐关税化的结果必然是导致农产品价格的上涨。据世界银行的一份研究报告估计，《农产品协议》充分实施后，一方面将使小麦价格上涨6.3％，稻米价格上涨4.2％，粗粮上涨4.4％，糖类上涨10.2％，牛、羊肉上涨6.1％，其他肉类上涨3.2％，咖啡、可可和茶叶分别上涨0.4％、0.1％和2.3％，油籽上涨4.5％，乳品上涨10.1％，羊毛上涨2.0％，棉花上涨2.2％，其他农产品上涨2.2％；另一方面，已有迹象表明，随协议实施而来的农产品供应结构的变化，有可能引起粮食援助的减少，粮食进口国低价进口粮食的比重，1992—1993年度为16％，1995—1996年度已降为8％。因此，农产品贸易自由化在近期将增加许多发展中国家的负担。再如《与贸易有关的知识产权协议》和《与贸易有关的投资措施协议》的实施，明确要求发展中国家成员对其现有的知识产权保护体系和外资管理政策加以改善和调整，为达到规定的水平，发展中国家必须采取一系列限制措施，付出较大的代价，这就意味着在现阶段实施这些协议，发展中国家会有净损失。

WTO正式运行以来，许多反映发展中国家对外贸易状况的统计指标都不令人乐观，有的甚至每况愈下。关于发展中国家在世界商品与服务出口总额中所占比重及其出口贸易量增长指标均趋下降的情况已如前述。在出口商品价格方面，发展中国家中的非燃料出口国，其价格年度百分比变化如下：1994年为24.4％，1995年为10.9％，1996年为－10.6％，1997年为－3.9％；发展中国家中的制成品出口国，其价格年度百分比变化如下：1994年为13.0％，1995年为8.2％，1996年为－1.6％，1997年为－1.9％。可见商品价格的变化对发展中国家出口国是极为不利的。在商品贸易上，发展中国家的出口贸易量年度百分比变化也呈现出下降趋势，1994 年为 12.6%，1995 年为 12.3%，1996 年为 7.4%。在经常项目交易上，发展中国家近期一直是逆差并逐年增加，1994 年经常项目收支余额为－768 亿美元，1995 年为－902 亿美元，1996 年为－1122 亿美元，1997 年为－1259 亿美元；非燃料品的进出口贸易余额，1994 年为－730 亿美元，1995 年为－874 亿美元，1996 年为－1206 亿美元，1997 年为－1278 亿美元；其中制成品的进出口贸易余额，1994 年为进出口平衡，1995 年为－252 亿美元，1996 年为－438 亿美元，1997 年为－458 亿美元。这些数据表明，WTO 的运行对发展中国家的外贸带来的消极影响不容忽视。

WTO 建立新的多边竞争规则，扩大市场开放推进贸易自由化的努力，对发展中国家来说，则是一个需要付出诸多代价，面临更大挑战和风险的痛苦过程。由于 WTO 对发展中国家的权益缺乏足够的关注，由于达成协议的领域和实施的进度存在着明显的不平衡，就更进一步加重了发展中国家的负担，损害了其切身利益。以上的探讨旨在说明，新的多边贸易体系现有的运作方式对发展中国家目前的外贸困境，负有不可推卸的责任。如果听任这种状况继续发展，受影响的将不仅仅是发展中国家，最终会威胁到 WTO 的运转与权威。

知识训练

一、名词解释

关税与贸易总协定　　WTO 部长会议　　关税减让
最惠国待遇　　国民待遇　　反倾销税
审议机制

二、单选题

1. 到 2007 年 1 月 1 日为止，WTO 的成员有（　　）个。

A. 144　　B. 147　　C. 151　　D. 150

2. 当前，发达国家关税的总体水平大体维持在　　（　　）

A. 1%　　B. 4%　　C. 8%　　D. 10%

3. WTO 在进行决策的时候采取以下的方式　　（　　）

A. 反协商一致　　B. 投票表决
C. 协商一致　　D. 总干事决定

4. 中国正式成为 WTO 成员的时间是　　（　　）

A. 1948 年 4 月 21 日　　B. 1995 年 1 月 1 日
C. 2002 年 1 月 1 日　　D. 2001 年 12 月 11 日

5. 1945 年 12 月，（　　）两国政府提出了发动建立国际贸易组织（International Trade Organization，ITO）的详细建议。

A. 英法　　B. 英美　　C. 美法　　D. 德法

三、填空题

1. WTO 的宗旨是（　　）。

2. 关贸总协定中最为重要的原则是（　　）。

3. 非歧视原则主要通过（　　）来得以体现。

4. 台湾是以(　　)方式加入WTO的。

5. WTO所追求的最终目标是(　　)。

四、简答题

1. WTO的基本宗旨包括哪些方面?

2. 简述WTO的决策机制。

3. WTO成员的权利和义务各包括哪些方面?

4. WTO的组织机构包括哪些?

五、论述题

1. 怎么正确认识我国加入WTO的利弊得失。

2. 分析入世对我国外贸行业和外贸企业发展的影响。

六、案例分析

案例1　柯达攻击富士

故事发生在一个极端的背景条件下——乌拉圭回合。日本对彩色和黑白胶卷的进口关税承诺降到了零,即外国产品,如美国柯达进入日本市场已经不存在任何障碍。富士和柯达是世界上胶卷业的两个霸主,在日本市场上,柯达每时每刻都在寻找机会击败对手。

在市场准入问题上,柯达很难挑剔日本。那么如何利用WTO规则寻找打败对手的突破点呢?柯达使用了GATT第23条第1款。美国说日本并没有违背WTO的某一特别的义务条款,日本实现了其在历次回合中关于关税减让的承诺。但是,日本政府关于胶卷销售的措施,却使美国因日本在肯尼迪回合、东京回合和乌拉圭回合中所作的关税减让而应带来的好处正在丧失或减损,这一点违背了GATT第23条第1款。

具体地说,美国指责的日本限制流通的措施,鼓励并促进了日本胶卷市场销售体制从多种商标的大商场出售转变到单一商标的专卖销售,从而制约了进口胶卷的销售能力,妨碍了柯达的市场开拓能力。

美国在该案中败诉。WTO专家组认为,要确定某一情况在谈判时是否可以预见,最简单的办法就是看这一情况是在谈判前出现的还是在谈判后出现的。日本用充分的材料证明了在谈判过程中,专卖销售体制已经存在。

试分析入世多年后的中国和中国企业从该案件中可以学到什么贸易策略。

案例2　澳大利亚对中国卫生纸发起双反调查　中方表遗憾

中国商务部网站27日发布消息称,2008年3月20日,澳大利亚宣布对中国产卫生纸发起反倾销反补贴合并调查,中方对此表示遗憾。

据悉,这是澳大利亚对中国产品发起的首起反补贴调查。商务部新闻发言人王新培表示,在申请书缺乏足够的法律和事实证据支持、没有满足WTO规则和澳国内法规定的立案条件的情况下,澳方仍坚持立案调查,中国政府对此表示遗憾。

王新培表示,中方注意到,自WTO成立以来,澳大利亚发起的7起反补贴调查绝大部分是针对发达国家,此次对发展中成员发起反补贴调查,将向澳产业界和其他WTO成员传达错误的信号,对双边贸易的持续、稳定发展造成负面影响。中方希望澳方严格按照WTO规则和国内法的相关规定,公平、公正、透明地进行贸易救济调查。

试问:中国应采取什么样的对策来应对澳大利亚的反倾销反补贴合并调查。

案例3　中国2005年进入WTO后过渡期到行业全部开放为止

中国商务部世贸司副司长张向晨表示，中国从2005年1月1日至中国所承诺的行业全部开放为止，将进入“WTO后过渡期”。

据新华社报道，有关专家对此表示，这意味着中国将加速融入世界贸易体系。

根据协定，2005年后，世界贸易组织对中国主要产业允诺的三年过渡期将陆续到期，中国主要产业对加入世贸组织的承诺将要依次兑现，市场将按承诺对国外次第开放。

“WTO后过渡期”伊始，中国首先面临汽车行业的降税。2005年1月1日，中国将取消汽车的配额、许可证管理，并进一步大幅度降低汽车及零部件进口关税。到2006年7月1日，汽车关税将最终下降到25%，零部件平均关税降到10%。

商务部世贸司提供的资料显示，2005年，中国的关税总水平将降低至10.1%，其中工业品平均关税下降到9.3%，农产品下降到15.6%；所有非关税措施都将取消；银行、保险、证券、分销等重要服务部门所享受的过渡期也将到达终点。

“WTO后过渡期”内，中国农产品关税水平将降至15%左右，成为世界上农产品关税最低的国家之一。目前，世界农产品关税平均水平为62%。

2005年后，中国将允许外国保险公司提供健康险、团体险和养老金/年金服务，取消再保险的强制分保规定，降低对外资经纪公司的总资产要求，允许设立独资的保险经纪公司。

中国的建筑、旅游、运输等行业也将允许设立外商独资企业。

2006年年底，中国将取消对外资银行所有权、经营和设立形式，包括对分支机构和许可证发放进行的限制，允许外资银行向中国客户提供人民币业务，给予外国银行国民待遇。

到2007年，中国将取消基础电信的地域限制，允许外资股份达到49%。

试分析中国相关行业和企业应该如何应对WTO后过渡期带来的影响。

案例4　中欧钢铁扣件反倾销案获“久违的胜诉”

2009年12月3日，WTO专家组就中国诉欧盟对中国钢铁扣件反倾销案作出一审裁决，支持了中国的8项诉求；同时，认为中国对11项诉求证明不充分不予支持，并对另外9项诉求不予裁决，或者认为不在管辖范围，或者没有裁决必要。中国获得支持的8项诉求是双方争议的核心，所以从整体上讲，中国胜诉。

重税下的反抗

以反倾销之名，2009年，欧盟开始对进口中国的钢铁扣件课以重税。

由于实在忍无可忍，2009年7月31日，中国在WTO起诉欧盟。首先进行的是必经的磋商程序，但磋商无果。同年10月12日，中国要求成立专家组进行审理。巴西、加拿大、智利、哥伦比亚、印度、日本、挪威、中国台湾、泰国、土耳其和美国以第三方身份参加诉讼。

中国的诉求可以分为三部分：

一是欧盟原来的《反倾销基本法》的相关款项违反了WTO《反倾销协定》关于证据和征收反倾销税的规定，《关贸总协定》(1994)关于最惠国待遇和关于贸易管理措施透明度的规定，以及《WTO协定》关于严格履行条约义务的规定。

二是欧盟2009年1月26日下发的反倾销征税令是根据欧盟《反倾销基本法》相关条款下发的，不仅违反了上述WTO《反倾销协定》，还违反了其关于国内产业最低支持率的规定，关于倾销的界定、国内产业和产业损害的界定以及倾销和损害之间因果关系的界定等核心条款。

三是要求专家组在裁决的同时，对欧盟如何履行裁决提出具体的执行建议。

欧盟的“闭门羹”

欧盟深知其反倾销措施的问题所在，为了把核心问题排除在审理范围之外，他们实施了“闭门羹”策略，称中国的许多诉求都不在专家组的管辖范围。理由包括中国要求成立专家组的申请书中包含的许多项目，在磋商阶段没有提及，专家组不应审理；中国要求成立专家组的申请书对诉求事项表述不清；欧盟原来的《反倾销基本法》已经被修改，不应再成为审理的对象。

欧盟的这一招确实让专家组犯了难。如果采纳他们的意见，把核心问题排除在管辖权之外，这个诉讼就没有继续进行的必要。专家组首先分析在磋商阶段没有提及的事项能否在随后申请专家组时提出，且成为审理的对象。

他们反复斟酌了WTO争端解决机制的诉讼理论，参阅以往判例，最后认为：首先，磋商阶段虽然是必经程序，但和申请成立专家组在性质上有质的不同；在磋商阶段没有提及的事项，只要与专家组申请书的事项同质，可以纳入专家组的管辖范围。

其次，专家组审查了欧盟相关法条更迭的时间，以及中国申请成立专家组的时间，发现欧盟修改法令在前，中国申请专家组在后，并且两个法令的内容几乎完全一致，只修改了一个无关紧要的单词。

最后，针对欧盟提出的中国申请成立专家组时没有提及的项目，专家组发现中国在起诉时用了一个概括性表述，虽然不是很清晰，但是提到要害，让欧盟得知争执的问题所在，没有影响欧盟的合理诉权。

“闭门羹”策略是富有经验的WTO成员在诉讼中偶尔使用的手法。有的成员利用这一招，直接把起诉方的诉求排除在专家组的管辖权之外，让起诉目的落空。这次中国可谓有惊无险，如愿过关。

“算术”玄机

倾销和反倾销都是算出来的。如果一种产品的出口价格低于生产成本价格，即为倾销；用生产成本价格减去出口价格得出的差额，就是倾销幅度；进口国根据这个倾销幅度征收反倾销税。

根据WTO《反倾销协定》相关规定，进口国在反倾销调查之后，应该确定每一个受调查的企业的倾销幅度，分别征收反倾销税。在特殊情况下，如果涉及的产品类型、生产商、出口商和进口商特别多，以至于无法逐个核实，可以采用抽样法，选择合理数量的利害关系方提取数据确定倾销幅度。

然而，欧盟却不是这样做的。欧盟现行《反倾销基本法》在计算倾销幅度和确定反倾销税率时设定了三种计算方法：

一是如果一个出口商能够证明其产品是在市场经济条件下生产的，那么其自身的生产成本和出口价格就是计算倾销幅度的依据。

二是如果一个出口商不能证明其产品是在市场经济条件下生产的，但是具备欧盟所规定的市场化水平，就根据“替代第三国”的生产成本和生产商自己的出口价格计算该出口产品的倾销幅度。

三是如果出口商既不能证明其产品是在市场经济条件下生产的，也没有具备所谓的市场化水平，就不再对单个出口商分别确定税率，而是对所有来自同一个国家的产品适用同一个税率。

在这种情况下,如果同一个国家的出口商之间的合作程度很高,平均出口价格就接近于出口价格;相反,如果他们之间的合作程度不高,那么平均出口价格就与单个的实际出口价格相去甚远。欧盟仅仅根据可获得的数据进行计算,不再考虑出口价格之间的差异。

长期以来,中国输欧的钢铁扣件一直遭受第三种待遇。这也正是欧盟对付中国产品的"算术"玄机所在。在这种情况下,用来计算中国产品生产成本的数据不是本土的,是第三国的;用来计算出口价格的数据也不是实际价格,是经过平均化的价格;在平均时,欧盟有很大的自由裁量权选取数据。

其结果是,尽管中国的钢铁扣件出口价格本来很高,超过了生产成本,不存在倾销,但在欧盟的"算术"下,这些扣件存在倾销,必须征收反倾销税。

因此,中国在诉讼中坚持认为欧盟的"算术"违反了 WTO《反倾销协定》相关规定。欧盟反驳,参诉的第三方也各执一词。最后,专家组支持了中国的主张,欧盟在这方面败诉。

有成功也有遗憾。欧盟的"算术"还有其他很多招数。比如,在确定国内产业损害时,故意挑选对他们有利的国内产业,降低国内产业要求保护的门槛要求,有意夸大产业损害,不合理的数据折算方法,在调查程序上偏袒欧盟产业,等等。虽然中国在诉讼中对此也作为重点进行举证、论证,但最后专家组认为中国证明不充分,不予支持。

如何执行?

专家组裁决后,中欧双方是否会提起上诉目前尚不明确。不管上诉与否,笔者对本案的执行不敢抱乐观态度。

与以往起诉不同的是,中国在起诉本案时,已经明确要求专家组根据 WTO 争端解决机制,适用自由裁量权,就如何使欧盟履行裁决提出明确的意见。换言之,要求专家组裁定欧盟立即撤销不符合条约的反倾销令。

但专家组引用以往的判例,证明专家组有权就某项反倾销措施是否符合 WTO 条约规则作出裁决,却没有法定义务就如何履行裁决提出非常具体的建议,驳回了中国的诉求。这是 WTO 争端解决机制一个无奈的漏洞,为欧盟规避裁决提供了机会。

据中国商务部发布的信息,在此前的 11 月 24 日,欧委会贸易委员德古赫特就贸易救济问题在欧洲议会接受质询并发表讲话。其主要观点为:中国是不公平贸易的主要来源,必要时将坚决采取行动,包括反补贴调查;目前并无必要反思现有的贸易救济体制;等等。

业界人士普遍认为,德古赫特上述讲话预示着欧委会将继续强化其贸易救济政策,中欧之间的贸易摩擦形势可能更加严峻,本案对欧盟反倾销体制影响不会太大。

第五章 经济一体化

学习目标

通过本章的学习,了解区域经济一体化的含义和形式;理解主要经济一体化组织的发展;理解国际贸易新变化以及国际贸易政策趋向。

第一节 经济一体化的形式及特征

第二次世界大战以后,世界经济贸易中区域经济一体化和贸易集团化趋势加强。它已经成为各国维护自己经济贸易利益的重要手段。

一、经济一体化的概念

经济一体化(Economic Integration),至今尚无一般的公认、明确的定义。但是,经济一体化的含义有广义和狭义之分。广义经济一体化,即世界经济一体化,是指世界各国经济之间彼此相互开放,形成一个相互联系、相互依赖的有机体。狭义经济一体化,即地区经济一体化,是指区域内两个或两个以上的国家或地区,在一个由政府授权组成的并具有超国家性的共同机构下,通过制定统一的对内对外经济政策、财政与金融政策等,消除国别之间阻碍经济贸易发展的障碍,实现域内互利互惠、协调发展和资源优化配置,最终形成一个政治经济高度协调统一的有机体的这一过程。

如果从经济体制划分,经济一体化曾被分为市场型经济一体化和计划型经济一体化。从国际贸易的角度看,市场型经济一体化指"只在整个参加国之间采取歧视性地减少或取消贸易壁垒的贸易政策"。所谓计划型经济一体化(社会主义经济一体化),是指"社会主义国家共同努力加强各国经济相互联系和相互补充的有计划的调整过程,其办法是从结构上相互适应,并考虑在社会主义国际分工和生产资源国际调配基础上实现生产合作化的可能性,目的是在整个大家庭内创造扩大再生产的良好条件"。就目前所出现的经济一体化而言,其范围包括优惠贸易安排、自由贸易区、关税同盟、共同市场、经济同盟和完全的经济一体化。

二、经济一体化的主要形式

(一)按照经济一体化的发展程度划分

1.优惠贸易安排

优惠贸易安排是一种较低级和松散的区域经济一体化形式，在实行优惠贸易安排的成员之间，通过协定或其他形式对全部商品或部分商品规定特别的关税优惠待遇。其典型代表是1932年英国与其以前的殖民地建立的大英帝国联邦特惠制、非洲木材组织等。

2.自由贸易区

自由贸易区(Free Trade Area)是指由两个或两个以上的关税领土所组成的集团，对原产于这些组成集团领土的产品的贸易，已实质上取消关税或其他贸易限制的集团。自由贸易区有两个特点：一方面，在该集团内成员相互之间取消关税或其他贸易限制；另一方面，各个成员又各自独立地保留自己的对外贸易政策。所以有人把自由贸易区称为半关税同盟。比如欧洲自由贸易联盟(European Free Trade Association，EFTA)即属于该种类型，对内取消关税和其他的贸易限制，对外维持各国原有的关税税率。典型代表还有1994年1月1日正式成立的北美自由贸易区，包括美国、加拿大、墨西哥三个国家。

3.关税同盟

关税同盟(Customs Union)是指以一个单独关税领土代替两个或两个以上的关税领土。因而关税同盟在一体化程度上要比自由贸易区更进一步。除包括自由贸易区的基本内容外，它还规定了成员单位对非同盟国家的统一关税率和外贸政策，因此关税同盟已经具有超国家的因素。对内取消关税和其他的贸易限制，对外实行统一的关税税率，世界上最大的关税同盟是欧盟。到1995年1月1日欧盟已扩展到15个国家。第二大关税同盟是1995年启动的南方共同市场，包括阿根廷、巴西、乌拉圭、巴拉圭。

4.共同市场

共同市场(Common Market)是指两个或两个以上的国家完全取消关税，建立对非成员单位的统一关税，在实现货物自由移动的同时，还实现生产要素之间的自由移动。如20世纪70年代的欧洲共同市场。

5.经济同盟

经济同盟(Economic Union)是指成员单位间不仅商品和生产要素可以完全自由流通，建立对外共同关税，而且要求成员单位制定和执行某些共同的经济政策和社会政策，逐步减少政策方面的差异，使一体化的程度从商品交换扩展到生产、分配乃至整个国民经济，形成一个更加庞大的经济组织。经济同盟阶段的区域经济组织必须设有一个超国家机构，通过其管理，使各成员单位对其有关权力作出让度。欧盟便属于此类，这是目前最高层次的区域经济一体化组织。

6.完全的经济一体化

完全的经济一体化(Complete Economic Integration)是经济一体化的最高层次。此时，区域内各国在经济、金融、财政和贸易等政策上均完全协调一致，实行统一经济政策。欧盟的最终目标便是达到这种境界。

上述六种经济一体化类型显示了经济一体化目标的高低不同和程度的逐级深化，但前一阶段并不一定要向后一阶段发展，前一阶段也不一定是后一阶段的必经阶段，有的一体化组织的建立就可能越过前一阶段。如欧洲共同体的起点就是关税同盟，未经过优惠贸易安排和自由贸易区阶段。

（二）按照经济一体化的范围划分

1. 部门经济一体化

部门经济一体化（Sectional Economic Integration）是指区域内各成员间的一个或几个部门（或商品）纳入一体化的范畴之内，实现局部经济部门中的协调一致。例如 20 世纪 60—70 年代的欧洲原子能共同体、欧洲煤钢共同体等。

2. 综合经济一体化

综合经济一体化（Overall Integration）是指区域成员间的所有经济部门均纳入一体化的范畴之内。例如欧洲联盟内的区域经济合作便涉及几乎所有经济部门。

（三）按照参加国家或地区的经济发展水平划分

1. 水平经济一体化

水平经济一体化（Horizontal Economic Integration）是指经济发展水平大致相同或接近的国家共同组成的经济一体化。如拉美自由贸易协会、东南亚经济同盟等。

2. 垂直经济一体化

垂直经济一体化（Vertical Economic Integration）是指经济发展水平不同、发展阶段不同的国家与地区所组成的经济一体化。如北美自由贸易区，其中美国、加拿大是经济发达国家，而墨西哥的经济发展水平比较低，属于发展中国家，这两种类型国家的经济发展水平、实力、阶段均存在较大的差异。

三、经济一体化的特征

经济一体化的主要特征包括：

(1)成员之间的自由贸易；

(2)共同的对外关税；

(3)相互给予的贸易优惠；

(4)生产要素的自由流动；

(5)统一的经济政策。

第二节　主要经济一体化组织介绍

一、欧盟

欧洲联盟简称欧盟（European Union，EU），位于欧亚大陆西部，面积 333.7 万平方千米，人口 3.76 亿，人口密度为每平方千米 113 人。总部设在比利时首都布鲁塞尔，盟歌是贝多芬第九交响曲中《欢乐颂》的序曲，盟旗图案为蓝底上 12 颗金色五星构成圆环。

欧盟目前共有 27 个成员，分别是：法国、联邦德国、意大利、荷兰、比利时、卢森堡、英国、丹麦、爱尔兰、希腊、葡萄牙、西班牙、奥地利、瑞典、芬兰、马耳他、塞浦路斯、波兰、匈牙利、捷克、斯洛伐克、斯洛文尼亚、爱沙尼亚、拉脱维亚、立陶宛、罗马尼亚、保加利亚。其中法国、联邦德国、意大利、荷兰、比利时、卢森堡为创始成员国，丹麦、爱尔兰和英国于1973年加入，希腊于1981年加入，西班牙和葡萄牙于1986年加入，奥地利、芬兰、瑞典于1995年加入，波兰、匈牙利、捷克、斯洛伐克、爱沙尼亚、拉脱维亚、立陶宛、斯洛文尼亚、马耳他和塞浦路斯等10国于2004年5月1日加入，保加利亚和罗马尼亚于2007年加入。欧盟共有11种官方语言，分别为：英语、法语、德语、意大利语、西班牙语、葡萄牙语、荷兰语、丹麦语、瑞典语、芬兰语和希腊语。按照规定，欧盟所有官方文件必须以上述11种文字印刷。

欧盟的前身是"欧洲共同体"(European Communities)，简称欧共体(EC)。欧共体包括"欧洲煤钢共同体"、"欧洲原子能共同体"和"欧洲经济共同体"，其中以"欧洲经济共同体"最为重要。

1951年4月18日，法国、联邦德国、意大利、荷兰、比利时和卢森堡在巴黎签订了《欧洲煤钢共同体条约》，又称《巴黎条约》。1952年7月25日《巴黎条约》正式生效，"欧洲煤钢共同体"正式成立。

1957年3月25日，上述6国又在罗马签订了《欧洲经济共同体条约》和《欧洲原子能共同体条约》，统称《罗马条约》。1958年1月1日《罗马条约》正式生效，"欧洲经济共同体"和"欧洲原子能共同体"正式成立。1965年4月8日，上述6国签署了《布鲁塞尔条约》，决定将三个共同体的机构合并，统称"欧洲共同体"，但三个组织仍各自存在，以独立的名义活动。《布鲁塞尔条约》于1967年7月1日正式生效。1991年12月11日，欧共体在荷兰马斯特里赫特召开首脑会议，通过了以建立欧洲经济货币联盟和欧洲政治联盟为目标的《欧洲联盟条约》，通称《马斯特里赫特条约》(简称《马约》)。

1992年2月7日，《马约》由各成员国外长正式签署，并经各成员国政府批准后于1993年11月1日正式生效，欧洲联盟正式成立。根据《马约》规定，欧洲共同体作为欧盟的主要支柱仍然存在，《马约》生效后欧共体也未就其称谓的变更问题作出决定，但欧共体内部和国际上越来越广泛地使用"欧洲联盟"这个称谓，并简称"欧盟"。目前"欧共体"和"欧盟"两种称谓均可使用。

欧盟是一个超国家的组织，既有国际组织的属性，又有联邦的特征。欧盟成员国自愿将部分国家主权转交欧盟，欧盟在机构的组成和权利的分配上，强调每个成员国的参与，其组织体制以"共享"、"法制"、"分权和制衡"为原则。

欧盟经济一体化进程以关税同盟为起点，通过实施共同市场、统一大市场而最终向全面的经济货币联盟迈进。1968年7月1日，欧盟实现关税同盟。1985年6月，欧委会正式提出了关于完成内部统一大市场的白皮书，提出在欧共体内建立"无国界"的统一大市场，真正实行人员、商品、资本、服务的自由流通。1985年12月，委员会的"白皮书"得到理事会批准。1993年1月1日，欧洲统一大市场正式启动，商品、资金、服务和人员开始在欧盟成员国内部自由流通。为巩固工业品关税同盟及共同农业政策，避免汇率的过度波动，欧共体于1979年3月13日正式建立欧洲货币体系，为单一货币的出现奠定了基础。1989年6月，欧共体马德里首脑会议通过《关于实现欧洲经济和货币联盟的报告》，明确提出自1990年7月1日起分三阶段实施经济货币联盟的目标。1991年12月，欧共体马斯特里赫特首脑会议通过的《马约》对经济货币联盟的最终目标、实施途径及最后期限做了明确规定。欧盟的统一货币为欧元(Euro),1999 年 1 月 1 日正式启用。除英国、希腊、瑞典和丹麦外的 11 个国家于 1998 年首批成为欧元国。2002 年 1 月 1 日,欧元纸币和硬币正式流通,同年 3 月 1 日,欧元区各国原货币停止流通,欧元正式成为欧元区国家的唯一法定货币。截至 2008 年 1 月 1 日,欧元区成员国有 15 个。

欧元的出现使欧洲各国的金融市场和股票交易更趋一体化,欧洲在国际金融货币体系中的地位和作用也得到加强,欧元作为国际清算、交易和储备货币的地位直接向美元的霸权地位发动了挑战,从而在经济上也有助于多极化世界的发展。

二、北美自由贸易区

北美自由贸易区(NAFTA)由美国、加拿大和墨西哥三国组成,是在原美国、加拿大自由贸易区基础上的扩大和延伸,自 1994 年 1 月 1 日开始生效实施。

美国、加拿大自由贸易协定的签署与实行,标志着北美贸易区的萌发,而美国、加拿大和墨西哥三国自由贸易协定的签署与实行,则意味着北美自由贸易区的真正建立。

最早由美国、加拿大,后由墨西哥三国自由贸易协定于 1992 年 8 月 12 日就《北美自由贸易协定》达成一致意见,并于同年 12 月 17 日由三国领导人分别在各自国家正式签署,以此法律生效。1994 年 1 月 1 日,协定正式生效,北美自由贸易区宣布成立。

协定的宗旨是:取消贸易壁垒;创造公平的条件,增加投资机会;保护知识产权;建立执行协定和解决贸易争端的有效机制,促进三边和多边合作。

北美自由贸易区的诞生,将牵动着整个拉美国家很快仿效,这是世界上第一个由最富有的发达国家和发展中国家组成的区域经济贸易集团。这将促进美国与拉美国家的双边或多边贸易协定的谈判,为实现美国"所有拉美国家贸易自由化",建立"美洲自由贸易区"的倡议计划,迈出了重要的一步。

《北美自由贸易协定》的签订,对北美各国乃至世界经济都将产生重大影响。

首先,对区域内经济贸易发展有积极影响,对美国而言,其积极的影响是:①不仅工业制造业企业受益,高科技的各工业部门也将增加对加拿大、墨西哥的出口。美国同墨西哥的贸易顺差将会因此而增加。②美国西部投资的扩大。③由于生产和贸易结构的调整结果,将会使得大量劳动力投入那些关键工业部门。④协定对墨西哥向美国的移民问题将起到制约作用。

协定对美国的消极影响的主要有:技术性不强的消费品工业对美国不利,为改善墨西哥与美国边境环境条件,美国要付出 60～100 亿美元的经济和社会费用,关税削减美国减少大笔收入,加重了美国的负担。

其次,协定对加拿大、墨西哥两国同样有很大的影响。

最后,对国际贸易和资本流动的影响,北美自由贸易区的建立,一方面扩大了区域内贸易,但另一方面使一些国家担心贸易保护主义抬头,对区域外向美国出口构成威胁。特别是对以日本为主的企业影响最大。

为了保证自身的利益,日本一方面修订自己的贸易战略,另一方面通过外交途径向美、加、墨三国提出更严格的要求,以确保本国及其他国的根本利益。

三、亚太经济合作组织

所谓亚太，即亚洲与太平洋一词的简称。提到亚太经济合作，亚太地区一般是指太平洋沿岸各国，包括南北美洲濒临太平洋的国家、太平洋内岛国、大洋洲及亚洲东部各国和地区，随着亚太地区的经济的迅速崛起和世界经济发展重心的逐渐东移，以及世界经济区域集团化趋势的日益明显，在这样的背景下加快了实现亚太经济区域合作的步伐。

亚太自由贸易区全称为亚洲及太平洋自由贸易区，是现今亚洲及太平洋经济合作组织(Asia-Pacific Economic Cooperation，APEC，简称亚太经合组织)所预先确立的一项总目标。亚太经济合作的构想于20世纪90年代进入讨论实施阶段。1989年11月，在澳大利亚总理霍克的提议下，美国、日本、加拿大、澳大利亚、新加坡、东盟、韩国等12个国家和地区的27位外交部长和经济部长在堪培拉举行了"亚太经济合作部长及会议"的首次会议，标志着亚太经合组织问世，APEC的产生，使亚太地区经济合作发展很快。1994年11月14日亚太组织18国首脑会议，确定2020年前成立"亚太自由贸易区"，并讨论如何把亚太经合组织变成世界上最开放的自由贸易区。根据各成员实际情况的不同，亚太自由贸易的步伐有所减慢，到2010年以前工业化国家(如美国、日本等)应排除贸易障碍，新兴工业化国家可在2020年前完成自由贸易的目标。

亚太经合组织原18个成员所拥有的面积占全球陆地面积的31%，人口22亿，占世界总人口的40%，国内生产总值13万亿美元，约占世界生产总值的50%，进出口贸易总额占世界贸易总额的45%。现在，亚太经合组织的成员已达21个，分别是中国、澳大利亚、文莱、加拿大、智利、中国香港、印度尼西亚、日本、韩国、墨西哥、马来西亚、新西兰、巴布亚新几内亚、秘鲁、菲律宾、俄罗斯、新加坡、中国台北、泰国、美国和越南，1997年温哥华领导人会议宣布APEC进入十年巩固期，暂不接纳新成员。此外，APEC还有3个观察员，分别是东盟秘书处、太平洋经济合作理事会和太平洋岛国论坛。

虽然亚太经合组织取得了一些进展，但在这一地区建立起欧洲联盟和北美自由贸易区那样的一体化组织，目前还不具备充分的条件，还存在以下几个问题：

(1)合作对象的地区范围和概念一直不明确。

(2)亚太经合组织同欧洲联盟、北美自由贸易协定这两个一体化组织比较，缺乏同质性。

(3)在亚太经合组织中包含着"东盟自由贸易区"和"北美自由贸易协定"两个自由贸易组织，亚太经合组织面临着调整区域内各经济圈之间的相互关系，维持开放的地区主义的艰巨任务。

(4)亚太经合组织的一些成员区域外国家经济关系非常密切。

(5)亚太经合组织缺乏政治向心力。欧共体的形成和发展的原因之一是对美、苏两国的霸权主义不满；北美自由贸易协定是对日本和西欧的挑战。而在东亚地区特别是亚太地区，目前还缺乏政治上的向心力，这不利于一体化的实现。

第三节　经济一体化的发展趋势

在世界经济一体化的进程中充满着矛盾，这种矛盾反映了一体化不断向前发展过程中与既存制度或现实之间的诸多矛盾。人类社会就是在矛盾中发展，在矛盾中前进的。

一、在自由贸易体制的基础上，将形成一个世界贸易的制度化和规范化的良性循环机制

在20世纪世界经济一体化的过程中，充满了一体化趋势与民族经济保护状态的矛盾。进入21世纪，这一矛盾在某些领域、某种程度上会有所减缓，但不会完全消失。因为出于各种民族国家的利益考虑，一国总是需要保护本国的某一部分市场的。在没有一体化推进的条件下，这些往往被视为自然。但当世界经济出现一体化趋势时，这种民族保护状态一方面受到挑战，另一方面又不时地阻碍着一体化的演进。如美欧贸易摩擦在于欧盟的共同农业政策影响了美国利益，而美日贸易摩擦则起因于美对日贸易巨额逆差。由此可见，世界经济一体化趋势正冲击着各个民族国家的经济疆界，而渗透到全球的每个角落。

在世界经济一体化发展趋势中，贸易自由化程度将达到一个新的水平。世界贸易组织的建立标志着一个规范化、一体化的世界市场形成。世界贸易组织的重要职能不是建立一个自由贸易体制，而是要确立一个制度化和规范化的体制，建立一种良性循环机制，确定一条通向自由贸易的道路，从而解决实现更高水平的自由贸易的共同愿望与贸易保护主义现实之间的矛盾，也更有利于世界经济一体化趋势的发展。

二、构建世界金融服务领域自由化的体制，将是世纪性课题

20世纪30年代以来，经济危机、金融危机和货币危机依次在不同时期成为全球关注的主要经济问题，由个别国家的局部危机转化为多个国家同步发生的全球危机，金融国际化进程带来了金融高度风险。20世纪90年代以来，伴随国际资本大幅度流动而发生的货币危机以及由货币危机引发的金融危机，尤其是东亚金融危机不仅使亚洲地区经济遭到重创，也使整个世界经济都受到了不同程度的影响。

金融是现代市场经济的命脉，任何国家都不可能放弃对其的控制，对金融国际化进程往往采取比较谨慎的政策，尤其是发展中国家更不可能一下子开放其金融市场。即使是发达国家也因其国内经济条件的差异而对金融国际化持有不同的态度，这就不可避免地带来实现制度性金融一体化的难度。

在世界经济一体化趋势中，金融国际化的发展将进一步表现为国际性金融的深化。国际金融市场的动荡与协调将是今后的主要趋势。金融服务自由化是通向全球金融市场一体化的重要一步，也是金融国际化更高水平上的发展趋向。多边金融服务贸易协议的达成，意味着全球90%的金融市场将开放，一个国际金融服务领域自由化的体制即将建立。随着国际金融业务的自由化发展，加强国际金融监管的协调与合作，将是一个世纪性的课题。

三、世界生产体系的形成将加强国际社会制度性一体化进程，而一体化与主权国家经济控制权的冲突需要更为健全完善的国际协调机制

跨国公司作为世界经济大发展的主体力量，对世界经济一体化发展产生了多方面的深刻影响，同时作用于“母国经济”和“东道国经济”。跨国公司的经营战略与东道国发展战略之间因生产一体化而产生矛盾，跨国公司给东道国带来资金、技术、管理和就业机会的同时，也转移了低值高耗产业，甚至控制了该国市场乃至国民经济关键部门，影响到东道国的主权安全和经济稳定。东道国要保证本国经济的健康持续发展，不仅要解决好国家之间各种各样的经济关系，还要处理好同跨国公司的复杂关系。东道国尤其是后进的东道国，只能是在本国经济最大承受力的基础上寻找高度开放的引进外资的政策和方式，并在接受生产功能一体化的同时，要求国际社会加强制度性一体化的进程。

世界经济一体化趋势导致经济、文化、政治全球性的交流、冲突、竞争、互动、融合，网络超越时空，国界屏障弱化，传统意义上的国家主权内涵发生一定程度的变化，许多领域传统国家主权越来越被国际社会共享，突出表现是国际性组织和联合国的作用越来越强化，国际经济甚至国内事务越来越多遵循国际惯例和国际条约，国际干预力度强化。经济贸易区域化对于国家经济主权的侵蚀，在各种侵蚀行为中是最明显、最全面也是程度最高的一种，欧洲联盟自 1958 年至今的历程就非常典型而清晰地表明了这一点。全球一体化在一定范围超越了国家主权，同国家主权发生矛盾。

由于各国经济之间的相互依存关系越来越深，一国在制订某种经济政策时，不仅会影响到本国经济的发展，而且还会对他国产生影响。同样，他国制订某种经济政策也会产生类似的双重效应。所以各国之间在政策选择上存在着利害关系，它们在进行某一经济决策时，不能不考虑到彼此的反应。尽管各国间存在利害冲突，但任何寄希望于他人的企图，只会导致共同的更大损失。所以各国可能会尽量避免选择引起与他国冲突的决策，从而走向合作与一体化。

在世界经济一体化的发展趋势中，一体化与主权国家对国民经济控制权的冲突、不同经济发展水平国家合作的障碍，更深层次的文化、意识形态障碍等，都会使世界经济一体化的进展步履艰难。要实现一体化发展中的利益共享，主权国必然要付出一定的代价，但前提是建立一个有效的国际经济协调机制。共同利益是国际协调的基础，也是国际协调的保证。不过，各国对共同利益认识不一定一致和准确反映客观实际，对同一事物的不同观点，还有非经济因素的存在，为国际协调带来障碍。

各国参与国际协调的目的是维护本国的经济利益，因此，国际协调必须是互利的，基于各国共同利益的存在，参与国付出的协调成本小于获得的利益，各国所获得的利益尽可能均等。由于各种主客观条件的限制，当代国际协调机制还存在许多缺陷，需要进一步调整和完善，制定出各国共同遵守的国际规则，使世界各国从利益相互冲突走向协调，以保证世界经济一体化秩序和顺利发展。

四、区域经济一体化的扩展和加快必将推动世界经济一体化的进程

20 世纪末区域经济一体化的浪潮几乎波及整个世界，几乎所有国家都参加了某一区域一体化计划或组织，甚至一些国家参与多项一体化计划或组织。随着区域一体化推进，200

多个国家和地区的经济将为几大区域经济所取代，必然大大减少全球一体化的困难，推动全球一体化的进程。

区域一体化是世界经济一体化的阶段性探索，是经济一体化的局部实践。区域经济一体化从来就是在世界经济一体化背景下发展的，其成果总是以全球角度的贸易自由化、金融国际化和生产一体化的形式表现出来。而区域一体化的进程总是与世界市场联系，与跨国公司在区域内的融合而相互依存。区域经济一体化是世界经济一体化进程中的一个关键性阶段，它的发展必然推动世界经济一体化的进程。

五、构筑国际经济新秩序将成为解决世界经济发展不平衡、利益矛盾尖锐化的重要制度保障

世界经济一体化趋势从总体上推动世界经济的增长和发展，从 19 世纪到 20 世纪末的 200 年间，人均总产值年增长提高到 1.17%，是前 500 年的 23.4 倍。最近十几年提高到 3.1%，是过去 200 年 2.7 倍。但世界经济的发展是不平衡的，在造就富国的同时也造就着穷国。在 20 世纪，全球在减少贫困和提高福利方面取得巨大进步。从目前发展趋势看，全球收入水平在迅速提高的同时，其差距也在不断扩大。世界经济一体化实际上是市场经济的一体化，其发展受市场力量、市场经济规律作用的支配，按实力分配经济成果是市场经济一条铁的规律。虽然说世界经济一体化带来的国际利益关系不是“零和”关系，由于发展中国家从整体上看经济实力相对弱小，参与国际市场程度、市场竞争力、市场风险抵御能力都远不如发达国家，从而在一体化中获得利益的机会和可能远不如发达国家。在当代世界经济中，发达国家是国际分工体系和经济一体化进程中占主体、支配地位的参加者和最大受益者。在不公正、不合理的国际经济旧秩序没有根本改变的情况下发生和发展的一体化，并非通向世界各国共同富裕之路。

尽管发展中国家的相对落后既有历史原因，又有国内体制、管理等原因，但就国际环境而言，现行的经济秩序确实使发展中国家经济受到较大抑制。由于发展中国家总体占世界经济体系绝大多数，发展中国家经济落后，发达国家的潜在经济增长也必然受到影响。所以在走向一体化的世界经济中，如何进一步推进发达国家与发展中国家依存与合作，从而实现世界经济总体上的增长，是至关重要的。这就是构筑国际经济新秩序，形成国家之间的经济行为准则。但世界经济新秩序的创建却是相当复杂的事情，不同的国家、不同的法律制度，没有全球“政府”、没有强力机构，全球性经济秩序创建变得十分困难。新的世界经济秩序是推进全球一体化的重要制度保障，同时它也会像经济一体化一样，并不能保证世界上所有国家都能如愿以偿。但是一个好的世界经济秩序有利于全球经济的发展，而每个国家都会在未来的世界经济一体化中获益。

六、世界各国将联手共同行动解决环境、资源、人口问题

世界经济的增长正发生在一个资源和空间有限的星球上，伴随世界人口、工业化进程和世界经济一体化步伐的加速发展，越来越强的需求与地球资源环境之间的冲突也越来越大。世界经济一体化的趋势依赖于世界经济可持续的发展，而世界经济可持续发展则取决于资源、环境等重大因素的制约条件。摆在人们面前的矛盾是，世界经济一体化引起环境、资源、人口等全球性问题，而环境、资源、人口等问题的全球化又影响世界经济一体化进程。解决

这一矛盾的唯一办法就是，世界各国在一体化的进程中共同行动，联合起来向科技进军，合理使用自然资源，积极保护世界环境，保持人口与经济的均衡增长，使世界经济健康地运行和发展。

以"走向一体化"来认识世界经济，不是一个纯粹的理论问题，而是总体把握世界经济走势的根本性问题。我们已经跨入一个走向世界经济一体化的新世纪。

知识训练

一、单项选择题

1. 以下哪个组织是目前世界上经济一体化程度最高的区域经济组织？（　　）

A. 世界贸易组织　　B. 北美自由贸易区　　C. 欧盟　　D. 亚太经合组织

2. 在区域经济一体化组织中，以下哪一项不带有国家的性质？（　　）

A. 部门一体化　　B. 自由贸易化　　C. 关税同盟　　D. 经济同盟

3. 请问截至 2011 年 1 月 1 日，欧盟共有多少个成员？（　　）

A. 25　　B. 27　　C. 30　　D. 24

4. 1992 年 2 月 17 日，欧洲共同体十二国外长和财政部长签署了一项条约，目标是建立欧洲经济货币联盟和欧洲政治联盟。该条约建立了由三个支柱构成的欧洲联盟：欧洲共同体、共同外交与安全政策、司法与内政合作，具有里程碑意义。请问这是哪一个条约？（　　）

A. 马斯特里赫特条约　　B. 罗马条约

C. 阿姆斯特丹条约　　D. 尼斯条约

5. 根据《马斯特里赫特条约》，自 1995 年起，欧盟委员会任期为 5 年，设主席 1 人，副主席 2 人，现任主席于 2004 年 11 月正式上任。请问现任欧盟委员会主席是谁？（　　）

A. 普罗迪　　B. 舒曼　　C. 菲舍尔　　D. 巴罗佐

6. 2003 年 7 月，欧盟制宪筹备委员会全体会议就欧盟的盟旗、盟歌、铭言与庆典日达成了一致。根据宪法草案：欧盟的盟旗仍为现行的蓝底和 12 颗黄星图案，5 月 9 日为"欧洲日"。请问欧盟的铭言是什么？（　　）

A. 多元一体　　B. 欧洲一体

C. 自由平等　　D. 自由民主

7. 欧共体的创始国是哪 6 个国家？（　　）

A. 法、德、意、荷、比、卢　　B. 法、德、英、卢、比、荷

C. 英、法、德、意、荷、比　　D. 英、法、德、比、荷、卢

8. 欧洲共同体创始会员国为 6 个国家。1973 年英国、丹麦和爱尔兰加入欧共体。1981 年希腊加入欧共体。1993 年欧洲联盟诞生，原来的欧共体继续作为一个机构存在。1995 年，有 3 个国家加入欧盟。请问下列哪一个国家不是 1995 年加入欧盟的？（　　）

A. 瑞典　　B. 芬兰　　C. 奥地利　　D. 匈牙利

9. 2007 年 1 月 1 日，哪两个国家正式加入欧盟？（　　）

A. 罗马尼亚、保加利亚　　B. 波兰、保加利亚

C. 波兰、捷克　　D. 塞浦路斯、马耳他

10. 1946 年,英国首相丘吉尔曾提议建立"欧洲合众国"。1950 年 5 月 9 日,法国外长代表法国政府提出建立欧洲煤钢联营。请问当时的法国外长是谁? ( )

A. 雷诺 B. 富歇 C. 舒曼 D. 莫内

11. 谁首先发起欧洲经济与货币联盟计划,并被称为"欧洲荣誉公民"和"欧洲第一公民"? ( )

A. 丘吉尔 B. 莫内 C. 戴高乐 D. 斯巴克

12. 英国在加入欧洲共同体之前,曾经出面组织了以下哪个联盟以对抗当时六个成员国的关税同盟计划? ( )

A. 欧洲贸易联盟 B. 欧洲自由贸易联盟

C. 西欧自由贸易联盟 D. 欧洲自由贸易区

13. 由于民族国家之间的主权让渡问题难以达成一致,欧洲一体化最初从经济领域启动。以下哪个组织最早建立? ( )

A. 欧洲经济共同体 B. 欧洲原子能共同体

C. 欧洲煤钢共同体 D. 欧洲联盟

14. 1957 年西欧六国在意大利首都罗马签订两个条约,后来人们把这两个条约统称为《罗马条约》,它标志着欧洲联盟的前身——欧洲共同体的诞生。这两个条约一个是《欧洲原子能共同体条约》,另一个是哪一项条约? ( )

A.《欧洲共同防务条约》 B.《欧洲经济共同体条约》

C.《欧洲自由贸易条约》 D.《欧洲经济联盟条约》

15. 在欧洲联盟正式建立前,其前身欧洲共同体在 20 世纪 70 年代到 90 年代同第三世界国家先后签署了四次关于双方贸易问题的协定,这一协定是下列哪一项? ( )

A.《雅温得协定》 B.《洛美协定》

C.《洛桑协定》 D.《巴黎协定》

16. 1999 年 6 月 3 日在科隆召开的欧盟 15 国国家元首和政府首脑会议上,谁被任命为第一任欧洲"共同外交和安全政策高级代表"? ( )

A. 希拉克 B. 布莱尔 C. 索拉纳 D. 菲舍尔

17. 欧元的前身是欧洲货币单位,它又称作什么? ( )

A. 塔兰特 B. 埃居 C. 弗利尔 D. 比索

18. 1999 年 1 月 1 日,欧盟的统一货币欧元正式启用,2002 年 1 月 1 日欧元正式流通。除英国、希腊、瑞典、丹麦外的 11 国于 1998 年首批成为欧元国。2000 年 6 月,欧盟在葡萄牙北部城市费拉举行的首脑会议批准下列哪一个国家加入欧元国? ( )

A. 英国 B. 瑞典 C. 希腊 D. 丹麦

19. 欧盟的战略目标主要通过四大机构来实现,分别是什么? ( )

A. 欧盟理事会、欧盟委员会、欧洲议会、欧洲法院

B. 欧盟理事会、欧盟委员会、欧洲审计署、欧洲外交政策和国内事务委员会

C. 欧盟理事会、欧盟委员会、欧洲地区委员会、欧洲中央银行

D. 欧盟理事会、欧盟委员会、欧洲经济社会委员会、欧洲外交政策和国内事务委员会

20. 欧洲议会是欧洲联盟的议会机构,它的前身是欧洲煤钢共同体的共同大会,1958 年改名为欧洲议会。欧洲议会是欧盟三大机构之一。另外两个机构是欧盟理事会,还有一个

是什么呢？ （ ）

A. 欧盟委员会　　B. 欧安会　　C. 欧盟法院　　D. 欧盟银行

21. 1991 年，《汉城宣言》正式确定了 APEC 的宗旨和目标为“相互依存，（ ），坚持开放的多边贸易体制和减少区域贸易堡垒”。

A. 共同享用　　B. 平等互利　　C. 共同利益

22. 1989 年 11 月 6—7 日加入 APEC 经济体的有：澳大利亚、美国、日本、（ ）、新西兰、韩国、印度尼亚西、菲律宾、马来西亚、泰国、新加坡、文莱(12 个)。

A. 中国　　B. 俄罗斯　　C. 加拿大

23. 自 1989 年 11 月至 2000 年年底共举行了（ ）次 APEC 部长级会议。

A. 10 次　　B. 11 次　　C. 12 次

24. APEC 的合作原则：成员间的相互尊重与平等、互利互惠、协商一致和自愿的原则、坚持（ ）的原则。

A. 开放的区域　　B. 开放合作　　C. 开放的地区主义

25. APEC 是由（ ）的英文全称 Asia-Pacific Economic Cooperation 中的第一个字母拼写而成。

A. 亚太经贸理事会　　B. 亚洲开发银行　　C. 亚洲太平洋经济合作组织

26. APEC 是亚洲—太平洋地区级别最高、影响最大的区域性（ ）组织。

A. 政治　　B. 经济　　C. 科技

27. APEC 成立于（ ）年。

A. 1960　　B. 1995　　C. 1989

28. （ ）总理霍克 1989 年 1 月访问韩国时提出了汉城倡议，建议召开部长级会议，讨论加强亚太经济合作问题。

A. 澳大利亚　　B. 马来西亚　　C. 加拿大

29. APEC 的创始成员是澳大利亚、美国、加拿大、日本、韩国、（ ）、新加坡、马来西亚、泰国、印度尼西亚、菲律宾、文莱。

A. 中国　　B. 新西兰　　C. 俄罗斯

30. 1993 年 11 月 20 日举行了（ ）亚太经济合作组织领导人非正式会议，以后每年举行一次。

A. 第一次　　B. 第二次　　C. 第三次

31. 至 2000 年年底，APEC 共举行过（ ）领导人非正式会议。

A. 7 次　　B. 8 次　　C. 9 次

32. 第 9 次 APEC 领导人非正式会议将于 2001 年 10 月在中国（ ）举行。

A. 北京　　B. 上海　　C. 大连

33. 1991 年（ ），中国同 APEC 就中国、中国台北、中国香港三方同时加入 APEC 签署了《谅解备忘录》，同意中国、中国台北、中国香港三方作为正式成员同时加入。

A. 10 月　　B. 11 月　　C. 12 月

34. 1999 年中国进出口总值的 75.13% 是同 APEC 经济体进行的，总额达到（ ）亿美元。

A. 2109　　B. 3709　　C. 2709

35. 1999年中国实际利用外商直接投资412.4亿美元，来自APEC经济体的投资达(　　)亿美元，占中国当年实际利用外资总额的74.97%。

A. 309.2　　B. 319.2　　C. 329.2

36. 高官会议是由APEC各成员高官参加的例会，每年举行(　　)次会议，其任务是负责执行领导人非正式会议和部长级会议的决定，并为下届领导人非正式会议和部长级会议做准备。

A. 1～2　　B. 3～4　　C. 5～6

37. APEC高官会一般由各成员(　　)级、司局级或大使级官员组成。我国现任高官为外交部国际司副司长吴海龙。

A. 副总理　　B. 副部长　　C. 助理部长

38. APEC的工作语言是　　(　　)

A. 英语　　B. 法语　　C. 西班牙语

39. APEC领导人非正式会议有一个惯例，参加会议的领导人都不着正装，而是由主办经济体提供(　　)，并着装合影。

A. 便装　　B. 具有当地民族特色的服装　　C. 休闲装

40. 1993年11月20日，第一次APEC领导人非正式会议在(　　)举行，中国国家主席江泽民出席了这次会议。

A. 美国　　B. 澳大利亚　　C. 日本

二、多项选择(每题有两个或两个以上答案是正确的)

1. 1994年，印尼茂物会议上，江泽民主席提出了中国关于亚太经济合作的原则，主要有：　　(　　)

A. 相互尊重，协商一致　　B. 循序渐进，稳步发展

C. 相互开放，不搞排他　　D. 广泛合作，互利互惠

E. 缩小差距，共同繁荣

2. 以下既是中国十大贸易伙伴之一又是APEC经济体的是：　　(　　)

A. 中国香港　　B. 东盟成员　　C. 德国　　D. 中国台北

3. 以下属于APEC 2001年会的举办城市的有：　　(　　)

A. 深圳　　B. 青岛　　C. 上海　　D. 大连

4. 反映APEC精神的关键词有：　　(　　)

A. 开放　　B. 渐进　　C. 自愿　　D. 协商

E. 发展　　F. 互利　　G. 共同利益

5. APEC成立以来取得的成就体现在：　　(　　)

A. 经济技术合作　　B. 贸易和投资便利化　　C. 贸易和投资自由化

6. 下列属于历届APEC领导人非正式会议的举办地的是：　　(　　)

A. 大阪　　B. 温哥华　　C. 大连　　D. 苏比克

7. 2001年APEC会议确定的主要工作是：　　(　　)

A. 加强能力建设，开拓未来发展机遇，使各成员从全球化和信息通讯技术的发展中受益

B. 促进贸易与投资，推动建立更加合理的多边贸易体制

C. 为亚太地区经济的可持续发展创造有利的宏观环境

8. APEC 涉及的合作领域有： ( )

A. 贸易投资自由化 B. 经济技术合作 C. 宏观经济政策对话

9. 下列国家中不属于 APEC 成员的是： ( )

A. 印度 B. 巴西 C. 新加坡

D. 印尼 E. 越南

10. 属 APEC 观察员的是： ( )

A. 东盟秘书处 B. 太平洋经济合作理事会

C. 南太论坛 D. 领导人非正式会议

11. 2001 年中国主要将举办哪几类 APEC 会议？ ( )

A. 高官会议 B. 贸易部长会议 C. 外交外贸双部长会议

D. 财政部长会议 E. 中小企业部长会议 F. 工商领导人峰会

G. APEC 领导人非正式会议 H. 工商咨询理事会会议

I. 邮电通讯部长会议

12. 中国参加 APEC 的重要意义： ( )

A. 给中国深化改革，加速社会主义现代化建设提供良好的外部环境

B. 为参与区域经济合作，学习借鉴其他成员的经验，促进国内的体制改革提供了机遇

C. 对中国吸引国外的先进经验，加速发展经济有一定的作用

D. 促进各经济体之间的政治交流

三、判断正误

1. APEC 首次领导人非正式会议的地址为大阪。 ( )

2. 2000 年的 APEC 会议在文莱举行。 ( )

3. 中国香港不可以主办 APEC 年会。 ( )

4. 参加 APEC 部长会议的必须是各成员的外交部长。 ( )

5. APEC 会议的东道国是选举产生的。 ( )

6. APEC 暂不接纳新成员。 ( )

7.《联系大家庭》是在第五次 APEC 会议上提出的。 ( )

8. 在 2000 年 APEC 领导人非正式会议上，国家主席江泽民宣布中国于 2001 年 10 月在上海主办亚太经合组织领导人非正式会议。 ( )

9. APEC 中国官方网站是由新华网承担主要责任，负责内容的上网和会议期间的新闻采编工作。 ( )

10. 欧盟是经济合作组织，又是政府间组织。 ( )

11. 欧洲联盟理事会(Council of European Union)是由欧盟各成员国部长组成的，所以又称“部长理事会”，一般简称“理事会”，是欧盟的重要决策机构。根据议题不同，参加会议的分别为外交部长、农业部长、工业部长等。 ( )

12. 欧盟理事会根据议题的重要程度实行三种投票表决机制。 ( )

13. 1995 年 3 月 26 日一项协定正式生效，德、法、西、葡、荷、比、卢等七国率先实行人员自由流动。根据规定，这些国家之间取消边境检查，公民可自由通行，外国人只要获得上述 7 国中任何一国的签证，即可享受同样待遇。 ( )

14.1713年，法兰西学院院士、著名的评论家圣—皮埃尔出版了《争取欧洲永久和平的方案》一书。他在这本著作中第一次比较完整地提出了欧洲联合的政治思想。（　　）

15.欧盟知识产权制度的渊源起于《欧洲联盟条约》。（　　）

16.1999年10月12日，瑞典皇家科学院把诺贝尔经济学奖授予蒙代尔。因为他在国际资本流动以及不同汇率制度下财政、货币政策效用的研究等方面取得卓越的成就，还提出了自由货币理论。这个理论对欧元问世有着不可替代的贡献，不少人称蒙代尔是“欧元理论”的奠基人。（　　）

17.20世纪70年代初美国的布雷顿森林体系崩溃，标志着以美元为中心的国际货币体系瓦解，为应付这一局势，欧共体在汇率政策上采取的措施是线形浮动。（　　）

18.共同体实施共同农业政策的基本原则不包括建立共同农业基金。（　　）

19.由欧盟委员会决定对外国商品实行反倾销措施，并对倾销及损害进行调查。（　　）

20.欧洲安全与合作组织（简称“欧安组织”）的前身是欧洲安全与合作会议（简称“欧安会”）。2003年11月，欧安组织成员国达到55个，总部设立在维也纳，每两年举行一次首脑会议，每年举行一次外长会议。（　　）

21.在1998年10月24—25日举行的欧盟峰会上，英国首脑布莱尔提出了欧洲防务“大纲”。（　　）

22.欧盟北向战略是在1997年提出的，其对象为欧盟北缘国家地区——俄罗斯、波罗的海三国、挪威、冰岛。（　　）

23.欧洲法院对于基本人权问题有先行裁决的管辖权。（　　）

24.欧盟法院通常对先行裁决的申请采取严厉态度。（　　）

25.1999年1月1日，欧盟的统一货币欧元正式启用，2002年1月1日欧元正式流通。（　　）

第六章 国际贸易市场总论

学习目标

通过本章的学习，了解自然与人文地理环境对国际贸易产生的重大影响；掌握世界各国及居民的基本情况、国际贸易市场和经济特区的布局；应用相关知识，针对不同的国家和居民的具体情况，各国国际贸易市场与经济特区情况，开展进出口业务。

第一节 地理环境与国际贸易

国际经贸活动与地理环境密不可分，世界经贸活动始终受到地理环境的影响和作用，对于人类的经济活动始终起着无可否认的影响作用。国际贸易作为地理环境的组成部分之一，作为世界范围的人类经济活动，始终受到地理环境的影响和作用。

地理环境是人类活动的舞台，是人类赖以生存和发展的物质基础。按照科学的定义讲，地理环境就是人类和其他生物在地球表层赖以生存和发展的基本环境。它可以分为自然地理环境和人文地理环境。自然地理环境又称自然环境，是指人类赖以生存和发展的自然界，由地质、地貌、土壤、生物、气候、水文等自然要素组成；人文地理环境又称人文环境，是指人类在自然环境的基础上，通过一系列社会活动形成的一种人类物质财富和精神财富在地球表面的分布现象，它由社会化了的人口、民族、宗教、聚落、风俗、文化及政治、经济、国家、政党和社会团体等人文要素组成。

国际贸易是人类诸多活动中的一种，必然离不开地理环境这个舞台。它一方面改造着地理环境，另一方面又受地理环境及其诸多要素的制约和影响。地理环境是一切经济贸易活动的基础，地理环境深刻地影响着经济贸易活动的内容。众所周知，地理大发现，生产力的发展、分布和变化，与国际贸易的形成、发展是不可分割的统一体。因而，地理环境对国际贸易有着广泛而深刻的影响。

自然地理环境中的自然资源，直接影响着一个国家国际贸易中初级原料商品的构成。如中东地区，在20世纪60年代以前，是个以农牧业为主的世界最贫穷的地区之一，但60年代之后石油的大量勘探，石油成为该地区的支柱产业，巨额的石油美元收入使这里的经贸地理发生巨大的变化，一下子成为世界最大的能源供应地，又成为世界最大的资金、劳务和消费市场之一。

自然地理环境中的自然条件，如一个国家的纬度、海陆位置、地形、气候、水文等也影响着这个国家的国际贸易。如中纬度地区，气候条件好；沿海地区，交通方便。这些都成为经济贸易发展迅速的有利条件。例如日本由于它是个岛国，利用其有利的交通条件实行“贸易立国”的策略，当然也有其他方面的原因；相反，高纬度地区、低纬度地区、交通闭塞的内陆国家、高原国家由于自然条件环境恶劣，地理位置差，往往成为经济发展落后的国家。从气候上来看，全球性的气候变化，往往给国际贸易产生极大的冲击，特别是气候对农产品的影响，由此又对以农产品为主要原料的工业产品造成影响，价格波动直接影响着国际贸易。气候还严重影响着国际贸易交通运输。如世界各国的港口有全年可通航的不冻港，有的冬季则封冻不能通航，因此我们在签订外销合同决定装运期、确定目的港时，必须考虑到世界各国港口的通航情况，根据商品的性质选择季节。气候还影响着商品的装卸，如雨季不宜装运易潮、易霉、变质的商品，夏季不宜装运易融化的商品，经过赤道地带的受热易潮变质产品，在投保时最好能投保受潮受热险。另外，必须分清楚是内河港口还是沿海港口，内河港是否有国际多式联运服务。

知识链接

1981 年我国对巴西成交一批货物，合同规定目的港为玛瑙斯(Manaus)港口，托运时才发现玛瑙斯并非大西洋沿岸港口，我方提出要求修改目的港，但客户不同意更改，我方只得要求船公司协助，将货物运经汉堡转运至玛瑙斯，后程费用比前程费用最高等级运费还要高 50%。

人文地理环境中的的政治地理环境是影响国际贸易最活跃的因素，它常常起决定的作用。事实证明，战争与和平环境对世界经贸活动影响极大，战争可使贸易中止，航线受阻。同时世界各国间政治关系的疏近，更是直接影响到一国的对外贸易。

人文地理环境中的人口、民族、宗教、聚落、风俗、文化也无不影响着国际贸易。在我们这个星球上，有 200 多个国家和地区，有的国家由单一民族组成，有的国家由多民族组成，各民族有着不同的地理、历史和文化背景，于是又构成了不同的商谈风格、商务礼仪、文化习俗、节日习俗、商务禁忌。在商务交往中，在货物买卖中，熟悉对方的行为规范，尊重对方的习俗，掌握对方的商务习俗，把握对方的商务禁忌，都将对国际贸易产生极大的影响，把握得好，可以顺利地促进商务活动，并收到最佳的效果。

人文地理中的经济地理可以直接影响到一个国家的进出口商品结构、贸易地区的地理分布，以及它在国际贸易中的地位和作用。美国、欧盟、日本等作为世界经济的三极，其产品在世界具有极大的竞争能力，因而成为当今世界最大的三个贸易国或贸易集团；而发展中国家发展水平差，产品缺乏竞争能力，使其在资金、技术等方面不得不依赖于经济发达国家。

总之，地理环境内容丰富，它常常从不同方面、以不同方式、不同程度，同时对国际贸易产生影响，尤其在国际市场竞争日趋激烈的今天，地理环境对国际贸易的影响比过去任何时候都更为深刻。

第二节 居民和国家

人是社会经济活动的主体，既能创造物质财富，又要消耗物质财富。自出现人类以来，人类不断繁衍，人口不断增长，并以其智慧和劳动，创造了世界物质文明和精神文明，当今世界的各种经济现象，诸如各国和地区的经济增长、产业布局、经贸关系以及与此相关的科技进步等，无一不是人类活动的结果。

一、世界居民

一方面，世界人口的增长速度很快。人口的增长主要由生产力发展水平所决定，同时也受社会经济条件的影响。在史前，由于生产力水平低下，人类抗御自然的能力有限，因而人口增长就极其缓慢。据估计，在人类处于原始社会时期，世界人口大约只有300万人口，平均每千年大约增长1.5%。到公元前500年，世界人口才突破1亿。但是随着生产力的提高，特别是进入资本主义时代后，经过几次大的科技革命，随着经济的繁荣，也带来了人口的急剧增长。从1750年到1987年的200多年时间里，世界人口增长5倍多。尤其是第二次世界大战后，随着社会的发展，物质和文化生活水平、医疗卫生水平的提高，人口平均寿命的增加，世界人口进入大爆炸时代:1960年，世界人口30亿，1975年达到40亿，联合国宣布1987年7月11日为全世界50亿人口日，1996年6月底，世界人口已达57.7亿，2010年3月，世界人口突破67亿。人口的快速增长带来了一系列的社会和经济问题。所以有计划地发展和控制人口是各国各地区急待解决的问题。

在世界人口急剧增长的过程中，各国家各地区的人口增长速度是有很大区别的。世界人口出现了两种不同的趋势，发达国家由于科学文化发展，社会经济发达，控制人口的能力较强，因此人口增长缓慢，欧洲已有7个国家的人口增长率为零或是负增长。而发展中国家则是国家越穷，人口增长越快，在全世界每年增加的人口中，有90%的人口在发展中国家。发展中国家人口的增长已超过他们资源的承受力，猛增的人口进一步导致了经济的恶化。

另一方面世界人口又进入了一个老龄化的时代。全世界人口正在迅速老龄化，虽然老年妇女和老年男子的人数要少于青年人的人数，但是它正在以很快的速度迅速增加。预计60岁以上的人口从目前到2020年将从6亿多增加到超过10亿，增幅为67%。与之形成鲜明对比的是，15岁以下的人口在这一时期将只增加2%。相对来说，发展中国家年龄结构较轻，发达国家人口老龄化程度高，但世界人口总的趋势人口老化，有人把21世纪称之为一个人口“老龄化时代”。人口的老化，又将带来一系列的社会问题。

世界人口的分布很不平衡。总体上说，亚洲的东部、南部和欧洲的大部分地区，聚集着全世界人口的2/3的居民，是人口稠密的地区。最近几十年来，沿海的人口大量增加，现在各大洲距海岸200千米以内的沿海地区，在只占30%的面积上居住着50%的人口。从各大洲的情况来看，其中以亚洲、欧洲人口为最多，两洲占世界陆地总面积32.2%，但却占世界人口的75%以上，人口密集度也最大，达每平方千米113人。大洋洲的人口为最少，约2500万，约占世界人口的0.5%，人口密度每平方千米仅为3人。目前南极洲尚无人居住。

从大洲内部看，世界上有几个人口密集的地带。人口最密集的地带是亚洲的南亚、东南亚、中国东部、朝鲜半岛、日本(北海道除外)等，这里几乎集中了世界一半左右的人口，人口密度在每平方千米200人以上，有的地方甚至达到500～1000人，有众多百万以上的特大城市。其中，东京、上海、加尔各答、汉城、孟买等城市，人口均在1000万以上。人口第二个密集地带是利物浦、汉堡、巴塞尔、巴黎这一四边形的地区，该地区内集中了6亿多人口，人口密度在每平方千米1000人以上，其中伦敦人口达1000多万。人口第三个密集地带是北美洲大西洋沿岸及五大湖地区，尤其是美国东北部、加拿大东南部人口最为稠密，聚集着1亿多人口，其中纽约人口达1500多万。另外人口较为稠密的地区还有：尼罗河下游、北非地中海沿岸、几内亚湾沿岸、坦噶尼喀湖、维多利亚湖、美国的西海岸、南美洲东南沿海、澳大利亚东南沿海等地。

与上述地区相反，世界上还有三条人烟稀少的地带：北极圈地带，如美国的阿拉斯加、俄罗斯的西伯利亚、斯堪的纳维亚半岛、格陵兰岛、加拿大北部等地；南回归线附近的大陆内部和西部等地的沙漠地带，如撒哈拉沙漠、澳大利亚沙漠等地区；热带雨林地带，如亚马逊河流域、赤道非洲等地。

二、种族和民族

种族也称人种，由于人类在很长的时间内，相当隔离地生活在各种不同的地理环境中，各自形成了生理上和体态外貌上的特点的人群，即种族。种族所具有的特点与其生活的自然环境有密切关系，同时也与其生存区域的历史文化发展有一定的关系。

世界上的种族比较复杂，目前人类学家主要根据肤色、头发、眼睛等外部特点，将世界居民分为黄色、黑色、白色和棕色等四大人种。

白色人种数量最多，约占世界总人口的54%。主要分布在欧洲、北美洲和大洋洲，此外，非洲北部、南美洲、亚洲西部和亚洲南部的巴基斯坦、印度等地区也有较多的白色人种。

黄色人种数量居第二，约占37%。主要分布在亚洲的东部和东南部，美洲的印第安人及太平洋一些岛屿上的居民也属于黄种人。

黑色人种数量居第三，约占8.5%。黑色人种皮肤黑，头发卷曲，鼻宽唇厚。主要分布在非洲和大洋洲，美洲也有2000多万黑人，是奴隶贸易时期被殖民者从非洲贩运去的黑人后裔。

棕色人种主要分布在大洋洲及太平洋岛屿的美拉尼西亚、密克罗尼西亚和波利尼西亚等群岛上。

此外，还有一些混血人种和过渡人种，科学家还在非洲发现了绿色人种，在撒哈拉沙漠还发现了人数极少的蓝种人。

世界上的各种人种，由于经济、生活、语言、文字、风俗习惯和历史发展的不同，又形成了许多民族。民族是人类在历史上形成的共同体，全世界有2000多个民族，其中人口超过1亿的有7个，拥有人口近20亿，分别是汉族、印度斯坦族、美利坚族、俄罗斯族、孟加拉族、巴西族、大和民族。人口超过1000万的民族有67个，两者约占世界人口的80%。汉族是世界上人口最多的民族，有十多亿，而最少的民族只有几十人。世界上大多数国家由多民族组成，如中国、俄罗斯、美国等。也有少数国家是单一民族组成，如朝鲜主要由朝鲜族组成，日本主要由大和民族组成。世界各民族中，有的相对集中分布在某些地区，有的分散遍布于许多国家之中，如犹太人、吉卜赛人多数散布于世界各国。

世界上的民族，没有优劣之分，也没有高低、贵贱之分，但他们有不同的民族风俗和生活习惯，生产和使用着富有民族特色的商品，因此在国际贸易中我们必须要考虑到，不同的民族对商品有不同的要求。

三、语言和宗教

语言往往是区分民族的主要标志，全世界约有 2000～3000 种语言。世界上以使用汉语的人数为最多，其次是英语。汉语、英语、俄语、西班牙语、法语和阿拉伯语是国际交往中的重要语言，也是联合国使用的工作语言。

宗教是一种社会现象。在古代，当人们对许多自然现象无法解释时，就说这是“神的意志”，并创造了许多宗教，一直流传到现在。佛教、基督教、伊斯兰教是世界性的三大宗教。佛教起源于公元前 6 世纪的古印度，主要流传于亚洲的南部、东南部和东部，如日本、泰国、缅甸、斯里兰卡和中国。基督教起源于公元 1 世纪的巴勒斯坦地区，后传入欧洲、美洲和大洋洲，对欧美各国的历史、文化、政治有很大影响。伊斯兰教起源于公元 7 世纪初，阿拉伯半岛的西部，盛行于亚洲西部、非洲北部，以及亚洲南部、东南部的一些国家。伊斯兰教在中国又称回教或清真教。另外，地方性的、信仰人数较多的宗教还有印度教、犹太教等。

在国际商务活动中，要接触的具体商务人员讲不同的语言和有不同的宗教信仰，因此会面临更复杂的各种不同个性和风格，在商务活动中，从一定意义上说，文化习俗在决定生意成败的作用上，要比通常人们认识到的大得多，因此我们必须认真对待这些周折和困难。

知识链接

关于出口冻鸭不符伊斯兰教习惯招致全部退货案

在某一年的广交会上，我方某出口公司与科威特某客户成交冻北京鸭一批，合同要求需要中国伊斯兰教协会出证，证明该冻鸭是按照伊斯兰教方法屠宰。合同签订后，我方公司在屠宰时采用最科学的屠宰方法，即自鸭子的口中进刀，将血管割断放尽血后再速冻，从而保证鸭子的外表是一个完整的躯体。随后未经伊斯兰教协会实际察看，就请该协会出具了证明。货到目的地后，经检验，认为该批鸭子不是采用伊斯兰教方法屠宰，即从脖子切断。最后这批货全部退回，除损失往返运费、销售差价外，在政治上也产生很不好的影响。

四、国家和地区

世界上的国家和地区，随着时代的发展在不断变化。如第二次世界大战以后，亚洲、非洲、拉丁美洲的民族解放运动蓬勃发展，许多地区摆脱了殖民统治，成为独立国家。

目前世界上有 220 多个国家和地区。在各大洲中，国家数目有多有少。非洲最多，亚洲次之，然后是欧洲、北美洲、大洋洲、南美洲。世界各国的面积大小不一。面积最大的是俄罗斯，有 1710 万平方千米。欧洲的摩洛哥面积很小，梵蒂冈更小，只有 0.44 平方千米。

世界各国的人口数量也相差很大，中国是人口最多的国家，有 13 亿多；第二是印度，有

12亿多。有些国家人口很少，如太平洋上的岛国瑙鲁，只有9000人。梵蒂冈人数更少，只有1000人左右。

五、中国的国际交往

当代的世界是开放的世界，随着生产力的不断发展和科学技术的不断进步，国际之间的联系和交往日益密切。

中国是发展中的社会主义国家，一贯奉行独立自主的和平外交政策，愿意在互相尊重主权和领土完整、互不侵犯、互不干涉内政、平等互利、和平共处五项原则的基础上，同世界各国建立、恢复和发展正常的外交关系。同时也愿意在建立公正、合理的新秩序问题上，与世界各国进行讨论和磋商，加强同世界各国人民的友好合作。

截至2010年6月12日，中国已与171个国家建立了外交关系。中国的许多省区与40多个国家中的100多个省、州建立了友好关系，180个城市与外国的507个城市结成了693对友好城市。例如，浙江省与美国的新泽西州、澳大利亚的西澳大利亚州、日本的静冈县结为友好省州；杭州市与日本的岐阜市、菲律宾的碧瑶市、美国的波士顿市建立了姐妹城市关系。

第三节　世界贸易市场分布

世界贸易市场是各国之间进行商品交换的场所，由于受国际贸易分布的影响，世界贸易市场大多数集中于生产力发达的商品经济国家，其主要形式分为商品流通和资本流通两大系统。商品市场是商品流通的具体形式，分为世界贸易中心、商品交易所、博览会、商品交易会等；国际债券市场、外汇市场、黄金市场等为资本流通的主要表现形式。

一、世界主要商品交易所的分布

商品交易所是世界市场上有固定组织形式并按规定的章程和时间进行大宗商品交易的一种特殊交易场所，只有正式的成员才能在交易所大厅内进行交易。

世界最重要的交易所是英国的伦敦，美国的纽约、芝加哥，荷兰的阿姆斯特丹等地，世界最大的交易贸易中心是纽约和伦敦。在纽约商品交易所进行有色金属、橡胶、咖啡、食糖、可可、棉籽油等商品的贸易。在伦敦商品交易所，进行可可、咖啡、椰干、毛皮、皮革、橡胶、食糖等商品的交易。商品交易所大部分设在主要发达国家，有些发展中国家如印度、新加坡和阿根廷等也设有橡胶、黄麻等少数商品交易所。

各种商品交易所贸易的主要中心是：

有色金属：伦敦、纽约、新加坡(锡)。

天然橡胶：新加坡、伦敦、纽约、吉隆坡。

可可豆：纽约、伦敦、巴黎、阿姆斯特丹。

谷物：芝加哥、温尼伯、伦敦、利物浦、鹿特丹、安特卫普、米兰。

食糖：伦敦、纽约。

咖啡：纽约、伦敦、利物浦、鹿特丹、哈佛、汉堡、阿姆斯特丹。

棉花：纽约、新奥尔良、芝加哥、利物浦、亚历山大、圣保罗、孟买。

棉籽油：纽约、伦敦、阿姆斯特丹。

黄麻：加尔各答、卡拉奇、伦敦。

羊毛：纽约、伦敦、安特卫普、墨尔本。

大米：米兰、阿姆斯特丹、鹿特丹。

豆油和向日葵油：伦敦。

生丝：横滨、神户。

二、国际博览会和展览会的分布

国际博览会是一国以固定组织的形式由有关国家或地区的厂商在同一地点定期举行商品交易的场所。主办国将自产商品带到博览会展出，同时也邀请其他国家参加或展出，借此以宣传和推销商品，其目的是使参加者展出各自的产品样品和技术，以便签订贸易合同和扩大贸易。

国际展览会与国际博览会不同，它是不定期举行的。展览会可分为短期展览会、长期样品展览会和流动展览会等。其目的是展示一国或不同国家在产品、科技等方面所取得的成就。近年来，展览会也从事实际交易，因此，国际博览会和展览会在世界市场中的地位和作用日益重要，成为各国或地区厂商签订贸易合同的重要场所。国际博览会和展览会可分为：

(1)综合性的博览会和展览会，各种商品均可展出和交易。

(2)专业性的博览会和展览会，只限某类商品的展出和交易。

(3)一国博览会和展览会，即一国单独在本国或国外举行的。

(4)独家公司举办的展览会。

世界上已有数百个城市举行定期或不定期的国际博览会或展览会。发达国家的国际博览会和展览会占有重要地位。仅美国、德国、法国、英国和意大利所举办的博览会和展览会约占全部国际博览会和展览会的2/3。二次世界大战后，发展中国家举办的国际博览会和展览会的作用也日益增强。我国除有选择地参加国外的一些博览会和展览会外，1957年起每年在广州定期举办中国出口商品交易会，20世纪70年代中期以后不定期地举办各种专业性的小交易会。1985年11月，在北京举办了亚洲及太平洋地区国际贸易博览会。

世界上著名的国际博览会有英国的伦敦，法国的巴黎、里昂，德国的法兰克福、慕尼黑、科隆、汉诺威，美国的纽约、芝加哥和旧金山，奥地利的维也纳，意大利的米兰、热那亚，瑞士的日内瓦、巴塞尔，比利时的布鲁塞尔，荷兰的乌得勒支，南斯拉夫的萨格勒布，西班牙的马德里，加拿大的蒙特利尔，日本的大阪和东京，澳大利亚的悉尼，叙利亚的大马士革，阿尔及利亚的阿尔及尔，智利的圣地亚哥，哥伦比亚的波哥大，中国的广州等。

第四节　世界经济特区分布

经济特区一般是指一个国家(地区)划出某一区域，实行特殊的政策。例如，准许外国厂商在区内投资办厂，对进口加工制造所需的机器、零件和原材料等享受免税或减税。它以开拓国际市场为目标，利用外资和外国技术进行产品加工出口，以促进本国工业和经济的发展。

一、经济特区的种类

（一）商业型的自由贸易区

商业型的自由贸易区即自由港（Free Port），指划在所在国关境之外，外国商品可以免税进出口外，还可在港内自由改装、加工、拣选、长期储存或销售产品。只有当外国商品进入所在国海关管制区时才需要纳税。但外国船舶进出港时仍需遵守主权国家的有关卫生、移民、治安等政策和法规。

（二）工业型的自由贸易区

工业型的自由贸易区即出口加工区（Export Processing Zone），指一国在本国境内划出专门从事出口产品的加工制造的特殊的经济区域。允许在区内进行产品加工和制造后出口，且提供一系列优惠条件，同时在国内税收方面除实行政策性优惠措施外，还提供工业生产所需的基础设施和其他的配套条件。设置出口加工区的目的，是为了发展出口产品。

（三）商业综合型的自由贸易区

商业综合型的自由贸易区（Free Trade Zone），指划在关境以外，准许外国商品免税自由进出的地区营，与自由港具有同等地位的地区。外国商品可以免税进入区内，自由储存、取样、分级、拆卸、装配、重新包装、刷唛、贴标签、加工制造等，然后免税出口。但如果从自由贸易区运入所在国海关管制区时需要缴纳关税。各国设立自由贸易区的主要目的是为了发展转口贸易活动。

（四）科技型的自由贸易区

科技型的自由贸易区即科学工业园区（Science-Based Industrial Park），是一个国家（地区）为了实现产业结构改造和促进高科技产品的研究、开发，以高科技产业的生产为主要内容的经济性特别区域，通过各种优惠措施和方便条件将智力、资金高度集中，从事新、高技术研究和生产的新兴产业开发基地。

二、经济特区设立的条件

（一）良好的地理位置

经济特区一般设置在近海、交通方便的地点，如靠近国际海运港口、毗邻国际机场、内地交通便利的地方等。地理位置在适宜的地方，对于区内企业原材料、设备的进口，区内产品的出口非常有利，位置适中，能降低生产成本；便于各国在此转口贸易；为外商经常来往、洽谈业务提供方便。

（二）良好的基础设施

完善的基础设施是经济特区设置的最基本条件。经济特区建立初期，首要任务是完善各项基础设施，包括运输、通信、住宅、厂房及供电、供水、供热等设置。基础设施投资周期长，但它是吸引外资的必备条件，目前一些经济特区之所以设立在大城市或大城市的郊区，原因之一就是为了就近利用一些基础设施,用现有的基础设施,加速开发和建设的进程。

(三)有充足的劳动力资源

劳动力成本是产品成本构成的主要组成部分。各国在设置经济特区时,一般都选择在劳动力充裕的地方,劳动力多、工资水平低是设区的条件之一。

(四)接近原料市场,靠近消费市场

经济特区尽可能设在接近原料产地的地方,利用当地资源,发展生产,有利于降低成本。经济特区设在距离消费市场近的地方,以减少运费和时间,降低保险费及其他商品流转费,增强竞争力。

(五)用地方便,地租低廉

用地方便,地租低廉也是外国投资商所注意的因素。外商投资于经济特区的主要目的是为了赚取利润,如果土地不便使用、地租昂贵,而其他条件再好,在外商租地自建厂房的情况下,也不可能引起外商的投资兴趣。

(六)优惠的经济政策和税收政策

优惠的经济政策包括承认外国厂商生产经营的合法性,在财政方面给予支持,如负责研究和开发费用;给予他们与国内企业同等的国民待遇;保证他们生产经营活动利润的正常回收;保持政策稳定,稳定投资者的心理要素;同时允许他们自由进行与生产经营活动有关的进出口贸易活动。优惠的进出口税收政策,一般都免除进出口商品的进口关税。在出口加工区内,对于有关企业加工和制造出口产品,所需的各种原料、材料、机器、设备、半成品等商品进口时,一般都免除进口关税。对于出口产品的企业免除出口关税,并通过途径给予有关企业以直接的或间接的出口补贴,提高企业出口产品在国际市场上的竞争能力。

三、世界主要经济特区的分布

在世界经济特区400多年的发展过程中,各种名称和类型的经济特区层出不穷,据有关资料统计,已达700多个,主要分布在亚洲、欧洲、非洲和美洲等国家和地区。

(一)亚洲的经济特区

亚洲共有160多个经济特区。其中,印度、斯里兰卡、新加坡、菲律宾、马来西亚、韩国和我国台湾地区早已设立了出口加工区。但在全世界的出口加工区中,以马来西亚、韩国和我国台湾地区设立的出口加工区最为完善,许多关于出口加工区的概念,都以这些国家和地区的活动为标准的。

(1)我国台湾地区自1966年设立高雄出口加工区以来,目前已有高雄、楠梓、台中三个出口加工区。

(2)韩国有四个出口加工区,建于1970年位于半岛东南端的马山出口加工区;建于1973年位于西海岸的里里出口加工区;还有仁川和汉城出口加工区。

(3)马来西亚有23个出口加工区,大部分都建于20世纪70年代,主要有:丹戎吉宁、巴都贝伦丹(马六甲洲)、拉布安、塞奈(柔佛州)等。

(4)菲律宾有16个出口加工区,是在20世纪60—70年代末和80年代初建立的,主要有巴哥洛、碧瑶、八打雁、巴丹、达沃、怡朗、马克坦、打拉、三定颜等出口加工区。建于1969

年的巴丹出口加工区，经过多年的建设，引进大量外资，成效卓著。

(5)印度有5个出口加工区，建于1965年的坎德拉、达姆达姆、吉尔冈、卢迪亚；建于1975年的圣克鲁斯出口加工区。坎德拉出口加工区，位于印度和巴基斯坦接壤的吉吉拉特邦卡奇湾的沿岸。因地理位置选择不够理想，该区对外资企业提供的优惠待遇也较差，对外资缺乏吸引力，因此，成效甚微。近几年来，坎德拉出口加工区有了转机，增订了对外资企业的优惠待遇，又开始了集装箱航运业务，为进出口商品提供了便利，来自荷兰、加拿大、美国、瑞士等国的公司纷纷与印度合作经营。

(6)新加坡有21个出口加工区，主要有亚逸拉惹、宏茂桥、勿洛、加冷盆地、加冷公园、格兰芝、罗扬、红山、三巴旺等出口加工区。

(7)泰国有11个出口加工区，主要有叨甲帮(建于1917年)、挽蒲、挽披、清迈—南奔、罗勇、沙他希等出口加工区，大部分建于1986年。

(8)印度尼西亚有9个出口加工区，主要有泊拉布汉、努沙特拉、泗水出口加工区，均为1972年建立；雅加达、中爪哇、农沙等出口加工区均为1983年建立。

(9)巴基斯坦有3个出口加工区，分别是俾路支(建于1974年)、卡拉奇、拉合尔出口加工区(建于1979年)。

(10)孟加拉国有4个出口加工区，分别是吉大港、在卡、库尔纳、其塔贡出口加工区，均为1984年建立。

(二)非洲和中东的经济特区

非洲和中东地区的出口加工区，多数在地中海、红海、非洲西部的几内亚和东非沿海各地。埃及有7个，毛里求斯有88个，突尼斯有14个，利比里亚有1个。

埃及的亚历山大、开罗、塞得港、苏伊士等出口加工区(自由工业区)是中东地区得到最充分发展的经济特区。目前，已提供20多万人就业机会，约有200多家企业，其中美国及埃及联合投资的项目最多，日本和阿拉伯国家在当地也有一些联合投资。

毛里求斯利用其便利的海运和国内发达的公路条件、廉价的劳动力和优惠条件，吸引外资，出口加工区发展很快，并对本国的经济发展起到了重大的作用，是世界上取得成效较大的国家之一，主要加工制造纺织品、服装、电子产品、钻石，并进行花卉生产，面向国际市场。

(三)欧洲的经济特区

欧洲地区共有120多个经济特区，一般都在重要港口、航运通道或国际机场附近，设立方便转口贸易、对外贸易和加工制造业的自由贸易区，并规定在区内加工制造的产品，其增值部分免于征税。

1.德国的自由港和自由贸易区

汉堡自由港建于1881年，位于汉堡港的中心，面积14平方千米，约占汉堡港的1/6。在自由港内，进行着各种大规模的国际贸易和工业生产，除造船外，机械工程和石油是最重要的两个工业部门，拥有各种设施和服务机械，目前汉堡自由港实际上已成为工商综合型的自由贸易区。

德国的北部以及不来梅港、不来梅、库克斯港、埃姆登、基尔等港市设有自由贸易区。

2.爱尔兰的香农出口加工区

香农是爱尔兰西部一个濒海小镇，是北美飞越大西洋到欧洲的必经之地，20世纪30年代以后就修建了飞机场，以后随着飞机场作用的丧失，为挽救香农飞机场的命运，在此建立了出口加工区，利用外资，发展出口加工工业，并强调以技术密集型工业为主，同时重视旅游等第三产业的发展，使香农经济迅速发展。

3. 荷兰的经济特区

荷兰在阿姆斯特丹设有保税仓库，区内还从事加工制造业；在威廉斯塔德、奥腊涅斯塔德设有自由贸易区；在斯希普霍尔设有自由港。

（四）拉丁美洲的经济特区

拉丁美洲大部分国家都设有出口加工区或自由贸易区，业务发展很快，西方国家或亚洲一些发展中国家和地区对其的利用也在显著加强。

巴西玛瑙斯出口加工区，建于 1967 年，位于亚马孙热带密林中心地带，是内格罗河的河港，离亚马孙河的出海口 1700 多千米，万吨货轮可直通出海口。这里没有铁路和公路，只靠水运和航空线通往国外，该区对外国投资者和客商提供以税收为主的优惠政策，汽车、家用电器、钟表、纺织、服装等产品已出口到美国、西欧等 20 多个国家和地区。随着人口的增加，在贸易区内建立了"农牧业专区"，发展粮食、蔬菜、瓜果和畜牧业，现已成为贸易区的农副产品基地，从而使区内市场供应的自给率高达 60%以上。随着该区的发展，占地面积扩大到 221 平方千米，成为世界上最大的出口加工区。

巴拿马的科隆自由贸易区，建于 1948 年，位于巴拿马运河的咽喉，是沟通两大洋的门户，又是南北美洲的连接地。巴拿马已引起了全世界对其投资的兴趣，一些国际财团与巴拿马签订协定，为发展科隆自由贸易区提供了巨额贷款，使科隆成为从大西洋进入巴拿马运河的加工、装配、制造、储存、集散和金融中心，已有来自北美、欧洲和远东的 1000 多家公司向该区申请建设工厂、仓库及设立贸易中心等，所以科隆发展潜力巨大。

（五）美国的经济特区

美国是世界上设立自由贸易区最多、发展最快的国家。其分布几乎遍及美国的主要港口城市，主要分布在纽约、新奥尔良、旧金山、西雅图、檀香山、小石城、堪萨斯城、圣约瑟、芝加哥、布法罗、波士顿、迈阿密、匹兹堡、费城、长滩、巴尔的摩、太平洋上马里亚纳群岛中的关岛等。

知识训练

思考题

1. 简述自然与人文地理环境与国际贸易的关系。
2. 简述世界贸易中心的分布。
3. 简述经济特区的种类。

能力训练

请分组搜集各国喜好禁忌，并于讨论课上以 PPT 形式汇报交流。

第七章 亚洲及大洋洲市场

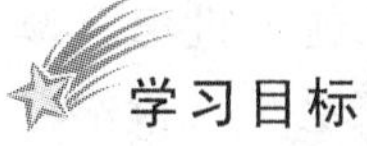

学习目标

通过本章的学习，了解日本、韩国、新加坡作为资源贫乏的国家如何利用他们的地理特点在二战后短短二三十年内经济迅速发展；了解东南亚各国差异很大，经济发展不平衡，东南亚联盟如何利用他们的地理特点与欧亚大国开展贸易；了解中澳产业互补和合作格局。

第一节 亚洲概述

一、位置及范围

亚洲全称亚细亚洲(Asia)，东隔白令海峡与北美洲的阿拉斯加相望，西到小亚细亚半岛上的巴巴角，东西时差 11 小时。大陆最北端在泰梅尔半岛上的切柳斯金角，岛屿最北点在北地群岛，已进入北纬 81°，大陆最南端在马来半岛的皮艾角，岛屿最南端在努沙登加拉群岛的罗地岛，已越过赤道进入南纬 10°45′。在西北部和西部以乌拉尔山脉、乌拉尔河、里海、大高加索山脉、博斯普鲁斯海峡、达达尼尔海峡与欧洲为界。西南部以苏伊士运河、红海为界与非洲为邻。在东南部，全球最大的群岛大巽他群岛与大洋洲隔海相望。整个亚洲北、东、南三方分别被北冰洋、太平洋、印度洋包围，且西亚濒临的地中海也属大西洋水系，仅西北部与欧洲相连构成亚欧大陆。

人们把青藏高原、蒙古高原到朝鲜半岛、日本群岛一带称为东亚；中南半岛、马来半岛及南洋群岛等地称为东南亚；喜马拉雅山脉以南和印度半岛及斯里兰卡、马尔代夫等地称为南亚；伊朗高原、阿拉伯半岛、小亚细亚半岛等地称为西亚；中亚细亚的哈萨克斯坦等五国称为中亚；北亚一般指西伯利亚地区。欧美国家一般将小亚细亚、地中海东岸外及高加索等地称为近东；将阿拉伯半岛、波斯湾沿岸称之为中东；将东亚、东南亚及西伯利亚以东等地称之为远东。整个亚洲的中点在中国新疆的乌鲁木齐附近的昌吉境内。

二、面积最大、人口最多的一洲

亚欧大陆总计 5071 万平方千米，亚洲约占其 4/5，而占全球陆地总面积的 1/3。战后亚洲人口增长很快，其速度介于发达国家和非洲、拉丁美洲之间。1988 年 7 月 1 日为“亚洲 30

亿人口日”。2000 年亚洲总人口约为 36.2 亿人,占世界总人口的 58%,是世界上人口最多的一洲。亚洲人口年龄构成轻,因而面临的主要问题是就业困难,中小学设施也不足。其他诸如公共设施,住宅和衣、食等生活均有困难。所以中国、印度和东南亚地区等国家已实行计划生育政策,以控制人口的增长。2009 年世界上有 11 个拥有 1 亿以上人口的国家,其中 6 个在亚洲,即中国、印度、印度尼西亚、巴基斯坦、孟加拉和日本。

亚洲种族、民族构成复杂,尤以南亚为甚。主要种族为黄种人种,其次为白色人种和少数棕色人种。亚洲是世界三大宗教——佛教、伊斯兰教和基督教的发源地,宗教对一些国家政治、经济、贸易、文化以及生活习惯有着深刻影响。佛教在公元前 6—公元前 5 世纪起源于南亚迦毗罗卫(今尼泊尔境内)。伊斯兰教和基督教起源于西亚。伊斯兰教公元 7 世纪在麦加创立,麦加成为全世界穆斯林的朝拜中心;基督教奉耶路撒冷为圣地。

亚洲语言分属于:汉藏语系、南亚语系、阿尔泰语系、朝鲜语系、日本语系、印欧语系。

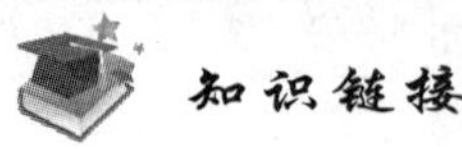

知识链接

三教圣地——耶路撒冷(Jerusalem)

耶路撒冷是世界著名古城,位于巴勒斯坦中部,是犹太教、基督教、伊斯兰教的朝觐中心。三教共同奉一城为圣地,堪称世界一奇。犹太人视其为光荣历史的见证和民族复兴的中心;基督教徒认为这里是耶稣受难和升天之地;穆斯林则认为它是穆罕默德神秘夜行的目的地。耶路撒冷充满永恒的神圣魅力,有着特别浓厚的宗教情调。“哭墙”、阿克萨清真寺、大卫墓、圣安妮教堂、圣雅各教堂等都是著名的古迹。

三、自然条件和自然资源

亚洲地形总的特点是中部一带地势高,周围低、隆起与凹地相间,地表起伏大,多半岛和岛屿,阿拉伯半岛是世界最大半岛。崇山峻岭会集中部,许多大河都源于中部高山地带,呈放射状向四方奔流,形成太平洋、印度洋、北冰洋、大西洋四大水系。山地高原和丘陵约占全洲面积的 3/4。珠穆朗玛峰海拔 8844.43 米,为世界最高峰。

亚洲大陆跨寒、温、热三带,气候类型复杂多样。东部和南部季风气候显著;中部与西部地处内陆,属于干旱的温带大陆性气候;西南部的阿拉伯半岛和南部印度河平原地区,终年炎热干燥,属于热带沙漠气候;地中海沿岸地区为地中海式气候;北部则属于亚寒带针叶林气候。多种多样的气候为本地农、林、牧业的发展提供了良好的条件。但大陆性强,干旱地区广,则不利于各地区的开发利用。有不少地区常受自然灾害的影响。

亚洲有丰富的自然资源,矿产种类多、储量大。石油、煤、铁、钨、锡、稀土、菱镁矿等储量居世界首位。亚洲的石油、天然气储量居各洲之首,仅阿拉伯—波斯湾大油气田的储量就占世界的 60%。森林面积占世界森林面积的 13%,草原面积占世界草原总面积的 15%。亚洲各国盛产冷杉、云杉、红松、樟木、楠木、柚木、檀木、乌木等名贵木材。

亚洲东部和南部多大河,水力资源丰富,约占世界可利用水力资源的 26%。亚洲沿海有许多著名渔场,如我国的舟山渔场、北海道、九州、鄂霍次克海渔场等,面积约占世界渔场总面积的40%,鱼产量约占世界总产量的30%~40%。

四、经济概况

亚洲是世界著名的人类文明发源地。中世纪时,经济发展水平已处于世界领先地位,16世纪后西方殖民主义和帝国主义在亚洲长达两三百年的统治,严重摧残了亚洲社会经济的发展,致使各国经济畸形,片面发展,形成"单一经济"状态,经济发展迟缓。

各国独立以来,经济均有一定发展,特别是20世纪60年代以来,许多国家的国民生产总值、工业产值和对外贸易等成倍增长。畸形的经济结构正在逐渐发生变化。许多国家开发农矿资源,大力发展制造业,使经济由原来的单一化向"多元化"发展。目前,根据联合国开发计划署2009年公布的"人类发展指数"统计,日本、新加坡、韩国、文莱是亚洲的发达国家,为第一层次;第二层次是香港、台湾地区等新兴地区;第三层次为发展中国家和地区。

总的来说,目前亚洲的农业、工业和交通运输业在世界经济中已占重要地位。

(一)农业

稻米、天然橡胶、金鸡纳霜(奎宁)、马尼拉麻(蕉麻)、柚木和胡椒等的产量均占世界总产量的90%以上。中国稻米产量占世界第一位,印度占第二位;马来西亚的天然橡胶产量占世界第一位,印度尼西亚占第二位。金鸡纳霜主要产在印度尼西亚;马尼拉麻主要产在菲律宾;柚木和胡椒主要产在东南亚各国。黄麻、椰干、茶叶的产量均占世界总产量的80%左右。黄麻主要产在中国、印度和孟加拉国;椰干主要产在菲律宾、印度尼西亚、印度、马来西亚和斯里兰卡等国;茶叶主要产在印度、中国和斯里兰卡。其他还有棉花、花生、芝麻、烟草、油菜子等的产量在世界上也占有一定的地位。

(二)工业

各国各地区工业发展水平和部门、地域结构差异显著。绝大多数国家工业基础薄弱,采矿和农产品加工及轻纺工业占主要地位。中国工业发展迅速,工业体系完整。日本是高度发达的世界经济大国。蒙古工业以畜产品加工为主。新加坡、泰国、马来西亚是新兴工业化国家。印度尼西亚和文莱以生产原油为主。印度工业较发达。除阿富汗、黎巴嫩和土耳其外,西亚多数国家工业均以生产原油和炼油为主,西亚能源在世界能源中占重要地位。

亚洲的石油年产量为7亿~10亿吨,占世界年产量的27%~30%;天然气年总产量约1000亿立方米,占世界年总产量的6%以上;煤年产量约10多亿吨,占世界年总产量的22%以上;年发电量约10000亿度,约占世界年发电量的13%;钢产量年约1.7亿吨,约占世界总产量的24%;锡精矿产量占世界总产量的60%左右,其中马来西亚产量占世界各国中第一位;钨精矿产量约占世界产量的45%。

(三)交通

亚洲的交通各地发展不一。中国东半部、日本、爪哇岛、斯里兰卡西部、印度中部、土耳其西部交通发达,以铁路、公路运输为主。广大内陆地区和沙漠地区以畜力为主。东南部沿海海上运输发达。经济发达地区空运发展迅速。

第二节 大洋洲概述

一、位置及范围

大洋洲也称为澳洲，位于太平洋西南部和南部、赤道南北的广大海域中。通常提到的大洋洲，包括澳大利亚、新西兰和新几内亚岛(伊里安岛)及太平洋中的波利尼西亚、密克罗尼西亚、美拉尼西亚三大群岛。大洋洲陆地总面积约 897 万平方千米，约占地球陆地总面积的 6%，是世界上最小的一个洲。

二、人口、种族和语种

大洋洲人口 2700 万，约占世界人口的 0.5%，是除南极洲外世界上人口最少的一洲。巴布亚人、澳大利亚人、塔斯马尼亚人、毛利人、美拉尼西亚人、密克罗尼西亚人和波利尼西亚人等当地居民约占总人口的 20%，欧洲人后裔约占 70%以上，此外还有混血种人、印度人、华人和日本人等。全洲 65%的人口分布在澳大利亚大陆。各岛国人口密度差异显著。

绝大部分居民使用英语，三大群岛上的当地居民分别使用波利尼西亚语、密克罗尼西亚语和美拉尼西亚语。

绝大部分居民信奉基督教，少数信奉天主教，印度人多数信奉印度教。

大洋洲有 15 个独立国家，是国家最少的一个洲。其余十几个地区为美、英、法等国的属地，在地理上划分为澳大利亚、新西兰、新几内亚、美拉尼西亚、密克罗尼西亚、波利尼西亚六区。

三、自然条件和自然资源

大洋洲大部分地区处在南、北回归线之间，绝大部分地区属热带和亚热带，除澳大利亚的内陆地区属大陆性气候外，其余地区均属海洋性气候。绝大部分地区的年平均气温在 25℃～28℃。

大洋洲除少数山地海拔超过 2000 米以外，一般海拔在 600 米以下，地势低缓。

矿物以镍、铝土矿、金、铬、磷酸盐、铁、银、铅、煤、石油、天然气、铀、钛和鸟粪石等较丰富。镍储量居各洲前列；铝土矿储量 46.2 亿吨，居全球第二位。1998 年硬煤探明可采储量 910 多亿吨，石油剩余探明储量约 4.2 亿吨，天然气储量约 13400 亿立方米，铁矿资源总量 200 多亿吨，铀探明量 2 万吨以上。

森林面积约占大洋洲总面积的 9%，约占世界森林面积的 2%，产松树、山毛榉、棕榈树、桉树、杉树、白檀木和红木等多种珍贵木材。草原占大洋洲总面积的 50%以上，约占世界草原总面积的 16%。

水力蕴藏量约为 13500 万千瓦，占世界水力总蕴藏量的 4.9%；已开发水力 280 万千瓦，占世界总开发量的 1.8%。估计年可发电 2000 亿度，约占世界可开发水力资源的 2%。

美拉尼西亚附近海域、澳大利亚东南沿海及新西兰附近海域为主要渔场，盛产沙丁鱼、鳗鱼和鲸鱼等。

四、经济概况

大洋洲各国经济发展水平差异显著，澳大利亚和新西兰两国经济发达；其他岛屿国多为农业国，经济比较落后，但是资源极为丰富，是具有极大开发潜力的地区。

农作物有小麦、椰子、甘蔗、菠萝、天然橡胶等。小麦产量约占世界小麦总产量的3%，当地居民主要粮食是薯类、玉米、稻米等。畜牧业以养羊为主，绵羊头数占世界绵羊总头数的20%左右。羊毛产量占世界羊毛总产量的40%左右。澳大利亚、新西兰两国农业现代化程度很高。

大洋洲的工业，主要集中在澳大利亚，其次是新西兰。主要有采矿、钢铁、有色金属冶炼、机械制造、化学、建筑材料、纺织等部门。其他岛国工业多分布在各自的首都，一般比较落后，仅以采矿及农、林、畜产品加工为主，多为跨国公司控制，产品大部分供出口。

大洋洲位于亚洲和南、北美洲之间，南面遥对南极洲，是联系各大洲航线的必经之路，许多国家海底电缆通过这里。海洋航运是国与国、岛与岛之间相互交往的重要手段，陆上交通以铁路、公路、内河航运为主。

第三节　东亚地区

东亚地区包括朝鲜、韩国、日本、蒙古以及中国香港、中国澳门和中国台湾三个单独关税区，其中中国是世界第二经济强国。

一、日本

日本(Japan)是太平洋西岸、四面临海的岛国，由北海道、本州、四国、九州四大岛和3900余个小岛组成。东濒太平洋，北隔宗谷海峡与俄罗斯的西伯利亚相邻，南与我国台湾地区及菲律宾、印度尼西亚等相接近，西隔日本海与亚洲大陆相望，与中国和朝鲜为邻。日本列岛总面积37.7万平方千米，其中本州面积22.7万平方千米，约为领土面积的3/5。日本列岛由东北向西南延伸呈弧形排列，南北距离2400千米，而东西距离仅200千米。

日本列岛的地理位置，在不同的历史发展阶段，对社会经济、政治等方面都有重要的影响，尤其给对外贸易的发展提供了极为便利的海运条件。

(一)人口、居民和宗教

日本现有人口1.28亿(2005年)，居世界第10位，人口密度较高，但分布不均，从东京经名古屋、大阪、神户到九州的太平洋沿岸地区的人口，约占全国的60%以上。北海道、东北、山阴和南四国等地区是全国人口最稀缺的地区。日本城市人口高达77%，充分反映了各地区经济发展水平的巨大差异性。人口自然增长率为0.5%，平均寿命较高，人口老年化现象严重。2008年65岁以上老人人口2821.6万人，占人口总数22.1%。

日本绝大多数是大和民族。在北海道和北方领土有少数阿伊努人，虽是日本最古老的居民，但长期受民族压迫，现在大约还有 2 万人左右。

日本居住的外国侨民共有 60 多万，其中朝侨为最多，还有华侨和战后旅居日本的美侨等。现有华侨约 60 万人，主要聚居在横滨、神户两市。日语为国语。神道教和日本佛教是日本的主要宗教，多数的日本人同时崇奉此两者为宗教信仰。货币单位：日元。

知识链接

日本是世界上最注重礼仪的国家之一。如茶道是一种通过品茶艺术接待宾客的特殊礼节。在日常生活中，日本人也非常注重面子和礼貌，要用“自谦语”来表示对对方的尊敬。不论在机关、学校、商店、旅馆，日本人都彬彬有礼。“多谢”、“请多关照”等礼貌用语随处都可听见，而且有一些还体现在生活习惯上。日本人见面时，一般都互致问候，脱帽鞠躬，稍微低头，眼睛向下，表现诚恳、可亲。平常互相见面最普通的语言是“您早”、“您好”、“再见”、“请休息”、“晚安”、“对不起”、“拜托您了”、“请多关照”、“失陪了”，等等。但绝不问“你吃饭了吗?”对人谈话时，盯着对方的眼睛被认为是失礼的。日本人不喜欢“9”和“4”，因“9”与苦、“4”与死同音。所以日本不送 4 种礼品，日本病房没有“4”号，商人还忌“二月”、“八月”，因为这是营业的淡季。日本人喜欢鸭子、乌龟、松、竹等图案，禁忌用荷花、菊花做商标图案。

(二)地理条件和自然资源

日本地表崎岖、山脉纵横，且多火山、地震。山地和丘陵约占全国面积的 75%，多山的地形使日本缺少平坦而广阔的耕地，但却拥有丰富的森林资源，森林覆盖率为 67%，居世界前列。日本地处西太平洋火山地震带，火山遍布，地震频繁，全国有大小火山 200 多座，其中活火山占 1/3，为世界著名的“火山国”和“地震国”。富士山海拔 3776 米，为日本最高峰，山形像一把倒着的折扇，自 781 年有文字记录以来共喷发了 18 次，近代一次大喷发在 1707 年，现仍有喷气现象。日本地热资源丰富，境内温泉广布，各种温泉达 1200 处，著名的有箱根、热海、日光、别府等。这些也都成为日本旅游区和疗养胜地。

日本属于温带海洋性季风气候。由于地理位置、地形和洋流等因素综合的影响，日本四季分明，终年温和湿润，无严寒与酷暑。一月平均气温仅本州北部和北海道在 0℃以下，七月大部分地区在 20℃以上。它与同纬度亚洲大陆相比，则冬季温和，夏季凉爽。日本雨量丰富，年降水量在 800～2500 毫米，太平洋沿岸为最多。濑户内海沿岸和北海道北部雨量较少。夏季太平洋沿岸多雨；冬季日本海沿岸降水丰富。每年 6—7 月间有梅雨天气。夏秋之交日本南部常受台风影响。总的说来，日本气候对农业有利，适种稻米、桑茶、柑橘等亚热带作物及林木生长。除北部一年一熟外，大部分地区可两年三熟或一年两熟。

海洋对岛国日本的影响极为深刻。海岸线总长约 3.2 万千米，是世界上海岸线最长的国家之一。沿岸曲折、多天然优良港湾。尤以太平洋沿岸和濑户内海为最好，那里的港口毗连，城市栉比。而日本海沿岸较平直，缺乏良港。而且沿海便于填海造陆，形成新的工业地带。沿岸大陆架宽广，又有寒暖流相汇，给捕鱼业的发展提供了极好的自然环境，使日本成为世界主要渔业国家之一。

狭长的岛国，崎岖多山的地形以及丰富的降水，造成日本河流短小湍急，多峡谷、瀑布，水力资源极为丰富，水能蕴藏约为5000多万千瓦，这对动力资源不足的日本有着重要的意义。河流以信浓川最长(367千米)，利根川流域面积最大(1.68万平方千米)。

日本是一个矿物资源贫乏的国家。矿产资源品种类型多，但储量小、分布零散，且断层多、倾斜度大，不便开采。较重要的矿产资源只有硫磺和铜、铋等。煤、铁、石油等藏量都很小。与高度发达的经济极不相称，工业用的主要原料与燃料，绝大部分依靠进口。

(三)经济特征

日本是当今世界的经济强国。2000年，日本国民生产总值46771亿美元，虽仍居美国之后，但人均国民生产总值已超过美国，达34210美元，居世界前列。日本也是世界贸易大国，2002年贸易额为7523亿美元，且自1981年至今一直是贸易顺差国。2002年贸易顺差为796亿美元。同时，日本还是目前世界最大的债权国，日本的海外资产高达10万亿美元以上，这与美国为最大的债务国形成鲜明对照。日本在世界经济中日益增强的经济地位已对美国的霸权地位形成威胁。

日本国民生产总值平均增长率：20世纪50年代为22.8%，60年代为11.1%，70年代为5.3%，80年代为3%，90年代为3.4%左右。国民生产总值1950年为123亿美元，2000年为47565亿美元，50年增长48倍，几乎每五、六年就翻一翻。20世纪80年代前都超过了欧美等国的发展速度。日本自己认为基础工业水平已与美国并驾齐驱，已成为影响世界力量均衡的"核心国家"。

知识链接

日本经济的高速增长有其内外原因。首先，20世纪50年代到70年代中期正是世界资本主义经济大发展时期。世界市场上的石油、工业原料和农产品激增，价格较低；同时，一些发展中国家为发展民族经济也迫切要求从国际市场购买大量的生产设备和其他工业品，这为资源贫乏、国内市场狭小的日本提供了极为有利的条件；战后日本在美国扶植下，经济恢复迅速，美国大量的"援助"和"贷款"成了日本发展经济的重要资金来源。其次，美国还通过民间贸易向日本供应原棉、石油、煤炭、铁矿石、橡胶、原毛、纸浆等，使其获得急需的原料。这对在困难中挣扎的日本经济起了输血作用；美国的侵朝、侵越战争，使日本得到大批军事订货。美军官兵和家属的个人消费支出等，对日本经济发展和刺激也很大；加之迅速更新设备和从欧美引起先进技术、充分利用本国的低廉劳动力和原有的竞争能力日益增强。日本用不到20年的时间就走完了欧美各国半个世纪才走的路程。最后，日本压缩军费开支，利用本国的海运条件，重视教育和科研等，也都有力地推动了日本经济的高速发展。

日本经济主要具有以下几个方面的特征：

1.高度发达的工业

日本整个工业已经用世界先进技术和设备武装起来，工业生产已经实现机械化和自动化，企业管理也实现了专家化和科学化。主要工业部门的劳动生产率已经达到或超过世界先进水平。1977年日本每一钢铁工人的年产钢量3270吨,而欧洲共同体每一工人仅产钢175吨;1979年日本丰田汽车人均年产汽车54.8辆,为同期美国通用汽车公司的4.8倍。

日本的重工业和化学工业在整个工业中的比重和地位,已超过世界先进国家。1972年,日本重化工业的比重为64.6%,超过了所有主要发达国家。当前,日本在科技等相当一部分领域里已赶上欧美国家水平。

日本在主要工业品的产量和质量上已经达到世界先进水平。日本每年所生产的汽车、船舶、钢铁、石油制品、乙烯、家用电器、钟表等15种主要工业产品产量已各列世界第一、二位,并在质量上数第一流,在国际市场上有很强的竞争力。日本在世界工业生产总值中的比重不断上升,20世纪80年代初已占到10%。

2.充分利用国际市场资源,发展外向型经济

日本工业原料及燃料资源贫乏,但战后经济的高速发展,工业生产所需的主要原料和燃料,绝大部分依靠进口。据统计,磷酸盐、铝土、原油、铁矿石、盐、原料煤等对外依赖程度均为86%以上,而镍、铀、天然橡胶、棉花、羊毛、天然气等则全部依靠进口。日本已成为世界上进口工业原料最多,对国外资源依赖程度最大的国家。同时,日本依靠本国巨大的生产能力,将工业制成品大量向国际市场销售,其主要工业品对国际市场的依赖程度已达30%~50%。

原料和市场的对外严重依赖,使得日本经济基础脆弱,任何世界性政治经济的波动,都对其产生很大影响。

3.资本的集中垄断不断加强

二战前,日本十大财团掌握着日本的经济命脉。二战后,三菱、佳友、三井、富士、三和及第一银行等6大财团,控制了全国总资本的70%以上,其经济实力和垄断程度都超过战前,它们是日本内外政策的决策者。随着国内外市场竞争的激化,中小企业不断倒闭,过去的小老板现不断加入就业行业,大型企业的实力相对增强。日本的失业率2010年达5.1%。

4.经济结构出现新的变化

长期以来,日本推行一条“牺牲农业,发展进口”的政策,农业、轻工业发展迟缓,重工业增长迅猛。日本经济的增长也就严重依赖于重化学工业品的出口。

5.经济地域分布不平衡

日本是世界上生产密度最高的国家,但主要集中在日本太平洋沿岸的“三湾一海”地区,这里经济最发达,是日本政治、经济和文化的中心地带;而日本海沿岸及整个国土的南北两端,是日本经济比较落后的农业地区。

(四)日本的工业

二战前,日本工业结构以轻纺工业为主,为世界发达的纺织工业国家之一。二战后,特别是20世纪50年代中期以来,日本向汽车、造船、钢铁、石油加工、石油化学和电子等重化工业方向发展,进一步推行“技术立国”政策,即把日本由“模仿和追随的文明开化时代”推向“具有独立技术的文明开拓时代”,积极开拓新能源技术、工业机器人、生物工程等新领域,以生产知识密集型的高科技产品为目标。

由于日本对原料和市场的严重对外依赖,使其工业分布具有临海性的特点。

日本工业主要集中在太平洋沿岸的“三湾一海”地区,从东京湾东侧的鹿岛开始,向西经千叶、东京、横滨、名古屋、大阪、神户,直至北九州,长达1000千米,共计16个县,包括京滨、

中京、阪神、濑户内、北九州等五个工业区，通常称为“太平洋带状工业地带”。该地区占地不到全国的25%，但却拥有全国工业产值的75%。特别是大量消费原料的资源型工业，全部都分布在这一带的填海新陆上。因为太平洋沿岸有深水良港，便于大型海轮停泊，为进口原料、燃料、出口产品提供廉价的海上运输。其次太平洋沿岸地区人口密集、交通方便，是日本国内工业品的最大消费地，吸引大批工业企业，加上近年来的填海造陆，降低地价，利于投资设厂。

1. 能源工业

二战后，日本的能源消费构成由过去煤炭为主转向以石油为主。日本已成为世界第二大石油消费国。石油加工业是战后高速发展的工业部门。日本石油资源贫乏，除日本沿海岸有少量石油外，主要靠进口。京滨工业区是日本最大的石油工业基地，横滨、川崎、四日市等为重要的炼油中心。电力工业是日本发展速度很快的部门之一，其速度超过欧美各国，总发电量已占世界总发电量的7.4%，占世界第3位。日本重点发展火电站，主要分布在五大工业区，其中以鹿岛的设备能力最大。为争取能源长期稳定供应，近年来，日本建立了20多座原子能电站，主要分布在福井和福岛两县。地热电站在岩手和大分等县。水电站建立在本州中部的各河上游。

2. 钢铁工业

日本是世界钢铁生产大国，是二战后日本重点投资的部门，发展速度远远超过欧美主要产钢国家。目前，仅次于中国，居世界第2位。日本钢铁工业生产现代化水平高，其劳动生产率超过欧美各国。同时，钢铁生产的能耗量和焦比是世界上最低的。因此，日本钢铁制品在国际上有很强的竞争能力。新产的钢铁制品1/3以上出口国外市场，主要输往美国、韩国等。日本钢铁工业主要集中在阪神、京滨、赖户内海沿岸、北九州及中京等5个工业区，其中阪神地区为日本最大的钢铁工业基地。2007年，日本为世界第二大产钢国和第一大净出口国。

3. 机械工业

机械工业是日本最大的工业部门，近年已占工业产值和工业就业人数的1/3左右，并占出口贸易额的一半以上，居世界机械产品贸易的第3位。在机械工业中，以汽车、造船、电子等部门最发达。

汽车工业。20世纪60年代后日本的汽车工业发展迅速，近年已占工业产值和工业就业人数的1/10。1967年日本成为世界第二大汽车生产国，截至2010年日本汽车产量仍稳居世界第二。20世纪80年代世界十大汽车公司中，日本占4个(丰田、日产、三菱、东洋)。1991年日本产汽车1324.5万辆，2002年为1032万辆，1/2以上用于出口，是世界最大汽车输出国。汽车主要输往美国、西欧和西亚。日本的汽车工业主要集中在中京和京滨工业区，两地区占汽车产量的70%以上，丰田市是日本的“汽车城”，此外，汽车工业中心还有名古屋、川崎、东京等。

造船工业。日本的造船工业历史悠久，素有“造船王国”之称。自1956年以来，日本造船总吨位一直居世界第一位，历年产量均占世界总和的一半左右。但在20世纪末，日本造船工业逐渐被韩国、欧盟、中国超越，2005年日本承接船舶订单为620万修正吨，被中国(700万)所超越，成为世界第四大造船国。每年造船量的80%用于出口，成为日本的主要出口商品之一，通常占日本外贸总额的10%，近年有所下降。日本造船工业历史久，技术水平高，造船期短，船价低。这是日本造船工业长期立于不败之地的主要原因。造船中心主要分布在太平洋沿岸的钢铁工业基地，如长崎、东京、横滨、神户。其中，长崎是日本和世界最大的造船中心之一。

电子工业。20世纪60年代以来，日本的电子工业发展迅猛，主要生产各类电机、电器和电子产品，包括电子计算机、电视机、录音机、录像机、数码相机、洗衣机、电冰箱等，产量居世界前列，大量出口。由于成本低，技术水平高，质量好，在国际市场上竞争力很强。美国进口的电视机大部分来自日本。照相机、钟表等在国际市场上与德国、瑞士展开了激烈的竞争。机器人产量居世界首位。上述工业主要分布在京滨和阪神工业区。

4.石油化学工业

利用炼油厂的废气生产化学制品，是日本20世纪50年代中期以后发展迅速的新兴工业部门。现在石化产品已占化工产品的1/3以上。乙烯产量仅次于美国，居世界第二位。石化工业全部集中在太平洋沿岸带状地区，与石油加工工业的地理分布基本一致，主要中心有川崎、千叶、市原、鹿岛等。

此外，日本的纺织、造纸、印刷、水泥、陶瓷和食品等也很发达。

(五)日本的农业

日本素以农业立国，但二战后，日本农业发展一直落后于工业，农业人口一直呈减少趋势，出现这种情况是因为日本政府采取重点发展重化学工业，限制农业生产的政策。目前农业人口只占总人口的4.6%，专业农户锐减，兼业农户占87%以上。因为耕地减少，农产品自给率下降。农产品自给率1999年为40%，其中粮食自给率为27%。

日本农业的最大特点是在小农经济的基础上实行机械化商品性生产，人均耕地不足0.7亩，每平方千米耕地的人口密度为2620人，居世界前列，地少人多。

日本农业长久以来，以水稻生产为主。水稻是日本主要的粮食作物，占耕地面积45%，占粮食作物面积80%以上。由于生产的现代化，已达到稳产、高产，每公顷产量约6.5吨，居世界前列。但其他粮食作物产量很少，日本每年仍需进口大批粮食。

日本有着发展渔业的有利条件，寒暖流在东北部沿海相汇，鱼类资源十分丰富，年渔获量1000万吨，约占世界渔获量的15%左右，居世界首位。捕捞区以太平洋为主，近年来已向大西洋地区作业。主要渔港有钏路、八户、稚内、长崎、铫子等。

(六)日本的交通运输业

日本随着经济的高速增长，运输业有很大发展。近十多年来，运输业构成发生很大变化。铁路运输比重下降，公路运输地位提高，并已承担长途运输任务。其客货运都有成倍增加。在全国建立了发达的公路网，现有公路长113万多千米，拥有汽车5000多万辆，占世界汽车总量的9%，仅次于美国，占第二位，进入了“汽车时代”，同时近年来高速公路发展迅速，总里程约达5000多千米，其中京名(东京—名古屋)、名神(名古屋—神户)高速公路现已南伸到北九州，自东京北上可达盛岗，此外在北陆地区也有高速公路。

日本铁路运输发达。铁路全长2.8万千米，其中电气化高速铁路2484千米。主要铁路多分布在沿海与海岸平行。1988年，青函海底隧道通车后，列车便可以从九州的鹿儿岛直到北海道的稚内，加之连接本州与四国的濑户内海大桥正式通车。日本四大岛已由2万多千米的铁路贯通一体，交通十分方便。日本从20世纪60年代起开始修筑高速铁路，称为

“新干线”。现已通车的有东海道新干线(东京—福岗)、山阳新干线、东北新干线、上越新干线和北陵新干线,全长 2094 千米,中间穿越本州与九州之间的关门隧道,直抵福岗市。还有通过青函隧道到北海道的札幌的新干线,新干线车速每小时 300 多千米。日本长期从事研究磁悬浮铁路列车,车速每小时 500 多千米,已在 1988 年投入营运。

空运在日本国内外旅客运输中占有重要地位。在国际航线中以飞越东南亚和太平洋的航线最为重要。成田国际机场是世界航运的一个重要联结点。东京与北京间有直达航班。

日本海岸线绵长,加之经济严重的对外依赖,海运量极大。海运是日本对外经济联系的主要运输方式。在日本列岛之间以及邻国相隔的宗谷海峡、朝鲜海峡和津轻海峡,航运价值较大。

日本与世界各地的定期远洋航线有 30 多条,其各大港与我国上海、天津、大连等都有定期贸易航线。

(七)对外经济贸易

日本是个资源靠进口、产品靠外销的国家,发展对外贸易,扩大和加强对外经济关系,对日本有着特殊重要的意义。因此,日本一向把“贸易立国”作为国策,把“出口第一”作为自己的经济纲领,对外贸易飞速发展,一直是世界第三贸易大国。20 世纪 60 年代以来,日本的对外贸易主要是顺差;1973 年世界经济危机后连续出现过逆差,进入 80 年代后又开始扭转,至今成为世界上具有最大顺差的国家。2003 年 6 月末,日本外汇储备达到创纪录的 5456 亿美元,居世界第一位;2002 年出口贸易额为 4159 亿美元,在世界出口贸易总额中占 6.47%,居世界第三位;进口额为 3363 亿美元,占世界第四位。

日本对外贸易的急剧发展,与经济的高速增长为其提供坚实的物质基础有关,但在出口战略安排上的作用也不能忽视。日本对若干年后出口商品结构、市场布局、销售渠道等都有较长远的设想。重视出口商品结构适应国际市场需求的变化,重视花色品种、包装装潢、支付条件、交货期及其售后服务等非价格因素考虑,重视向工业发达国家、外汇充裕的国家及进行工业化、经济发展速度快的国家和地区发展出口市场,重视商业情报、加强市场调研方面可谓世界之最。

日本进出口商品结构变化很大。二战前,以出口纺织品为主,其次为生丝、手工艺品、水产品和机械等;进口以纺织原料为主。目前,以汽车、钢铁、机械、电子产品、船舶等出口为主,日本已成为世界高技术产品最大的出口国;主要进口商品是石油、煤、铁等工业原料、燃料和食用农产品。

日本的贸易地区,中国居第一位,2010 年中日贸易额达 3018.56 亿美元,创历史新高并首次超过 3000 亿美元大关。其中,日本对华出口 1491.0 亿美元,同比增长 36%,占日本出口总额的 19.4%;自华进口 1527.6 亿美元,同比增长 24.7%,占日本进口总额的 22.1%;日方逆差 36.6 亿美元。中国继续保持日本第一大贸易伙伴和第一大出口市场地位。

亚洲在日本贸易中所占比重进一步提高。2009 年度贸易统计数据显示,日本与亚洲贸易额在其对外贸易总额中所占比重提高至 50.2%。一方面,亚洲是日本最主要的原料供应地,日本进口商品的 1/3～1/2 来自亚洲国家。西亚是日本进口石油、天然气的主要来源,东南亚地区是日本进口铜矿石、天然橡胶、铁矾土、猛、铬、铁矿石的重要来源。另一方面,亚洲又是日本出口商品的重要市场,日本出口商品的 1/3 左右输向亚洲国家。东南亚是日本最大的传统市场。日本商品在韩国、泰国、菲律宾等国家的进口额中占 1/3 以上,在印尼的进口额中占1/2左右。同日本贸易的发展促进了东南亚地区经济的增长，但同时东南亚国家造船、纺织和家用电器等工业的发展，在国际市场同日本进行着激烈的竞争，也加剧了同日本的矛盾。

中日复交以来，经贸关系发展迅速，成绩显著。中日贸易是以民间贸易为基础逐步发展起来的。它经历了20世纪50年代的民间贸易协定时期，60年代的友好贸易、备忘录贸易时期以及1971年邦交正常化的飞速发展时期。日本是我国第二大贸易伙伴国家，我国是日本的第一大贸易伙伴。

中国向日本出口的主要商品有：煤炭、粮油食品、针棉织品、土畜产品、丝绸及其制品、五金工具、矿产品和工艺品等。日本向我国出口的主要商品有：成套设备、钢材、汽车、机械、家用电器、通信设备、塑料制品、纸制品、化工产品、光学仪器等。

(八)主要港口

日本全国拥有大小港口1085个，主要集中在三湾一海地区。其中约有100个对外贸易港，它们往往也是日本重要的工业中心和大城市，主要港口有：

东京(Tokyo)，日本首都，位于东京湾西北岸。世界著名的现代化大都市，全国政治、经济、文化中心，日本最大工业城市。机械、冶金、化工、纺织、食品、印刷等十分发达，又是日本海、陆、空交通枢纽。港口主要为进口服务，以进口食品、木材等大宗产品为主。港区可分新老两部分。老港区能同时停泊5艘万吨轮船，是个外贸码头；老港之外的新港区主要为集装箱码头，港口年吞吐量在6000万吨左右。

神户(Kobe)位于大阪湾西北岸，近半个世纪以来为日本最大海港，拥有各种码头和船坞，有13条航线通往120多个国家，有大小泊位230多个，每天可同时停靠250艘海轮，神户也是日本最大的集装箱港口。神户人工岛码头号称21世纪的新型码头，岛的边缘有12个集装箱泊位，15个定期船泊位，1个危险品专用泊位，靠近码头还有大型停车场和众多的仓库。神户工业以食品、钢铁、机械和车船制造较为突出，也是阪神工业区的门户。进口货物以成衣、棉花、石油制品为主；出口货物以合成纤维制品、机械、钢铁、塑胶为主。

千叶(Chiba)位于东京湾东岸，在东京以东50千米处。千叶港从北向南呈弧形延伸40多千米，是一个以钢铁、炼油化工为主的新兴工业城市。工厂场地多以填海造陆而成，并开挖人工港池。千叶港为日本最大的工业港口。在300多个泊位中，工业专用泊位占93%。港区水域2480万平方米，水深4.7～20米，其中有6个泊位可停靠10万～23.5万吨船舶。进口货物以石油、天然气、铁矿石等工业原料、燃料为主；出口货物以汽车为主，占输出额的55.5%，其次是钢铁、有机药品等。港口年吞吐量在1亿吨以上。

横滨(Yokohama)位于东京湾西南岸，离东京30千米，它是作为首都东京的深水外港而迅速发展起来的，是日本第三大城市与工业中心，人口270万。车船制造、炼油、机电工业等闻名日本。港区主要码头共有10个，泊位共90多个，水深5～10米，可以停泊4万～5万吨的大船。进口以石油、煤铁矿石、粮食等为主；出口以船舶、汽车、机器、钢铁、化工品、日用品等为主，出口总额占日本外贸总额的1/4。港口年吞吐量在1亿吨以上，同时为世界十大集装箱港口之一。

名古屋(Nagoya)位于伊势湾北端。这里港湾水深，一般全年均可作业，港区共有40多个泊位，进口以木材、矿石、粮食、棉花为主；出口以汽车、瓷器、机械、钢铁为主。名古屋人口200多万。纺织和陶瓷等传统工业居日本首位，机械、车辆、钢铁等重工业也很发达，工业规模居日本第四。港口年吞吐量1亿吨以上。

大阪(Osaka)位于大阪湾东北岸,人口约300万,是日本第二大城市。轻重工业都很发达,以冶金、金属加工和化工尤为突出,也是日本现代化对外贸易大港之一。大阪港有34个码头,85个泊位,水深5.5～12米。进口货物以煤、铁、铁矿石等为主;出口以钢铁、金属制品、家用电器、工艺品为主。大阪有一座世界上最大的综合地下都市——彩虹市,可容纳50万人,并有完备的地下铁路网,沟通大阪市各个角落。

川崎(Kawasaki)位于东京港西南,人口100多万。有大型炼钢厂、造船厂、炼油厂和石油化工厂等。港口主要为工业服务,尤以进口原油、矿石和焦炭著称。全港有70个泊位,最大能停靠25万吨级船舶。港口年吞吐量在8000万吨以上。

门司(Moji)位于日本九州北部福冈县东北沿海,是西日本最大的集装箱码头,作为对世界主要国家输出入基地的大刀浦集装箱码头就在门司港。由于距亚洲各主要港口较近,每天又有许多航线约800多艘船舶通过,因而有国际航线的"中途港"之称。港区主要码头泊位有26个,岸线长4625米,最大水深13米。主要贸易对象为亚洲国家,约占70%,在15条航线中有11条为亚洲区域内航线。目前该港正向"亚洲门户港"发展。

二、韩国

(一)人口、民族

韩国(South Korea)人口为4900万人(2008年)。民族为朝鲜族,是个单一民族的国家。韩国语为国语,货币单位:韩元。

(二)自然条件和自然资源

韩国位于亚洲大陆东北部,朝鲜半岛的南部。东濒日本海,西临黄海,东南隔朝鲜海峡与日本相望。朝鲜海峡是亚洲东北部通往东南亚的海运要道,交通位置十分重要。朝鲜半岛东海岸平直,多沙丘,少岛屿,少良港;南海岸与西海岸曲折,多港湾和岛屿。

韩国面积约9.9万平方千米,约占朝鲜半岛的45%。东部太白山脉是地形的脊梁,太白山脉向西南延伸形成小白山脉。其中,山地和森林占总面积的67.2%,河川及其他占总面积的10.1%,耕地只占22.7%。

韩国气候属东亚季风型,冬温夏热、湿润多雨,年雨量在1000毫米以上,海洋性明显,沿海终年不冻。

韩国境内自然资源贫乏,主要工业用原燃料主要依靠进口。如工业用石油、牛脂、原棉、铝等资源100%靠进口,原木和化学原料的85%和98%靠海外供应。韩国矿产资源也不多,除重晶石和锌较多,分别占世界同类矿物储量的3.4%和1.4%以外,煤矿储量仅占世界煤矿储量的0.02%,铁矿储量仅只0.05%,铜矿储量占0.26%。

知识链接

朝鲜和韩国同属朝鲜半岛,是同一个民族,原为同一个国家。它们有悠久的历史和文化。10世纪,高丽王朝统治,定国号为"高丽",公元14世纪(1392年)李氏王朝代替了高丽王朝,改国号为"朝鲜",1910年被日本侵吞。朝鲜人民为争取民族独立进行了长期的斗争,尤其是共产党领导的抗日游击战争,直到1945年8月终于获得解放。但美军却进驻北纬38度线(即三八线)以南,并在1948年8月15日,宣布成立"大韩民国"。北部于1948年9月9日,宣布成立朝鲜民主主义共和国。1950年6月,美帝发动侵朝战争,朝中人民并肩作战,共同抗敌,美军被迫于1953年7月27日签订停战协定。从此,以军事分界线为界(大约在三八线),朝鲜分为南北两部分,美军至今留驻南部。

(三)经济概况

韩国人多地少,资源贫乏,1961年前是个贫穷落后、经济不发达的农业国家。1961年韩国人均国民生产总值为87美元,属世界最贫穷的国家之列。1962年以后,韩国推行"输出立国"的经济开发战略,转向出口主导型经济,利用本地廉价劳力,大量引进外资、先进技术设备和原料,发展出口加工业,扩大出口贸易,以出口贸易来带动整个经济的发展。1962—1982年的20年间,年平均经济增长率为8.2%,1983—1987年为10.1%,不仅居亚洲"四小龙"之首,而且成为世界经济增长最快的一个地区。1989年经济增长率更达到13%的高水平。2010年韩国人均国民生产总值为21695美元,成为世界第15位经济大国。进入20世纪90年代,由于韩国调整产业结构,又失去廉价劳动力的优势,致使其国际竞争力减弱,经济增长率明显下降,尤其是1997年东南亚金融危机,韩国韩元贬值,引起国内通货膨胀。后来在国际货币基金组织帮助下,韩国调整产业结构,整顿国内经济秩序,经济形势有了明显好转。目前,韩国产业结构发生了很大的变化。制造业占国民生产总值的46.2%,服务业约占46.8%,农业占7%左右,均已接近发达国家的水平。

工业。韩国的工业主要分布在两个地区,其产值约占总产值的1/2:一是以汉城和仁川为中心的京仁工业区。汉城以纺织、服装、印刷、食品等轻工业为主;仁川则重工业发达。二是以釜山为中心的东南沿海工业区,该工业区是石油、化学、造船、纺织等都发达的综合性工业区。自1964年以来,南部先后建立了30多个工业区、重化工业区和出口加工区。20世纪70年代建有马山、里里出口加工区,近年来,大力开发西南沿海地区。在西南岸兴建始华、群山、牙山、木浦四个大工业区,着重发展知识密集型产业和高技术产业。

汽车工业。韩国汽车工业起步较晚。1976年生产出首批外销小轿车,成为世界上第16个能够完全自产小轿车的国家。现在,韩国著名的5大汽车制造商(现代、起亚、通用大宇、雷诺三星、双龙)汽车生产能力达到500万辆,其中绝大部分是小轿车。韩国在2010年共制造427.2万辆汽车,连续六年排名全球第五,占全球生产比重的5.5%。韩国现向160多个国家和地区出口汽车。

电子工业。进入20世纪80年代,技术密集、高附加值的电子工业迅速发展,韩国多种主要电子产品在国际市场上已占举足轻重的地位。电子产品从彩电到录放像机、激光影碟机、数字唱盘、微波炉等,都有一定的竞争力。目前,韩国记忆芯片产量居世界第二位,使韩国的电子工业出口产业推向了新的发展阶段。

造船工业。20世纪60年代以前,韩国只有13家小型造船厂,只能建造和修补一些用于捕捞用的小型木船;60年代以后,造船业较景气,"现代"、"大宇"等大企业集团先后建立了蔚山、玉浦等大型造船厂,造出了25万吨级大型油轮。2010年韩国造船厂接获的船舶订单总计达1450万修正吨，占全球船舶订单总数38%之多，稳坐全球最大造船国首位。由于韩国船舶出口占造船总量的85%，因而韩国造船业往往被世界造船业景气与否所左右。

钢铁工业。目前韩国生产的钢铁自给有余，有相当一部分可用于出口，由于其价格低廉，在国际市场上对日本钢铁业产生巨大威胁。目前，韩国生产的钢铁不仅畅销到东南亚地区，而且远销到北美洲等地。浦项制铁株式会社为世界第四大、亚洲第一大钢铁企业，韩国第三大财团，年产粗钢1750万吨，在世界大钢厂排行第三位。2007年韩国产钢4539万吨，为世界第五大产钢国和第八大出口国。

纺织、服装工业。从20世纪60年代初开始，韩国出口纺织品，但为数不多。20世纪70年代以后，随着纺织工业的迅速发展，纺织品出口增长很快。1987年，纺织品出口突破100亿美元，使韩国成为继意大利、西德之后的世界第三大纺织品出口国。近年来，由于国际市场的激烈竞争，纺织、服装业在国民经济和出口中的比重有所下降，但仍不失为一个重要的工业部门。目前，韩国已建立起适应国际市场款式迅速变化的"快速反应生产系统"。

农业。韩国多平原、河川，有发展农业的良好条件。现有农业人口约占人口总数25%左右。耕地224万公顷，约占土地总面积的23%，随着工业化和城市化过程的加速，耕地面积不断减少，粮食自给率不断下降。1999年，韩国粮食自给率29.4%。由于以个体小农经济为主，劳动生产率不易提高。粮食生产以稻米为主，其次是麦类、杂粮、薯类。经济作物有大豆、亚麻、棉花和烟草等。农业主要集中在汉江冲积而成的汉江平原、锦江下游的内蒲平原和洛东江流域的金海平原等。这些平原地区交通便利，人口稠密，有广阔的农田和茂密的果园。

另外，韩国的养蚕业和渔业发达。水产品的1/3供出口，主要销往日本。

(四)对外贸易

对外贸易在韩国国民经济中占有重要地位。20世纪60年代以来，韩国出口贸易得到迅速发展，成为世界出口贸易发展最快的一个地区。韩国把出口视为经济发展的"生命线"，形成由政府机关指导管理，韩国贸易协会、人韩贸易振兴公社等民间组织负责协调管理，私人企业进行直接经营的贸易体制。

韩国根据各个时期国际市场需求的变化不断改变其出口商品结构。20世纪70年代初，化纤工业品为出口的"拳头"产品，进入70年代后，由于重点发展重工业，1981年重化工业品出口超过轻工业产品的出口，工业制成品在出口总值中所占比重越来越大，80年代初已占到90.4%。1991年，韩国电子产品出口突破200亿美元，成为世界第五大电子产品出口国，1993年芯片的出口额为78亿美元。目前，纺织品出口额保持在每年150亿美元左右，仅次于意大利、德国，是世界第三大纺织品出口国。船舶、汽车、鞋类、钢铁等都是出口的骨干产品。总之，韩国进出口商品均以机电产品为主，其次是化学制品。服装在出口中居第三位。进口的资源性商品是石油、煤炭等工业原料。

韩国经济主要依靠美、日的资金和技术发展起来，因而美国和日本为其主要的贸易伙伴，其次是西欧和加拿大。由于韩国连续几年不断扩大对美国的贸易顺差，已使美国到了难以容忍的地步，因而贸易摩擦加剧。欧洲共同体也因同样原因在1987年停止了对韩国的普遍优惠制关税待遇(GSP)。

韩国在出口中除重视商品质量，不断开发新技术、新产品，进行小批量多品种生产外，还采取一系列的措施。如建立海外情报网和推销网，以价廉物美的商品挤进国际市场，早在

1980年就以比日本便宜1000美元的价格第一次将小汽车打进了美国市场，还提供完善的销售服务；韩国不嫌弃做"小生意"，从小买卖中赚大钱。

韩国在海外承包工程总额在世界劳务市场上仅次于美国。20多年来，无论在东南亚，还是在中东、非洲、南美，无论是劳动密集型的土木建筑工程，还是技术密集型的大型现代化工程，哪里有招标，哪里就有韩国承包商出现。目前，在用工方面，已从用本国人为主转向用劳动力低廉的第三国人为主。

中韩两国是友好近邻。中国国际商会同大韩贸易振兴公社于1991年第一季度在北京和汉城互设了代表处。中韩民间贸易协定和投资保护协定分别于1992年2月和7月生效，民间开展贸易合作的积极性进一步提高。在贸易、投资、劳务、技术培训等领域，各种形式的合作正在迅速展开，进出口贸易急剧增长，人员往来更加频繁，且层次提高，呈较好的发展势头。1992年8月24日，中韩两国建立了大使级外交关系，两国政府还签订了贸易协定和投资保护协定以及关于成立经济、贸易和技术合作联委会的协定，使双方经贸合作关系的发展进入了一个新阶段。双边贸易额从1995年的10亿美元发展到2010年的2071.7亿美元，2010年我国出口687.7亿美元、进口1384亿美元。我国逆差696.3亿美元，创历史新高。韩国是我国第三大贸易伙伴国、第三大出口对象国和第二大进口来源国。我国是韩国最大贸易伙伴、最大出口市场和进口来源国。我国对韩国出口以玉米、水泥、煤炭等原料性商品为主；我国从韩国进口以钢材、化工原料、合成纤维、建材为主，还有机械设备和电子产品。

近年来，韩国企业在华投资急剧增长。建交前，韩国对华投资地区集中，主要分布在山东、辽东半岛，且以在特定地区设立独资企业为主。建交后，韩国对华投资开始深入沿海和内地，项目也逐步转向技术和资本密集型。截至2008年年底，韩国对华投资累计达419亿美元。中国已成为韩国最大的海外投资对象国。2009年，韩国在华留学生接近7万人，超过外国在华留学生总数的一半。中韩两国是近邻，发展经贸关系有较强的互补性，韩国有较先进的技术和一定的资金力量，中国有丰富的资源和较便宜又有一定素质的劳动力，双方结合起来，有较大的发展潜力，中韩经贸关系前景广阔。

(五)主要港口

韩国的主要贸易港口有：釜山(Busan)、仁川(Inchon)、群山(Kunsan)、丽水(Yosu)、木浦(Mokpo)和浦项(Pohang)等。

釜山是韩国最大港口，年货物吞吐量为6400万吨，也是韩国最大的集装箱港，2009年集装箱吞吐量为1195万个标箱，居世界第五位。釜山和我国上海、青岛、天津等港开辟有定期班轮航线。

仁川在汉江河口南侧，港外有小岛屏障，并筑有防波堤，为汉城外港，两地相距约40千米，有铁路和高速公路相通。仁川有55个泊位，吞吐能力3500万吨。

第四节　东南亚地区

东南亚由中南半岛和马来群岛两大部分组成，包括缅甸、泰国、马来西亚、新加坡、越南、老挝、柬埔寨、印度尼西亚、菲律宾、东帝汶、文莱等国家。东南亚面积407万平方千米(未计印尼在大洋洲的领土),约占亚洲总面积的1/10,是世界人口稠密区之一。

一、东南亚国家联盟

1967年8月地处东南亚的印度尼西亚、马来西亚、菲律宾、新加坡和泰国等5个国家为经济增长、社会进步、文化发展、促进东南亚的和平与安定在曼谷成立了区域性组织——东南亚国家联盟(简称东盟,ASEAN),总部设在印度尼西亚首都雅加达。1984年1月,文莱独立后加入该组织,成为东盟第六国;1999年后,越南、柬埔寨、老挝和缅甸四国加入,现在东盟共有十国,几乎覆盖了东南亚所有国家(只有东帝汶不是)。

东盟地区人口超过6亿,国内生产总值加起来达1.5万亿美元,绝大部分是黄种人,华人和华侨众多,他们都是19世纪末和20世纪初下"南洋"谋生的,现在他们中很大一部分人已加入当地国籍。

东盟十国宗教信仰不同:印度尼西亚、马来西亚、文莱信奉伊斯兰教,泰国、缅甸、新加坡、老挝、柬埔寨多数信奉佛教,菲律宾则是亚洲唯一的天主教国家。

东盟除新加坡外,各国资源丰富,为经济发展提供了良好基础。但独立前受殖民主义者统治,致使各国经济结构畸形——单一产品经济,发展速度缓慢。独立后,特别是成立联盟以来,在发展各成员经济,促进东南亚地区经济,繁荣贸易等方面取得了可喜的成绩。2000年东盟各国国内生产总值为5342亿美元,人均1242美元。但东盟内部经济发展不平衡。新加坡、文莱人均国民生产总值20000多美元,而老挝、柬埔寨人均国民生产总值只有200多美元。

1992年1月,东盟政府首脑会议批准了关于在15年内建立自由贸易区的建议,根据签署的《共同有效优惠关税协定》的规定,未来15年内将把所有在区域内的工业制成品关税降低至5%。1997年12月,在吉隆坡举行的第二次非正式首脑会议,决定在2010年建成东盟投资区,2020年实现东盟内部投资自由化,江泽民出席了这次东盟—中、日、韩非正式首脑会议。2000年11月,朱镕基总理出席在新加坡举行的第四次中国—东盟领导人会晤。2001年在菲律宾马尼拉举行的"10+1"的对话会议上,中国决定与东盟首先实现贸易自由化,经过协商,2010年对东盟最初的6个成员建立自由贸易区,而对于最新的成员——柬埔寨、老挝、缅甸和越南将在2015年以前生效。它标志着东盟区域合作已经进入一个新的阶段。中国与东盟的合作进一步加强。

东盟十国中,以下四类国家发展较快:

(1)新加坡——已是新兴工业化国家,新加坡是东盟国家中重工业比重最大的国家。

(2)马来西亚、泰国、印度和菲律宾4国,前3国因其最近几年经济高速发展而被人们誉为亚洲新的小龙。

(3)文莱——石油输出国国家。工业化程度很低,主要靠石油输出,其出口的98%和国内生产总值的60%均来自石油收入,是东南亚的首富之一。

(4)越南——实行改革开放政策,经济发展很快,截至2000年年底,越南已批准了3000多个外资项目,合同金额达385亿美元。

在发展中国家中,东盟国家较早地设立出口加工区,目前共有40多个,以新加坡最多。出口加工区吸引外资,引进技术,扩大出口,促进了各国经济的发展。

对外贸易在东盟各国的经济发展中占有十分重要的地位,2000年东盟国家的外贸总额约3900亿美元，在世界贸易中的比重为6%左右，主要出口劳动密集型产品和初级产品。20世纪90年代东盟地区很快成为全球重要的电子及其他高附加值工业品的生产基地，出口量迅速增加。东盟各国积极改善投资环境，大力吸引外资。日本为主要投资国，台湾地区和香港地区以及韩国的资金也在大量增加。日本为东盟各国最大的贸易伙伴。

东盟是我国的近邻。东盟一直是我国传统的出口市场，我国对其出口的商品种类繁多，主要有：纺织品、粮油食品、轻工、五矿、机械、工艺品及土特产品等。我国从东盟地区进口主要商品有：橡胶、木材、棕油、原糖、铜矿砂、南药等，还有一些工业产品，如精密仪器、化纤、尿素等。

2002年中国与东盟贸易总额达547.7亿美元，比1992年增长5倍，其中中国对东盟的出口达235.7亿美元。

二、泰国

泰国(The Kingdom of Thailand)位于中南半岛中心，南临泰国湾，西南临安达曼海，其面积51.31万平方千米，人口6240万人(2000年)，主要属泰、老两族，老挝族占35%，泰族占44%。泰国有92%的居民信奉佛教，是世界上最大的佛教国家。4万多座寺庙遍布城乡。泰国有30万僧侣。泰国规定，凡男子成年时，都要落发当3个月和尚，用佛历。佛教对整个社会的经济、文化生活影响极大。泰语为国语。货币单位为泰铢。

泰国地势北高南低。中部为湄南河冲积平原，其下游三角洲是泰国主要经济区，沃野千里、物产丰富，素有"亚洲粮仓"之称。在泰国总面积中，可耕地面积占38%。泰国海岸线总长约2600千米。同时，泰国还是世界著名的旅游胜地，美丽的自然风光，伴以温和友善的人民，被誉为充满微笑的国家。

泰国矿产主要有钾盐、锡、褐煤、油页岩、天然气，还有锌、铅、钨、铁、锑、重晶石、宝石和石油等。其中，钾盐储量居世界第一，锡储量占世界的12%，油页岩蕴藏量达187万吨，褐煤蕴藏量约20亿吨，天然气蕴藏量约16.4万亿立方英尺。

泰国经济发展迅速，过去是一个落后的农业国，近十多年来，经济发展已为世人注目。2008年泰国国内生产总值为2721.72亿美元，人均4094美元。目前，泰国经济结构出现重大变化。工业在国民生产总值中占35.3%，服务业占50.1%，泰国已由一个贫穷落后的农业国向新兴工业化国家迈进。

泰国农业面向出口多元化。稻米、木薯出口居世界第一位，2010年出口大米900万吨，全球粮食市场上目前交易的稻米约为3000万吨，泰国大米占了1/3。玉米产量排名世界第四。橡胶产量居世界首位，约占全球产量的1/3，2009年出口量达274万吨，其中超过三成被中国进口。泰国大力发展海洋捕捞业和禽畜养殖业，为世界第一大产虾国。泰国的冻鸡、鸡蛋、冻虾等冷冻制品的出口已跻身于世界10大出口国之一。农业多元化的发展为泰国外汇收入激增，为工业化提供了资金和原料。泰国渔业产量在亚洲是仅次于日本、中国的第三大海产国。

泰国的工业正向现代化发展。为了引导工业有计划地实现现代化，20世纪70年代初，成立了泰国工业发展村规划机构，吸收大批外国投资者；在首都周围和北部的清迈附近建立起5个工业发展区，80年代在东海岸建立第一个工业发展区——马托普工业区，兴建大型石油化工联合企业，为目前泰国最大工业中心。泰国的加工工业主要有纺织电子、汽车装配、钢铁、食糖、化工、石油提炼、水泥、卷烟、麻袋等。汽车装配业已达到出口水平。

泰国旅游资源得天独厚，从1987年开始，旅游业的收入已超过大米的出口收入，旅游业已占泰国外汇收入的极大份额，比重在7%左右。

泰国还积极扩大劳务出口，增加外汇收入。泰国对外贸易发展迅速，1999年贸易总额为1084亿美元；2000年进出口总额达到1348亿美元，顺差52.9亿美元。出口产品除农矿产品外，还包括集成电路、小汽车。进口产品主要是石油燃料、机械设备、化学品、钢铁等。泰国宝石蕴藏丰富，其珠宝首饰80%供出口。

泰国对中国的出口额在1991年仅占其出口总额的1.18%，排名第19位，2000年占4.09%，排名第5位。而截至2010年11月底，泰对中出口额占其出口总额的10.9%，超过日、美位居榜首。2010年中国成为泰国最大的贸易伙伴，中泰贸易中中国处于逆差，泰国在中国与东盟各国贸易中处于第三位。日本为泰国最大的进口来源国，其次为中国、美国。

曼谷(Bangkok)是泰国最大港口，码头众多，包括BMT、PAT、SCT、TPT、NUITHAI等。曼谷港既是河港，又是海港，是水陆转运的枢纽。其北部24千米的廓曼机场是东南亚重要的航空港。

林查班港(Laem Chabang)位于泰国中部曼谷湾东岸，曼谷市东南方。港外，海路北距是拉差港约5海里，距曼谷港约60海里，南距梭桃邑港约50海里，至宋卡港376海里，至新加坡港791海里，东北至香港约1450海里；后方有曼谷廊曼国际机场。该港原为曼谷港的集装箱中转港区。

莱卡邦港(Lat Krabang)是泰国新兴集装箱中转地，位于曼谷东南部，距离约130千米。

梭桃邑(Sattahip)的深水港也在发展，可供5万吨轮船停泊。南部马来半岛的宋卡港和普吉港，是橡胶和锡的出口港。

三、马来西亚

马来西亚(Malaysia)由马来亚和加里曼丹岛北部的沙捞越、沙巴组成，面积32.97万平方千米。马来亚位于马来半岛上，简称西马，面积13万平方千米；沙捞越和沙巴两个州位于加里曼丹岛的北部，简称东马，面积20万平方千米。东马与西马之间隔着广阔的南海，两地最近处650千米，整个马来西亚介于太平洋和印度洋之间，是沟通欧、亚、澳、非四大洲及两大洋的主要枢纽。

马来西亚总人口2773万人(2010年)，主要有马来人、华人、印度人和巴基斯坦人，其中马来人约占1/2，华人约占1/3，共有30多个民族。全国居民的83%集中在西马，东马人口较少。

马来西亚以伊斯兰教为国教，马来语为国语，通用英语，货币单位为马元(林吉特)。

东马和西马均位于赤道地带，属热带雨林气候。森林面积大，约占西马的52%，占沙捞越和沙巴的76%和82%。海岸线长4190千米。马来西亚沿海沼泽广布，两侧为平原，中为山地；沙捞越和沙巴沿海多为平原，内地为森林覆盖的丘陵和山地。矿产、森林资源丰富，锡产量居世界首位，被誉为“锡王国”。天然橡胶产量居世界第三，盛产油棕、胡椒、稻米和硬木，西海岸产龙虾，棕榈油产量居世界第二。

马来西亚自1970年实施为期20年的“新经济政策”以来，通过制定和执行3个五年计划，国民经济取得了一定的进展，1970—1980年国内生产总值年均增长8%，1981—1985年国内生产总值年均增长5.8%。20世纪90年代以来,马来西亚经济增长率居东盟各国之首。1999年人均国民生产总值为3400美元,被人们誉为亚洲新的小龙,成为一个新兴工业化国家。

农业多元化方面已取得一定成效。马来西亚盛产热带硬木,为最大的热带硬木产销国之一。生产的硬木桌椅等出口日本、台湾地区和韩国。木材产区主要在东马,这里生产的原木占全国出口量的90%,西马主要出口锯木。为改变其单一经济结构,从1960年起,马来西亚鼓励私人把老胶园、老椰子园改种油棕。从1966年开始,马来西亚已成为世界最大的棕榈生产国和出口国。1993年产棕油740万吨,80%以上供出口,产量与出口量分别占世界的50%和70%,主要销往巴基斯坦、中国、欧美及印度等80多个国家和地区。油棕主要产在西马地区,1992年种植面积达2035万公顷,为第一大经济作物。

制造业已成为经济重要支柱,1973—1984年以年均8.8%的速率在增长。制造业目前已占国民生产总值的41.7%。大量引进外资一直是马来西亚经济发展的重要特征,也是推行出口导向型经济的基本措施。马来西亚积极建立纺织、电子、汽车制造等行业。目前,高科技集成电路及微电子组件已成为第一大出口商品,为马来西亚最大的外汇来源。

马来西亚为亚洲主要的石油出口国之一,采油业主要在沙捞越和沙巴,石油也为马来西亚重要的出口商品之一。

马来西亚经济高度依赖对外贸易,每年出口额占国内生产总值1/2以上。多数年份是顺差。2000年货物出口822亿美元,进口982亿美元。主要出口商品有:木材、棕油、橡胶、石油、液化气、电子产品、电气机械和纺织品等。进口商品主要有:制造业另部件、机械及运输设备、金属制品等。

马来西亚自2008年连续三年成为中国在东盟国家中的第一大贸易伙伴,中马贸易2010年超过742亿美元。中国对马来西亚的主要出口产品有:自动数据处理设备等电子电器产品、纺织品、化学品等。中国从马来西亚的主要进口产品有:集成电路及微电子组件等电子电器产品、棕油及制品、橡胶及制品、化工品、原油、木材等。

马来西亚的重要港口在西马的有:

槟城(Pinang)居马六甲海峡北口,是马来西亚第二大城市和最大转口港。

巴生港(Port Kelang)位于马来半岛西部沿海、滨巴生河口,东距吉隆坡40千米,是它的外港。

帕西古当(Pasir Gudang)为马来西亚新建商港,位于该国西部马来半岛东南端,柔佛海峡东北岸,南与新加坡三巴旺港区隔峡相望,西距新山(柔佛巴鲁)市10海里,也有人称柔佛港。

马六甲(Melaka)。

马来西亚的重要港口在东马的有:古晋(Kuching)、哥打基纳巴卢(Kota Kinabalu)、山打根(Sandakan)。

四、新加坡

新加坡(The Republic of Singapore)也称星洲、星岛、狮岛,位于马来半岛的南端,由新加坡岛和附近54个小岛组成,总面积647.5平方千米。新加坡岛占全国面积的90%以上,新加坡岛北部有条1015米的长堤横跨柔佛海峡与马来西亚相接。

新加坡人口 508 万人(2010 年 6 月),以华人、马来人和印度人为主,其中华人占 74%。马来语为国语,英语为行政用语,华语和泰米尔语也是官方语言。华人多信奉佛教,马来人多信奉伊斯兰教。货币单位:新加坡元。

宜人的气候、优美舒适的自然环境和高覆盖率的绿化给迷人的热带岛国——新加坡带来“花园城市”的美誉。自 1965 年 8 月宣布独立以来,新加坡的经济发展取得惊人的成就。新加坡是个港口城市国家,自然资源十分贫乏,但得天独厚的地理位置与历史基础,使它成为一个朝气蓬勃的国际都会,一个东西方文化和谐交融的热带岛屿。

新加坡地势平坦,最高海拔 177 米,海岸线长 140 千米。属海洋性气候,常年高温多雨。经济以转口贸易、加工出口、航运、金融和旅游业为主。粮食多依靠进口。为世界著名转口港和亚、欧、澳三洲的航空中心。

新加坡充分发挥它处在东南亚中心及在国际海、空交通中枢纽的作用,较好地引进和利用外资及技术等有利条件,制定出适当的措施,加上国内稳定,在人民的辛勤努力下,已由过去单纯的转口贸易经济发展成为以制造业为中心,包括金融、交通运输、旅游业等均发达的多元化经济。产品 2/3 外销,进出口贸易是国内生产总值的 3 倍,并以出口贸易带动经济各部门的发展,为“出口导向型”经济,2008 年根据 IMF 统计数据,人均 GDP 全球排名第 21 位,居亚洲国家之首。

新加坡位居国际航道马六甲海峡的出入口,海运航线达 250 多条,通往世界 80 多个国家和地区,实行 24 小时作业,是个“不夜港”。平均每 12 分钟就有一艘船舶进出。一年之内相当于世界现有货船都在新加坡停泊了一次,所以新加坡有“世界利用率最高的港口”之称。丹戎巴葛码头是新加坡最大的集装箱码头,素有“远东十字路口”之称,是国际海运交通中心之一,也是亚太地区最大的转口港。主要进出口货物为石油、机械设备、电子电器、化肥、水泥、谷物、糖、橡胶、面粉、化工产品、矿砂、工业原料、食品、木材、椰袖、椰干、棕榈果、水果及杂货等。

20 世纪 80 年代以来,新加坡电子电器业超过造船业的发展,主要产品为计算机、雷达、导航设备、高级集成电路、彩色电视机等,是世界上电脑磁盘机和集成电路的主要生产国。

炼油业目前已超过造船业,虽然新加坡国内石油资源缺乏,但其精制能力很高,近年来以生产高增值的石油产品为主,是次于美国休斯敦和荷兰鹿特丹的世界第三大炼油中心。

中新 2009 年的双边贸易额为 478.7 亿美元,新加坡已成为中国在东盟国家中的第二大贸易伙伴。中国是新加坡的第二大贸易伙伴国家,仅次于马来西亚,占新加坡贸易总量的 10.1%,中国为新加坡最大的海外投资目标国。

新加坡拥有现代化设备的国际机场——樟宜机场,30 多家航空公司在此营业。新加坡同 40 多个国家和地区、70 多个城市有航空联系,每年在这里着陆的飞机达数万架次,是联系欧、亚、非、澳的航空枢纽。

五、菲律宾

菲律宾(The Republic of Philippines)位于亚洲东南部,由 7107 个大小岛屿构成,但其中有人居住的岛屿仅约 800 个,以吕宋岛最大,棉兰老岛其次。全国总面积 29.97 万平方千米,吕宋岛面积占 35%,棉兰老岛面积占 32%。各岛地形起伏不平,山峦重叠,山地占总面积 75%,地震和火山活动十分频繁,各式各样的火山共有 50 多座,其中有活火山 10 多座。

棉兰老岛西部的阿波火山,海拔 2953 米,是全国最高的火山,至今仍在冒烟。吕宋岛东南部的马荣火山,海拔 2416 米,是全国最大的活火山,挺立在一片充满椰林和稻田的绿色平原中间。

菲律宾人口 9401 万人(2010 年)。绝大部分属马来人种。主要民族有来沙、他加禄、伊罗诺等,中国血统的居民有 60 万人。菲律宾 90%的居民信奉天主教,是亚洲唯一信天主教最多的国家。他加禄语为国语。但政府文告、议会辩论和主要报刊均使用英语。货币单位:菲律宾比索。

菲律宾岛屿多、海岸线曲折,长达 1.8 万千米。海运方便,水产资源丰富。河流短小湍急,富水力资源。属季风型热带雨林气候,高温多雨、湿度大、台风多。矿产、渔业资源丰富。经济以农业为主,椰子产量世界第一,有“世界椰王”之誉。马尼拉麻、吕宋雪茄烟世界著名。

20 世纪 60 年代后期,菲律宾采取经济开放政策,积极吸引外资,经济发展取得一定成效。1982 年被世界银行列为“中等收入国家”。20 世纪 80 年代初,受西方经济衰退影响,经济形势一度恶化。拉莫斯总统执政后,为振兴经济采取了一系列积极措施,使经济下滑受到控制,经济开始全面复苏,并保持较高增长速度。但菲律宾欠外债已达 400 多亿美元,每年需用出口总额的 60%偿付本金和利息。1997 年 7 月,席卷东南亚的金融危机给菲律宾经济造成较大冲击,比索贬值 34%,物价上涨,失业人数增多。1999 年以来菲律宾经济开始恢复,目前已走出低谷。2008 年,国内生产总值人均 1590 美元。

近年来,菲律宾由于经济明显复苏,带动了进口的增长。主要进口产品为原油、制造半导体的材料及配件、电气及电子机械设备和零件、制衣用织物及收音机等。主要出口商品为半导体、微型电路、服装、椰子油及虾类、蔗糖等。2000 年出口 380.7 亿美元;进口 307.4 亿美元,顺差 73.3 亿美元。2010 年,菲律宾对外贸易总额为 1061.34 亿美元,其中,进口总额为 547.02 亿美元,出口总额为 514.32 亿美元。

2010 年,中国与菲律宾进出口总额已达 277 亿多美元。目前,中国是菲律宾第三大贸易伙伴,菲律宾则是中国在东盟的第五大贸易伙伴。中国对菲主要出口商品为电器与电子产品、机械设备、纺织品与农产品等,中国自菲主要进口类别为电子产品、机械设备、矿产品、水果等。

菲律宾的重要港口有:

马尼拉(Manila)位于吕宋岛西南马尼拉湾畔,是海陆空交通中心,是全国最大商港。

宿务(Cebu)为菲律宾第二大城市,是菲律宾第二大港。

伊洛伊洛(Iloilo)位于该国中南部班乃岛东南岸,是菲律宾第三大港。

此外,还有达沃(Davao)和三宝颜(Zamboanga)等贸易港。

六、文莱

文莱(The Sultanate of Brunei)全称为文莱达鲁萨兰国,北濒中国南海,东南西三面与马来西亚的沙捞越州接壤,并被分隔为互不相连的两部分。原为美国保护国,1984 年 1 月 1 日独立,面积 5765 平方千米,人口 40.6 万(2009 年),其中马来人口 26.94 万,华人为国内第二大族群,人口达 4.46 万。87%的人口居住在城市。马来语为国语。伊斯兰教为国教。货币单位:文莱元。

文莱首都斯里巴加湾市原名文莱市。文莱以盛产石油和天然气富甲一方,有“东方石油王国”之称。目前，文莱已探明原油储量为14亿桶，天然气储量为3900亿立方米，每年油气收入占国民生产总值的60%以上，全国有3/4的人口从事石油和天然气开采。人均石油产量仅次于卡塔尔、阿联酋和科威特，居世界第四位。2008年人均国内生产总值(按购买力平价计算)为54100美元(估计值)。

文莱油气收入占出口收入的90%以上，建筑业是新兴的第二产业，此外，文莱服装业亦有较大发展，已成为继油气业之后的第二大出口收入来源。农业仅占国内生产总值的1%，大米75%依靠进口，80%的食品从境外输入，国内4万多亩大小不等的橡胶园是仅次于石油的第二大资源。

2007年，文莱外贸进出口总额为147.22亿美元，其中出口115.56亿美元，进口31.66亿美元。文莱的主要贸易对象为日本、东盟国家、韩国、澳大利亚、中国等。

七、印度尼西亚

印度尼西亚共和国(The Republic of Indonesia)由太平洋和印度洋间13667个大小岛屿组成，是世界上最大的群岛国家。拥有陆地面积190万平方千米，领海790万平方千米。岛屿间构成许多海峡和内海，巽他海峡、马六甲海峡、龙目海峡是沟通太平洋和印度洋的重要通道。由于位于太平洋西岸火山带和地震带上，印尼有活火山100多座，是世界上活火山最集中的国家。

印尼人口2.38亿人(2010年)，居世界第四位。其中华裔约占总人口的5%，但华裔企业却占有印尼国民经济的70%～80%的比例，具有举足轻重的作用。印尼总人口65%以上的人居住在面积不到7%的爪哇岛上，爪哇岛为全国的政治经济和文化中心。印尼有100多个民族，主要有爪哇族、巽他族、马都来族和马来族。88%的居民信奉伊斯兰教，是世界上最大的伊斯兰教国家。印尼语为第一语言，英语为第二语言，使用广泛。印尼是全世界拥有华侨华人总人口最多的国家。货币单位:印尼盾。

印尼经过5个五年计划建设(1969—1994)奠定了初步工业化基础，此期间经济年平均增长率为7%。1996年国内生产总值达2230亿美元，人均产值达到1136美元。1997年7月东南亚发生金融危机，危及印尼经济，1998年印尼经济全面萎缩，1999年年底外债总额达到1380亿美元，占GDP的比例为133%。2000年下半年，经济走出危机低谷，国内需求开始转旺。2008年国内生产总值5160亿美元，人均2271美元。

印尼的自然资源非常丰富，森林覆盖率达64%，石油、天然气、锡、镍、铜、铝土等矿藏储量也很大。印尼热带雨林面积仅次于巴西，是世界上最大的胡椒、金鸡纳霜(奎宁)、木棉和藤的产地。天然橡胶、椰子产量居世界第二，棕榈油产量世界第一。

印尼有“木材王国”之称，是主要的木材出口国之一，现在印尼胶合板在世界市场上已占70%，是世界最大的胶合板出口国。此外还制成家具和筷子出口。印尼是东盟最大的石油生产和输出国，石油蕴藏量110亿～500亿吨，已探明天然气储量达80万亿立方米。石油是印尼财政的重要来源，大约70%的财政收入靠石油外汇。

印尼的制造业起步晚，从替代进口开始，向发展出口过渡，积极推进国家工业化计划，使国民经济多样化。

印尼历来是橡胶、木材、咖啡以及锡、铜等重要原料出口国。印尼进口商品主要有机械、加工制成品、工矿产品等。1990—2000年，印尼出口年均增长率为9%，对外贸易多数处于顺差状态。

2010年中国与印尼双边贸易额达427.5亿美元,比2009年大幅增长了50.6%。其中,中国对印尼出口219.7亿美元;中国自印尼进口207.8亿美元。中国已成为印尼第三大贸易伙伴,印尼是东盟内部中国的第四大贸易伙伴。

海运是岛国印尼的主要运输方式。全国有41个远洋运输码头,其中雅加达、苏腊巴亚(泗水)、巨港、望加锡、杜万等为主要港口。

乌拉湾(Belawan)位于苏门答腊岛西北岸,临马六甲海峡。

雅加达(Jakarta)位于爪哇岛西部北岸,华侨称其为“椰城”。

丹戎不碌(Tanjung Priok)是最大的深水港和货运港,是印尼首都雅加达的外港,在雅加达东约10千米处。

三宝垄(Semarang)位于爪哇岛北海岸中段,港口之北,临爪哇海。

苏腊巴亚(Surabaya)也称泗水,位于爪哇岛东北岸,为印尼第二大城、现代化的工业城市、重要的对外贸易港、军港、渔港,是爪哇岛东部和马都拉岛农产品集散地。

巨港(Palembang)又译巴邻旁。位于苏门答腊岛东南慕西河下游,距河口90千米,是苏门答腊岛南部最大港口和贸易中心。主要出口原油及其制品。

八、越南

越南,全称越南社会主义共和国(The Socialist Republic of Viet Nam),位于中南半岛东部,北与中国接壤,西与老挝、柬埔寨交界,东面和南面临南海,海岸线长3260多千米。越南全国大约32.9万平方千米。地形包括丘陵和茂密的森林,平地面积不超过20%,山地面积占40%,丘陵占40%,森林占75%。北部地区由高原和红河三角洲组成。东部地区分割成沿海低地、长山山脉及高地,以及湄公河三角洲。

越南人口8700万(2007年),主要民族为京族占,总人口总数的86%。华族(汉族)是越南最大的少数民族,总数约100万(占全国的1.5%),其中半数集中在胡志明市。信仰宗教为佛教和天主教。货币单位:越南盾。

越南属发展中国家。1986年开始实行革新开放。1996年越共八大提出要大力推进国家工业化、现代化。2001年越共九大确定建立社会主义定向的市场经济体制,并确定了三大经济战略重点,即以工业化和现代化为中心,发展多种经济成分、发挥国有经济主导地位,建立市场经济的配套管理体制。经过20年的革新,越南经济保持较快增长,1990—2006年国内生产总值年均增长7.7%,经济总量不断扩大,三产结构趋向协调,对外开放水平不断提高,基本形成了以国有经济为主导、多种经济成分共同发展的格局。2006年,越南正式加入WTO,并成功举办APEC领导人非正式会议。

越南矿产资源丰富,种类多样。主要有煤、铁、钛、锰、铬、铝、锡、磷等,其中煤、铁、铝储量较大。海洋渔业和林业资源丰富。

越南是传统农业国,农业人口约占总人口的75%。耕地及林地占总面积的60%。粮食作物包括稻米、玉米、马铃薯、番薯和木薯等,经济作物主要有咖啡、橡胶、腰果、茶叶、花生、蚕丝等。越南已连续多年稳居世界第二大粮食出口国的位置。越南咖啡、腰果的出口量居世界第二,胡椒、橡胶、茶叶出口居世界前列,水海产品出口在美国、日本等国也占有很大的市场份额。

越南旅游资源丰富，5 处风景名胜被联合国教科文组织列为世界文化和自然遗产。近年来旅游业增长迅速，经济效益显著，主要客源国为中国大陆。

越南和世界上 150 多个国家和地区有贸易关系。2009 年商品进出口贸易总额约为 1254 亿美元，其中出口 566 亿美元，进口 688 亿美元。主要出口商品有：纺织品、石油、水产品、鞋类、大米、木材及木制品、咖啡、煤炭、橡胶。主要进口商品有：机械设备及零件、成品油、钢材、纺织原料、皮革、布匹。

2010 年，越中贸易总额约达 254 亿美元，其中，越对华出口 64 亿美元，自华进口 190 亿美元。中国一直是越南第一大进口商品来源地，也是越南最大的贸易伙伴国，越南是中国东盟内部的第六大伙伴。

河内(Hanoi)是越南首都，位于国境红河三角洲西北部，是越南北方最大的内河港口。

海防(Haiphong)是越南北方最大海港。它是首都河内(Hanoi)的海上门户，也是北方进出口物资的中转站。主要工业有机器、造船、纺织、水泥、玻璃、化工、搪瓷、碾米和罐头等。

胡志明市(Hochiminh)又称西贡港，位于越南南部湄公河三角洲之东北，南距入海口 45 海里，万吨远洋轮可入港装卸，是越南南方最大港口。

岘港(Danang)位于越南中部沿海韩江口西岸，主要出口货物为海产品、牛肉、大米、木薯粉、煤炭、木材、废钢铁、铜和大理石等，进口货物主要有化肥、车辆、水泥及石油制品等。在进出口货物中有 40％是中转物资。

第五节　南亚地区

一、概　述

南亚是指亚洲南部喜马拉雅山南侧到印度洋的广大地区。因北部有高山峻岭同亚洲地区隔开，成为一个相对独立的地理单元，故又称“南亚次大陆”。全区包括北部的尼泊尔、锡金和不丹三个山国；中部的印度、巴基斯坦和孟加拉国；南面印度洋上的斯里兰卡和马尔代夫两个岛国，共计 8 个国家和一个克什米尔地区。面积 430 万平方千米。人口 12.9 亿多，占世界总人口 21％，属世界上人口最稠密的地区之一。

南亚地区居民兼有白、黑、黄三大人种的血缘，尤以白、黑人种的混合型为主。语种繁多，主要分印欧和达罗毗荼两大语系。前者包括印度斯坦、孟加拉族等民族，分布在印度北部、巴基斯坦和孟加拉国；后者包括泰卢固、泰米尔等民族，多分布在印度南部。南亚是婆罗门教和佛教的发源地，后来婆罗门教演化成印度教。现在印度、尼泊尔大多信奉印度教。佛教在斯里兰卡被奉为国教。锡金、不丹则信奉喇嘛教。伊斯兰教主要分布在巴基斯坦、孟加拉国、马尔代夫及克什米尔地区。

南亚的自然条件优越，大部分地区地势低平坦荡，土壤肥沃，并有丰富的矿产、水力和森林资源。

农业是南亚最基本的经济部门。南亚各国的农业产值在国内生产总值中约占 30％左右，远远超过世界其他地区。尼泊尔是典型的农业国，农业人口高达 90％以上，农业占国民生产总值58%。孟加拉国农业占国内生产总值31.5%,以稻米为主,主要经济作物是黄麻,主要出口黄麻及麻制品。印度以稻米、棉花、黄麻、甘蔗、茶叶等为主要农产品。巴基斯坦农业盛产小麦、稻米、玉米和甘蔗,另有黄麻、茶叶、烟草等,主要出口大米、棉花、鱼类等。斯里兰卡是以种植热带经济作物为主的国家,茶、橡胶、椰子称为斯里兰卡"三宝"农产品,95%的红茶供出口,有"红茶之国"的美誉。不丹经济以农林业为主,丰富的名木花草遐迩闻名,盛产水果,被誉为"森林之国"、"花卉之国",畜牧业养殖普遍。锡金经济以农业为主,生产稻谷、玉米、青稞、马铃薯和小豆蔻等。南亚是世界重要的黄麻、茶叶产地,分别占世界总产量的90%和45%。

南亚工业基础薄弱。采矿业不及亚洲其他地区。制造业除印度有较大规模外,其他各国仍以传统的轻工业和手工业为主,其中纺织、食品两大部门在总产值中占50%。南亚的主要矿产有煤、铁、锰、云母等。除云母外,在世界上均不占重要地位。

南亚各国的对外贸易由于石油涨价进出口不平衡,大部分国家进口大于出口。

印度近年来工业制成品已占到整个出口商品的81.6%,其中最主要的两项出口商品是成衣和珠宝,还有粗钢。

巴基斯坦主要出口大米、棉花、纺织品、皮革制品和地毯等;主要进口石油及石油制品、机械和交通设备、钢铁制品、化肥和电器产品等。

孟加拉与130多个国家和地区有贸易关系,主要出口黄麻及麻制品、皮革、茶叶、水产、服装等;进口以粮食、机械、交通器材、石油为主。

斯里兰卡实行自由外贸政策,除政府控制的石油外,其他商品均可自由进口。主要出口商品有纺织品、服装、茶叶、橡胶、椰子和石油产品,近年来出口产品由过去的农产品为主转变为工业产品为主。

尼泊尔主要贸易伙伴有印度、美国、德国等。主要进口商品有:煤、石油制品、药品、机械、电器、化肥等;主要出口商品有:地毯、成衣、皮革、农产品、手工艺品等。

南亚区域合作联盟(SAARC,简称"萨克"),包括印度、巴基斯坦、孟加拉、尼泊尔、不丹、斯里兰卡和马尔代夫7国。目前南亚各国合作已出现好苗头,如建立地区粮食安全储备体系,建立地区性的电子网、贸易自由化及合营企业,联合开发海洋资源,共同制定环境保护措施等。

二、印　度

印度(The Republic of India)是世界四大文明古国之一,位于南亚次大陆的印度半岛上,是南亚面积最大的国家。全国面积297.47万平方千米。恒河、布拉马普特拉河是重要的河流,其中恒河是第一长河。

印度人口11.7亿(2010年),是南亚面积最大、人口最多,并有着悠久历史和文化的国家。1950年1月26日成立印度共和国,但仍留在英联邦内。印度居民在白、黑、黄三大人种渊源的基础上有数百个民族和部族,且都有自己的语言。印度斯坦族约有2亿多人,是全国最大的民族,其语言印地语被列为国语。其余人数超过5000万的民族有比哈尔、泰米尔、泰卢固、孟加拉及马拉地。全国约有82%的居民信奉印度教,12%的居民信奉伊斯兰教,此外还有基督教、锡克教、佛教等,恒河左岸的瓦腊纳西是印度教圣地。英语为印度的官方语言。货币单位:卢比。

印度的经济。印度劳力充足，独立后经过6个五年计划的执行，经济有了一定程度的增长。自1991年开始的印度经济改革，已进入攻坚阶段，目前正推进私有化为主的新一轮改革。2008年人均国内生产总值为965美元。

印度的农业是国民经济的主要部门。花生、棉花、甘蔗、芝麻、高粱、谷子等种植面积居世界首位，但单产不高。除茶叶外，多数单产低于世界平均水平，因而影响总产量的提高。印度畜牧业产值相当于种植业的1/4，牲畜中有一半是牛，是世界上牛最多的国家。印度国土辽阔，各地自然条件和社会经济条件不同，农业生产具有明显的地域差异，一般可分为四个区：东北部为水稻、黄麻、茶叶区；西北部为小麦、杂粮、油菜区；半岛为杂粮、棉花、花生区；西南部为水稻、热带作物区。

印度的工业原有一定的基础，独立后，工业发展较平稳，目前，已建立起较完整的工业体系。它生产钢铁，可以自制各种机床、精密仪器、汽车、飞机、远洋海轮、电子产品，还建立了原子能发电站，发射了自己设计和制造的地球卫星和通信卫星，具备了生产核武器的能力。印度工业品的自给率大大提高，并能向外输出多种轻重工业产品及一般性的工业技术。

印度地处欧、亚、非、澳国际航空线的交叉地区，航空运输尤显重要，孟买、加尔各答、德里、马德拉斯等有国际机场。沿着印度漫长的海岸线，有大大小小很多港口，其中全国性港口11个，小港口148个。大港口的吞吐量占印度全年总港口运输的90%以上。

2010年中印双边贸易额达617亿美元，其中印度对中国贸易逆差201亿美元，中国已成为印度的第二大贸易伙伴，印度为我国十大贸易伙伴之一。

我国对印度出口的商品主要是制成品，主要集中在化工产品、纺织品、机电产品等。而我国从印度进口的，则多是原料性商品，且比较分散。主要有矿产品、食品、棉花、珠宝、贵金属制品、皮革、动植物油脂和化工原料等。

印度的主要港口城市有：

孟买(Bombay)位于印度西海岸外的孟买岛上(目前该岛已与大陆联结)，西濒阿拉伯海，是印度最大的港口。

钦奈(Chennai)原名马德拉斯(Madras)，是印度第四大城市，被称为印度南部的门户。

加尔各答(Calcutta)位于印度东北部恒河三角洲胡格里河左岸，是南亚大陆桥的桥头堡之一(东起加尔各答，西至孟买，全长2000千米)。

第六节　中亚地区

一、概　述

中亚包括哈萨克斯斯坦、吉尔吉斯斯坦、塔吉克斯坦、土库曼斯坦、乌兹别克斯坦、亚美尼亚、阿塞拜疆、格鲁吉亚等国。位于中亚西亚，东邻中华人民共和国，北部及西北部与俄罗斯接壤，南临阿富汗、伊朗，西南与土耳其为邻，西临黑海。面积400万平方千米，人口7321.45万人(2000年)。中亚八国人口及国民生产总值(2000年)见表7-1。

表 7-1　中亚八国人口及国民生产总值(2000 年)

国　名	人口/万人	国民生产总值/亿美元	人均 GDP/美元
哈萨克斯坦	1484	179	1230
乌兹别克斯坦	3465	94.2	388.56
土库曼斯坦	537	44.03	819
吉尔吉斯斯坦	490	13.03	250
塔吉克斯坦	612.7	8.21	180
格鲁吉亚	543.75	31	570
亚美尼亚	380.2	19.13	503.4
阿塞拜疆	808.1	49.04	606.85
总　计	8320.75	437.64	568.48

资料来源:世界知识年鉴 2001 年。

中亚是多民族地区,哈萨克斯坦有 131 个民族。乌兹别克斯坦有 129 个民族,土库曼斯坦有 100 多个民族,吉尔吉斯斯坦有 80 多个民族,塔吉克斯坦有 86 个民族,他们均用本民族语言为国语,多数信奉伊斯兰教。格鲁吉亚多为格鲁吉亚族,格鲁吉亚语为官方语言,多信奉东正教。亚美尼亚多为亚美尼亚族,亚美尼亚语为官方语言,信奉基督教。阿塞拜疆多为阿塞拜疆人,阿塞拜疆语为官方语言,多数信奉伊斯兰教。

中亚地区的黑海是世界最大的咸水湖,位于亚洲西部,分属俄罗斯、哈萨克斯坦、土库曼斯坦、伊朗、阿塞拜疆。南北长 1200 千米,平均宽 320 千米,大部分水深不足 100 米。由于气候干燥,蒸发强烈及人类的不合理利用,黑海湖面下降,面积锐减,1929 年时面积 42.2 万平方千米,目前水域面积约有 37.1 万平方千米。黑海资源以石油、石盐和芒硝为主,沿岸有巴库及阿斯特拉罕等港口。

中亚各国原属于苏联,1991 年苏联解体后经济均有所下降,各国经济结构单一,独立后经过近 10 多年的发展,经济普遍出现了稳定,并开始恢复增长。1999 年,中亚八国对外贸易总额为 380 亿美元,进口大于出口。从 1992—1999 年据不完全统计,中亚八国引进外资 190 亿美元。

中亚地区资源丰富、矿物种类多。

乌兹别克斯坦黄金、天然气、煤、铅等储量丰富,支柱农业是棉花种植业,棉花以高产、稳产和品质优良闻名世界,有“白金之国”之誉。

土库曼斯坦有石油等矿产资源,化工、地毯织造业是主要工业部门,农业以种植棉花和饲养羊、马、骆驼为主。

吉尔吉斯斯坦自然资源丰富,黄金、锑、钨、汞、铀和稀有金属等开采量很多,被称为中亚的“煤仓”,经济以农牧业为主,工业基础薄弱。

塔吉克斯坦有丰富的水力资源、矿产资源,经济以农业为主。

格鲁吉亚为传统农业国,种植亚热带植物,生产茶叶、烟草、柑橘、葡萄等,矿产有煤、石油、锰、铜等,森林占全国面积 40%,烟草加工、葡萄酒酿造等部门发达。

亚美尼亚是外高加索南部的内陆高山国家。平均海拔 1800 米,属亚热带气候。有储量丰富的硫磺、大理石、彩色凝灰岩等矿物,水力资源丰富。工业是国民经济主导产业,有有色金属、化学和机器制造等部门。农业以种植葡萄等水果为主,粮食不能自给。白兰地酒和水果罐头享有盛誉。

阿塞拜疆是里海西岸重工业十分发达的国家。有丰富的石油、天然气等矿物和水力资源。工业以石油开采、炼油、石化、机械等重工业为主。另有地毯织造、食品、纺织等轻工业部门。农业机械化和专门化程度较高。畜产品以肉、奶为主。

二、哈萨克斯坦

哈萨克斯坦(Republic of Kazakhstan)是个多民族国家,有近 131 个民族,其中哈萨克人占 53.4%,俄罗斯人占 30%,哈萨克语为国语,主要宗教有伊斯兰教、东正教。首都阿斯塔纳。货币单位:坚革。

哈萨克斯坦位于亚洲中部的黑海、乌拉尔、阿尔泰山、天山山脉之间,是世界上最大的内陆国家。东与中国新疆维吾尔自治区毗邻,西濒临里海,南与乌兹别克斯坦、土库曼斯坦和吉尔吉斯斯坦接壤,北部为俄罗斯。大部分领土为平原和低地,最北部为平原,西部是卡拉古耶盆地,中部是东西长 1200 千米的丘陵,西南部多低山,东部和东南部地势趋高,地势由西北向东南逐渐升高。干旱大陆性气候,夏季炎热干燥,冬季寒冷少雪。

哈萨克斯坦矿产资源丰富,已经探明金属资源 70 种,其中 60 种已投入生产。主要金属矿产资源有:铁、锰、铝土、铅、锌、钨、镍、锡、钼、钛、金等。油气资源丰富,已探明石油储量 30 亿吨。随着里海石油的发现,该国石油储量大增。

哈萨克斯坦是一个工业一农业国。工业以采矿、有色和黑色金属冶炼、石油开采、化工、重型机器制造为主,轻工业不发达。农业以种植业为主。经济结构较为单一。

哈萨克斯坦原为苏联的加盟共和国,1991 年 12 月 16 日宣布国家独立。同年 12 月 21 日以创始国身份加入"独联体"。独立后实行经济改革,改革方向是:变计划经济体制为社会市场经济体制、变封闭经济为开放经济。改革从所有制开始,国有资产基本上实现了非国有化和私有化,外贸主体多样化。国家确定了"油气立国"发展战略,同时注意发展进口替代产业。

2011 年中哈双边贸易额为 208.7 亿美元,其中,哈萨克斯坦对中国出口 158.7 亿美元,哈萨克斯坦自中国进口 50.1 亿美元。中国是哈萨克斯坦的第一大贸易伙伴,为哈萨克斯坦的第一大出口市场和第一大进口来源地。哈萨克斯坦对中国出口的主要是矿产品,占其对中国出口总额的 73.1%;哈萨克斯坦自中国进口的主要是机电产品,占其从中国进口总额的 44.2%。

第七节 西亚地区

西亚是指东起阿富汗,西止土耳其,南面包括阿拉伯半岛在内的亚洲西南部地区,又称西南亚。境内共有 17 个国家和地区。总面积 704.37 万平方千米,分布在伊朗高原上的有阿富汗和伊朗;分布在阿拉伯高原和高原以北的美索不达米亚平原上的有伊拉克、叙利亚、黎巴嫩、巴勒斯坦、以色列、约旦、沙特阿拉伯、科威特、也门、阿曼、阿联酋和卡塔尔；分布在安纳托利亚高原上的是土耳其；还有波斯湾内的巴林，地中海东部的塞浦路斯。国际上使用的"中东"一词范围大体上与西亚相当，但不包括阿富汗，而包括非洲的埃及。

一、人口、居民和宗教

西亚有人口2.54亿人(2001年)，但人口分布极不平衡，巴林人口密度每平方千米达873人，而沙特阿拉伯每平方千米只有9～10人。西亚还是战后人口增长最迅速的地区，尤其是海湾国家。

西亚大部分居民为阿拉伯族，除阿富汗、伊朗、土耳其外，分别以普什图人、波斯人、土耳其人为主。塞浦路斯由希腊和土耳其两大民族组成，使用本民族语言。而西亚其他国家使用阿拉伯语，因此，常把他们和北非的国家称为阿拉伯国家。

西亚是伊斯兰教、基督教和犹太教的发源地。除黎巴嫩、以色列和塞浦路斯分别以天主教、犹太教和东正教为主外，西亚其他国家均信奉伊斯兰教。伊斯兰教在社会生活各个领域里有着巨大而深刻的影响。

知识链接

伊斯兰教徒每年回历9月都会封斋一个月，斋月期间，所有穆斯林应从每日的日出到日落这段时间内禁止一切饮食活动。所以不要在封斋期间邀请他们吃饭或喝茶。根据古兰经规定，一个男人可以有四个妻子，但遇到男教徒都不能问"你有几位妻子"。女教徒出门要戴面纱。

伊斯兰教徒严禁偶像崇拜，因此洋娃娃等外型类似人像的东西也禁止放在家里当装饰品。所以在这些国家，决不能以洋娃娃当礼物送给他们。

二、重要的战略位置

西亚地处亚、非、欧三洲的交界地带，南、西、北三面分别濒临阿拉伯海、红海、地中海和黑海，自古以来就是国际交通的要冲。古代著名的"丝绸之路"就是横贯西亚将中国与欧洲连接起来。随着苏伊士运河的开通和波斯湾地区石油资源的开发，西亚地理位置更显重要。现在，西亚是东西方交通的空中走廊，是从中亚南下印度洋、波斯湾的通道。西北部的黑海海峡—亚丁湾，控制着红海与苏伊士运河的进出。霍尔木兹海峡—阿曼湾是波斯湾的唯一出口，被称为"国际石油通道"。这些都是世界重要的战略要地。这也是某些国家长期来激烈争夺西亚的主要原因之一。

三、世界石油宝库

西亚是世界上石油储量最多的地区，是世界著名的石油宝库。20世纪90年代初，这里探明的石油储量为830亿吨，占世界探明石油储量的65%，迄今世界探明石油储量最多的5个国家全部集中在海湾地区，这些国家分别是沙特、伊拉克、阿联酋、科威特和伊朗。其中沙特拥有世界石油总储量的1/4，约有2600亿桶，超过世界上所有发达国家的总和。海湾主要石油国石油储量、产量见表7-2。

表7-2 海湾主要石油国石油储量、产量 单位:亿吨

国 别	石油探明储量(1997年)	产量(2000年)
沙 特	373	4.04
伊拉克	163	1.253
伊 朗	132	1.857
科威特	137	1.197
阿联酋	133	1.028
卡塔尔	7.7	0.32
阿 曼	7.68	0.46

西亚油田主要分布在波斯湾及其周围100万平方千米的范围内,即从土耳其东南一直延伸到阿曼。波斯湾地区不仅石油储量极丰,而且有着十分有利的开采条件,这对石油业的发展也起了很大的促进作用。

油田规模大、产量高。据统计,全世界储量大于6.7亿吨(约50万桶)的特大油田有20个,其中4个分布在这一地区。沙特的加比尔油田和科威特的布尔甘油田储量分别为117亿吨和101亿吨,相当于美国的总储量。目前加瓦尔油田年产量达2.6亿吨以上,布尔甘油田年产量也超过1亿吨。

地质条件好。波斯湾地区有深厚的沉积层和一系列巨大的背斜或穹窿构造,并具有分布集中、规模巨大、两翼平缓、构造简单等特点。油气埋藏浅、渗透性强,油井自喷率高达83%~100%(美国仅为6%)。油井的单产特高,20世纪80年代以来,整个波斯湾地区不到3700口油井,而每年所产石油总量达10亿吨(每口油井平均年产量高达25万吨)。

油田离海近,石油运输方便。除伊拉克北部几个油田外,波斯湾地区油田大部分都在离海岸100千米以内的陆上或海上。油管运输距离短,原油外运十分方便。

除上述外,波斯湾地区的自然环境对石油开发也有利。气候干热,天气终年晴朗,陆地平坦干燥,海域水浅且少风暴。而且原油质量较好,含蜡少,中、轻质油所占比重大。以上各项优越的开发条件,使得波斯湾地区的石油业能够取得与其他地区无法相比的经济效益,即投资省、成本低(仅为美国的1/10)、效率高。因此,西亚石油的开发对许多国家来说具有很大的吸引力。

西亚国家还有丰富的天然气资源。2000年伊朗已探明天然气储量为22.99万亿立方米,仅次于俄罗斯居世界第二位。沙特天然气储量为6.12万亿立方米,占世界总储量的3.9%,居世界第五位。卡塔尔的天然气储量为9万亿立方米,居世界第三位。

四、两种经贸类型

西亚在二战前,经济发展缓慢,大多数国家均以农牧业为基本经济部门。自20世纪50年代以来,波斯湾地区石油产量激增,成为世界上重要的石油生产和出口地,巨额的石油收入促进了整个经济贸易的发展,速度之快居世界各大地区之首位,总的经济水平超过其他发展中地区。按经贸特点,西亚各国可分为两种类型,即石油输出国和非石油输出国。

石油输出国包括8个海湾国家,其中科威特、阿联酋、阿曼、沙特、巴林、卡塔尔6个国家组成了海湾合作委员会(不包括伊朗和伊拉克,巴林现在已不出口石油)。海湾6国原油日产量占当今世界总产量的22%,石油输出国组织的60%,6个国家石油资源占世界总储量的46%。6国在各个领域里最大限度实行相互协调,并在经济、财政、护照、国籍、交通运输、贸易关税、货运等方面制定类似或一体化制度;扩大彼此之间的贸易交流,扩大工业品的出口和再出口,以及进行工业合作等。

8个海湾国家人口占西亚总数43%,国内生产总值却占西亚65%以上,若按人均计算,即高于非石油输出国1.6倍。

积极发展基础工业,经济趋向多样化、现代化。海湾各国利用巨额的石油收入建立各种基础设施,积极发展现代化工业,使经济向多样化、现代化发展。海湾国家的石油生产是各国财政收入的主要来源,在对外贸易中比重高达90%～100%。整个国民经济如此依赖于一种初级产品,在世界上是仅有的,一旦石油资源枯竭,"石油繁荣"就会消失。为改变单纯出口原油的状况,海湾国家大力加强炼油工业和石化工业的建设。20世纪90年代以来,海湾各国通过与外国公司合作,引进先进技术,使石化工业得以更快发展,多数国家成为石化产品的出口国,并投巨资对现有17座炼油厂进行扩建和技术改造。除生产基础石化产品外,还发展涂料、染料、人造纤维、清洁剂、塑料制品等中间产品和最终产品。在工业方面还大力发展水电、建材、钢铁、炼铝、炼铜、机械等基础工业,如现代化的阿瓦士钢管厂、阿拉伯大型造船厂等。海湾地区气候干燥,淡水严重缺乏,为改善工农业和生活用水,大量兴建海水淡化工程。科威特所用淡水的96%来自海水淡化。此外,海湾各国的轻纺工业也在发展中。建成了大批港口(油港)、公路和机场、住房、学校、库房、清真寺,这对改善各国进、出口贸易和经济状况,起了重要的作用。目前,海湾6国石油收入所占国内生产总值的比例已从1975年的72%下降到36.9%,而非石油收入的比重已由原来的4.6%上升到9.4%。

除工业外,海湾国家还在发展农牧业上做出了成绩,20世纪80年代在增加农业投资,扩大农业用地的基础上,有些国家重点抓了粮食生产。沙特农业发展迅速,农产品出口额已占非石油产品出口额的20%,现在粮食、蛋、奶等已基本自给,小麦产量400万吨,出口220万吨。战后的伊拉克积极恢复工农业生产。

对外贸易发展迅速,有巨额贸易顺差。由于海湾地区石油的大量出口及原来的经济基础差,其对外贸易表现为数额大,增长快,有巨额的外贸顺差。海湾地区是世界三大贸易区之一,按人均出口额,居世界首位。1973年后,在对外贸易上的大量石油美元收入使其成为一个外汇充裕的有着发展潜力的现汇市场。同时,这里不仅石油出口量大,对进口商品的需求量也大,而且要求品种多,日常生活资料和生产资料基本上都依赖进口,年进口额高达1400亿美元。另外,海湾各国中,小商人多,关税低,转口贸易活跃,迪拜已成为中东最大的转口港。

波斯湾原油的出口以海运为主,现拥有20多个设备良好的油港,腊斯塔努腊、哈尔克岛和艾哈迈迪等都是大型原油输出港。霍尔木兹海峡成了世界闻名的"石油海峡",为了减少对它的依赖,有些国家兴建了横越阿拉伯半岛通过红海的大型输油管。如沙特阿拉伯半岛通过红海的大型输油管,伊拉克、沙特阿拉伯输油管通过叙利亚、黎巴嫩、巴勒斯坦、以色列等国,伊拉克在20世纪70年代建成了一条以土耳其的杜尔托尔港为终点的管道,年输油能力可达4000万吨左右。西亚地区的主要港口见表7-3。

表 7-3　西亚地区的主要港口

中文名称	英文名称	所属国家
巴士拉	Basra	伊拉克
阿巴丹	Abadan	伊朗
沙赫普尔	Bandar Shahpour	伊朗
霍拉姆沙赫尔	Khorramshahr	伊朗
艾哈迈迪港	Mina Al-Ahmadi	科威特
腊斯塔努腊	Ras Tanura	沙特
达曼	Ad Damman	沙特
吉达	Jiddan	沙特
延布	Yanbu	沙特
多哈	Doha	卡塔尔
迪拜	Dudai	阿联酋
麦纳麦	Manama	巴林
伊兹密尔	Lzmir	巴林
梅尔辛	Mersin	巴林
荷台达	Hodeidah	也门

五、石油输出国组织

1908 年，在伊朗苏来曼油田上首次喷出了工业性油流，正式揭开了西亚石油的序幕。此后，石油业一直为英国所垄断。二战后，由于能源结构的变化，石油消费量上升，至 20 世纪 70 年代已占世界石油总量的 1/3 以上，高居首位，但战后的石油业，主要为美、英资本所垄断。为维护国家主权、保护石油资源，1960 年 9 月 10 日，伊拉克、伊朗、科威特、沙特阿拉伯和委内瑞拉的代表在巴格达开会，决定联合起来共同对付西方石油公司，维护石油收入。并于同年 9 月 14 日宣告成立“石油输出国组织”（简称 OPEC）。现有成员 11 个，除 5 个创始国以外，还有阿尔及利亚、阿拉伯联合酋长国、卡塔尔、利比亚、尼日利亚和印度尼西亚。

该组织的宗旨是协调和统一成员的石油政策，并确定以最适宜的手段来维护他们各自的共同利益。总部设在奥地利维也纳。

该组织成立后，其成员夺回了制定油价和控制石油生产的权力。

该组织成员石油储量占世界石油储量的 75%，原油产量占世界原油产量的 40%，原油出口量占世界原油交易的 60%。

第八节　澳大利亚

澳大利亚联邦由澳大利亚大陆和塔斯马尼亚岛组成，位于南半球，东临印度洋的珊瑚海和塔斯曼海，北、西、南临印度洋及其边缘海，面积为 768 万平方千米。

一、人口、居民和宗教

澳大利亚(Australia)人口为 2200 万人(2010 年)，居民多为英国和其他欧洲国家的移民后裔，占总人口的 95%。土著居民占 1.75%。2010 年华侨和华人约 56 万人。据统计，约 75%的澳大利亚人信奉基督教，12%左右的人不信仰宗教。澳大利亚有许多种宗教，包括犹太教、伊斯兰教和佛教。

全国划分为六个州和两个地区。六个州分别是新南威尔士(首府为悉尼)、维多利亚(首府为墨尔本)、昆士兰(首府为布里斯班)、南澳大利亚(首府为阿德莱德)、西澳大利亚(首府为珀斯)、塔斯马尼亚(首府为霍巴特)；两个地区分别是北领地区(首府为达尔文市)和首都地区(堪培拉为澳大利亚首都)。澳大利亚人口密度极小，为每平方千米 1.94 人，是世界上人口最稀少的国家之一。75%的人口集中在沿海，内陆则极为稀少，城市化趋向比较突出，目前城市人口约占总数的 80%。

二、自然条件和自然资源

澳大利亚位于南半球，总面积 770 万平方千米，约相当于 4/5 个中国。它东临太平洋，西临印度洋，海岸线长达 37000 千米，沿海渔业资源十分丰富。

澳大利亚是世界上最平坦、最干燥的大陆，中部洼地及西部高原均为气候干燥的沙漠，能作为畜牧及耕种的土地只有 26 万平方千米。沿海地带，特别是东南沿海地带，适于居住与耕种。这里丘陵起伏，水源丰富，土地肥沃。除南海岸外，整个沿海地带形成一条环绕大陆的“绿带”，正是这条“绿带”养育了这个国家。澳大利亚天然森林面积达 4100 多万公顷，占全国面积的 5%，其中 2/3 为桉树。森林主要分布在东部、东南沿海和高地。

澳洲大陆东部和西部沿海地带雨量充沛，气候温和。越往北，气候越炎热。大部分内陆地区冬季较冷，夏季酷热。只有最北端为真正的热带气候，夏季雨量很大。

澳大利亚各类矿产资源丰富，内陆贫瘠干旱地带蕴藏着极为丰富的矿产资源。主要有铝、铁、黄铜、煤、铅、镁、金、银、镍、锌、铀、钛、石油、天然气和宝石等。近年来，澳大利亚积极对全国矿藏资源进行勘探，有了不少重大的发现。大部分矿的产量在进入 20 世纪 80 年代以后都有上升。澳大利亚主要矿产品在世界上所列名次大致如下：铝矾土和铝占第一位，黄铜占第八位，铁矿占第四位，镍占第四位，金属砂占第一位，钻石占第六位，等等。

三、经济概况

(一)经济特征

澳大利亚是一个后起的发达国家。其经济几乎完全是在外来因素的影响下形成和发展起来的。2008年度，澳大利亚国内生产总值为10130亿美元，人均国内生产总值42553美元，排名世界第15位。

经济以农牧业、采矿业和制造业为主，服务业比重逐渐增加。盛产羊、牛、小麦和蔗糖，同时也是世界矿产品五大资源国和生产国之一。

固定资产投资，特别是私人投资增长较快，外资比重较大。但国内经常项目赤字、外债和失业率居高不下，国民储蓄偏低。

澳大利亚农牧矿产品严重依赖国际市场，国民经济中，国内垄断资本和外国垄断资本一起控制了全国主要的经济部门。而且工业、农业、交通运输和大城市都集中在东南沿海一带，内陆地区的开发和发展至今仍然比较缓慢。

（二）工业概况

1788—1900年殖民地期间，澳大利亚经济主要以农业和矿业为主。第二次世界大战以后，尤其是在20世纪50—60年代，澳大利亚积极发展工业生产，制造业、矿业和建筑业有了迅速的发展，逐步建立起了一些新兴工业，如汽车、化工、有色金属、电子、航天等。采矿业仍是澳大利亚经济中的支柱性部门之一，澳大利亚有着丰富的矿藏资源，主要有煤、褐煤、稀土矿、黄金、铅、锌、铜、镍、锰、铀和金刚石，是举世闻名的资源大国。在目前世界上主要的矿产品出口国中，澳大利亚矿产品的储量名列前茅。澳大利亚是世界第一大原煤出口国，第二大铁矿出口国，第三大铝矿、镍矿出口国，在西方是仅次于美国、南非的第三大黄金出口国。澳大利亚素有“坐在矿车上”的国家的美称。

澳大利亚已探明具开采价值的矿产蕴藏量见表7-4。

表7-4　澳大利亚已探明具开采价值的矿产蕴藏量

矿产种类	蕴藏量	矿产种类	蕴藏量
铝矾土	53亿吨	银	4.14万吨
铁矿砂	146亿吨	钽	4.08万吨
黑　煤	403亿吨	锌	4100万吨
褐　煤	300亿吨	黄　金	5570吨
铅	2290万吨	原　油	2270亿升
镍	2260万吨	天然气	2.2万亿立方米

资料来源：中华人民共和国外交部网站。

（三）农业概况

澳大利亚农牧业发达，农牧业产品的生产和出口在国民经济中占有重要位置，60％农产品用于出口，是世界上最大的羊毛和牛肉出口国。2010年，其农牧业产值为340亿澳元，占国内生产总值的3％。

小麦是澳最主要的农作物，年产量约为1400万吨。小麦也是澳最主要的出口农产品，全国总产量的85％都用于出口，澳是世界第四大小麦出口国，出口至50多个国家和地区。澳大利亚的主要油料作物有葵花籽、大豆、油菜子、红花和亚麻籽等。棉花是澳主要农作物之一，其年产量约为80多万吨。产棉区主要集中在新南威尔士州，产值约占全国的75％。蔗糖也是澳主要农产品之一，最集中的产地是昆士兰州，产量约占全国的95％。澳国内市场全部销售国产蔗糖，总销量达76万吨。澳是世界最大糖出口国之一，国内原糖产量的75%以上皆用于出口。澳大利亚盛产水果，主要品种有苹果、柑橘、葡萄、香蕉、菠萝、梨、桃、猕猴桃、鳄梨及其他许多热带水果。澳葡萄产量很丰富，为此，澳葡萄酒酿造业也较发达。澳畜牧业很发达，年产值达130多亿澳元。其中尤以牧羊业闻名世界，澳是世界上最大的羊毛和牛肉出口国。澳大利亚是世界上生产羊毛数量最多和质量最好的国家。国际市场上用于制衣的羊毛七成以上来自澳大利亚。澳大利亚素有“骑在羊背上”的国家的美称。

澳大利亚的主要农牧产品产量见表7-5。

表7-5 主要农牧产品产量

单位：万吨

农牧产品＼年度	2009—2011	农牧产品＼年度	2009—2011
小麦	2363	羊毛	33.5
大麦	780	牛肉	92.28
油籽	227	羊肉	12.3
棉花	32.9	猪肉	35.5
甘蔗	2750	鸡肉	90.7

资料来源：澳大利亚统计局。

(四)交通运输

澳大利亚国际海洋和航空运输业发达，铁路达4万多千米，公路达84万多千米，国际机场有悉尼、墨尔本、布里斯班和珀斯。

澳大利亚是个岛国，海岸线漫长，海港众多，主要港口有悉尼港、墨尔本港、弗里曼特尔港、布里斯班港、阿德莱德港等。

四、对外贸易

澳大利亚对国际贸易的依赖很大，外贸收入在国内生产总值中占35%，外贸收入的70%来自农牧业和矿产品。制成品的进口占80%以上，出口占1/3左右。澳与60多个国家和地区有贸易关系。澳主要出口产品有铁矿砂、羊毛、铝、小麦、牛羊肉、食糖和煤等；主要进口产品有服装、汽车、电器等。主要贸易对象是日本、美国、韩国、新西兰、中国、中国台湾、中国香港、新加坡、德国、英国等。

知识链接

20世纪90年代以来，澳政府推出一项耗资6000万澳元的“澳大利亚在亚洲”的一系列措施。以推动澳大利亚经济同亚洲经济融合，其中包括设立“亚洲经济中心”、“学习亚洲语言”等。澳官方均认识到，其外贸额的一半以上是和亚洲各国进行的，澳大利亚希望的明天在亚洲。

近年来，中澳双边经贸关系发展势头良好。中澳两国同属亚太地区，都是亚太经济合作组织(APEC)的成员,两国在经济上具有很强的互补性,澳大利亚有着丰富的资源性产品,如羊毛、铁矿砂、有色金属等都是我国经济发展所需要的,我国出口的纺织品、服装、机械设备等在澳大利亚也具有较好的市场。

2010年中澳双边贸易额为880.92亿美元,其中,中国对澳大利亚出口272.26亿美元,自澳大利亚进口608.66亿美元,中方逆差336.40亿美元。矿产品一直是澳大利亚对中国出口的主力产品,2010年出口额为422.8亿美元,占澳对中国出口总额的78.6%。贱金属及制品是澳对中国出口的第二大类商品,出口额为19.8亿美元,占澳对中国出口总额的3.7%。纺织品及原料是澳对中国出口的第三大类商品,出口额为18.9亿美元。澳大利亚自中国进口的主要商品为机电产品、纺织品和家具玩具制品,2010年合计进口239.6亿美元,占澳大利亚自中国进口总额的66.1%。除上述产品外,贱金属及制品、塑料、橡胶、化工产品等也为澳大利亚自中国进口的主要大类商品。

中澳双方在金融、技术援助、羊毛、有色金属、机电、冶金、能源等方面的合作也富有成效。在双向投资领域,双方的合作也较顺利。截至1999年年底,中国累计批准澳商在华直接投资项目3873个,澳大利亚是中国吸收外资的主要来源地之一。与此同时,中国在澳的投资项目已有185家,金额达4亿美元。中澳两国已互为重要的投资伙伴。

五、主要城市和港口

(一)悉尼

悉尼(Sydney)是全国最大城市、海港和经济、贸易中心,位于澳大利亚东南岸,塔斯曼海伸入大陆的杰克逊湾内。工业以炼油、重型机械、化工、纺织、服装和食品加工为主,还有飞机、汽车和造船。有公路、铁路、航空线联结广大内陆,国际航线可达新加坡、新西兰和美国等。港湾水深,设备良好。主要输出羊毛、小麦、面粉、肉类和纺织品等,进口石油、机器等。有定期航线通往英国、西欧、美国和新西兰等。

(二)墨尔本

墨尔本(Melbourne)位于澳大利亚东南岸,濒巴斯海峡的菲利普湾,亚拉河在此入海。墨尔本为全国第二大城市,工业、贸易、交通发达。工业以重型机械、汽车、飞机、炼油和纺织为主。墨尔本港是澳大利亚东南地区羊毛、肉类、水果和谷物的输出港。

(三)弗里曼特尔

弗里曼特尔(Fremantle)位于澳大利亚西南岸,是珀斯的外港,濒印度洋,是西澳最重要的商港。珀斯(Perth,又译佩思)是西澳大利亚的首府,工商业、文化中心,附近有农产品集散地。工业有全国最大环境熔炼厂及机械、汽车、修配、化肥、水泥、木材和食品加工等。

(四)布里斯班

布里斯班(Brisbane)位于澳大利亚东岸,是昆士兰州的首府,澳大利亚第三大城市,是制糖、肉类加工、水果罐头、木材加工、炼油、机械制造、纺织等工业基地,又是交通枢纽,铁路除由沿海南北干线连接沿海港口外,还有伸入内陆的铁路支线。

(五)阿德莱德

阿德莱德(Adelaide)位于澳大利亚南岸,是南澳大利亚的首府,经济中心,也是农牧产品和工业品的集散地，市内有汽车、机械、化工、纺织、食品等工业。交通枢纽，有3条铁路交会于此。公路呈扇状分布，有机场。

知识训练

一、填空题

1. 从经贸特点看日本属“________”型国家，二战后，其经济增长速度在资本主义世界高居第________位，其进出口贸易总额居世界第________位，经常出现巨额的贸易________差。

2. 日本工业主要聚集在________洋沿岸的________湾________海地区。韩国工业主要集中在________和________。

3. 日本为我国________贸易伙伴，目前，我对日出口商品主要有________、________、________、________等；从日本进口商品主要有________、________、________和________等。

4. 印度主要信奉________教，巴基斯坦、孟加拉信奉________教，斯里兰卡信奉________教。

5. 孟加拉主要出口商品为________及其制品，巴基斯坦主要出口商品为________及其制品。

6. 印度在技术出口上特别是________出口大幅度增长，________是印度最大软件市场，占印度出口的________。

7. 波斯湾地区原油出口以________运为主。油轮通过霍尔木兹海峡，向东运往________、________和________国家；向西则运往________、________和________国家。

8. 波斯湾开出的30万吨级大型油轮，经________海峡，才能进入太平洋海域。

9. 我国与海湾各国贸易近年来发展很快，其中以________居首位。

二、填图题

1. 在地图上填注：东京湾、大阪湾、濑户内海、千叶、东京、横滨、名古屋、神户、大阪、川崎、釜山、仁川。

2. 在澳大利亚地图上填注：堪培拉、悉尼、墨尔本、阿德莱德、布里斯班、弗里曼特尔。

3. 在东南亚地图上填注：太平洋、印度洋、南海、望加锡海峡、爪哇海、泰国湾、安达曼海、马鲁古海峡、马六甲海峡、东盟成员、槟城、巴生港、马六甲、吉隆坡、新加坡、马尼拉、雅加达。

4. 在南亚地图上填注：印度洋、孟加拉湾、阿拉伯海、孟买、加尔各答、卡拉奇、达卡、吉大港。

能力训练

1. 作为一家外贸公司的业务人员，通过对大洋洲相关情况的了解，你认为存在哪些进口或者出口商品的机会？如何选择适当的运输方式？

2. 从我国沿海各港口出发到内陆国家尼泊尔的货物，一般海运到哪个国家的哪个港口再转公路联运最合适？

第八章　欧洲主要贸易区分布

学习目标

通过本章的学习，了解欧洲所处的地理位置、地理范围、自然环境、经济环境；掌握德国、法国、英国、意大利和俄罗斯等国的自然资源、地理环境、经济环境、宗教文化等方面；应用相关的知识，服务于中国与欧洲各国的经贸活动。

第一节　概　述

一、位置及范围

欧洲全称欧罗巴洲，位于东半球的西北部。北、西、南三面分别濒临北冰洋、大西洋、地中海和里海，东与亚洲连为一体，颇似亚欧大陆伸向大西洋的一个半岛。面积 1016 平方千米，在各大洲中仅大于大洋洲，占世界陆地总面积的 6.8%，是世界第六大洲。欧洲目前有 44 个国家和地区，欧洲在地理上习惯分为南欧、西欧、中欧、北欧和东欧五个部分，但在政治、经济上一般分为两大部分：即“东欧”和“西欧”。通常所说的东欧除苏联外还包括波兰、捷克、斯洛伐克、匈牙利、罗马尼亚、保加利亚、前南斯拉夫（现已分裂为斯洛文尼亚、马其顿、波黑等国）和阿尔巴尼亚，其余所有欧洲国家统称为“西欧”。

二、人口、种族和语种

目前欧洲人口约有 8.2 亿，居世界各大洲的第二位，仅次于亚洲。多年来，欧洲人口增长缓慢，低于世界人口的平均增长率，但欧洲人口密度仍是世界各大洲中最大的。欧洲曾是向外移民的大陆，20 世纪 60 年代以来，由于欧洲经济建设的加快，使劳动力呈现出不足的状况，逐渐成为人口迁入区。目前西欧各国外侨总数约 2000 万。欧洲还是城市人口比重最高的大陆之一，城市人口比重占 75%左右。

欧洲居民的种族成分比较单一，绝大多数是白种人，约占全洲人口的 99%，根据语系，欧洲民族分属于印欧语系、乌拉尔语系和高加索语系。其中 95%的欧洲人属于印欧语系。根据彼此接近程度，印欧语系又可分为拉丁语族（罗马语族）、日耳曼语族、斯拉夫语族等。

拉丁语现在流行于南欧和西欧，包括意大利语、法国语、西班牙语、葡萄牙语和罗马尼亚语；日耳曼语主要流行于德国、奥地利、瑞士、英国、荷兰、卢森堡、比利时北部以及北欧的丹麦、瑞典、挪威和冰岛等地；斯拉夫语分布在东欧、中欧北部和巴尔干半岛等。英语在整个欧洲较通用。

此外，还有乌拉尔语系，包括匈牙利语和芬兰语。高加索语系主要分布在黑海东岸的高加索地区。

欧洲居民中约有65%的人信奉基督教，其中信奉天主教的主要分布在西欧和南欧。北欧和中欧都信奉基督教，东欧和俄罗斯的居民主要信奉东正教。欧洲也有少数居民信仰伊斯兰教、犹太教等。

三、自然条件和自然资源

欧洲地势北高南低。高山峻岭汇集于南部，这里的阿尔卑斯山是欧洲名山，平均海拔3000米，主峰勃朗峰海拔4810米。欧洲中部是广阔的平原，平原占全洲面积的60%。欧洲北部濒临北冰洋。

在气候上由于欧洲地处欧亚大陆西部，北、西、南三面临海，大部分地区深受海洋影响，气候温和湿润，拥有世界上最典型的、在面积上最广阔的温带海洋性气候，南欧地中海沿岸一带，属于亚热带地中海式气候。欧洲北部的北冰洋沿岸及附近岛屿地处寒带，属极地草原气候。

欧洲是世界上唯一一个没有大片沙漠的大陆，森林茂密，覆盖率约为30%。

欧洲的主要河流有伏尔加河，是欧洲最长的一条河流；多瑙河是世界上流经国家最多的一条国际河流；莱茵河是欧洲乃至世界上货运量最大的国际河流。

欧洲的主要矿产资源有煤、铁、锰、汞、镍、石油、天然气、铝土、硫磺等。

四、经济概况

由于欧洲曾是资本主义的发祥地，历史上，欧洲曾长期占据世界政治、经济舞台的中心，就是至今欧洲也仍是世界上经济最发达的地区，其工业、交通运输、商业贸易、金融保险等在世界经济中占重要地位，在科学技术的若干领域内也处于世界较领先地位。世界发达国家主要集中于欧洲。目前，德国、法国、英国、意大利、荷兰、西班牙等国都在世界对外贸易中占有重要地位。1993年马斯特里赫特条约正式生效后，1958年成立的欧洲经济共同体改称欧洲联盟（简称欧盟）。欧盟现有成员国27个（英国、法国、德国、意大利、荷兰、比利时、卢森堡、丹麦、爱尔兰、希腊、葡萄牙、西班牙、奥地利、瑞典、芬兰、马耳他、塞浦路斯、波兰、匈牙利、捷克、斯洛伐克、斯洛文尼亚、爱沙尼亚、拉脱维亚、立陶宛、罗马尼亚、保加利亚）。1999年1月欧盟发行统一货币——欧元，欧盟的经济力量更加强大。

（一）工业

欧洲是现代工业的发源地，目前绝大多数欧洲国家特别是西欧国家工业发达，在各国国民经济中均占主导地位，欧洲的许多工业品以其产量大、技术先进享誉世界。欧洲的能源主要分布在俄罗斯、英国和挪威等少数国家，其他大多数国家的自身能源不能满足本国巨大的能源消耗。20世纪70年代以来，整个欧洲的能源消费结构已从原来的以煤炭为主，转换成以石油和天然气为主。欧洲的钢铁工业历史悠久，是近代钢铁工业的发源地，具有技术先进，规模庞大，分布广泛的特点。第二次世界大战以后，苏联和东欧的钢铁工业也迅速发展，产量大幅度增加，改变了钢铁工业主要分布在西欧的状况。直到目前，俄罗斯仍是欧洲钢铁产量最多的国家，其次为德、乌、意、法、英等国。目前，西欧各国的钢铁工业原料、燃料等严重依赖国外市场。欧洲煤、铁开采量占世界总开采量的30%以上，汞、钾盐均占60%以上，其主要工业部门是钢铁、机械、化学、食品、汽车、船舶、飞机、发电设备、农机、电子器材等，产量占世界40%。此外，瑞士的钟表和精密仪器、捷克与斯洛伐克的重型机器、德国的光学仪器、西班牙的造船、瑞典的造船和矿山机械等在国际上素有盛誉。

(二)农业

欧洲农业发达，农业总产值超过美国。欧洲农业生产具有以下特点：土地利用率高达70%，高于世界平均水平；农业经济在各国国民经济中不占主要地位，农业产值在国内生产总值中的比重很低，欧洲没有一个以农业生产为主要经济部门的国家；农业生产的现代化水平高，机械化程度高，化肥施用量大，农作物单产水平高；绝大多数国家的农业生产结构以畜牧业为主，畜牧业产值一般占农业产值的一半以上，有些国家的比重更大，如丹麦占90%以上；农畜产品贸易量大，法、荷是欧洲农畜产品出口额最多的国家。

欧洲主要种植麦类、玉米、马铃薯、蔬菜、瓜果、甜菜、向日葵、亚麻等，小麦产量约占世界总产量的50%，大麦、燕麦约占60%以上。园艺业发达，主产葡萄和苹果。畜牧业以饲养猪、牛、绵羊为主。

欧洲的交通运输业十分发达，由铁路、公路、航空、水运、管道等构成了现代的综合运输网。欧洲的铁路网密度是世界各洲中最高的。其中，比利时、德国、瑞士、捷克等国最发达，特别是电气化铁路所占比例很高。欧洲公路运输发达，公路网密集，高速公路的比重很大，公路运输是西欧各国客、货运的主要运输方式。欧洲的内河运输也是世界各洲中最发达的，主要河流均可通航，并建有稠密的运河网，以莱茵河的航运最为重要，莱茵河的货运量居世界首位，多瑙河是欧洲第二大河，1992年德国修通了莱茵—美茵—多瑙运河。该运河全长3500千米，把西欧、中欧、南欧、东欧的十几个国家连在一起，船只向西可出北海进入大西洋，向东可出黑海到达地中海和印度洋。欧洲的海运业发达，商船的总吨位在各大洲中占有重要地位。其中以希腊、挪威最多，在世界各大航线中连接西欧和北美的大西洋航线是最繁忙的航线，在欧洲大西洋沿岸分布着世界2/3的远洋船舶港口，鹿特丹港是世界第一大海港。除此之外，还有马赛、安特卫普、汉堡、伦敦等重要港口。欧洲的航空运输业也很发达，主要航线有：西欧—北美、西欧—中东—远东、西欧—南美等。主要民航和货运机场有伦敦、法兰克福、巴黎、阿姆斯特丹、莫斯科等。

五、欧洲的对外贸易

欧洲是世界上对外贸易最活跃的地区，2010年中欧(盟)双边贸易额为4797.13亿美元，其中，欧盟对中国出口1489.4亿美元，自中国进口3731.5亿美元，欧盟逆差2242.1亿美元，中国是欧盟第二大出口贸易伙伴和第一大进口来源地。

机电产品、运输设备和贱金属及制品是欧盟对中国出口的主要产品，2010年三类产品出口额合计占欧盟对中国出口总额的70.5%；欧盟自中国进口的主要商品为机电产品、纺织品及原料和家具玩具，2010年进口额合计占欧盟自中国进口总额的69.5%。

(一)西欧的对外贸易

西欧国家全部是经济发达国家。欧盟是世界最大的经贸集团，对外贸易比较发达。在西欧各国中对外贸易一般占西欧各国国内生产总值的 1/4 以上，甚至在挪威、冰岛、瑞典和奥地利等国更高达 70%以上。

西欧大部分国家资源比较贫乏，工业所需原料和能源依赖进口，西欧各国进口的商品以资源产品和机器、电气设备等制成品为主，此外西欧的农产品进口约占世界的 1/3。在出口商品构成中，西欧以出口机电产品及其他制成品为主。如汽车、机床、化工产品及电子电器等。而挪威的石油、天然气、水力资源比较丰富，现在已成为世界上主要的石油出口国。西欧的农产品出口在世界上也占有主要地位，出口的农产品主要有谷物、食糖、水果、肉类、海产品和林产品等。

西欧的贸易对象首先是欧盟内部，其次是西方发达国家。欧盟内部的贸易总额占西欧总贸易额的 59%；其次是美国，2002 年对美国的贸易总额为 3500 亿美元，欧盟顺差为 60 多亿美元；对日本的贸易额为 1000 多亿美元，欧盟逆差为 300 多亿美元。非洲、中东和东南亚地区是西欧与发展中国家贸易的主要集中地。

(二)东欧和独联体的对外贸易

2002 年东欧和独联体进出口贸易额为 3850 亿美元，不到当年欧洲外贸总额的 10%，东欧和独联体国家的对外贸易在欧洲以及世界上不占重要地位。20 世纪 90 年代以前很长时间内，东欧各国同原经互会成员贸易额占其外贸总额的 80%到 90%，甚至更多，其中对苏联占有最大份额，出口的主要是以农产品为主的消费品和机器设备，而苏联向东欧国家出口的主要是石油、石油制品、天然气、煤、铁矿石、棉花等。20 世纪 90 年代以来，由于东欧、独联体经济转轨，原经互会成员国间的贸易额逐步减少，同西方发达国家的贸易在逐步增加，市场走向多元化，现在东欧、独联体的最大贸易伙伴是欧盟国家、美国、日本和一些亚洲国家。

第二节 德 国

德国(Germany)，全称德意志联邦共和国。德国领土总面积 35.7 万平方千米，在欧洲居第五位，在西欧国家中仅次于法国，居第二位，德国首都柏林。德国位于欧洲的中部，北接丹麦并濒临波罗的海和北海，东与波兰、捷克为邻，南部与奥地利、瑞士接壤，西部邻国由北至南分别为荷兰、比利时、卢森堡和法国。德国地处欧洲陆上交通的十字路口，是南北欧之间和东西欧之间来往的必经之路，地理位置十分重要。

知识链接

德国在 1871 年完成国家统一；成立了中央集权的德意志帝国。19 世纪末 20 世纪初，走上了军国主义道路。1914 年发动了第一次世界大战。1918 年战败，国内发生了革命。1919 年通过了宪法，建立了共和国。1933 年，希特勒上台，1939 年起，德国相继吞并奥地利和捷克斯洛伐克后，进攻波兰，发动第二次世界大战。1945 年 5 月战败投降。根据美、英、法、苏四国在雅尔塔会议和波茨坦的协定，德国及其首都柏林被苏、美、英、法分区占领。1949年9月，美、英、法合并占领区，成立德意志联邦共和国（西德）；同年10月，苏联占领区成立了德意志民主共和国（东德），形成了两个德国并存的局面。目前，德国已经统一。

一、人口、居民和宗教

德国总人口为8170万（2009年），其中99%居民为德意志人，其余为丹麦人、荷兰人、犹太人、吉普赛人等。城市人口占总人口的86.7%以上，中小城市高度发达，大城市数量少。官方语言为德语。

历史上德国曾是一个传统的人口迁出国，现在却成了世界上移入侨民最多的国家之一。侨民大多来自土耳其、原南斯拉夫及其地中海沿岸国家，外籍人口734万人，占8.9%。主要宗教为基督教和天主教。

长期以来，德国人口增长缓慢，特别是1973年以来人口老龄化严重。德国是世界人口密度最大的国家之一，平均每平方千米达230人，西部人口密度明显大于东部，西部面积占全德的69.5%，而人口却占80%以上，其中鲁尔工业区人口密度最大，每平方千米高达1000～3000人，是世界上人口最稠密的地区之一。

二、自然条件和自然资源

德国地势南高北低，从南向北逐渐倾斜，主要地形有高原、山地和平原，平均海拔200米以下，大部分已开垦为耕地，是全国主要的农业区。中部是中德山地，高度不大，靠近德国南部国界的是驰名世界的阿尔卑斯山，祖格峰是德国境内最高峰，海拔2963米，是德国的游览胜地之一。南部山地和多瑙河谷之间是巴伐利亚高原，海拔400米，是德国主要的农牧业区。高原西部是黑林山，山高谷深，森林密布。黑林山之西是著名的莱茵谷地，这里气候湿润、地势低平、土壤肥沃，是德国发达的农业区。

德国河流众多，水量丰富，且水流平缓，利于航行。多瑙河、莱茵河、威悉河、易北河为主要河流，各河之间均以运河沟通，具有很大的经济、航运价值。除天然河流外，德国发达的运河网世界著名。

德国矿产资源较贫乏，除煤、钾、盐和磷矿较丰富外，仅有少量的铁、石油、天然气等。在矿产资源中，德国煤的储量较大，而且分布集中，品种齐全，其中鲁尔煤田是德国最大的煤炭分布地区，以产硬煤为主，西部与西南煤田是褐煤的主要产地。钾盐主要分布在哈次山两侧以及易北河与威悉河之间。磷矿主要分布在黄土地带。工业所需的铜、锡、铝等矿产主要靠进口。

三、经济概况

德国是高度发达的工业化国家。2000年国内生产总值为21854亿美元，2001年至今，经济虽增长缓慢，仍是世界经济强国，目前仅次于美国、中国和日本，居世界第四位。

德国成为今天这样一个拥有雄厚实力的世界经济大国，走过了漫长而曲折的发展道路。德国是一个后起的发达国家，但发展较快，国民生产总值相继超过英、法两国。在第二次世界大战战败后，德国经济彻底崩溃。

第二次世界大战结束以后，分裂后的德意志联邦共和国(西德)政府制定了恢复经济的各项政策，加之处于德国采煤、钢铁、金属加工和化学工业的绝大部分产区，再加上美国的大力支持，于1950年达到战前的发展水平。20世纪50年代中期，西德成为资本主义世界第二大工业国。60年代初期，西德的出口总额，对外贸易总额均超过英国，跃居发达国家第二大贸易国的位置。70年代后，西德的国内生产总值和工业生产总值被日本超过，退居资本主义世界第三位，但工业品出口和黄金外汇储备均跃居首位。

第二次世界大战后，德国分裂后建立的德意志民主共和国，在经济恢复和发展中存在着严重的困难，战后初期东部德国实行基本生产资料国有化，制定了发展经济的五年计划。1950年工农业生产基本上达到战前水平，1960年实现了农业协作化，20世纪80年代，东德的国内生产总值在经互会国家中，是居苏联之后东欧国家中经济发展水平最高的国家之一。1990年10月3日，两德重新统一后，经济实力大大增强。

(一)高度发达的工业

德国是发达的工业国，是欧洲最大的工业强国，是世界第三大工业国。工业是德国的经济支柱，工业在德国的国民经济中占绝对优势，人均工业生产总值远远超过日、法、英等国家与美国接近，主要工业品产量均居世界前列。

德国工业体系完整，几乎拥有轻重工业的所有门类，且技术先进，重工业占绝对优势。重工业占工业产值的70%以上。尤其以机械、化工、电器和汽车等工业部门为主要支柱，采煤、造船、钢铁以及战后新兴的石油化工、电子、核能利用、航空、航天等工业也很发达。德国的工业重心在北莱茵—威斯特法伦、巴伐利亚、巴登—符腾堡、下萨原林、黑森和萨克森等州。北莱茵—威斯特法伦州是德国最大的重工业区，其中的鲁尔区素有德国的工业心脏和西欧最主要的工业区之称。

1. 能源工业

德国是世界上能源消费最大的国家之一，但自给率仅为50%左右，各种能源中，除煤炭较为丰富以外，石油和天然气资源十分贫乏。在20世纪50年代中期以前，在德国的能源消费结构中，煤炭占85%以上，但从60年代后，由于大量进口廉价的石油，国内能源消费结构发生了重大的变化，已形成以石油、天然气为主，以煤炭次之的能源消费结构，但总的来说德国的能源依赖进口。

(1)煤炭工业。德国的煤炭工业很丰富，无论是硬煤还是褐煤的储量以及产量都在世界上占有重要地位，其储量仅次于俄罗斯、中国、美国居第四位。长期以来德国一直是世界上最大的产煤国之一，发达的煤炭工业曾是德国早期经济发展的支柱。德国的硬煤主要分布于德国的西部，主要集中于鲁尔区和萨尔区，德国硬煤每年还需大量进口。褐煤主要产自德国东部，并且100%产自露天煤矿。其主要产区集中于莱比锡、哈勒。德国产的褐煤全部用于国内发电和化工原料。德国采煤生产的机械化、自动化水平居世界领先地位，西部机械化程度达99.5%。

(2)石油、天然气。德国石油储量很少，不到1亿吨，主要分布在北德低地，年产量不足500万吨，相对于德国巨大的石油消耗量和原油加工能力，自产石油严重不足，因此德国的石油主要依靠进口。过去石油进口主要来自中东和北非国家，现在也从英国的北海油田进口原油。德国的炼油工业发展很快，分布很普遍，以鲁尔区最集中，原油通过鹿特丹或威廉港的管道输入。

德国的天然气储量很少,主要分布在西北部从埃姆斯河到威悉河河口附近地区,以及德国的北海大陆架地区,天然气自给率仅为 30%,其余主要从荷兰、挪威、俄罗斯、伊朗等国进口。

(3)电力工业。德国拥有丰富的煤炭资源,为其电力工业提供了有利的条件,因此长期以来德国电力工业以火电为主,火电厂主要分布在煤区和工业区城市。德国的核电站发展较快,全国核电站的发电量已超过 40%。水电在德国发电量的比重较小,主要建在阿尔卑斯山区。

2. 钢铁工业

德国钢铁工业不但具有悠久的历史,而且技术先进,在世界上占有主要的地位,钢产量长年居西欧首位,是世界第六大产钢国。

德国拥有丰富的焦煤,是其发展钢铁工业的有利条件,但德国铁矿资源缺乏,所需矿石绝大部分需要进口,主要来自巴西、利比里亚、加拿大、澳大利亚及瑞典等国。德国的钢铁企业以大型为主,主要生产管材和板材,且大部分用于出口,主要分布在鲁尔区。

3. 机械工业

机械工业是德国最主要的工业支柱之一,也是德国最大的工业部门,其产值和就业人数均占整个工业部门的 1/3 左右。在全国出口总值中,机械工业约占 1/2,德国也是世界上最大的机械出口国之一。德国的机械产品拥有技术先进,劳动效率高,质量可靠等优点。在国际市场上具有强大的竞争力,处于世界领先地位。

(1)汽车工业。德国是汽车的发祥地,汽车工业在德国工业中占突出重要地位,是最大的工业部门,就业人数约占工业就业总数的 10%。其产量仅次于中国、日本、美国,是世界上第四大汽车生产国和出口国,且以生产小汽车为主。德国汽车工业基本上由大众汽车公司、戴姆勒—奔驰汽车公司、欧宝汽车公司等大型汽车厂控制。德国汽车生产中心主要有斯图加特、沃耳夫斯堡、慕尼黑、纳森纳赫等。

(2)精密仪器和光学工业。德国的精密仪器和光学工业规模并不很大,但产品驰名世界,地位显赫。主要光学仪器工业中心是位于德国东部的耶拿。

(3)造船工业。德国的造船工业发达,以造大型油轮集装船和散货船等为主,主要集中在汉堡、不来梅等。虽然近年德国的造船工业已被韩国、西班牙等国超过,但造船技术仍居世界领先地位。

4. 化学工业

德国是现代化工业的发源地之一,其发展已有 100 多年的历史。目前,德国是世界上第三大化学工业生产大国,出口额居世界前列。德国的化学工业从以煤炭为主要原料转为以石油和天然气为主要原料。20 世纪 80 年代以来,德国的塑料、合成纤维、合成橡胶等有机化工产品产量居世界前列。90 年代,德国的精细化工产品居世界前列,化学工业主要分布在便于原材料和产品运输的港口及主要工业区,包括鲁尔区、法兰克福、路德维希港、汉诺威、固戈尔施塔特等。德国东部的化学工业也很发达,施米特石油化工联合企业驰名世界。德国东部还是世界钾肥的主要产地,其中皮斯里茨公司是世界著名的氮肥厂。

5. 电器电子工业

德国的电器电子工业拥有雄厚的实力和极高的技术水平,规模仅次于美、日,居世界第三位。主要产品包括电子元件、电子计算机、电子通信工具、生活电子设备、无线电等。主要著名企业有西门子、奔驰、爱意吉、博世等。斯图加特、慕尼黑、纽伦堡是电子电器工业的主要分布地区。

6. 轻工业

德国的轻工业主要有食品、纺织服装和出版印刷等部门，在轻工业中纺织工业是最大的轻工业部门，主要以棉毛纺织业为主。但德国本身纺织原料缺乏，羊毛大部分依靠进口，而棉花则全部依靠进口，纺织工业中心主要是伍珀塔尔、斯图加特以及卡尔·马克思城等。

德国的食品工业以糖、啤酒、酒精等产品生产为主，分布较为广泛，慕尼黑的啤酒享誉世界。

另外，纽纶堡的玩具、斯图加特的印刷业也很有名气。

(二)高效率的农牧业

德国农牧业生产具有发展速度快，技术水平和集约化程度高，中小农牧场多和内部结构合理的特点。德国是传统的工业国，农业在国民经济中所占的比重很小，但德国的农牧业发达，特别是第二次世界大战以后，采取了一系列促进农业发展的措施，促进了德国的农牧业的进一步发展。

1. 种植业

以粮食作物为主，兼营水果、经济作物、花卉和牧草种植，主要农作物有小麦、大麦、黑麦、燕麦等，其中小麦产量约占粮食作物产量的 1/3，主要分布莱茵河谷、莱比锡和哈勒等地，黑麦和燕麦主要产区在北部平原地区。德国的甜菜产量居世界第三位，主要分布在下萨克州、马格德堡等地。巴伐利亚州盛产啤酒花。

2. 畜牧业

德国的畜牧业以乳、肉等畜牧业为主，牛肉、牛奶产值约占畜牧业产值的 65%。另外，还有养猪、养羊、养马、养兔等饲养业。养牛业主要分布在北部气候凉爽地区，养猪业主要分布在中部地区，猪饲料主要依靠进口，养猪业规模居西欧首位。

(三)四通八达的交通运输业

德国已建成发达的交通运输网，其特点是现代化水平高，运量大，速度快，效率高。公路、铁路、水路、航空运输和管道相互连接组成稠密的运输网。在各种运输中以公路为主，公路密度为世界之冠，全国货物的主要任务由公路来完成。德国是世界上内河航运最发达的国家之一，内河航道中天然河道占 70%，人工河道占 30%，人工运河和天然运河纵横交错，构成现代化的运河运输网。莱茵河在德国境内全长 860 千米，被称为德国和欧洲的“黄金水道”，杜伊斯堡是德国乃至世界上最大的内河港口。基尔运河全长 98.6 千米，沟通波罗的海与北海，是两海之间海运航行的捷径，是主要的国际运河。此外，人工运河中比较主要的还有中德运河以及南部的莱茵—多瑙运河。另外，德国的海运业和航空业也很发达。

四、对外贸易

(一)对外贸易概况

对外贸易是德国经济的主要支柱，在德国，每四个从业人员中就有一个为外贸而工作。德国是仅次于美国的世界第二贸易大国。长期以来，德国的对外贸易长盛不衰。2000 年德国进出口贸易总额为11390亿美元，居世界第二位，德国商品的进出口贸易年年顺差，且顺差不断增加。

德国在世界贸易中占有重要地位，1986—1988年，德国的出口贸易额曾一度超过美国，成为世界第一大出口国。

德国出口以高附加值的重化工制成品为主，占出口总额的90%。主要包括汽车、机械、化工和电器电子工业，尤其是大型工艺设备、精炼化工产品、精密机床和高级光学仪器等，占出口总额的一半以上。

在进口商品结构中，矿产品比重明显下降，制成品比重逐年上升，目前占70%以上，主要包括机械设备、运输设备等，同时德国也是世界上最大的农产品进口国，占世界农产品进口总份额的10%左右。

德国的主要贸易伙伴是西方发达国家，长期以来，欧盟是德国的主要贸易伙伴，美国是德国在欧盟以外最大的贸易伙伴。德国与日本的贸易多为逆差，近年来，亚洲与德国的进出口总额已超过了北美。

(二)中德贸易

中德两国的贸易关系历史悠久，20世纪90年代以来，随着两德统一进程的完成和德国经济实力的壮大，通过双方的共同努力，两国的经贸关系进一步发展，1993年贸易额突破100亿美元以后，2000年两国贸易总额达到196.87亿美元，创历史新高。2010年中德贸易总额为1301亿欧元，中国稳居德国在欧盟之外的最大贸易伙伴地位。德国是中国在欧洲最大的贸易伙伴，中国也是德国在发展中国家最大的贸易伙伴。

目前，中国对德国出口的主要商品有纺织品、服装、土畜产品、食品、机电产品、棉纱、地毯、轻工、化工、医药原料等，中国从德国进口的主要商品以成套设备和技术、机械、仪器、船舶、汽车散件、钢材和石化产品为主。在双方经贸合作方面，德国企业来华投资增长较快，投资项目以工业项目为主，具有投资规模大、技术含量高的特点。例如，德国大众汽车有限公司在中国投资兴办的上海大众汽车有限公司、一直名列中国最大的500家外商投资企业之首，此外西门子电器公司、拜耳化工公司等也均在中国有规模不小的投资。

五、主要港口

(一)汉堡

汉堡(Hamburg)位于德国北部，易北河下游，海轮可直达。汉堡是德国最大的港口城市，也是欧洲第二大集装箱港，铁路线遍及所有码头，可自由装卸，是欧洲重要中转港及世界上最大的自由港，被称为“德国通向世界的门户”。

(二)不来梅

不来梅(Bremerhaven)位于威悉河下游的不莱茵，是德国第二大港口城市，主要工业有造船、汽车、电机、化工等。作为一个国际性港口城市，不来梅的银行与保险业很发达。

第三节 法 国

法国(France)全称法兰西共和国，是西欧面积最大的国家，领土面积55.16万平方千米，由欧洲大陆部分和地中海的科西嘉岛组成。法国大陆部分略呈六边形，三面临海，一面与陆地接壤，西北濒临英吉利海峡和多佛尔海峡，西面濒临比斯开湾，南临地中海，东面与德国、瑞士、意大利为邻，西南连接西班牙和安道尔，是欧洲主要的海陆兼备的国家。

一、人口、居民和宗教

法国现有人口6740万(2010年)，在西欧国家中仅次于德国，但人口密度只有107人/平方千米，是西欧国家中人口密度最小的国家之一。长期以来，法国劳动力缺乏，现法国境内有超过400万的外国移民，约占全国人口的8%，移民主要来自葡萄牙、西班牙、意大利和北非地区。

法国是城市化水平较高的国家，城市人口占全国人口的75%(1998年)，且多中小城市，人口超过百万的城市只有巴黎、里昂、马塞，人口超过20万的只有9个，人口超过10万的城市仅有33个。

法国是一个以法兰西民族为主体的单一国家，90%以上的居民是法兰西人，少数民族有阿尔萨斯人、布列塔尼人、科西嘉人等。法语为国语，属印欧语系，拉丁语族，也是联合国工作语之一。

法国人多数信奉天主教，少数信奉新教、东正教、犹太教和伊斯兰教。

二、自然条件和自然资源

法国基本上是一个以平原丘陵为主的国家，全国有80%的领土是平原丘陵。其中海拔250米以下的平原，占领土总面积的60%，丘陵占20%。法国地势西北低，东南高，东南部以山地为主，包括比利牛斯山、中央高原、阿尔卑斯山等。中央高原和比利牛斯山地间的西南地区为阿基坦盆地，北部是巴黎盆地，西北部是阿莫里坎丘陵。

法国地处北纬40°～50°的中纬度地区，且西面向大西洋敞开，受大西洋暖湿气流影响显著。法国的气候基本有三种类型：①西部、北部广大地区属温带海洋气候。②南部地区冬季湿润、夏季炎热干燥属地中海气候。③东部地区是具有温带海洋性特征的温带大陆性气候。法国的降水量适中，各地不同的气候为法国农业多样化的发展提供了优越的自然条件。

法国境内水系发育完整，多源于中央高原，向西北、东南分流，构成辐射状水系。法国拥有鲁瓦尔河、塞纳河、加龙河及莱茵河、罗纳河等。卢瓦尔河为全国最长河流，长1020千米，上游流经中央高原，水流湍急，水力资源丰富。塞纳河是法国著名河流，全长666千米，水量丰富稳定，河床坡度小，利于内河航运。罗纳河是唯一向南流，注入地中海的河流，水利资源丰富，同时也使法国成为沟通欧洲南北的主要陆桥。由于地势平坦，密集的河网间有运河相通，构成了以巴黎为中心的四通八达的内河航运网。

在西欧各国中，法国的矿产资源较丰富，铁矿、铝矾土、钾盐居西欧首位，还拥有具有战略意义的铀矿。铁矿资源的储藏量约为70亿吨，主要分布在东北部的洛林地区。铝矾土的储量约9000万吨，居世界前列，主要集中在地中海沿岸。钾盐储量在西欧仅次于德国，主要集中在牟罗兹地区，而钠矿主要分布在卢瓦尔河地区，估计储量5万～10万吨。但法国缺乏一般的有色金属矿和稀有金属矿。另外，煤炭、石油资源不足。

三、经济概况

法国是资本主义发展最早的国家之一，殖民时代曾一直是仅次于英国的殖民大国和经济强国，工业总产值一直居世界第二位(19世纪90年代以前)。第二次世界大战以后，法国经济的发展大致经历了三个阶段：①从20世纪50年代到20世纪70年代初，是法国经济飞速增长的时期，这一阶段国内生产总值的平均增长率为5.7%，高于美、英、德，仅次于日本。②从1974年经济危机开始，法国步入了一个经济低速增长的时期，经济增长率仅为1%上下，低于美、日、德。从而使法国经济与这些国家之间的差距拉大，并且伴有较高的通货膨胀和较高的失业率。③20世纪90年代初至今，法国经济逐步复苏，现已持续多年保持良好增长势头，2000年经济增长率为3.8%。

目前，法国的综合经济实力在西欧各国中仅次于德国，国民生产总值在欧盟中居第二位，2010年GDP排名世界第五，仅次于美、中、日、德。

(一)工业

法国虽然是一个工农业均很发达的国家，但工业仍为国民经济的主体，工业产值在工农业总产值中占到86%以上，工业品的出口也占出口总额的80%以上。随着第三产业的发展，当前法国工业产值占国民生产总值的比例呈逐步下降趋势，但法国仍是世界上第四大工业国，在资本主义世界中占有主要地位，约占资本主义工业比重的6%。

法国工业部门齐全，有采矿业、冶金、汽车制造、造船、机械制造、纺织、化学、电器、电力、日常消费品、食品加工和建筑业等部门。20世纪70年代以来，法国的工业结构出现了新的转变，传统的工业部门，如钢铁、造船、纺织、服装等日趋衰落，尖端技术工业迅速发展，以汽车、飞机、电子电气为主的机械制造业，以及石化工业、核能工业、海洋开发、微电子、计算机等已成为法国的骨干工业部门，整个工业向知识和技术密集型产业转变。

1. 能源工业

能源工业包括煤炭、石油提炼、电力和核能等部门。由于法国动力资源比较缺乏，能源生产在工业部门中是一个薄弱环节。目前，法国能源供给率只有50%左右。

法国的煤炭可开采量不多，且开采条件差、品种不全、产量低，年产量只有2000万吨左右。为了降低对石油、天然气的过分依赖，法国每年从国外进口大量煤炭，其进口量仅次于日本，主要进口地区是德国和波兰。法国煤炭生产主要分布在北部地区和东部的洛林地区。

法国的石油储量很低，约3000万吨，所需石油绝大部分依赖进口，是世界上第四大石油进口国，主要从中东地区进口。但法国的石油提炼技术水平却很高，在世界上仅次于美国，居第二位，本国的原油加工能力约1亿吨。法国炼油业主要集中在沿海港口城市，其中马赛最为突出，占全部炼油业的40%，其他如敦刻尔克、勒阿弗尔、南特等地也很重要。

电力工业是法国政府重视发展的部门之一，法国的电力工业由火电、水电和核电组成。火电是法国电力工业发展最早的部门，主要集中在北部煤矿区和洛林冶金区以及巴黎地区。核电工业是法国二战后发展起来的新兴工业部门，发展速度很快。目前，法国已形成核能工业体系，已成为仅次于美国的世界第二大核能发电大国，核能发电量占发电总量的77%，比重之大居世界首位。目前，法国拥有核电站数量达50多座。这与法国拥有发展核能的优越条件是分不开的。首先，法国本身铀矿丰富，已探明储量达5万～10万吨，同时法国还控制着加蓬、尼日尔等国铀矿的开采权。其次，法国拥有先进的核反应技术，该技术处于世界领先地位。

2.钢铁工业

法国拥有丰富的铁矿资源，这为法国钢铁工业的发展提供了原料来源，钢铁工业是法国传统的工业部门，法国是西欧主要产钢国之一，法国钢铁制品出口率高，至今仍是钢铁产品的净出口国。由于法国铁矿资源品位不高，因此，法国钢铁工业布局由内陆地区向沿海转移，在敦刻尔克、马赛附近形成了新兴临海型的钢铁工业中心。而原来的于其诺尔和萨而洛两大公司仍在钢铁生产中占有重要地位。

3.汽车工业

汽车工业同钢铁工业、航空航天工业并称为法国三大支柱产业，二战后法国汽车工业发展较快。2010年法国汽车产量达到225万辆，其生产规模占世界第十位，从业人员占工业部门就业人数的1/5，法国的汽车产品一半供出口，"雷诺"、"标致"和"普吉奥—克莱斯勒"几乎垄断了法国的汽车生产，汽车中心主要集中在巴黎、里昂、斯特拉斯堡、圣太田等。

4.航空航天工业

航空航天工业是法国第三大工业部门。由于法国的航空工业在二战前就比较发达，第二次世界大战后政府又予以高度重视成为发展最快的工业部门，目前在世界上仅次于美国和独联体居第三位，是法国的主要支柱产业和主要创汇产业。2000年仅欧洲空中客车的出口就达166架，约656亿法郎。法国的航空技术水平很高，目前仅次于美国居世界第二位。法国航空工业生产的产品不仅包括多种型号的军用、民用飞机和战术导弹，而且拥有研制和生产多种人造卫星、航天设备和战略导弹的能力，法国在独立自主的基础上，努力发展同其他国家的合作。著名产品有欧洲的"空中客车"、"阿里亚娜"火箭、协和飞机。法国还与英国合作生产"美洲虎"喷气式战斗机和"美洲豹"军用直升机。

法国的航空工业主要集中在巴黎地区，此外，还有西南部的图卢兹，南部的波尔多、马赛，其中图卢兹是法国的航天城。

5.电子电器工业

电子电器工业是法国二战后发展最快的新兴工业部门，在世界上仅次于英国、日本和德国，一直保持较高的发展速度。其中尤其以电子计算机、电子设备、电器设备发展最为迅速，其产品电子显微镜、激光发生器、光纤制导系统、声呐等产品在世界上享有盛誉。

电子电器工业主要大公司有汤姆森—布朗特公司和通用电气公司等，电子电器工业主要分布在巴黎地区、图卢兹、东南部的格勒诺布尔市(该市拥有8000多家生产高技术电子产品的企业，被称为法国的"硅谷")以及地中海沿岸的尼斯。

6.化学工业

按产值和销售额计算，法国的化学工业居世界第四位，化学工业也是法国第二大工业部门。法国在塑料、医学、化学、香料、化肥、合成橡胶方面具有先进的技术水平和较强的生产能力，香料工业一直在世界享有盛誉，格拉斯、里昂、巴黎是三大香料中心，香料产品1/4以上供出口。法国有专门的土地用于种植茉莉、玫瑰、水仙、紫罗兰等，作为提炼香料的原料，法国香水闻名于世，著名的品牌有盖兰尔、夏纳尔、迪奥尔等。罗纳—普郎克是法国最大的香水制造公司。法国的医药化学工业有较高的知名度，目前，在抗菌疫苗、抗癌药物等方面处于世界领先地位。巴黎是法国最主要的化学工业中心，其次是里昂、洛林、南锡、图卢兹等。近年来，马赛和福斯已成为新兴的石油化工中心。

7. 纺织服装工业

纺织服装工业是法国传统工业部门，拥有悠久的历史，享誉全世界，曾是仅次于英国的第二大生产国。二战后，法国纺织业增长乏力，成为该国最困难的部门之一。法国棉纺业是纺织业中最大的部门。二战后，化纤纺织发展迅速。法国纺织工业的最大集团是阿家舍—维约·多尔菲·米挨集团，目前该集团控制着法国纺织品市场的一半，在世界纺织、服装市场上也占有重要地位。服装业在法国一直保持兴旺不衰，特别是以男装素雅、女装设计新颖、款式时髦而闻名于世。

法国巴黎是世界时装中心，里尔、里昂、卢昂、牟罗兹是法国纺织工业的中心。

(二)农业

法国是欧盟最大的农产品生产国，也是世界上第二大农产品出口国。20 世纪 80 年代中期以来，法国每年出口农产品约 150 亿美元，占世界农产品进口市场的 13.3%，法国农业人口约占全国人口总数的 8%。农产品和食品出口约占全国出口总额的 15%，法国一个农民可养活 44 人，居世界前列。

法国农业发达，同法国拥有优越的自然条件，包括地形、气候、水利、土壤条件密不可分，并且法国拥有丰富的土地资源，农业用地 4.8 亿多亩，占全国面积的 60%。法国主要出口农产品包括谷物、水果、蔬菜、酒类、豆制品、小麦、玉米、马铃薯、甜菜、葡萄和牛肉等，特别是葡萄酒和乳制品闻名于世。

1. 种植业

种植业在法国农业中占有重要地位，主要农作物有小麦(世界第五位)、玉米(世界第五位)、甜菜(世界第一位)、马铃薯，此外葡萄产量也居世界前列。巴黎盆地、卢瓦尔河平原、阿坤廷盆地等为谷物的主要产区，甜菜主要产于北部，葡萄、蔬菜、花卉主要分布在地中海沿岸、科西嘉岛、罗纳河谷等地。

2. 畜牧业

法国的畜牧业占农业总产值的 55%，高于种植业。畜牧业以养牛业最为重要，其次是养猪业，法国的牛肉产量居欧洲前列，牛奶产量居世界第三位，主要分布在气候湿润的西部和西北部的诺曼底和布列塔尼以及中南部的中央高原等地。

(三)交通运输业

二战后的法国加速了交通运输部门的建设，用现代化的技术改造原有的运输方式，并扩大基础结构设施的建设，大力发展电气化铁路、高速公路、管道运输、航空运输等，经过多年的建设，形成下列特点：

公路运输所占比例较大，运输总量超过铁路，占总量的 3/4，公路总长 80 万千米；在交通运输部门中，国有股份比重大，法国国营铁路公司几乎垄断了法国整个铁路运输，民航和海运运输中国营成分也占绝大多数；具有显著的国际性，法国的铁路、公路、航空和水路干线都与欧洲以及欧洲以外的有关线路相衔接，巴黎是国际交通运输的枢纽。

法国除公路运输特别发达外，铁路在发展高速火车方面也已走在世界前列，1990 年创造了时速 515.3 千米的世界纪录。高速火车已投入营运，现在已通过英吉利海峡隧道，将巴黎与伦敦连接在一起。

海上运输是法国对外贸易的主要运输方式，约 60%的出口货物靠海运，法国有较稠密的内河水系，各河之间有运河相连，在货物运输方面起到了一定的作用。

法国的航空运输比较发达，无论是运输设备还是运输量均居世界前列，巴黎是法国的航空运输中心，也是欧洲三大航空中心之一，里昂，南特、图卢兹、马赛等城市也是主要的航空枢纽。法兰西航空公司是西欧最大的航空公司。

四、对外贸易

在世界贸易上，法国目前排在美国、日本、德国之后，是世界第四大出口国，出口约占国内生产总值的 1/4。2001 年，法国的进出口贸易总额为 36000 亿法郎，占世界贸易的 5.6%，居世界第五位，而且目前进出口贸易的增长速度还高于工业的增长速度，这极大地推动了整个国民经济的发展。

法国的出口商品以工业品为主，同时，农产品的比重也很大，主要有机器设备、汽车、化工产品、轻纺产品、香料及化妆品等，农产品主要包括小麦、玉米、葡萄酒、肉类。法国还大量出口军火，是继美国、俄罗斯之后的第三大军火出口国，主要出口军用飞机、导弹、火箭等。法国的进口商品主要有：汽车及其配件和汽车设备、石油和煤炭、办公用电脑和信息设备、有机化工产品、药品、航空和宇航制造业用品、食品服装、电气设备、普通电器电子元件等。

法国的对外贸易对象主要是发达国家，其中又以欧盟国家最主要，美国是法国在欧盟以外的最大贸易对象国，占法国对外贸易额的 7%以上，法国以前殖民地也是法国主要的贸易伙伴。

中法于 1964 年建交，20 世纪 80 年代后贸易增长较快。2000 年以来，中法两国在商业、核能、金融和信息技术等领域的合作获巨大发展。2000 年，双边贸易额达 76.6 亿美元。法国是中国在欧盟第三大贸易伙伴，中国技术引进的主要来源国之一，截至 2000 年年底，双方签订引进技术金额 90.4 亿美元，技术项目 256 项。

2010 年中法双边贸易额为 452.1 亿美元，法国对中国出口 144.9 亿美元，增长 36.1%；自中国进口 307.2 亿美元，法方逆差 162.3 亿美元。中国为法国第九大出口市场和第六大进口来源地。

机电产品一直是法国对中国出口的第一大类产品，2010 年出口额为 44.1 亿美元，占法国对中国出口总额的 30.4%。运输设备是法国对中国出口的第二大类商品，出口额为 40.3 亿美元，占法国对中国出口总额的 27.8%。化工产品是法国对中国出口的第三大类商品，占法国对中国出口总额的 11.2%，前三大类产品占法国对中国出口的近七成。法国自中国进口的主要商品为机电产品、纺织品及原料和家具、玩具、杂项制品，2010 年合计进口 203.1 亿美元，占法国自中国进口总额的 66.1%。

五、主要港口和城市

(一)马赛

马赛(Marseilles)是法国最大港口和第二大城市。位于法国南部，地中海北岸，三面被石灰岩山丘所环抱，景色秀丽，气候宜人。港口年吞吐量1亿吨以上。马赛工商业发达，石油加工业与造船工业也相当发达。

（二）阿佛尔

阿佛尔（Le Havre）位于法国西北部塞纳河口，是法国第二大海港，货物吞吐量达8000万吨以上，被称为巴黎的外港。

（三）里昂

里昂（Rouen）是法国第三大城市。被称为“瓷都”，为法国主要陶瓷工业中心，也称为巴黎外港。此外，是化工、机械、造纸等工业也很发达。

第四节　英　国

英国（England）全称大不列颠及北爱尔兰联合王国，简称“联合王国”或“大不列颠”。位于欧洲西部，是大西洋中的群岛国家，由大不列颠岛（也称“英伦三岛”，包括英格兰、苏格兰、威尔士）和北爱尔兰岛东北部及附近许多岛屿组成，总面积24.41万平方千米。英格兰是英国的政治中心和重要的经济区，英国之称源出于此。英国东南隔北海、英吉利海峡和多佛尔海峡同欧洲大陆相望，最窄处仅33千米。

一、人口、居民和宗教

目前英国人口约6140万（2009年），其中，英格兰人占总人口的85%以上，英国居民多信奉基督教，北爱尔兰地区有1/3的居民信奉天主教，还有一些英国人信奉伊斯兰教、佛教、印度教、犹太教等，宗教在英国的社会、政治生活中起着很大的作用。

英国曾是向世界各地移民最多的国家，美国、加拿大、澳大利亚、新西兰等都是以英国移民为主建立起来的国家，英国每年仍向加拿大、澳大利亚和美国移民分别达10万之多。现在由于英国经济的恢复和发展，对劳动力的需求增长很大，大量外国移民涌入，英国已是人口净移入国。现在英国人口密度每平方千米约250人左右，是欧洲人口最稠密的国家之一，也是世界人口增长率最低的国家之一。英国有89%以上的人居住在城市，百万人口以上的大城市有伦敦、约明翰、利物浦、曼彻斯特等，在英格兰中部和东南部工业密集区形成了大片城市群。

二、自然条件和自然资源

大不列颠岛地势西北高、东南低，山地和高原多分布在北部和西部，平原和丘陵多分布在中、南部，北爱尔兰中部为平原，周围为熔岩、高原山地，多呈低山，奔宁山脉纵贯英格兰东部，是英国的主要山脉。

英国的气候属于典型的温带海洋气候，由于受周围海洋和北大西洋暖流的影响，气候温和湿润，冬暖夏凉，气温冬夏变化不大，雨量充沛，日照少，秋冬季多雾，虽对交通和农业发展较为不利，但有利于畜牧业的发展。相对而言，英格兰的东南部光照比较充足，降水适中，是英国农业条件最好的地区。英国的河流众多，但一般短小，主要河流有泰晤士河、塞文河，其中塞文河全长360千米，是英国境内最长的河流；闻名于世的泰晤士河河口处宽达16千米，涨潮时，伦敦虽远距海岸60千米，海轮却可自由出入。

英国是欧洲能源最丰富的国家之一，主要矿产品有煤、铁、石油、天然气、核能和电力，森林资源也很丰富，全国约有270万公顷森林，占本土面积的10%，英国周围海域是世界著名渔场——北大西洋东北渔场，英国也是世界主要产渔国之一。

三、经济概况

英国是最早开始工业化进程的资本主义国家，第一次工业革命首先在英国爆发，1850年在世界工业总值中，英国竟高达39%，在对外贸易中，英国占世界贸易总值的21%，由于海外殖民地庞大，英国被誉为“日不落”帝国。两次世界大战，英国的地位被严重削弱，经济增长低迷，被称为是难治愈的英国病，直到1992年，由于推行减少国家干预，强调市场作用，紧缩开支，降低税收，整顿福利等措施，经济才开始复苏。2000年，英国GDP增长率为3%，GDP为14384亿美元。2009年，英国GDP为22608亿美元，人均GDP为37196美元。

（一）工业

英国工业发达，工业是国民经济中最主要的部门，目前工业占国内生产总值约有30%，传统工业如纺织、采煤、冶金、造船机械等的规模产量日趋下降；新兴产业像航空航天、石油化学、生物、医药、电子等部门快速增长，成为英国工业的骨干力量。

1.能源工业

英国能源资源丰富，石油、天然气、煤炭储量和产量在欧盟中均居首位。目前，英国能源结构中煤炭的比重降为20%，石油、天然气的比重上升为65%。

（1）石油和天然气。20世纪60年代在英属北海水域发现了储量丰富的石油、天然气资源，该地区石油储量约20亿～30亿吨，天然气约12.9万亿～38万亿立方米。1999年原油产量达1.28亿吨。石油工业的发展，带动了英国整个工业的发展，改善了国际收支状况，北海油田的开采使苏格兰成为英国最大的原油生产基地，阿伯丁成为英国和西欧最大的石油港。随着北海等地天然气的开采，天然气在能源消费结构中约占30%。

（2）煤炭。英国煤炭资源丰富，储量达1900亿吨，居世界第三位，英国曾是世界上最大的煤炭生产国。煤炭工业是英国最古老的工业部门之一，早期工业化的动力支柱。第二次世界大战以后，石油能源被广泛采用，英国煤炭工业规模大为缩小，近年产量约为3000万～4000万吨。

2.钢铁工业

英国是现代钢铁工业的发源地，历史悠久，19世纪70年代钢产量曾达到世界总产量的一半以上，其后产量逐年下降，1999年产量仅为1630万吨。经过不断调整，英国钢铁生产的效率大为提高，竞争力很强，产品一半以上供出口，产品包括带钢、钢板、钢管、不锈钢和特种钢，主要钢铁中心分布在伯明翰、设菲尔德、格拉斯哥、塔尔伯特、纽卡斯等。

3.机械制造业

机械制造业为英国的主导工业部门，在英国工业中居于十分重要的地位，其特点是部门齐全，技术先进。

（1）汽车工业。汽车工业是英国传统的工业部门，已有100余年的历史，曾经涌现了罗华公司等世界知名公司。汽车是主要出口商品之一,近年来一直保持在170万~180万辆左右。20世纪70年代后,国外知名品牌汽车资本大量投入,如本田、丰田等使英国汽车生产具有新的特色。著名的世界极品名车罗尔斯·罗伊斯系英国所造。英国的汽车工业主要分布在伦敦东南部的西来德兰区。

(2)造船工业。造船工业也是英国具有悠久历史的生产部门之一,20世纪初,英国是世界上第一造船大国,占世界总产量的60%,直到1956年才被日本超过。目前,英国造船地位日益下降,船舶总产量仅占世界船舶总量的2%,英国造船业以生产军舰、商船及海上采油设备为主。

(3)航空航天工业。英国的航空航天工业在世界的地位居美国、俄罗斯、法国之后,是居第四位的航空航天工业大国。1999年,英国航天航空工业产品出口额达到117亿英镑,成为最主要的出口产品,产品包括民用、军用飞机、人造卫星、直升机、航空发动机制导武器等。罗尔斯·罗伊斯公司是世界上制造航空发动机的三大公司之一。此外,英国还同法国等航空公司合作生产协和式飞机、鹞式垂直起落飞机等。英国的航空、宇航中心主要分布在伦敦东南部的伯明翰、考文垂等地区。

(4)电子工业。电子工业是英国二战后特别是20世纪70年代以来,发展起来的新兴工业部门,主要产品有电子计算机、雷达、导航设备、通信设备、电子元件和电子消费品等,电子工业的发展一直在英国经济发展中起着火车头的作用。电子工业主要分布在泰晤士河上游河谷地带(泰晤士硅谷)和苏格兰埃尔—格拉斯哥—爱丁堡一带(苏格兰硅谷),尤其是后者约生产英国80%的集成电路和50%的电脑及附属产品。

4.化学工业

英国的化学工业产值和化工产品出口在西方国家中均占有重要地位,化学工业也是英国第二次世界大战后发展最快的工业部门之一。20世纪60年代末转化为以石油天然气为主要原料(此前以煤和岩盐为主)的有机合成和石油化工产品为发展重点,生产的化工产品主要包括无机化学产品、塑料、药品、合成树脂、染料等。产品大量出口,约占总产量的50%,英国最大的化学垄断公司为帝国化学公司,主要中心是北海沿岸地区。伯明翰是化肥生产中心。

5.纺织工业

纺织工业是英国传统工业部门,曾是英国主要经济支柱,19世纪上半叶英国大约垄断世界市场的一半。现在已日趋衰落,主要产品有毛线和毛纺织品,其产品质量上乘,在世界毛纺织品市场上有一定的竞争力,1999年纺织工业产值达200亿英镑。主要产地在伦敦、曼彻斯特、英格兰的兰开夏等地,其中,兰开夏是主要纺织工业区,约克夏为主要毛纺工业区,依林沃·莫里斯是世界最大的毛纺织公司,羊毛主要来自澳大利亚和新西兰。

(二)农业

自从英国废除"谷物法"以后,农业在国家的经济地位长期受到忽视,直到第二次世界大战以后,英国的农业发展开始受到重视。到20世纪70年代,英国逐步完成了农业现代化,目前,农产品可以满足国内需求的4/5,其中粮食可以满足国内需求的2/3。

1.种植业

英国的种植业在农业中的比例偏低,种植业以谷物为主,占播种面积的75%,主要有大麦、小麦、燕麦和其他作物。园艺作物主要是各种蔬菜、水果、花卉,种植业主要集中在热量和光照最好的英格兰南部地区，尤其是东南地区。

2. 畜牧业

英国畜牧业以饲养奶牛、肉牛、绵羊和家禽为主。其中，乳羊业占畜牧业产值的35%，肉牛业占24.8%，其余为养禽业、养猪业。英国的畜牧业产值占农业总产值的70%，畜牧业皆实行机械化集约饲养，畜牧业主要分布在英国西北部苏格兰、威尔士、英格兰北部、西南部的山地和沼泽地带。

此外，英国沿海渔业资源丰富，北海的多格浅滩是世界著名渔场之一。特别指出的是，英国政府对农业一直实行补贴政策。

(三)交通运输业

英国的交通运输业由铁路运输、公路运输、航空运输、水上运输组成，20世纪70年代以来，由于现代化科学技术在交通运输中的广泛应用及高速公路网的建设因素，使得英国的交通运输也十分发达。特别是1994年英吉利海峡海底隧道的开通运行，英国与欧洲大陆的交通更加便利。

1. 公路

公路运输已成为英国最主要的运输方式。其中高速公路作用明显，以10%多一点的公路总里程完成全部公路货运量的1/3以上。

2. 铁路

英国是世界上最早发展铁路的国家。1825年通车的斯托克—迈林顿铁路是世界上第一条公共客运铁路。直到第二次世界大战期间，铁路运输一直在英国占绝对优势，二战后，铁路降为仅次于公路的第二位。英国铁路目前已形成了一个连接主要大城市和商业中心的快速客运网。

3. 海运

英国是海运最发达的国家之一，海运历史悠久，英国拥有现代化的商船队运输。近年来商船队虽有所减少，英国仍是世界上主要的海运国之一。英国的海岸线十分曲折，多海湾、半岛，苏格兰和威尔士的海岸尤为曲折，有许多优良港湾，最主要的港口有伦敦、利物浦等。

4. 空运

与铁路运输不同，英国的航空运输全部由私人经营，英国航空公司是世界上最大的航空公司之一。目前有国际航线约60万千米，150个终点站，与世界约90个国家和地区有空运往来。英国有四个国际机场，其中希斯罗机场是世界国际空运最繁忙的机场之一，也是英国最主要的客运、货运机构。

此外，在英国交通运输业中，管道运输也很重要。

四、对外贸易

19世纪中叶，英国曾经是世界贸易中心，现在英国虽然退居世界第五位，但对外贸易仍然在英国经济中占主要地位，它是英国经济的生命线。2000年，英国的进出口贸易总额约为8700亿美元。

二战后特别是20世纪70年代，英国的对外贸易对象发生了变化，主要贸易对象由原来的英联邦国家转向西欧，目前英国主要对外贸易伙伴依次是欧盟、美国、日本等发达国家。

英国的出口商品主要有食品、饮料、矿物性燃料和原料、油脂、化工产品、机械设备等，其中出口量最大的是机械及运输设备，如汽车、造船、飞机、航空发动机、电机和电子设备等；主要进口商品有粮食、烟叶、合成纤维、各类轻工业产品、化工产品、有色金属、机械运输等。

英国是我国在西欧的主要贸易伙伴之一。1950 年 1 月，英国率先承认中国，1954 年 6 月，双方建立代办级外交关系，近年来，双方贸易关系进入了一个新阶段。2009 年，中英双边贸易额为 515.0 亿美元，其中，英国对中国出口 80.2 亿美元，自中国进口 434.8 亿美元，英方贸易逆差 354.6 亿美元。中国是英国第九大出口市场和第三大进口来源地。

英国对中国出口的前四大类商品是机电产品、贱金属及制品、运输设备和化工产品，2009 年占其对中国出口总额的 31.5%、18.1%、12.0%和 11.4%。英国自中国进口的前三大类商品是机电产品、纺织品及原料和家具玩具，2009 年占其自中国进口总额的 33.8%、19.2%和 15.2%，另外，贱金属及制品、鞋靴/伞等轻工产品和塑料橡胶也是英国从中国进口的重要商品。

五、主要港口

（一）利物浦

利物浦(Liverpool)位于英格兰中部，濒临爱尔兰海，是英国第二大港口。港区建有现代化码头，货物输出量居全国首位。主要出口钢铁、化工、机械、汽车等产品。

（二）格拉斯哥

格拉斯哥(Glasgow)位于苏格兰中部低地，跨克莱德河两岸，是苏格兰最大城市和港口，英国最大的造船工业中心。主要工业部门还有制药、飞机制造、核电工程等。

（三）南安普敦

南安普敦(Southampton)位于英格兰南部，濒临英吉利海峡，是重要的商业港口城市，起伦敦外港作用，是英国重要的远洋贸易港和客运港。

（四）费利克斯托

弗利克斯托(Felixstowe)位于英国东南沿海岸奥尔韦尔(Orwell)河与斯陶尔(Stour)河汇合入海口处，距伊普斯威奇(Ipswich)约 18 千米，是英国最大的集装箱港口。

第五节　意大利

意大利(Italy)位于欧洲南部，北部大部分与法国、瑞士、奥地利为邻，领土包括阿尔卑斯山以南的欧洲大陆部分、亚平宁半岛以及地中海上的西西里岛、撒丁岛及附近的许多小岛，面积 30.1 万平方千米。意大利地处地中海中央，处于东西方航线与欧、非两洲交往的十字路口上，战略意义十分重要。目前由于穿过阿尔卑斯山的铁路修通后，意大利成为联系南欧与非洲的大陆桥，也是中东经苏伊士运河对欧美运输的必经之路。由于拥有优越的地理位置，在 14—15 世纪的文艺复兴发源于此。意大利自中世纪就有许多著名的商业城市，如威尼斯、热那亚、佛罗伦萨、米兰等。这里也是资本主义萌芽最早的地区。

一、人口、居民和宗教

意大利人口为 6060 万(2010 年),人口密度为每平方千米 172 人。其中意大利人占 95%以上,少数民族主要有法兰西人、加泰隆人、弗留里人等,意大利 70%的人口居住在城市。罗马天主教为国教,信奉者占人口总数的 90%以上。历史上意大利是人口移出较多的国家,主要移往美国及南美地区。

二、自然条件和自然资源

意大利是一个多山的国家,山地和丘陵面积占国土的 3/4,平原面积占 1/4。北部边界地区的阿尔卑斯山长约 1220 千米,平均海拔在 1000 米以上。位于法、意交界处的勃朗峰高 4810 米,和该地区其他山峰一样,顶部有终年的积雪和冰川。这一地区是欧洲许多河流的发源地,水力资源丰富。北部的山脉被河流切割成谷地,形成主要的山口,是从南欧通往法国、瑞士、奥地利等其他欧洲国家的要道。在阿尔卑斯山南部,有意大利最大的平原——波河平原,面积 4.7 万平方千米,地势平坦土壤肥沃,河网密布,灌溉便利,加上北面山脉阻挡,冬季寒潮不易侵入,全年热量充足,是意大利最富饶的农业区,也是全国工业发达、交通网稠密和城市密集的地区。中部是半岛地区,亚平宁山脉纵贯南北,平均高度 2000 米,而且多火山,维苏威火山、西西里岛上的埃特纳火山是闻名欧洲的活火山。

意大利大部分地区属于典型的地中海式气候,夏季炎热干燥,冬季温和多雨。主要的农业区波河平原为亚热带干旱气候与温带大陆性气候过渡类型,冬冷夏热、春秋多雨。

意大利水力及地热资源丰富,并有较丰富的天然气资源,矿产资源除天然硫磺、汞、铝土、大理石较丰富外,其他矿物资源较少。意大利属矿产资源较缺乏的国家。

三、经济概况

自中世纪至近代,欧洲西部的国家西班牙、葡萄牙、荷兰、英国先后超过并取代了意大利,许多新的经济和商业中心崛起,意大利则一直裹足不前,到二战前已与西欧强国存在明显差距。第二次世界大战以后,意大利的经济迅速发展,在世界经济中的地位和影响显著上升。

意大利 2000 年国内生产总值为 10769 亿美元,居世界第七位。但意大利经济发展存在着很大的不平衡,以北部米兰—都灵—热那亚为核心的“工业三角区”最为发达,南方相对落后,形成“南贫北富”。

(一)工业

意大利的工业以制造业为主,占工业总产值的 70%左右。意大利以中小企业为主,号称“中小企业王国”,中小企业数量众多,且专业化程度高、适应能力强,近 70%的国内生产总值由中小企业创造,只有钢铁、机械、造船、化学、石油、天然气等部门拥有少数现代化大型企业。意大利是资源缺乏型国家,原料与能源严重依赖进口,因此意大利工业具有明显的以出口加工工业为主的特点。

1. 能源工业

意大利缺乏主要的能源矿物资源,煤、石油储量产量都很少,水力资源、天然气和地热资源较丰富,核能对意大利能源的供应也具有重要意义。

意大利虽然资源缺乏，但石油加工能力却很强，居西欧第一位，主要石油加工工业中心分布在热那亚、那不勒斯、塔兰托等港口。意大利的地热发电站仅次于美国，居世界第二位。

2. 钢铁工业

意大利钢铁工业在二战后发展较快，目前无论是规模还是炼钢技术均属西欧先进水平。其产品中，优质钢占主要地位，意大利钢铁工业部门所需的全部铁矿石和焦炭及 75%的锰和 30%的废钢铁均依赖进口。钢铁工业北部以米兰为中心，米兰是意大利传统的钢铁产地，新兴的钢铁产地有巴尼奥利、利尔尼利亚诺和塔兰托，其中塔兰托联合企业是全国最现代化的生产特殊钢材的企业。

3. 机械制造工业

机械制造工业是意大利最大和最主要的工业部门，主要包括动力机械、汽车制造、机床制造、精密仪表、数控机床、运输设备等。其中尤以汽车、电子电器、机械工业最为主要。

(1)汽车工业。汽车工业已成为工业的主要支柱产业，生产技术达到世界先进水平，在国际上有很强的竞争力。主要汽车企业是菲亚特汽车公司，在全国居于垄断地位，此外，意大利的阿尔法罗来欧、蓝查公司专门以生产造型独特、华丽、工艺高超的赛车、豪华汽车闻名于世。意大利汽车工业对国际市场的依赖性很强，所产汽车的 30%～40%销往国外。主要出口到欧洲、非洲和地中海地区的国家。

(2)电子电器工业。该工业十分发达，电子计算机、办公用机械、家用电器(如电视机、电冰箱、洗衣机)等工业在世界上都占有一定的地位，有的产品居世界前列。如意大利生产打字机和缝纫机历史悠久，享有盛誉的奥利维蒂公司推出的电子打字机、新闻处理机以及大批软件销路较好，在西欧市场上占有率达到 50%，占世界市场的 30%。意大利也是世界上最大的家电生产国之一。

(3)机械工业。机械工业是意大利最大的工业支柱，主要产品包括农业机械、飞机、船舶、机床、电机及精密机械等。机械工业主要集中在西北部以米兰为中心的伦巴地区和以都灵为中心的皮埃蒙特区，伦巴地区是全国最大的制造业带，米兰是全国最大的机器制造中心。最近几年，意大利高科技领域发展很快，在都灵、伊夫雷亚地带建立了自己的“硅谷”。意大利的机床制造业也很发达，产品主要出口到美国、德国、法国等。

4. 化学工业

化学工业是意大利主要的工业支柱和出口产业，基本化工产品、盐酸、硫酸、硝酸均居欧洲前五名。过去，意大利的化学工业主要是利用本国资源，硫磺、钾盐、黄铁矿生产硫酸、化肥、染料等产品；20 世纪 60 年代后，利用从中东、北非进口的石油、天然气大力发展石油加工化工工业，生产三大合成化工产品。蒙特爱迪生公司为意大利的超级公司，伦巴地区和皮埃蒙特区是传统的化工产区，新兴的石油化工区主要分布在沿海各城市。

5. 纺织、服装、制鞋工业

纺织工业是意大利传统的工业部门，主要包括棉纺、毛纺、丝纺和麻纺。目前棉纺工业总规模有所减少，但依然有 30%的产品出口，毛纺织品的出口居世界第一位，服装出口量已超过法国。2000 年，意大利的纺织品、服装出口额高达 250 亿美元。意大利已成为与法国齐名的世界时装中心。北部的伦巴地区和皮埃蒙特区是意大利最大的纺织工业基地，米兰是最大的中心。意大利的皮革制造业一直享誉全球，尤其是制鞋业，有制鞋王国的美称，所产皮鞋 70%供出口。维杰瓦诺市有鞋城之美称；蒙泰贝鲁耶则是世界最大的滑雪鞋生产中心。

（二）农业

第二次世界大战以来，意大利农业的机械化和现代化水平逐渐达到世界前列。目前，农业在意大利国民生产总值中约为5%，意大利农业以种植业为主，粮食作物主要有小麦、玉米、大豆、稻谷等。经济作物主要有甜菜、茶叶、水果等。意大利粮食不能自给，自给率只有80%，除稻米自给有余外，小麦、玉米、大豆等均需进口，种植业主要分布在土壤肥沃、水热条件适于温带作物生长的波河平原上，经济作物主要有甜菜、茶叶等。

畜牧业在意大利的农业中不占重要地位，占农业产值不到一半。畜牧业中以饲养牛和猪为主，家禽饲养发展也较快，但肉类、奶类均不能自给，自给率只有80%，进口量较大。

蔬菜在意大利农业生产和农业产品中占有主要地位，意大利是欧盟中主要的蔬菜生产国，尤其是西红柿的产量占欧盟产量的3/4，蔬菜种植主要集中在意大利南部，出口蔬菜是意大利一项主要的外汇收入。南部的地中海沿岸地区特别有利于水果生长，主要品种有葡萄、橄榄、柑橘、柠檬等。意大利的葡萄和葡萄酒产量居世界前列，水果和葡萄酒的出口也为意大利带来了大量的外汇收入。

此外，意大利的花卉生产也在欧盟中占有主要地位。

（三）交通运输业

交通运输业是意大利国民经济中的一个重要部门，主要运输方式是铁路、公路、海运、空运和管道。意大利是世界上最早修建公路的国家之一，也是世界上最早建成高速公路的国家之一。公路承担着意大利客运量的2/3和货物周转量的76.1%，铁路承担全国货运量的15.7%，最主要的干线有沿着东西海岸和亚平宁山脉的3条纵贯南北的铁路大动脉，几乎把半岛上的主要城市和港口连成一片。米兰是全国最主要的铁路枢纽。

海运在意大利进出口贸易中起着举足轻重的作用，现90%的进口货物和70%的出口货物通过海运完成，最主要的港口是热那亚港，最主要的国际客运港是那不勒斯。

空运是意大利在第二次世界大战以后发展起来的，国际航线有70多条。罗马的菲乌来齐诺机场是意大利最大的国际机场，承担着意大利客运量的1/3。

意大利管道运输也很发达。

四、对外贸易

对外贸易是意大利重要的经济支柱，二战后意大利的对外贸易发展迅速，有力地促进了经济的高速增长。最近几年意大利的出口商品主要有工业机械、办公机械、钢材、家用电器、汽车、机床塑料、家具、纺织品、鞋类等。此外，意大利还是世界上武器的主要出口国。意大利进口的主要商品有石油、铁矿石、煤、棉花、天然气等。近年来意大利进口的商品结构也发生了变化，初级产品进口比例下降，制造业产品比重上升，制成品占总进口的比重上升。

意大利的主要贸易伙伴是欧盟成员国，德国、法国、英国、西班牙、荷兰排在最前列，美国是意大利除欧盟外的最大贸易对象。为了保证原料来源，意大利也积极加强同发展中国家的经贸往来，主要有沙特阿拉伯、利比亚和阿尔及利亚等。

意大利同中国的贸易具有悠久的历史，公元2世纪末，通过著名的“丝绸之路”中意两国就开始了商品的交流。1970年中意两国建交后，中意双方的贸易又获得了很大的发展。现在意大利已成为中国在欧洲的主要贸易伙伴之一，意大利向中国出口的主要商品有机床、钢材、采矿设备、纺织机械、汽车、化纤及化工产品等。而从中国进口的主要商品有纺织原料、服装、土畜产品食品和工艺品等。

2009 年中意双边贸易额为 360.3 亿美元，其中，意大利对中国出口 92.5 亿美元，自中国进口 267.8 亿美元，意方贸易逆差 175.3 亿美元。中国是意大利的第 11 位出口国和第三大进口来源国。

机电产品是意大利对中国出口的主要商品，2009 年出口额为 49.9 亿美元，占其对中国出口总额的 53.9%。另外，贱金属及制品、化工产品和纺织品及原料也是意大利对中国出口的重要产品，2009 年合计出口 19.7 亿美元，占其对中国出口总额的 21.3%。运输设备和塑料橡胶出口实现增长，出口额均为 3.6 亿美元，分别增长 9.4%和 5.9%。

意大利自中国进口的主要商品为机电产品和纺织品及原料，2009 年进口额分别为 89.3 亿美元和 57.7 亿美元，分别占其自中国进口总额的 33.4%和 21.5%。中国是意大利纺织品及原料、家具玩具、皮革制品及箱包和鞋靴/伞等轻工产品的首要进口来源地，所占市场份额分别为 25.1%、29.2%、29.2%和 21.3%。

五、主要港口和城市

（一）热那亚

热那亚（Genoa）濒临利古里亚海的热那亚湾。有 600 条通往世界各港口的航线，是意大利第一大港。该港建有 50 万吨级油轮码头。

（二）里窝那

里窝那（Livorno）濒临利古里亚海，距热那亚 175 千米，是意大利发展集装箱最早、数量最大的港口。该港口除承担意大利北部、中部工业区的货运任务外，也中转德国、奥地利等国的进出口货物。

（三）那不勒斯

那不勒斯（Naples）位于意大利南部地乐尼安海那不勒斯湾北岸。是南部工业中心和最大贸易港口，以出口石油制品为主。该港口设施完善，旅游业发达。

（四）威尼斯

威尼斯（Venice）位于亚得里亚海威尼湾北岸，是意大利东北部重要城市，城内河道纵横，以舟代车，有“水城”之称。

第六节　俄罗斯联邦

俄罗斯（Russian）全称为俄罗斯联邦共和国，地跨欧亚两大洲，领土包括欧洲的东部和亚洲的北部，但因其欧洲部分是俄罗斯民族和国家的发源地，且一直是俄罗斯政治、经济和文化中心，因此俄罗斯是公认的欧洲国家。俄罗斯面积 1708 万平方千米，占世界陆地面积的 1/8，是世界面积最大的国家，陆上与 14 个国家为邻，分别是挪威、芬兰、波兰、爱沙尼亚、拉脱维亚、立陶宛、白俄罗斯、乌克兰、格鲁吉亚、阿塞拜疆、哈萨克斯坦、蒙古、中国和朝鲜。

俄罗斯东西长,南北窄,东西跨经度170度,最长距离达10000多千米,南北跨纬度约40度,最宽距离达4000多千米,疆界长约50000千米,濒临太平洋、北冰洋和大西洋和多个边缘海。海岸线长约40000千米。

俄罗斯是联邦制国家,全国共设有16个自治共和国,5个自治州,10个民族区,6个边疆区,49个州,1836个区,1033个市。全国划分为自治共和国——自治州、边疆区、州——区三级行政区。

一、人口、居民和宗教

俄罗斯联邦拥有1.42亿(2010年),人口居欧洲第一位,目前俄罗斯人口数量呈下降趋势,2000年其人口增长率为-1.6%。俄罗斯城市人口占人口总数的73%,俄罗斯常住居民中男性占46.9%,女性占53.1%,女多男少,比例失衡。俄罗斯是个地广人稀的国家,人口密度每平方千米9人,且分布不平衡,欧洲部分人口稠密,亚洲部分人口稀少。

俄罗斯是个多民族的国家,境内共有150多个民族,其中俄罗斯族占79.8%,其次是鞑靼族,以及乌克兰、楚瓦什等族人。俄罗斯最有影响的宗教是俄罗斯东正教,此外,还有伊斯兰教、萨满教、佛教等。官方语言为俄语。

二、自然条件和自然资源

俄罗斯领土辽阔,资源丰富,自然条件多样。地形以丘陵为主,约占国土面积的60%,高原和山地各占20%。全国地型大致可以分为两部分:①叶尼塞河以西的地区,以平原为主,自西向东主要分布着东欧平原(俄罗斯平原)、西西伯利亚平原。这里是俄罗斯经济最发达的地区。东欧平原是世界最大的平原之一。②叶尼塞河以东地区,从西向东依次分布着中西伯利亚高原和东西伯利亚山地。中西伯利亚高原和东西伯利亚山地之间为勒拿河。这里地势较高,尤其是东西伯利亚山地。

俄罗斯大部分地区为中高纬度,气候上属于北温带和寒温带。这里冬季大部分地区漫长而寒冷,温度在零下10度至零下30度之间。温度自西向东逐渐降低,夏季短暂而温暖,大部分地区气温在十几度至二十几度之间,西部降雨较多,年平均在500毫米左右,向东部逐渐减少,东部降雨量在200毫米左右。

俄罗斯境内河流、湖泊众多。欧洲地区最重要的河流是伏尔加河,全长为3530千米,是欧洲第一长河,水量大,流速平缓,有利于航运及农业灌溉;顿河也是西部主要河流之一。在西伯利亚地区自西向东依次排列着鄂毕河、叶尼塞、勒拿河三条大河,每条长度均超过3000千米,上游、中游水力资源丰富,但长达半年的冰冻期使它们的航运价值受到影响。在众多的湖泊中,拉多加湖是俄罗斯欧洲地区最大的湖,位于西伯利亚的贝加尔湖是世界上最深和蓄水量最大的湖泊,最大深度1620米。

俄罗斯拥有丰富的自然资源,几乎蕴藏有世界上已知的所有矿物资源,其中铁、锰、石油、天然气、钾盐、煤及有色金属如金、银、铜、镍、锌的储量和产量均名列世界前茅。仅西伯利亚能源储量就占世界储量的1/3,非金属矿藏也极为丰富,石棉、石墨、云母、菱镁矿、宝石、金刚石的储量及产量都很大,钾盐储量与加拿大并列世界首位。俄罗斯水力资源也相当丰富,主要分布在亚洲部分。森林覆盖率为35%,木材总蓄积量仅西伯利亚和远东地区就达600亿立方米,居世界首位。俄罗斯渔业资源也十分丰富。

三、经济概况

苏联曾经是能与美国抗衡的超级大国，是世界上最具影响力的政治经济大国之一。20世纪90年代初苏联解体，俄罗斯成为独立国家，它不仅继承了苏联的国际法地位，且在人口规模(51%苏联)、领土面积(77%苏联)、国民生产总值(60%1990年苏联)等方面成为苏联的主要继承者。

知识链接

俄罗斯独立后，于20世纪90年代初进行全面的政治经济改革，目前已基本用市场经济取代了长期执行的高度的计划经济。但是从10年的改革效果来看，向市场经济的改革并未能消除原苏联旧体制中产生的种种弊端和问题。国民生产总值与工业生产持续下降，综合国力和人民生活水平持续下降，到20世纪90年代中期俄罗斯GDP已经下降了50%，通货膨胀、失业、债务等问题十分严重。直到1997年，俄罗斯经济被认为触底反弹，当年俄的经济增长为0.4%，1999年达到3%的增长水平。2000年俄罗斯宏观经济形势全面好转，GDP增长率为7.5%，2003年俄罗斯经济增长仍为7%，可以称之为高速增长。2001年，俄国内生产总值达到3013.67亿美元，令许多人出乎意料。

俄罗斯地域辽阔，资源丰富，工业部门齐全，重工业基础雄厚，很多工业部门在世界上占有重要地位，加上科技发达等因素，因而应当认为，俄罗斯肯定能克服困难，发挥巨大潜力，重新成为世界经济大国。

(一)工业

工业是俄罗斯国民经济的支柱产业，工业门类齐全，以能源、冶金、石化、建材、机械、航天、木材加工造纸、建筑材料等工业部门著称。但是，由于受原有经济结构的影响，轻重工业比例严重失调，工业固定资产老化，机器设备平均寿命已高达15年，更有1/4的机器设备使用期已超过20年，比西方发达国家高1～2倍。俄罗斯工业结构不合理和设备老化严重地影响了国民经济的发展。

1.燃料动力工业

燃料动力工业是俄罗斯发展潜力最大的产业部门，在工业中占有突出的地位。俄罗斯的能源资源极为丰富，是世界工业化国家中，唯一燃料能够完全自给并可保持一定出口的国家，石油、天然气、煤炭工业、核电、水电等在燃料工业中占有重要地位。

(1)石油工业。石油工业是俄罗斯最主要的能源部门，俄罗斯拥有原苏联三大油田中的两个，西伯利亚油田(又称秋明油田)和伏尔加—乌拉尔油田(又称第二巴库)。现在俄罗斯约1/3的外汇来源靠出口石油换取，已探明的储量约600亿桶，居世界第七位。1998年石油产量为3.3亿吨，仅次于沙特阿拉伯和美国居世界第三位。西西伯利亚的秋明油田是俄最大的石油储集区和开采区，其次是伏尔加—乌拉尔油区，为了保证石油的持续性发展，俄正加速开采萨哈林岛的油气资源。俄原油主要出口到西方国家，近年来对亚洲的日本、中国的出口有所增加，正筹建远东地区始于安加尔斯克的输油管道，将扩大俄对亚洲原油的出口。俄原油加工能力达2亿多吨，仅次于美国居世界第二位。

(2)天然气工业。天然气工业是俄罗斯经济的重要支柱之一，是能源工业中发展最快的部门，在俄罗斯的能源消费结构中天然气已占一半以上，1998年已探明的储量约为48.16万亿立方米，占世界总储量的1/3以上，居世界第一位，产量仅次于美国，居世界第二位。世界15个最大的天然气田有9个在俄罗斯，其中最大的是乌连戈依气田。俄天然气有3/4蕴藏在西西伯利亚和远东地区，并且在俄境内建立了遍布各地的天然气供应网，其中主干管道达15千米。长期以来，俄天然气出口在1000亿立方米以上。

(3)煤炭工业。俄罗斯是世界上煤炭储量最丰富的国家之一，煤炭生产在俄罗斯能源生产中一直占重要地位，它是燃料平衡的基础。目前，俄罗斯煤炭总储量为5700亿吨，开采量最大的有库兹巴斯、朝伯拉、坎斯克—阿钦斯克、雅库特、顿巴斯等煤田，煤炭也是俄主要出口物资之一。

(4)电力工业。电力工业包括火力、水力和核能发电三大部门，发电量仅次于美国居世界第二位，以火电为主，约占69%，水电约占16%，核电约占10%，还有少量地热发电。俄电力生产的特点是高度集中，绝大部分电力是由大型电站生产的。火电站主要集中在西部地区及东部工业枢纽地区。近年来在东部建设了多座大型水电站，其中最著名的有克拉斯诺亚尔斯克和萨彦舒申克水电站。俄核电工业主要分布在西北地区，俄在铀浓缩及核反应堆技术方面十分先进，有多年的出口历史，目前核工厂的1/3产品用于出口。

2. 冶金工业

俄罗斯是世界上最大的钢铁生产国之一，1999年钢产量为4976万吨，居世界第四位，俄罗斯钢产量一半以上用于出口，也是世界上最大的钢材出口国。俄钢材主要出口到东南亚和北美地区，俄钢铁生产大多靠近原料产地，中央区、乌拉尔区、西伯利亚为三大钢铁生产地区，主要中心有：乌拉尔地区的马格尼托格尔斯克，是俄最大的钢铁企业；新兴的钢铁基地，中央区的利别茨克；西西伯利亚地区的新西伯列亚。有色金属的冶炼也名列世界前茅，黄金主要产自远东和西伯列亚，铜、铝、银的产量也很大，俄也是世界上第四大钻石生产国。

3. 机械工业

机械工业是俄罗斯的核心产业，在工业部门中实力最强，在苏联时期就是国民经济中比较受重视的部门，现在俄罗斯机械工业已发展为100多个部门，产品已超过13万种，主要有汽车、飞机、机床、精密仪表、电子、船舶、拖拉机等。俄罗斯在动力设备、冶金设备、农用机械、电气机床等方面在世界占有重要地位。俄罗斯的汽车工业近年来处于萎缩状态。俄罗斯机械工业主要分布在三个中心区：第一中心区是以莫斯科为中心的中央区，这里门类齐全，技术水平高，主要生产机床、汽车、飞机、仪表、轻工机械等；第二个中心区是乌拉尔区，以生产重型机械为主，如矿山、冶金、石油化工等设备，主要城市是叶卡捷琳堡、车里雅宾斯克等；第三个中心区是西北区，以生产机床、仪表、船舶为主，主要城市是圣彼得堡。除此之外，高尔基、喀山、新西伯列亚等城市也是机械工业的主要生产城市。

4. 化学工业

俄罗斯的化学工业水平高、产品种类多、规模大，目前共生产9万余种化工产品。20世纪80年代以来，在化学工业中，化学制药、基本化学、化学纤维发展最快，特别是基本化工产品产量居世界前列，如硫酸、合成橡胶、纯碱、烧碱、化肥等。

5.森林、木材加工工业

木材加工和造纸工业是俄罗斯的传统工业部门，产品产量长期居世界前列。这主要得益于俄罗斯森林覆盖率高(约占35%)，木材蓄积量大。主要以俄罗斯平原北部和西伯利亚地区最为突出，主要中心有阿尔汉格尔斯克、伏尔加格勒、新西伯利亚、克拉斯诺亚尔斯克、乌拉尔、莫斯科、圣彼得堡等。俄罗斯的木材产品主要有板方材、胶合板、纤维板、家具、纸浆、纸张等。俄罗斯是世界主要木材生产国和出口国之一，其产品针叶原木出口日本、中国、韩国和意大利等国。近年来，由于中国对木材的需求猛增，俄罗斯对中国木材的出口大幅度增加。

(二)农业

俄罗斯可耕地面积达1.3亿公顷，人均耕地面积达0.88公顷，在世界上属土地资源丰富的国家。但由于水分、热量和土地资源在地域分布上结合较差，使土地资源的优势受到影响，加之俄长期实行粗放经营、广种薄收，生产效益低下，单位产量较低，尽管也长期推行农业集约化经营，但其农业发展水平仍然不高，多年来农产品不能自给，是世界上主要农产品进口国。

1.种植业

俄罗斯种植业以粮食作物为主，占耕地面积的54%，主要农作物有小麦、黑麦、大麦、燕麦和玉米等。其中，小麦约占粮食产量的一半，小麦的单位面积产量很低，只相当于世界平均水平的一半。经济作物主要有甜菜、亚麻、向日葵、大豆等，在黑海沿岸可种植茶叶、柑橘、甘蔗、油桐等亚热带经济作物。

2.畜牧业

在农业生产总植中畜牧业占更主要地位，约占60%，主要包括养牛业、养猪业、养羊业和家禽饲养业，此外还有养马业和养鹿业。其中，养牛(含奶牛)业为最重要，主要分布在波罗的海沿岸、中央区的北部和西伯利亚南部，养猪业主要分布在中央黑土区西伯利亚南部和伏尔加等粮食产区，养羊业主要在中央黑土区南部、高加索及西伯利亚南部，驯鹿业主要分布在西西伯利亚北部和北冰洋沿岸。

(三)交通运输业

俄罗斯地域广阔，江河、湖、海、山岭众多，自然资源丰富，但分布不均衡。在国家的高度重视下，交通运输业为了经济的发展。获得了巨大的发展，俄交通运输业主要包括铁路、公路、水运、航空、管道等多种运输方式，其中铁路运输起主导作用，铁路运输要占总运输量的一半以上。

1.铁路运输

俄罗斯现有铁路营运里程约10万千米，其中电气化铁路为3.96万千米。铁路运输以俄罗斯欧洲部分最为稠密，以莫斯科为中心呈放射状布局的特点非常突出，而东部和远东地区铁路线网稀疏。从叶卡捷琳堡到符拉迪沃斯托克(海参崴)的西伯利亚大铁路与苏联构筑的第二条西伯利亚大铁路(泰谢特—苏维埃港)是沟通俄罗斯欧洲部分和亚洲部分的交通大动脉，它对俄罗斯产业布局东移、东西部之间联系以及密切与东亚、东南亚各国之间的联系有着重大的意义

2.公路运输

俄罗斯的公路运输一般为中短途运输，在货物周转量中所占比重较高，主要集中在俄罗

斯的欧洲部分。

3. 水上运输

海洋运输是俄罗斯对外贸易运输的主要形式，俄航线总长度共有100万千米，拥有海港40个。俄罗斯境内水系发达，在欧洲部分形成以伏尔加河及其他河流为主干的内河航运网，约承担俄国内内河航运的2/3。此外，俄很多人工运河也极具航运价值。

4. 其他

除上述三种形式的运输外，俄罗斯的航空运输、管道运输也很发达。其中，航空运输以客运为主，货运为辅；俄管道运输是随着石油、天然气工业的兴起和交通运输的日趋紧张而发展起来的，俄很多管道是为原油和天然气的出口服务的。俄管道运输约承担俄货运量的20%，俄拥有石油管道长6.51万千米，天然气管道长14.86万千米。

四、对外贸易

2001年俄对外贸易额为1564.32亿美元，出口1030.42亿美元，进口533.90亿美元，顺差496.52亿美元；2003年约为2000亿美元。对外贸易在俄罗斯国民经济中占有重要地位，俄罗斯资源丰富，重工业和军事工业发达，而轻工业和食品工业比较落后，形成了"出口能源和基本原材料，进口食品和消费品"的对外贸易特点。在俄罗斯的出口商品结构中，燃料动力资源及其制品占主导地位，主要出口商品有石油、天然气、钢铁、有色金属、机械设备、运输设备、化肥、木材、纸浆、黑色、有色金属及其制品、铁矿砂、其他化工产品等；进口的商品中，除粮食、先进的机械设备所占比重较大外，还进口轻工产品和农畜产品。俄外汇的1/3来自石油出口。

在俄罗斯的对外贸易伙伴中，西欧国家占有突出地位，约占俄进出口总额的40%，独联体国家占21%，亚太经合组织占17%，近年来对亚洲地区的贸易逐步扩大。德国是俄罗斯最大的贸易伙伴，其次是美国。

中俄经贸关系历史悠久，在20世纪50年代的中国对外贸易中，苏联是中国最主要的贸易伙伴，而俄罗斯又占其中的80%。2001年中俄贸易额达到106.7亿美元，2003年超过150亿美元，获得了巨大的发展。俄从中国主要进口轻纺产品、食品和其他日用消费品，向中国主要出口化肥、化工产品、钢材、成品油和部分机械产品、成套设备等，对华武器出口也占一定比例。中俄间有漫长的边境线，边境贸易十分活跃，但目前易货贸易仅占20%，已不占主导地位。中俄是相邻的两个大国，存在诸多有利因素，例如，漫长的边境线，很好的双边关系，明显的互补性等。但中俄间的贸易额相比之下还是偏低的，近年虽有大幅增长，但仍未达到两国的经济总量所应达到的水平。随着中俄政治关系的进一步改善，双方的进一步的努力，我们有理由相信中俄间的经贸合作是大有潜力的。

2010年中俄双边贸易额为570.5亿美元，增长49.6%。其中，俄罗斯对中国出口192.7亿美元，自中国进口377.9亿美元，俄方逆差185.2亿美元。中国为俄第六大出口市场和第一大进口来源地。

2010年，矿产品、木及制品和化工产品是俄罗斯对中国出口的主要产品，三类产品出口额合计占俄罗斯对中国出口总额的77.5%，出口额分别为110.0亿美元、22.3亿美元和16.9亿美元。俄罗斯自中国进口的主要商品为机电产品、纺织品及原料、贱金属及制品，2010年合计进口243.0亿美元，占俄罗斯自中国进口总额的64.3%。除上述产品外，鞋靴、伞等轻工产品，家具玩具制品也为俄罗斯自中国进口的主要大类商品。

五、主要港口和城市

(一)莫斯科

莫斯科(Moscow)位于俄罗斯欧洲部分中部，俄罗斯首都，全国最大城市，也是俄政治、经济、科学文化、交通中心。机械制造、化学、纺织、印刷、食品加工等工业发达。

(二)圣彼得堡

圣彼得堡(Saint Peterburg)位于波罗的海芬兰湾东岸，涅瓦河口，目前为俄罗斯最大港口和第二大城市。工业发达，以机械工业为主，造船工业也很发达，同时也是全俄重要的水陆交通枢纽之一，港口全年开放，但冬季进出港口要有破冰船协助航行。

(三)摩尔曼斯克

摩尔曼斯克(Murmansk)位于北冰洋的巴伦支海克拉湾东岸，是一不冻港，全年可以通航，也是俄罗斯北海航线的起点和渔港。进出口货物以鱼、煤及矿石为主。

(四)那霍德卡

那霍德卡(Nakhodka)位于日本海那霍德卡湾，在海参崴东南约 80 千米处，是俄罗斯远东地区的大海港，吞吐量占远东地区外贸物资的 50%，也是西伯利亚大陆桥的重要转口港。

(五)东方港

东方港(Vostochny Port)位于日本西北的弗兰格尔海湾内，西距纳霍德卡港 18 千米，冬季不结冰，为远东地区最大海港。

(六)弗拉迪沃斯托克

弗拉迪沃斯托克(Vladivostok)又称海参崴，位于阿穆尔湾与乌苏里湾之间，濒临日本海，是西伯利亚大铁路的终点。其为远东地区最人经济中心，冬季进港要有破冰船协助航行。

知识训练

一、填空题

1. 欧洲的矿产资源以________、________、________较为丰富。

2. 发源于瑞士的________河是世界上航运价值最大，运输最繁忙的国际性河流，被誉为“黄金水道”。

3. ________成为世界最大的政治经济集团，其成员有________个国家。

4. ________是世界天然气生产最多的国家。

5. 欧洲的汽车工业主要集中________、________、________、________、________等五国。

6. ________是世界首屈一指的养花国，常被称为“欧洲花园”和“西欧花匠”。

7. ________、________、________为世界三大葡萄生产国和葡萄酒出口国。

8. ________港长期占据世界第一大港的位置，年吞吐量达到 3 亿吨。

9. 欧洲国家的主要贸易对象是________国家。

10. 法国的重要矿产资源有________、________和________，还拥有具有重要战略意义的________。

11. 目前，法国已成为世界第________大核能发电大国。

二、思考题

1. 欧洲在世界经贸中的地位？

2. 欧洲经贸出口商品结构和贸易对象？

三、填图题

在欧洲地图上填注：英国、法国、德国、意大利、俄罗斯、西班牙、荷兰、瑞典、挪威、芬兰、波兰、乌克兰、地中海、大西洋、北冰洋、黑海。

能力训练

请搜集资料了解俄罗斯的"灰色清关"问题，并于讨论课上交流探讨类似问题的处理方法。

第九章 美洲市场

学习目标

通过本章的学习，了解北美及拉美地区地形、气候、人口、经济和贸易的基本情况；掌握美国、加拿大、墨西哥、巴西的人文和经济情况，掌握美洲地区的主要城市和港口；应用相关知识，分析中美、中加贸易的特点，确定进出口商品方案。

第一节 北美市场概述

15世纪末，意大利航海家亚美利加用事实证明了哥伦布在寻找通向东方的“西北航线”时所到的地方不是亚洲，而是亚、欧、非以外的另一个洲。后来，1907年德国地理学者马丁·瓦尔德西缪斯建议把这个新大陆叫做亚美利加洲，以纪念那位真理的发现者，简称美洲。

一、位置及范围

北美洲全称为北亚美利加洲，位于西半球北部。东濒大西洋，西临太平洋，北方濒临北冰洋，南以巴拿马运河为界与南美洲相接。北美洲面积2422.8万平方千米(包括附近岛屿)，约占世界陆地总面积的16.2%，是世界第三大洲。北美洲有37个国家和地区，习惯上分为东部、中部、西部、阿拉斯加、加拿大北极群岛、格陵兰岛、墨西哥、中美洲和西印度群岛9个地区。

由于美国以南的墨西哥、中美地峡和西印度群岛的各国，从历史、政治和经济情况看，跟南美洲国家更接近，所以习惯上又把它们同南美洲合称为拉丁美洲。这样，就经济、政治、地理而言，北美洲就只包括加拿大、美国以及格陵兰岛、百慕大群岛和密克隆岛，面积2149万平方千米，约占世界陆地总面积的14.4%。

二、人口、种族和语种

北美洲人口4.6亿(2004年)，约占世界总人口的8%，其分布很不均衡，多分布在东南部地区。北美洲最早的居民是印第安人，他们曾经创造了光辉灿烂的玛雅文化。1492—1504年哥伦布发现新大陆后，欧洲人相继占领北美大陆并实行殖民政策，而印第安人向西迁移。北美洲在历史上是外来移民的最大汇集地，民族成分复杂，有欧洲各国移入的白人，有非洲黑人，有亚洲人，有混血种人、印第安人和爱斯基摩人等。至今，北美洲仍然是世界上最大的人口净移入区，每年都有大批移民移入北美。

北美洲通用的语言是英语和西班牙语，也有法语、荷兰语、印第安语等。居民大多信奉基督教和天主教。

三、自然条件和自然资源

北美大陆地形分三个南北纵列带：西部是高大的科迪勒拉山系，中部是纵贯北美大陆的世界著名的大平原，东部是阿巴拉契亚山地，是东海岸进入内地的一大屏障。北美大陆上几乎没有东西走向的山脉，与亚洲大陆东西走向的巨型山链形成对比。总之，北美大陆西高东低，面向太平洋，无论加拿大、美国、墨西哥以及中美地峡都是如此。

北美大陆海岸，优良港湾集中在大陆中纬度两岸，东岸优于西岸。北美地跨两洋，面对“东方”和“西方”，为其发展海运提供了有利条件。北美洲是一个多河流和湖泊的大陆，主要河流密有西西比河、圣劳伦斯河、科罗拉多河、格兰德河、纳尔逊河、阿肯色河等。密西西比河发源于美国北部，向南纵贯东南平原，注入墨西哥湾，全长 6262 千米，为世界第四大河，流域面积 323 万平方千米，几乎比我国长江流域面积多一倍。北美洲淡水湖总面积约 40 余万平方千米，居世界各洲首位。中部平原有著名的五大湖：苏必利尔湖、休伦湖、密执安湖、伊利湖、安大略湖，总面积为 24.5 万平方千米，是世界上最大的由冰川作用形成的淡水湖。湖水汇经圣劳伦斯河注入大西洋。在伊利湖和安大略湖之间有世界著名的尼亚拉加大瀑布。通过人工修建的水道，加强了密西西比河网与五大湖水系的联系，使五大湖和密西西比河成为一个统一的内陆水运网。

北美洲地跨寒、温、热三带，气候类型多种多样，但大部分地区属于温带大陆性气候。北冰洋沿岸，属极地气候；太平洋沿岸，属温带海洋性气候；南部，属地中海式气候；北美南部的西印度群岛，属热带雨林气候；北回归线以北的墨西哥湾沿岸一带，属亚热带季风性湿润气候；广大的大陆内部和西部的山地、高原，属温带大陆性气候。北美洲的气候受地形影响很大，寒潮和大西洋上生成的强热带风暴，常常给北美洲造成灾害性天气。

北美洲是世界上有巨大潜力的地区，自然资源非常丰富。主要矿产资源有煤、石油、天然气、铁矿石、有色金属、稀有金属、硫磺等。森林面积约 7 亿多公顷，占北美洲面积的 30%，草原面积约占全洲面积的 14%，可开发水力资源蕴藏量占世界水力资源蕴藏量的 8.9%。北美洲的沿海渔场面积约占世界沿海渔场总面积的 20%，盛产沙丁鱼、比目鱼等水产。

四、经济概况

北美洲是现代资本主义世界的重要中心，是资本主义发展水平最高的地区。美国是世界上最大、也是最发达的国家。加拿大虽然经济发展水平和实力远不如美国，但也是一个发达的国家。美加两国的工农业产品的产量在世界都位居前列。

(一)工业

美国和加拿大是经济发达的国家，工业基础雄厚，生产能力巨大，科学技术先进，农、林、牧、渔业也极为发达。北美洲其他国家除墨西哥有一些工业基础外，多为单一经济国家。北美洲采矿业规模较大，主要开采煤、原油、天然气、铁、铜、铅、锌、镍、硫磺等，而锡、锰、铬、钴、铝土矿、金刚石、硝石、锑、钽、铌以及天然橡胶等重要的战略原料几乎全部或大部分靠进口；主要工业品产量在世界总产量中的比重为：生铁、钢、铜、锌等均占20%左右，铝占40%以上，汽车约占37%。

(二)农业

北美洲农业生产专门化、商品化和机械化程度都很高。中部平原是世界著名的农业区之一，农作物以玉米、小麦、水稻、棉花、大豆、烟草为主，其大豆、玉米和小麦产量在世界农业中占重要地位。中美洲、西印度群岛诸国和地区主要生产甘蔗、香蕉、咖啡、可可等热带作物。

(三)交通

北美洲铁路总长420000多千米，内河通航里程约55000多千米，公路四通八达。美国东北部是交通最发达的地区，其次是美国中部、东南部、西部沿海地区；加拿大东南部；加拿大中部地区的夏季河运、冬季雪橇运输也很重要。北部沿海地区以雪橇运输为主。

(四)北美自由贸易区

北美自由贸易协定是美加自由贸易协定的扩大和延伸。美加自由贸易协定在1989年1月1日正式生效以后，使美国和墨西哥都产生了在两国之间早日开展双边贸易的愿望。1990年6月，两国就签订美国和墨西哥自由贸易协定问题开始进行探索。加拿大意识到，如果美国和墨西哥一旦达成协议，将给加拿大经济带来明显的不利影响，因此要求参加美墨谈判，以便达成一项三边自由贸易协定。实际上，三国都认识到，共同订立一个三边自由贸易协定对各方都将更为有利。1991年6月，三边谈判正式开始，经过一年半的讨价还价，终于在1992年8月达成协议。经墨西哥、美国、加拿大三国议会先后批准，协定于1994年1月1日正式生效。这样，一个拥有3.6亿人口，年国民生产总值近6.5万亿美元，横跨整个北美大陆的新的经济一体化组织——北美自由贸易区，终于建立起来了。

北美自由贸易协定的宗旨是：取消贸易壁垒，创造公平竞争的条件，增加投资机会，保护知识产权，建立执行协定和解决争端的有效机制，促进三边合作。其具体规定是：将在15年时间内，分三个阶段逐步取消三国之间的关税，实现商品和服务的自由流通。在三国9000多种商品中，约50%商品的关税立即取消，15%将在5年内取消，其余的大部分在10年内取消，少数商品在15年内取消。此外，还将开放金融市场，放宽对外资的限制，保护知识产权等。

北美自由贸易区是世界上第一个由最富裕的发达国家和发展中国家组成的经济一体化组织。它打破了传统的一体化模式，开创了发达国家和发展中国家共处同一经济贸易集团的先例。

北美这三个国家在经济上有着较大的互补性和相互依存性。一方面，自由贸易的开展必将有力地促进相互之间贸易的发展，从而推动各国经济的增长。对美国来说，在世界市场竞争日益激烈的情况下，还可增强它对日本和西欧的抗衡力量。但是，另一方面，三国的经济又有着明显的不对称性。因此，可以预见，在一体化的进程中，出现这样那样的矛盾和问题也将是不可避免的。

第二节　拉美市场概述

一、位置及范围

拉丁美洲是美国以南所有美洲地区的总称，包括属北美洲的墨西哥、中美洲、位于加勒比海的西印度群岛和整个南美洲，东濒大西洋，西临太平洋，北与美国交界，南隔德雷克海峡与南极洲相望。其总面积 2054 万平方千米，占世界陆地面积的 13.8%，共 33 个独立国家和 13 个未独立地区。主要使用语言是西班牙语、葡萄牙语和英语，因西班牙语和葡萄牙语同属拉丁语系，故该地区被称为拉丁美洲。

二、人口、种族和语种

拉美的原始居民是印第安人，据研究，其前身可能是二三万年前西伯利亚地区的蒙古利亚人。他们经过白令海峡进入北美洲，后逐渐向南发展至整个美洲。拉美历史主要分三个阶段。15 世纪前为印第安文化的发展时期。有阿斯特克、玛雅和印加三大文化。那时，印第安人生产力已相当进步，在文化、艺术、科学、建筑、灌溉等方面，也有较大发展。15 世纪后为以西班牙统治为主的欧洲殖民时期，历时 300 多年。在欧洲殖民时期，许多地方的土著人几乎被屠杀殆尽。其间，拉美人民进行了长期的英勇斗争。在北美独立战争和法国革命的影响下，从 1971 年海地爆发革命起，争取民族独立的革命运动席卷整个拉美。1810 年，西蒙、玻利瓦尔(委内瑞拉)和圣马丁(阿根廷)率领的革命大军协同作战，几年内解放了西班牙在南美占领的全部土地。墨西哥伊达尔戈等领导的起义也最终取得了胜利。到 1826 年，绝大部分地区摆脱殖民统治，取得独立，至今共 170 多年。

2009 年，拉美人口为 5.5 亿，约占世界总人口 9%，主要是印欧混血种人、黑白混血种人，白人占总人口的 80%以上，其余为印第安人和黑人。南美洲和中美洲极大部分国家的官方语言是西班牙语，巴西是葡萄牙语，加勒比国家多讲英语，海地讲法语。居民多数信奉天主教。

拉美人口分布很不平衡，人口最稠密的地区是西印度群岛，为每平方千米 117 人。南美洲人口比较稀少。近年来拉美人口有向城市集中的趋势，城市人口比重已经高达 60%。目前，拉美百万人口以上的城市有 19 个。

三、自然条件和自然资源

拉丁美洲大部分地区位于赤道两侧，周围海洋广阔，气候湿热。拉丁美洲既有世界上面积最大的热带雨林气候区，还有面积广阔的热带草原气候区；干旱气候区面积较小；没有寒带气候。南回归线以南的温带气候区也比较狭窄。

拉丁美洲气候受地形的影响比较显著。热带平原地区气候都很湿热；高原地区气候比较温和；高山地区气候和植被有明显的垂直变化。南纬 40°以南的安第斯山西侧迎风山坡多雨，东侧背风地区则干燥少雨。

拉丁美洲的西北部是墨西哥高原，西南部是世界最长的安第斯山脉，东北部是世界最大的亚马孙平原，东南部是世界最大的巴西高原。

拉美地域辽阔，自然资源非常丰富，拥有世界上最重要的25种矿物资源，铜、铁、铝、镍、锰、锡及石油、硫磺和硝石等重要矿物资源，储量和产量居世界前列。拉丁美洲自然条件优越，为农、牧、渔业的发展提供了条件。森林面积达9亿多公顷，占世界总面积的25%，草原面积占世界总面积的15%，海岸线长达4.5万千米，年捕鱼量占世界总量的10%。拉美还拥有丰富的水力资源。不少拉美国家可谓资源大国。巴西铁矿砂已探明储量为319亿吨，可耕地面积近4亿公顷，均居世界之首。阿根廷拥有可耕地7000多万公顷，原始森林8000多万公顷，年产原木1000万吨，牧场1.13亿公顷，潘帕斯草原有世界粮仓和肉库之称。智利的铜矿储量175亿吨，居世界总储量的1/3，素有"铜矿之国"之称。墨西哥白银储量丰富，素有"白银王国"之称。拉美地区石油资源丰富，其储量占世界总储量12%，被誉为"第二个中东"。其中委内瑞拉石油理论储量1500亿桶，已探明储量780亿桶，是仅次于沙特和伊朗的世界第三大产油国，自1995年起已成为向美国出口石油最多的国家。哥伦比亚煤矿也极为丰富。秘鲁、智利和哥伦比亚沿海拥有丰富的水产资源，秘鲁和智利两国鱼粉产量之和为世界总产量的90%以上，拉美一些小国在资源方面也有独特的优势。乌拉圭可开发的农牧业土地面积占其国土的87%，发展畜牧业具有优良的条件。苏里南森林面积近1500万公顷，占其国土面积的90%，生产的硬质原木享誉世界。中美洲和加勒比地区国家的矿产、森林和农业、牧业、渔业资源也相当丰富。

四、经济概况

20世纪90年代拉美经济进入一个新的发展阶段，1990—1998年，拉美国家经济基本保持了持续增长，其中1991—1994年年均增长率为3.6%。1994年底爆发了墨西哥金融危机并对地区产生了巨大冲击，一些国家经济下跌。1996—1998年，拉美经济增长率又平均达到3.7%，恢复了较高增长率。1999年由于巴西危机影响，增长率放慢，但从第四季度开始，又出现回升。据统计，1998年，拉美地区国内生产总值约16万亿美元，巴西、阿根廷和墨古哥三国国内生产总值分别为7385亿、3356亿和4143亿美元，人均产值分别为4614、8498和4303美元，智利和乌拉圭人均产值分别为5173和6400美元，上述国家人均产值均列世界前50位内。一般认为，以上几国均已成为工业较发达的新兴的发展中国家。

二战后，拉美工业发展比较迅速。以巴西、墨西哥和阿根廷三国的工业最发达，已经形成了包括钢铁、石油、汽车、飞机、电力、石化和核能等部门的完整的工业体系。此外，委内瑞拉、智利、哥伦比亚和秘鲁也具有相当的工业基础，其他拉美国家的工业水平相对较低。

制造业是战后拉美经济发展迅速的部门。拉美制造业主要集中在巴西、阿根廷和墨西哥三国。近年来随着新兴工业的发展，制造业结构发生了显著的变化。消费品工业所占比重下降，重工业比重有所上升。采矿业作为拉美传统的工业部门之一，有色金属矿物种类很多，铜矿储量占世界的1/3，很多矿产品产量均居世界前列。而且矿产品在拉美出口贸易中占有十分重要的地位，年出口额约占出口总额的1/4。

拉美曾是世界最大的农牧产品的供应地，在各国经济中占有特殊的地位。但自从20世纪60年代以来，农业在经济中的比重逐渐出现滑坡。战后的拉美已经从粮食的净出口地区变为净进口地区。拉美的经济作物在世界上居重要地位，主要有咖啡、香蕉、可可、甘蔗、棉花等，其中咖啡是拉美地区除石油出口外最重要的外汇收入来源。甘蔗作为拉美主要糖料作物，巴西产量居世界第一。另外，巴西的可可产量居世界第二。拉美地区的畜牧业比较发达，产值约占农业总产值的 40%左右。阿根廷和乌拉圭是世界肉类的主要生产国和出口国。拉美沿海渔产丰富，巴拿马、秘鲁和智利的水产品在其国家的出口贸易中占有重要份额。

拉丁美洲东临大西洋，西濒太平洋，海、陆、空运均比较发达，墨西哥城、圣保罗、里约热内卢和布宜诺斯艾利斯是拉丁美洲的航空中心和铁路枢纽，巴拿马是世界主要的方便旗船国。巴拿马运河和麦哲伦海峡是重要的国际水道。

南北美洲之间是狭长的中美地峡，巴拿马运河从巴拿马中部穿过，它沟通太平洋和大西洋，巴拿马运河开通后，太平洋与大西洋之间的航程比原来缩短了 5000～10000 千米。目前，每年大约有 1.2 万～1.5 万艘来自世界各地的船舶经过这条运河。巴拿马运河自 1915 年通航以来，一直为美国所控制，巴拿马人民经过长期的英勇斗争，终于在 1999 年夺回运河的管理权。

在拉美国家广大内陆地区，交通运输主要还是依靠公路来联系。主要路线是从北美阿拉斯加到南美的阿根廷，全长大约 32000 千米。拉美的铁路因为长期受到殖民主义影响，分布很不平衡，其中以古巴最密。第一条贯穿南美大陆的铁路联运线是从智利北部的安托法加斯塔往东，经阿根廷、玻利维亚到巴西东南的圣多斯，全长约 4400 多千米。目前，拉美民航发展很快，货物周转量最大的是巴西、哥伦比亚、阿根廷等，客运周转量最大的是巴西和墨西哥。另外，在阿根廷和墨西哥管道运输所占比例也在较快地增大。

五、对外贸易

从 20 世纪 80 年代开始，拉美国家相继开始执行国际货币基金组织推崇的新自由主义经济政策，实行对外贸易自由化，全面开放资本市场，实行国民经济外向发展，目前关税水平较低，最高也仅为 20%，拉美对外经贸主要对象传统上首先是美国，其次是欧洲，日本也在快速进入拉美市场。拉美目前是美国对外出口的第一大市场，占其出口总额的 20%，吸收外资总量占新兴市场的 2/3 以上。近年来，拉美国家开始重视亚洲太平洋沿岸各国，对中国这个广阔市场兴趣也日益增大。

拉美是发展中国家经济一体化兴起最早、组织最多的地区，在世界经济全球化、区域化趋势中发挥了积极的作用。墨西哥与美国和加拿大签署北美自由贸易协定后，墨西哥对美国的出口已超过与其他拉美国家对外出口的总额。由巴西、阿根廷、乌拉圭和巴拉圭南方共同市场拥有 2.1 亿人口，国内生产总值为 1.1 万亿美元，是继北美自由贸易区、欧盟和东盟之后的世界第四大经济集团。安第斯共同体、加勒比共同体和中美洲共同市场等区域性经济组织的合作和一体化进程也在蓬勃发展。这些区域性经济组织的一个共同点就是相互逐步减税直到最后完全免税，如安第斯集团内部商品免征关税，根据安第斯集团的卡塔赫纳条约，哥伦比亚、委内瑞拉和厄瓜多尔三国还实行共同对外关税，玻利维亚作为内陆国家，关税率更低。拉美除积极参与区域性经济组织外，还纷纷与其他区域性组织和国家签署自由贸易协议或贸易优惠协议，如哥伦比亚还与墨西哥、委内瑞拉组成三国集团，签有相互减免关税的协议，它与智利也签有自由贸易协议。1994 年，哥伦比亚与加勒比共同体签订了贸易优惠协议，加勒比四国允许对哥伦比亚的出口商品免税或减少关税。此外，哥伦比亚还与美国及欧盟国家签有贸易互惠协议。最近欧盟将对墨西哥出口的82%工业产品放开，欧盟出口的47%工业产品也可免税进入墨西哥市场，拉美也与欧盟签署了自由贸易框架协议。

拉美国家中，从整体看，其出口贸易仍然以初级产品为主；进口贸易中，消费品所占比重在逐步下降，机械设备、先进技术和工业原料已经成为主要对象。

近年来，我国对拉美国家的贸易持续保持强劲的发展势头，在经济上有较强的互补性。我国在家电、机械设备、化工原料、纺织品和鞋类等行业的商品在拉美国家广泛受到消费者和用户的欢迎。目前中拉经贸关系有着良好的政治关系，而且同属于发展中国家，具有广阔的市场和发展潜力。这些都为双方经贸合作提供了更多的机遇。

第三节 美 国

一、位置及范围

美国全称为美利坚合众国(The United States of America)，位于北美洲南部，东临大西洋，西濒太平洋，北接加拿大，南靠墨西哥及墨西哥湾。原为印第安人聚居地。15 世纪末，西班牙、荷兰、法国、英国等国开始向北美移民。到 1773 年，英已建立 13 个殖民地。1775 年爆发独立战争。1776 年 7 月 4 日通过《独立宣言》，正式宣布建立美利坚合众国。1787 年制定联邦宪法，1788 年华盛顿当选为第一任总统。在 1776 年后的 100 年内，美国领土几乎扩张了 10 倍。2009 年，奥巴马当选为美第 44 任总统。

美国面积为 9372614 平方千米(本土面积)，仅次于俄罗斯、加拿大和中国，居世界第四位。美国的首都位于华盛顿哥伦比亚特区(Washington D. C.)。全国共分 50 个州和 1 个特区(哥伦比亚特区)，有 3042 个县。联邦领地包括波多黎各和北马里亚纳；海外领地包括关岛、美属萨摩亚、美属维尔京群岛等。

知识链接

美国国旗是星条旗(the Star-Spangled Banner)，旗面左上角为蓝色星区，区内共有 9 排 50 颗白色五角星，以一排 6 颗、一排 5 颗交错。星区以外是 13 道红白相间的条纹。50 颗星代表美国 50 个州，13 道条纹代表最初北美 13 块殖民地。据华盛顿说：红色条纹象征英国，白色条纹象征脱离它而获得自由。更普遍的说法认为，红色象征勇气，白色象征自由，蓝色则象征忠诚和正义。

美国的 50 个州，各州名称为：亚拉巴马、阿拉斯加、亚利桑那、阿肯色、加利福尼亚、科罗拉多、康涅狄格、特拉华、佛罗里达、佐治亚、夏威夷、爱达荷、伊利诺伊、印第安纳、艾奥瓦、堪萨斯、肯塔基、路易斯安那、缅因、马里兰、马萨诸塞、密歇根、明尼苏达、密西西比、密苏里、蒙大拿、内布拉斯加、内华达、新罕布什尔、新泽西、新墨西哥、纽约、北卡罗来纳、北达科他、俄亥俄、俄克拉荷马、俄勒冈、宾夕法尼亚、罗得岛、南卡罗来纳、南达科他、田纳西、得克萨斯、犹他、佛蒙特、弗吉尼亚、华盛顿、西弗吉尼亚、威斯康星、怀俄明。

二、人口、居民和生活习惯

美国总人口为3.087亿(2010年)。其中白人占67%(2005年),其比重逐渐缩小,黑人约占12.1%,2005年拉美裔人口比例为14%,而人口比例增长较快。2010年亚裔人口为1467万,占总人口的4.8%,其中华人约为363.9万,占总人口的1.2%和亚裔人口的24.8%。另有印第安人140万,占人口总数的0.8%左右。美国总人口中约有77%居住在城市地区,其中近半数集中在37个大城市,这在很大程度上是受就业机会的驱使。由于新移民涌向大城市,大城市的居民向郊区搬迁,郊区人口的增加快于市区。人口构成变化显著:①人口趋于老化。1990年人口普查表明,美国的老人愈来愈多,青年人的比例急剧下降。②男性人口增长率首次高于女性。1980—1990年,美国男性增加了1055万,女性增加了1044万,这在20世纪尚属首次。③少数民族人口增长速度惊人,亚裔增长率最高。20世纪80年代美国少数民族人口增长的速度几乎为70年代的2倍,其中亚裔人口的增长率为107.8%,为人口增长速度最快的民族。其他少数民族人口增长速度也很快,西班牙语系的拉美移民人口过去10年间增加了770万人,预计到2015年,其人口总数将超过黑人,成为美国第一大少数民族。

美国是一个没有国教的多宗教国家,宗教信仰极为普遍。其中,57%的居民信奉基督教新教,28%信奉天主教,2%信奉犹太教,信奉其他宗教的占4%,不属于任何教派的占9%。另外,美国还有各种稀奇古怪的教派,如魔鬼派、耶稣颓废派和人民圣殿教等。

美国的官方语言是英语。但由于地理的阻隔、时间的流逝,美英两国语言已产生了很大的差异,美国人通常讲话较慢,语调较平缓,整个句子的语调、重音也不同。美国人在讲话时也不过分遵守语法,例如常把介词省略,或把名词变成动词使用,使整个句子显得简练、随便。此外,在一些习惯用法、词组甚至词的构成和拼写都与英语不同,这就演变出了具有美国特色的美式英语。此外,有些地区和民族还使用其他语言,如法语、西班牙语等,印第安人用美洲印第安语。来自各国移民及其后裔也多使用本民族的语言,这就在美国形成了不同的语言区。美国语言学者将美国英语分为四大类:第一类是“美国人创造的新词”,如schooner(有篷四轮大马车,美国“西进运动”中的主要交通工具)、cafeteria(自助餐馆)等;第二类是“被美国人赋予了新的含义的英国旧词”,如corn(英语中指谷类,美国人往往专指玉蜀黍)、cracker(英语意为“崩溃”、“破产”等,美国人又用它专指南方的穷苦白人);第三类是“已被英国人淘汰的美国常用词”,如offal(垃圾)、adze(手斧)等;第四类是“来自印第安语和其他非英国移民语言的外来词”,如canyon(峡谷)、hominy(玉米粥)等。

美国是个移民国家。美国人热情开朗,以不拘小节著称。大多数美国人不愿因年龄与社会地位的关系特别受到尊敬,他们认为那样太不自在。许多人喜欢以名字相称呼,不喜欢在姓名上加头衔,只有初次见面时,对法官、政府高级官员、高级军官、医生、教授和宗教领袖等,可加头衔表示尊敬。以为这样更能表示亲切、友好。你时常会见到不穿外衣不打领带的人坐在写字间里工作,他们拿着电话讲话的时候会朝椅背一靠,甚至把双脚架在写字台上。

初到美国的人会对美国人的直率感到惊讶，其实在一些纯属私事的问题上，美国人也是避而不谈的，比如年龄、财产、宗教信仰、私生活等。美国人酷爱自由平等，在美国，有句著名的俗话："Go fly your Kite"，意思就是"干你自己的事，别干涉别人的事"。美国人决不随便过问或议论别人的私事，也不允许别人干预自己的私事。

美国人喜欢浅淡的颜色，如象牙色、浅绿色、浅蓝色、粉红色等。美国服装大体包括礼服、运动服、娱乐服、职业服和家常服。礼服有结婚礼服、丧礼服、午礼服、晚礼服。礼服的特点是庄重大方、严肃规整。午礼服被认为是正式场合适用的礼服，晚礼服亦是美国人参加晚宴、社交不可缺少的衣着。女士晚礼服多是连衣裙，袒胸露背，显示形体美。男士晚礼服多是燕尾服加领结。女士结婚服是连衣裙加披纱和鲜花，初婚服为白色，再婚服为淡色，丧服大多为黑色。运动服有网球服、骑马服、滑雪装、泳装、沙滩服等。标新立异和奇装异服是娱乐服的特点。一般穿着随意以方便自由为主是家常服的特点。职业装大多以端庄大方、简洁得体取胜。在美国没有人因为你穿得笔挺而对你另眼相看，也没有人因为你穿得朴素而不屑与你为伍。"随便"两字能概括人们对服饰的态度。

美国人请客多用电话或当面提出，请帖上将列明日期、时间、地点和聚会的性质，接到邀请通常是要答复的，如果不当面答复，写一个短柬或打电话即可。在美国，分别时说"改天见"、"有空来玩"或"找一天碰碰面"，只是客气地说"再见"的方式，并不是真的邀请或答应邀请的意思。真正的邀请一定会说明时间和地点。如果应邀到人家里去吃饭，最好在约定的时间或过 10 分钟之间去。迟到 20 分钟以上最好预先打电话通知，不足 20 分钟，抵达时道歉即可。客人到达宴会时，可以送给女主人一些花，但除一些特殊场合，如庆祝生日、圣诞节、新年等外，不送花也行。如果客人准备逗留过夜或度周末，习惯上要给女主人带点小礼物，通常是一本书、一盒糖果、一瓶酒或其他类似礼物。圣诞节和复活节前后两周不宜走访。

在美国，很重视守时的重要和价值，各界人士都以时间表组织他们的活动，给人的印象是美国人总是匆匆忙忙的，美国社会是受时钟统治的社会。无论是商务谈判，还是赴宴，都一定要准时到达。谈判时要开门见山，美国人直露坦率，不像中国崇尚谦虚，所以在交往中不必过分客气。

三、自然条件和自然资源

美国幅员辽阔，地形复杂，各地气候差异较大。大体可分为 5 个气候区：①东北部沿海的温带气候区。这一区域因受拉布拉多寒流和北方冷空气的影响，冬季寒冷，夏季温和多雨，年平均降水量为 1000 毫米左右。②东南部亚热带气候区。因受墨西哥湾暖流的影响，气候温暖湿润，年平均降水量为 1500 毫米。③中央平原的大陆性气候区。这一区域呈大陆性气候特征，冬季寒冷，夏季炎热，年平均降水量为 1000～1500 毫米。④西部高原干燥气候区。这一区域为内陆性气候，高原上年温差较大，科罗拉多高原的年温差高达 25℃。年平均降水量在 500 毫米以下，高原荒漠地带降水量不到 250 毫米。⑤太平洋沿岸的海洋性气候区。这一区域冬暖夏凉，雨量充沛。年平均降水量为 1500 毫米左右。

美国河流湖泊众多，水系复杂，从总体上可分为三大水系：①凡位于落基山以东的注入大西洋的河流都称为大西洋水系。主要有密西西比河、康涅狄格河和赫得森河，其中密西西比河全长 6020 千米，居世界第三位。②凡注入太平洋的河流称太平洋水系。主要有科罗拉多河、哥伦比亚河、育空河等。③北美洲中东部的大湖群。包括苏必利尔湖、密歇根湖、休伦湖、伊利湖和安大略湖，总面积24.5万平方千米，为世界最大的淡水水域，素有“北美地中海”之称，其中密歇根湖属美国，其余4湖为美国和加拿大共有。苏必利尔湖为世界最大的淡水湖，面积在世界湖泊中仅次于里海而居世界第二位。

美国自然资源丰富。煤、石油、天然气、铁矿石、钾盐、磷酸盐、硫磺等矿物储量均居世界前列。其他矿物有铜、铅、钼、铀、铝矾土、金、汞、镍、碳酸钾、银、钨、锌、铝、铋等。战略矿物资源钛、锰、钴、铬等主要靠进口。探明煤储量35966亿吨。探明原油储量270亿桶。探明天然气储量56034亿立方米。森林面积约44亿亩，占全国土地总面积的31.5%左右，主要树种有美洲松、黄松、白松和橡树类。

四、经济概况

美国作为独立国家的历史始于1776年，建国后的100年间有了迅速发展。19世纪80年代，美国成为世界头号工业强国。在两次世界大战中美国获得很大利益，经济急剧增长，变为世界上最发达的国家。二战后，美国的实力达到了顶峰，成为一个凌驾于其他发达国家之上的“金元帝国”。

美国自从侵略朝鲜的战争失败后，逐渐从资本主义的顶峰跌落下来，开始走下坡路。经济发展速度已经放慢，经济危机接连发生。尽管国内外各种矛盾不断发生，威胁其生存和发展，但是，美国目前仍然是世界上经济、军事力量最强大的发达国家。

(一)美国的经济特征

同世界上绝大多数国家相比，美国称得上是经济规模宏大，部门结构完整。它的经济成果是令世人瞩目的，它以占整个资本主义世界9%的土地和8%的人口，提供了近40%的工业生产总值。美国具有高度发达的现代市场经济，其劳动生产率、国内生产总值和对外贸易额均居世界首位，有较为完善的国民经济宏观体制。1997年人均国民生产总值30200美元，雄居主要工业国家榜首。在市场经济条件下，各公司享有完全的自主经营权，国家通过市场向各公司购买它所需要的产品。美国在拥有完整的工业体系的同时，又拥有高度发达的大规模的农业。还有，其交通运输条件也以绝对的优势居世界领先的地位。

美国的劳动生产率是世界最高的。职业人口数量中，第三产业和物质生产部门的比例为7∶3。美国科技力量雄厚，特别在计算机、医药、航天及武器装备等领域，其技术水平居世界领先地位。美国现约有25万名科学家从事科研和发展工作。而科技的发展，极大地促进了美国经济的繁荣，1994—1997年，美国的通货膨胀率一直保持在一个较低的水平，失业率还不到6%。

美国还是世界上国民经济军事化程度最高的国家之一，也是世界上最大的军火商之一，军火出口价值常常居世界前列，庞大的军火生产已经成为美国国民经济的重要组成部分。

美国的经济命脉完全掌握在极少数垄断资本集团手中。19世纪末和20世纪初，美国经济由于生产和资本的集中，促使银行资本与工业资本加速融合，形成了许多垄断财团。第二次世界大战前，有摩根—第一国民银行、洛克菲勒、库恩—洛布、芝加哥、梅隆、杜邦、波士顿以及克利夫兰等八大财团。战后，八大财团实力发生变化，新财团崛起，形成了洛克菲勒财团、摩根财团、第一花旗银行财团、杜邦财团、波士顿财团、梅隆财团、克利夫兰财团、芝加哥财团、加利福尼亚财团、德克萨斯财团等十大财团统治美国的格局。特别是在20世纪50年代下半期到70年代上半期，由于科学技术的进步，美国经济发展较快，产业结构也随之发生深刻变化，大公司、大企业纷纷跨行业实行多种经营，生产和资本进一步集中，加速了混合联合企业的发展。各财团又互相渗透，彼此之间的关系错综复杂，我中有你，你中有我，财团的界线愈来愈模糊不清，但东部财团如摩根财团、洛克菲勒财团以及第一花旗银行财团，仍处于统治美国政治、经济、社会的垄断地位。

(二)美国顺利渡过经济危机的原因

第二次世界大战结束以来，美国经过多次经济危机的冲击，实力地位不断下降。1981年，面对美国战后最严重的经济危机，里根就任总统后为重振经济，奉行以供给学派理论和货币主义为基础的经济政策，使美国经济从1982年年底开始回升，并连续增长，而且降低了通货膨胀和失业率。到1999年年底，美国经济已连续增长了9个年头，而且优于欧洲、日本的经济。美国经济一次又一次地转危为安，究其深层次的原因，有以下几个方面：

(1)消费开支增长幅度加大。美国消费开支占其GDP总量的2/3，消费开支增长幅度加大，对美国经济的稳定增长是一个最重要的支撑力量。

(2)固定资本投资多年强劲增长。固定资本投资的增长，使美国经济发展的活力大大增加。

(3)出口大幅度上升，使美国经济相应持续适度增长。

(4)高科技产业对经济增长的贡献度提高。据统计，美国的高科技产业对经济增长的贡献度高达27%，这在全世界是绝无仅有的。

(5)宏观政策调控起了积极作用，顺利实现了“软着陆”(即低通货膨胀下的经济稳定和适度增长)。

(三)美国的产业布局

1.工业

美国工业以技术先进、门类齐全、资源丰富、生产实力雄厚、劳动生产率高而著称于世。第二次世界大战后，美国工业取得巨大进展，工业设备生产能力与规模都大大超过世界其他国家，成为世界上最大的工业国家。

美国工业布局的特点是地区集中，分布不平衡。如汽车工业集中在底特律及其周围五大湖区各州，这里集中有美国三大汽车公司：通用汽车公司、福特汽车公司和克莱斯特汽车公司，其汽车产量和销售额均占全国总数的80%左右。造船业集中在四个地区，第一个的是以波士顿、纽约为中心的大西洋沿岸海湾地区；第二个是太平洋沿岸的洛杉矶、圣地亚哥地区；第三个是墨西哥湾各港口四周地区；第四个是五大湖沿岸地区。钢铁工业集中在匹兹堡；飞机制造及航天业则集中在西雅图、洛杉矶等西部地区；高技术工业，如电子计算机、光纤通信、激光技术、生物工程等则集中在加利福尼亚州的硅谷周围地区。

20世纪80年代以来，美国工业发展呈现一种不平衡状态，一方面，传统工业面临国际上新兴工业国家的激烈竞争，正呈衰落状态，被称之为“夕阳工业”；另一方面，以高技术工业为核心的新兴工业部门则呈现出蓬勃向上的趋势，在一定程度上抵消了整个工业水平下降的趋势。自20世纪70年代中后期以来，美国工业虽面临来自多方面的挑战，但其在世界工业中所占的份额一直保持在25%～26%的水平。

(1)能源工业。能源工业是美国工业中最大的部门，它包括煤炭、石油、天然气、水力、电力、核能等。石油和天然气工业是美国能源工业中最主要的部门。1989年，美国能源消费构成是:石油占 40.3%;天然气占 24.1%;煤炭占 24.8%;核能占 5.8%;水力及地热占 5.0%。美国石油和天然气的蕴藏量很大,全国 50 个州都发现有石油和天然气。美国的石油和天然气工业为美国提供了能源消费的主要部分,20 世纪 60 年代末期国际上出现石油危机后,美国的采煤业才略有回升。特别是从 20 世纪 70 年代中后期开始进行的采煤技术设备更新运动,使美国煤炭采掘业的技术装备和劳动生产率都居于世界先进水平。美国煤炭的主要产区是阿巴拉契亚山脉一带,仅此处煤炭产量就占全国总产量的 50%以上。

除传统的石油和煤炭能源外,美国还特别注重新能源的开发和利用,目前美国正在开展利用潮汐、合成燃料、太阳能等新能源。核能更是美国大力发展的重点,1990 年美国拥有核电站 110 座,2005 年仍在运行的有 104 座,数量居世界之最。

(2)钢铁工业。钢铁工业为美国经济三大支柱之一。20 世纪 70 年代以后,钢铁工业面临着设备老化,劳动生产率低下,国际竞争激烈等方面的挑战,处境非常困难。为此美国钢铁工业部门从 80 年代初开始了大规模的技术改造和企业结构调整。据估算,美国钢铁工业仅在 80 年代后半期就投入企业和设备技术改造资金 6000 亿美元,使其转炉效率、连续铸钢能力、带钢轧机等技术和设备达到了世界最先进水平。因为钢铁设备生产能力过剩,近 10 年来,世界钢铁总产量一直呈下降趋势,美国钢产量则一直保持在世界总产量的 11%左右。

世界前 20 名大型钢铁企业中,美国占有 7 家,它们分别是:美国钢铁公司(U. S. Steel Group)、伯利恒钢铁公司(Bethlehem Steel)、国民钢铁公司、共和钢铁公司、内陆钢铁公司(Inland Steel Industries)、阿姆拜钢铁公司以及约翰和拉费尔公司。2007 年,美国钢铁产量为 9159 万吨,是世界第三大钢生产国。

(3)汽车工业。汽车工业是 20 世纪刚兴起的一个工业部门,美国经济的三大支柱之一。1978 年,美国汽车产量达到历史最高点——1290 万辆,以后逐年下降。经过 20 世纪 80 年代上半期的改造与调整,美国汽车工业到 80 年代后半期渡过了难关,使美国汽车产量连续几年保持在 1100 万辆的水平,三大汽车公司的汽车产量均居世界最先进行列。其中美国通用汽车公司高居榜首,福特汽车公司在日本丰田汽车公司之后居世界第三位,克莱斯特汽车公司排在日本日产汽车公司、法国雷诺汽车公司和德国大众汽车公司之后,居世界第七位。进入 90 年代以来,因受美国国内经济衰退的影响,美国汽车工业再次陷入困境。1992 年 2 月,通用汽车公司宣布,3 年内关闭 12 个工厂,裁员 1.6 万人,到 1995 年,该公司将关闭 21 个工厂,解雇 7.4 万名职工。这是美国汽车工业衰落的一个缩影。1991 年,美国共销售汽车 1230 万辆,比 1990 年下降 11.5%,为 1983 年以来最低水平。通用、福特和克莱斯特三大汽车公司在美国汽车市场所占的销售份额也下降了 4%,降至有史以来的最低水平——68.9%。三大汽车公司的亏损额高达 70 多亿美元。2010 年,美国汽车产量为 776 万辆,排名世界第三。

(4)机器制造业。在二战前落后于德国,到 1969 年,美国的机床产值才超过德国和苏联,跃居世界第一位,但到 20 世纪 70 年代后期,则又面临世界各国的挑战。美国机器制造业由大约 500 家大公司组成,但在 1972—1986 年间,美国在经合组织各国机床出口总额的比重由 14.9%下降到 11%。里根政府为了阻止这一与国防工业密切相关的部门继续衰落,提出了一项"国内行动计划",在限制进口的同时,增加资金投入。1988 年,由于美元贬值和投资需求的增加,机器制造业部门状况有所改善,订货增加,生产回升,但上升幅度不大,仅为 1.5%左右。在数控机床和工业机器人制造方面,美国所面临来自日本的挑战更为严重,外国高级数控机床和工业机器人几乎占领了美国国内市场的75%左右。

(5)建筑工业。建筑工业、钢铁工业、汽车工业并列为美国经济的三大支柱,地位相当重要。第二次世界大战以后,建筑业发展迅速,也带动了其他工业部门的增长速度。到1972年创历史最高纪录,年建房230万套。但在此之后,建筑工业随着美国经济的衰落而衰退。美国建筑业现代化程度很高,设计技术和管理水平也居世界领先水平。在建筑材料的应用上,也大胆采用新材料,如特种塑料、铝合金、大面积平板玻璃等,在抗震力学和建筑结构设计等方面,仍领导世界建筑工业的发展方向。

(6)高技术工业。与美国传统工业普遍衰败的状况相反,美国的高技术工业则生机勃勃,呈现出高速发展的潜力。高技术工业包括微电子技术、电脑软件、机器人、通讯设备、计算机辅助设计、光纤技术、超导研究、生物工程和航空航天技术等。美国政府把高技术工业作为提高经济增长率、增强综合国力的重要手段。

电子计算机和信息处理技术是现代高技术工业的核心。美国在这一方面一直处于世界领先地位。1972年,美国电子计算机产值为64.71亿美元,就业人数为14.48万人;1990年,则增至943亿美元,就业人数为38.7万人。苹果计算机公司也在研制新一代个人计算机,除价格低廉外,还具备更多更先进的功能。与电子计算机相关的电子信息处理技术,美国更具优势。1986年,世界100家最大的信息企业中,美国占74家,1988年产值为1246亿美元。美国现拥有各类信息数据库1.5万个,美国数据资源公司(DRI)是世界上最大的经济数据库,拥有世界各国经济信息1000万件时间系列数据。此外,电脑软件的研制与开发也是美国的一大优势。1988年末,美国约有1万家从事软件生产的企业,程序编制人员约有100万人左右。

在现代通信技术方面,美国也具有绝对的优势。微电子技术与通信技术相结合,通过卫星、光纤电缆、数据库和电子计算机终端,产生了能够处理和传送电报、电话、图像、数据的现代通信系统,美国是这项技术的开拓者。1965年,美国发射了第一颗通信卫星,可同时传送240条电话线和一套黑白电视节目。而1988年由美国休斯公司研制的第六代通信卫星则可以同时传送3万条电话线和十几套彩色电视节目。光纤通信比卫星通信更先进,美国在20世纪60年代率先研究光纤通信技术,1970年由康宁玻璃公司首先生产出失音少的玻璃纤维。在此后的10多年中,光纤通信技术发展迅速。目前,一枚直径为1/4英寸,内有2根玻璃纤维的光缆可同时传送8万条电话线路和几十套电视节目,而且还不受外界干扰,提供高保真、高质量的音视频信号。

航空与航天技术工业方面,也是美国在高科技领域内短期不会遭到外国有力挑战的少数几个部门之一。航空产品主要包括商用飞机、直升机、飞机发动机及零部件等,美国在这一生产领域仍占据统治地位,美国波音飞机公司仍在飞机产量、销售额、出口额、利润和技术方面位居世界榜首。在卫星、运载火箭、空间试验站、航天飞机及太空科学试验装置方面,美国尚未遇到他国的有力挑战。

此外,美国在高分子化学、生物工程、新材料与新能源的开发与利用、超导、核能等方面,都保持着世界领先的位置,并对这些领域的继续发展起着重要作用。

2. 农业

美国农业为典型的现代化资本主义大农业,1989年农业总产值为812亿美元,占国民生产总值的1.5%,主要农产品如小麦、玉米、大豆、棉花等产量都居资本主义世界第一位,粮食产量占世界总产量的20%，农产品出口外汇收入每年达400亿美元，为美国外汇收入最大的一个项目。

(1)种植业。美国农业的基本生产单位是家庭农场，据1987年统计数字，全国共有217.3万个农场，其中小农场居绝对多数，但占有土地数量有限，75%的土地集中在少数大农场和特大农场主手中。美国共有农业用地4.3亿公顷，占地球全部农业用地的10%，人均农业用地高于世界绝大多数国家。20世纪40年代后，美国农业已实现了机械化，二战后朝着现代化、专业化和高科技化的方向发展。现代化的大农业创造了极高的劳动生产率，使美国各种农产品的产量都大大超出国内市场的最大需求量，为此美国农业必须向海外市场出口大量农产品。美国小麦出口量占世界总出口量的45%，玉米占70%，大豆占85%，棉花占32%。因此，美国农产品的生产和销售情况对世界农产品市场影响极大，世界市场某一农产品需求关系及价格的波动对美国农业生产也关系密切。

(2)畜牧业。美国畜牧业以养牛为主，居世界前列，第二个主要畜产资源为猪，此外鸡和火鸡的饲养发展也很迅速。美国畜牧业的机械化程度和专业化程度都居于世界领先水平，从20世纪60年代开始，主要畜牧品种的饲养开始由传统的野生放牧形式转向大型工厂化集中饲养。幼牛进入肉牛生产工厂后，经过18个月的集中饲养就可投放市场。由于采用现代化设备，使畜牧业的劳动生产率大大提高。目前，2个人就可以养2万头牛，1个人可照料10万只鸡。

(3)林业。美国林业资源丰富，全国森林面积为18亿公顷，主要分布在东南部各州和太平洋沿岸各州。美国林业的机械化程度很高，从幼树的栽培、成材的采伐、运输到木材的加工均采用机械化作业。此外，各大林场还利用卫星遥感技术，准确迅速地探测和计算火灾、病虫害和林木生长量。

(4)渔业。美国濒临两大洋，境内又有众多的河流湖泊，具有得天独厚的丰富渔业资源。然而，渔业在美国经济中所占比例却很小，美国的捕鱼量只占世界的第四位。渔业集中在新英格兰沿海、大西洋和太平洋沿岸及阿拉斯加。特别是阿拉斯加，它是世界著名的渔场。对苏联、日本等捕鱼大国来说，美国在远洋捕捞船队、冷冻及加工设备诸方面，仍处于相对落后状态。

3.交通运输业

美国是世界上交通运输业最发达的国家，拥有水陆空高度现代化的运输工具、道路、港口及机场设施，对促进国民经济发展和提高人民生活水平都起着重要作用。按全国货运及客运分类比较，在全国货运总量中，铁路承担了其中多数部分。1989年，铁路货运占货运总量的32.4%；公路货运占27.1%；水路运输占15.8%；管道运输占24.3%；而航空运输仅占0.4%；在全国客运总量中，私人小汽车承担了绝大部分，达80%；航空占18.2%；长途公共汽车占1.1%；火车仅占0.7%。

(1)铁路运输。铁路运输曾对美国经济发展起到了关键性的作用。时至今日，美国仍拥有铁路41.2万千米，约占世界铁路总长度的35%，居世界第一位。1989年美国铁路的货运量居世界第二位，客运量则远居世界10名之外。1991年铁路客运里程为2083.7万千米，居世界第13位。美国现有6家大铁路货运公司，它们是：CSX公司、桑太菲南方太平洋公司、联合太平洋公司、诺福克·南方公司、伊利诺斯中部海湾公司、密苏里—堪萨斯—得克萨斯铁路公司。这6家铁路货运公司的货运量占全国铁路货运总量的

86%。经营状况均不佳。

(2)公路运输。美国拥有一个以高速公路和国家干线公路为主的现代化公路运输网,全国公路总长度为640万千米,为世界上公路最长的国家。公路客运主要由一种设备先进的新式长途公共汽车承担,这种汽车装有空调设备,备有膳食供应,并装有盥洗设备,收费不高。全国有客运公司1500余家,大多数为小公司,其中最大的客运公司为"灰狗"长途汽车公司,该公司拥有5000多辆大型长途公共汽车,占全国城市间公路客运总量的47.6%。

(3)水运。美国的水路运输由内河航运和海运(包括近海运输和远洋运输)所组成。内河航运以密西西比河水系和五大湖水系为主体,其中以密西西比河水系的货运量为最大,占全国内河货运总量的60%左右。美国的海运以近海运输为主,远洋运输仅占海运总量的1/3左右,这是一种奇怪的现象。第二次世界大战结束时,美国远洋船队总吨位为世界总吨位的40%,高居世界榜首,但到1978年则落到第八位,1988年更在10名之外。这一方面是因为美国船租高,故货主们宁愿转租第三世界国家更便宜的货船;另一方面,美国远洋运输公司为逃避税收和雇佣外籍低薪海员,把大批商船改在外国登记,改挂外国国旗航行。在美国大西洋沿岸和太平洋沿岸,都建有世界一流的深水港口,方便各国往来的各种船只。

(4)航空运输。美国航空运输业起步最晚,但发展最快。目前,无论在客货总运量、航空线路、机场设施和各种类型飞机的数量和质量等方面,美国都明显超过世界任何其他国家。美国大型客运航空公司包括德克萨斯航空公司、亚美利加航空公司、德尔塔航空公司、西北航空公司、环球航空公司和美国航空公司等。由于一些中小航空公司的歇业和倒闭,美国航空运输业的垄断程度进一步提高,上述大航空公司所占市场份额已接近90%。

(5)管道运输。这是战后美国新兴起的一种现代化运输工具,其特点是营运方便可靠,运费低廉。管道运输可运送石油、天然气及其制成品,如汽油、液化天然气等。1988年,美国管道运输总长度为82万千米,约有70%左右的石油由管道运输,石油产品也有30%由管道运输。管道运输采用自动化操作,可以从1000千米以外用电脑监控,运输速度每小时8~10千米,但由于不受气候等外部因素影响,能按时交货,途中也不易受损失,故有很大的竞争力。

五、对外贸易

美国是世界上最大的商品和服务贸易国。政府利用全球化大力推动自由贸易,拓展海外市场,推动并主导全球经济规则的调整和制订。1993年,促使国会批准北美自由贸易协定(NAFTA),主持召开首届亚太经济合作组织(APEC)领导人非正式会议。1994年,美国推动亚太经济合作组织成员同意在2020年前实现贸易自由化;主办美洲国家首脑会议,通过2005年"建立美洲自由贸易区的构想";促使国会批准关贸总协定乌拉圭回合最终协议。2000年,美国政府强化双边自由贸易谈判,与约旦签署了自由贸易协定,并启动与智利、新加坡等国的自由贸易谈判。2000年,美国商品和服务贸易总额为25064.85亿美元,较上年增长3290.3亿美元;其中商品和服务出口10683.97亿美元,较上年增长1121.55亿美元;商品和服务进口14380.86亿美元,较上年增长2168.73亿美元。

美国对外贸易十分发达。战后初期曾占世界进出口贸易总额的1/3,1989年为14%左右。尽管美国贸易进出口总额在世界上的地位相对下降了很多,但同第二位的德国和第三位的日本相比,仍有一定优势。20世纪80年代以来,美国对外贸易最大的问题还是逆差严重。美国对外贸易逆差的扩大,引起了国内贸易保护主义的抬头,加深了美国和其他国家的矛盾,在其国内也成为一个严重的经济问题。

美国对外贸易的主要伙伴是加拿大、中国、日本、墨西哥、欧盟各国与亚洲新兴工业国家和地区。主要出口商品是机器、运输设备、农产品、化工产品、高技术产品、军火等;主要进口商品也是机器、运输设备,还包括石油、稀有金属等战略物资和化工产品、家电产品和轻纺产品。美国大宗出口商品是机器和运输设备以及农产品;大宗进口商品是矿物燃料、机器和运输设备以及其他制成品。

(一)对外贸易

美国的对外贸易在国民生产总值中的比重较其他主要发达国家为低,但规模巨大。2010年,美国进出口总额为32246.58亿美元,其中出口额为12890.59亿美元,进口额为19355.99亿美元。

随着经济实力的下降,美国的对外贸易发生了根本性的变化:

(1)在资本主义世界中的贸易地位下降,从1971年开始,对外贸易出现逆差,而且不断扩大。

(2)西欧、日本等发达国家历来是美国对外贸易的主要对象,1990年美国对这些国家的进、出口额均占总额的61.3%。现在这些国家已成为美国商品的主要竞争对手,它们的产品畅销美国市场,严重威胁美国国内工业,并在国际市场上排挤美国商品。

(3)同亚洲、非洲、拉丁美洲的贸易关系有所发展。美国出于原材料来源、劳动力成本、甚至环境卫生等考虑,越来越多地把消耗原材料和劳动力多或污染环境严重的一系列工业迁往发展中国家,然后再从那些国家进口制成品。

(二)资本输出

第二次世界大战后,美国的资本输出额一直维持在很高的水平上,成为世界上最大的资本输出国。到1990年,海外资产总额为17641亿美元。资本输出分政府资本输出和私人资本输出两种,私人海外资产中占主要地位的是对外直接投资,用来在国外开矿、设厂,直接控制原料和商品生产。1990年末,美国私人对外直接投资总额为5981亿美元,占美国海外资产总额的33.9%。在私人直接投资中,跨国公司占主导地位。主要投资对象是加拿大和西欧各国的石油提炼和各种制成品的生产。对发展中国家的直接投资主要用于各种矿产品的开采和加工。由于这些国家的市场容量不大,加上政治上的不稳定,投资受到很大限制。但在发展中国家的利润率远远高于发达国家。20世纪70年代以来,外国资本越来越多地投向美国。1990年末,外国资本在美国的资产总额高达21762亿美元,主要是间接投资。

(三)对外援助

美国的对外援助主要是通过诸如马歇尔计划、《共同安全法》和《480号公法》等援外计划进行的。对外援助分为赠与、贷款和其他援助三类。赠与分为军事赠与和经济赠与。20世纪50年代对外援助以军事援助为主,60年代后以经济和技术援助为主,但在某些地区军事援助仍占主要地位。在实行马歇尔计划期间,援助对象主要是西欧各国,以后发展中国家的比重日益增大。这些援助都服从于美国政府一定的政治和军事目的,并且是促进商品输出的有力手段。特别是对剩余农产品的出口,很大一部分是在援助的名义下输往国外的。

（四）国际收支

美国的国际收支于20世纪60年代开始出现逆差，1992年国际收支经常项目逆差为624亿美元。主要原因是：①1971年以后由于进口原油价格的上涨，对外贸易逆差日趋扩大；②20世纪70年代以来，随着外国资本在美国投资的增加，外国资本从美国汇出的利润大量增加。

（五）中美双边贸易

1979年7月，中美两国政府签订中美贸易关系协定，双方互给最惠国待遇，次年2月生效。这是中美两国对相互出口产品在对等基础上不征收歧视性关税的一种互惠性贸易安排，对两国间经贸关系的发展起到了积极的推动作用。1989年春夏之交的政治风波后，最惠国待遇问题一度成为中美关系中的一个突出问题。美国国会议员年年提出种种议案要求取消我最惠国待遇或对其延长附加条件。1993年5月，美国总统克林顿发布总统行政命令，宣布对1994年是否继续延长最惠国待遇提出了所谓人权等方面的附加条件。1994年5月，美国政府宣布将人权问题同最惠国待遇年度审议脱钩。1998年7月，美国总统克林顿签署了《1998年国内税务局改革法》。根据该法有关内容，"最惠国待遇"正式更名为"正常贸易关系"。1999年6月3日，克林顿总统宣布延长对华正常贸易关系一年。

中美双边贸易、投资以及经济技术合作在1999年以来保持良好发展势头。根据中国海关总署统计，1999年，中美双边贸易总额为614.8亿美元，比上年同期增长12.1%。其中，中国出口419.5亿美元，比上年增长10.5%；中国进口195.3亿美元，比上年增长15.7%；对美顺差224亿美元。据中国外经贸部统计，截至1999年年底，美国对华投资项目累计28628个，其中协议投资524亿美元，实际投资258亿美元。

截至2010年，两国互为第二大贸易伙伴，双边贸易额从2001年的805亿美元增长到2010年的3853.4亿美元，美国对华出口增长了2.9倍。美方对华直接投资累计超过652.2亿美元，是中国最大外资来源地之一；中国对美投资也已经超过47.3亿美元，且增长迅速。双方在能源、环境、科技、教育、人文等领域合作不断深化。

六、主要港口和城市

（一）旧金山

旧金山（Sanfrancisco）位于太平洋沿岸，是仅次于洛杉矶的第二大港市。位于加利福尼亚州西北部，美国西海岸中点。市区面积119平方千米，为美国西部人口密度最高的城市。1848年，旧金山附近地区发现金矿，大批淘金者涌入，包括第一批中国"契约劳工"。1914年巴拿马运河通航，港口日益繁荣，贸易量激增。旧金山是美国与太平洋地区贸易的主要海港，素有"西海岸门户"之称。港口自然条件优越。内侧的圣弗朗西斯科湾长104千米，宽6.4～16千米，面积1160平方千米，港区平均水深30～35米；通向太平洋的出口金门海峡最窄处仅610米，主航道水深16.7米；湾内潮差小。港口设施优良，码头、泊位和仓库等主要分布在海湾以东的里士满和奥克兰附近。有3条横贯大陆的铁路通达，港区有铁路专用线107千米，水陆联运方便。公路网稠密。建有横跨海湾的金门大桥和圣弗朗西斯科—奥克兰湾大桥等，并有海底隧道。高速电气铁路运输系统贯通整个海湾地区。位于市南11千米处的大型国际机场，为美国最繁忙的航空港之一。旧金山为美国西部金融中心，有40家银行及其147家分行，是太平洋岸证券交易所和美国最大的银行美洲银行总部所在地。

（二）西雅图

西雅图（Seattle）是美国本土西北部重要城市和海港，位于华盛顿州，西临与太平洋相通的皮吉特湾，东濒华盛顿湖。海岸线和湖岸线长80千米，面积218平方千米。西雅图是美国主要的飞机制造中心之一，世界上最大的喷气式民用客机制造公司波音公司总部所在地，有"波音之城"的称号。其主要企业分布在从南郊的奥本到北郊的图拉里普的地带，拥有7万余职工。近年来从阿拉斯加铺设过来的输油管通过该市，推动了该市城市工业的发展。该市也是重要渔业基地，拥有一支大渔船队，主要捕捞大比目鱼和鲑鱼等。西雅图是美国西海岸主要海港，素称"通往阿拉斯加和远东的门户"。主要港区在皮吉特湾内的埃利奥特湾，水深港宽，为著名天然良港。沟通皮吉特湾和华盛顿湖的运河，长13千米，筑有水闸，可供海轮通行。与加拿大不列颠哥伦比亚省沿海和阿拉斯加有定期班轮往来。3条横贯大陆铁路的起讫点，与太平洋沿岸的旧金山、洛杉矶及加拿大的温哥华等大城市有铁路、高速公路相连。

（三）洛杉矶

洛杉矶（Losangeles）为美国第二大城市，位于加利福尼亚州西南部，太平洋东侧的圣佩德罗湾和圣莫尼卡湾沿岸。市区面积1204.4平方千米，黑人和墨西哥人约占总人口的17%和15%，约1/3居民讲西班牙语。20世纪初，通过长距离管道引水，解决了城市的供水问题，城郊农业兴旺；人工港的建成，巴拿马运河的通航和好莱坞电影业的兴起，加速了城市发展。该市是美国西部最大的工业中心，制造业产值约占加利福尼亚州的1/2，居全国第三位。该市重化工业发达，飞机制造业居突出地位，美国三大飞机制造公司中的洛克希德公司和道格拉斯公司，分设在市区北面的伯班克和西岸的圣莫尼卡。市区西北的好莱坞集中了600多家电影和电视制片厂。洛杉矶是美国太平洋沿岸最大的港口，主要港区在圣佩德罗湾，由东、西毗邻的洛杉矶港和长滩港组成。两港岸线总长74千米，水深12～18米，潮差不足1.2米，可供18万吨以下海轮出入。该市是美国3条横贯大陆铁路干线的起点，并有南北向铁路与太平洋沿岸各大城市相连。洛杉矶城区的扩展伴随公路交通的发展，以高速公路稠密和汽车多著称。汽车人均拥有量居各大城市之首。大市区内有大、小机场10个，其中位于城西的洛杉矶国际机场，辟有57条航线，为美国最繁忙的机场之一。

（四）长滩港

长滩港（Long Beach）坐落的位置可以用与洛杉矶港"肩并肩"来描述，它在洛杉矶河口建港。建港以前，每次潮落，这里就是一片324万平方米（800英亩）的浅泥滩。

（五）奥克兰港

奥克兰港（Oakland）地处美国西海岸加利福尼亚州，金门海峡的东南端，圣弗朗西斯科湾口的东岸，隔湾与旧金山相望，是典型的峡湾港。奥克兰港口所在的奥克兰市，是美国西海岸加利福尼亚州的第四大城市，也是全美第六大都市区"旧金山—奥克兰"地区的心脏，并以其悠久的历史、优美的景色，成为著名的旅游城市。奥克兰港口是世界上首批使用集装箱运输的港口，同时也是首批专门从事集装箱多式联运的港口之一。目前港口全年运送货物总量的98%是通过集装箱装运的，其余2%的货物是散货，如钢材和木材等。

(六)巴尔的摩

巴尔的摩(Baltimore)位于北美东海岸中部,大西洋岸重要海港。巴尔的摩的地理位置使它成为从东部海岸到西部内陆市场极具竞争力的港口。巴尔的摩港比任何其他东部港口至少靠近中西部市场150英里,该市在行政上属美国马里兰州(State of Maryland),该州唯一的大港即巴尔的摩港。巴尔的摩市、巴尔的摩港与美国首都华盛顿紧紧相邻。港湾内潮差小、航道深、冬季不冻,有现代化设施。

(七)波士顿

波士顿(Boston)为马萨诸塞州首府,位于查尔斯与米斯蒂克两河河口,东濒马萨诸塞湾,西南距纽约200千米。波士顿港口距欧洲较东海岸其他城市近,海上贸易渐盛,促进了城市发展。18世纪中叶以前,波士顿一直是英属北美最大城市和殖民统治中心。波士顿港湾优良,主航道水深12米,有158个深水码头,主要分布在南波士顿、东波士顿和查尔斯敦,延伸约40千米,远洋巨轮可自由靠岸。此外,还为美国主要渔港之一,有若干铁路、公路干线与港口衔接,水陆联运方便。

(八)火奴鲁鲁

火奴鲁鲁(Honolulu)华人称檀香山,是夏威夷州首府,著名旅游中心。位于北太平洋夏威夷群岛中瓦胡岛的东南角。四季草木苍翠,空气清新,风景优美。按当地语言,“火奴鲁鲁”即“避风港”之意。1850年起成为夏威夷王国首府。旅游业为城市经济的支柱。年接待游客300万～400万人,旅游收入居各项产业之首;其次是联邦国防部在该州的支出。深水良港为横渡太平洋海轮的停靠站,全州所需粮食、燃料和各种工业品多经该港输入。

(九)休斯敦

休斯敦(Houston)为东南部最大城市,全国最大的石油工业中心和第三大港,位于德克萨斯州东南沿海,通过长80千米的通海运河与墨西哥湾相连。休斯敦号称“世界石油之都”。城市周围井架林立,油管纵横,炼油和石油化学工业发达,炼油能力以及乙烯、合成橡胶等主要石化产品产量均居全国首位。以它为中心,东至博蒙特,西至科珀斯克里斯蒂,是美国最大的石油工业地带。原油和油品通过管道输往加利福尼亚、东北部和五大湖工业区。美国各大石油公司总部或分公司均设在本市。休斯敦系人工港。通海运河宽90米以上,深11米,每年约有5000艘海轮由此出入。休斯敦是全国最大的石油和小麦输出港。年货物吞吐量仅次于新奥尔良和纽约港,但主要属于本国沿海贸易。休斯敦是美国西南部陆上交通中心,5条铁路干线和多条公路线呈辐射状通向各地,城周有高速公路环绕。市内设有2个机场,其中市中心以北27千米处的休斯敦洲际机场,为通往拉丁美洲和欧洲各国的空中门户。休斯敦又以宇航和医疗科研闻名于世。

(十)迈阿密

迈阿密(Miami)位于佛罗里达半岛东海岸南端,迈阿密运河的入海口,东濒比斯坎湾,西界埃弗格莱兹大沼泽地。近40年来,迈阿密已成为佛罗里达州最大城市。旅游业日益兴旺,为城市经济支柱,年接待国内外游客1500万人。海滩浴场长20余千米,有365个公园;著名的埃弗格莱兹国家公园位于城西南64千米处。与迈阿密城隔比斯坎湾相望,有堤道相连的狭长小岛迈阿密滩,是世界著名的旅游胜地。迈阿密是通往拉丁美洲各国的海上门户。

(十一)纽约

纽约(New York)为世界特大城市之一,美国最大的金融、商业、贸易和文化中心。市区面积945平方千米。纽约是全国最大经济中心及仅次于芝加哥和洛杉矶的全国第三大工业中心。纽约是美国和世界的金融和证券交易中心。位于曼哈顿岛南部的华尔街耸立着许多摩天大楼,集中有几十家大银行、保险公司和证券交易所。纽约也是美国运输业最发达的地区,纽约港区岸线总长1200多千米,水深9.13米的泊位400多个,拥有现代化的装卸、干船坞和库藏设施。货运量居全国第二位(次于新奥尔良),但对外贸易居全国首位(占全国1/5)。港口与河运、铁路、公路和航空构成一个综合运输系统,计有200条水运航线、14条铁路线、380千米地下铁道、3个现代化航空港以及稠密的公路网。昆斯区南端的约翰·肯尼迪国际机场为世界上客货流量最大的航空港之一。纽约也是全国文化教育和电视、广播中心,拥有94所大学和学院,976所公立学校,914所私立学校。纽约市立大学规模最大,包括17个学院和一个研究生所院,注册学生达17.7万人。哥伦比亚大学是全市创建最早的高校(1754年始建),是最著名的私立大学;其次是纽约大学等。纽约的公园、游乐场、海滩疗养地、剧院、歌剧院、音乐厅、画廊等均占全国首位,仅公园就有100余个。耸立在自由岛上的自由女神像被视作纽约市的"陆标",建成于1886年,是法国人民为纪念美国独立战争和两国人民友谊而赠送的礼物。自由女神像连底座约高100米,内有螺旋形阶梯和电梯可抵达女神像头部,头部内是一间可容40余人的观览厅,可眺望港区全景。

(十二)萨凡纳

萨凡纳(Savannah)是美国东海岸佐治亚州商港,位于该州东南与南卡罗来纳州交接的萨凡纳河下游。距河口约15海里,入港航道水深11米左右,万吨级海轮能到达。东北至查尔斯顿港111海里,西南至杰克逊维尔港150海里。港区自下游萨凡纳河与巴克河会合的杰克逊堡起,顺河道向西北伸展约9海里,沿岸分布有50多座码头,既有伸入河面的"T"突堤,也有挖入陆岸的港池,大部分分布在河流的右岸,属港务局管理的公用码头有19个杂货泊位,6个集装箱泊位,石油和干散货泊位各2个,主要分布在下游的海洋码头区和上游的花园城码头区。港口主要进口货物有原油、糖、石膏、化肥原料等;主要出口货物有废钢、纸张、木材、棉花、烟草等。萨凡纳的货物吞吐量居美国东海岸各港第五位。

(十三)新奥尔良

新奥尔良(New Orleans)是美国第一大港,河海两用港,路易斯安那州最大城市,同意位于州东南部,密西西比河畔,北临庞恰特雷恩湖,距河口170多千米。新奥尔良是密西西比河流域的出海门户,与中、南美洲贸易联系密切。港区主要分布于密西西比河和通庞恰特雷恩湖的运河沿岸,码头泊位总长40余千米,入港航道水深9.12米,20世纪60年代建成密西西比河直通墨西哥湾水道,供远洋海轮使用。1982年,货物吞吐量达1.71多亿吨,居全国各港之首。以转口贸易为主,港区内设对外贸易带,占地7.6公顷,进口货物可免税在此储存、加工或展览。新奥尔良是7条铁路干线的交会点,通达洛杉矶、芝加哥、纽约等大城市。多座大桥跨越密西西比河两岸。著名的庞恰特雷恩湖堤坝长达39千米,沟通市区与湖北岸的联系。新奥尔良有1个国际机场和2个国内机场。

美国各州名称中英文对照见表9-1。

表 9-1 美国各州名称中英文对照

中文州名	英文州名	中文州名	英文州名
亚拉巴马州	Alabama	阿拉斯加州	Alaska
亚利桑那州	Arizona	阿肯色州	Arkansas
加利福尼亚州	California	科罗拉多州	Colorado
哥伦比亚特区	Columbia	康涅狄格州	Connecticut
特拉华州	Delaware	佛罗里达州	Florida
佐治亚州	Georgia	夏威夷州	Hawaii
爱达荷州	Idaho	伊利诺伊州	Illinois
印第安纳州	Indiana	爱荷华州	Iowa
堪萨斯州	Kansas	肯塔基州	Kentucky
路易斯安那州	Louisiana	缅因州	Maine
马里兰州	Maryland	马萨诸塞州	Massachusetts
密歇根州	Michigan	明尼苏达州	Minnesota
密西西比州	Mississippi	密苏里州	Missouri
蒙大拿州	Montana	内布拉斯加州	Nebraska
内华达州	Nevada	新罕布什尔州	New Hampshire
新泽西州	New Jersey	新墨西哥州	New Mexico
纽约州	New York	北卡罗来纳州	North Carolina
北达科他州	North Dakota	俄亥俄州	Ohio
俄克拉荷马州	Oklahoma	俄勒冈州	Oregon
宾夕法尼亚州	Pennsylvania	罗得岛州	Rhode Island
南卡罗来纳州	South Carolina	南达科他州	South Dakota
田纳西州	Tennessee	得克萨斯州	Texas
犹他州	Utah	佛蒙特州	Vermont
弗吉尼亚州	Virgins	华盛顿州	Washington
西弗吉尼亚州	West Virginia	威斯康星州	Wisconsin
怀俄明州	Wyoming		

第四节 加拿大

加拿大(Canada)位于北美洲的北部,东、西、北三面分别濒临大西洋、太平洋和北冰洋。

南接美国本土，西北接美国的阿拉斯加。面积为9976139平方千米，仅次于俄罗斯，居世界第二位。加拿大由十个省和两个特别行政区组成，从西到东十个省分别是：卑诗省(British Columbia)、亚伯特省(Alberta)、萨斯喀彻温(Saskatchewan)、曼尼托巴(Manitoba)、安大略省(Ontario)、魁北克(Quebec)、新布拉威克省(New Brunswick)、爱德华王子岛(Prince Edward Island)、新斯科舍(Nova Scotia)和纽芬兰省(Newfoundland)。两个特别行政区是育空(Yukon)和西北行政区(Northwest Territories, NWT)。

一、人口、种族和语种

加拿大人口为3423万(2010年)，主要为英、法等欧洲后裔，土著居民(印第安人、米提人和因纽特人)约占3%，其余为亚洲、拉美、非洲裔等。2010年华人数量约为145万人，多伦多、温哥华是华人数量较多的城市。

加拿大人口密度约为每平方千米3.4人，是一个地广人稀的国家，国民享有高水平的居住及教育环境，政府对民众照顾周全，制度之健全堪称世界之冠。大湖区和温哥华区气候温和，大部分人口集中于此。

居民中绝大部分信仰天主教和基督教；英语和法语同为官方语言。

加拿大是英联邦成员国，首都渥太华(Ottawa)，地处安大略省，人口107万人，面积2757平方千米。

货币单位：加拿大元。

二、自然条件和自然资源

加拿大的地形大致西高东低，西部为科迪勒拉山系组成的高大山地，中部为北美大平原的一部分，东部为拉布拉多高原。

加拿大属于北欧形态的大陆型气候，冬季长(12月至次年3月)，气候寒冷，夏季短(7、8月)，而雨量集中在春季(4、5、6月)。就温哥华而言，是全加拿大冬季最暖和的城市，最冷的1月平均气温为3℃，7月的平均气温为17℃，基本上一年四季如春；多伦多1月的平均气温为-6.7℃，7月为20.5℃；渥太华年平均气温5.7℃，位于世界平均气温最低的首都的第五位。由于天气干燥，并不觉特别冷，而愈往北温度愈低。

加拿大有很多的森林、草地、湖泊、河流，其淡水资源非常丰富，据报载：地球表面的水只有5%可供饮用，加拿大就拥有其中的1/5。水力资源丰富，国内许多河流和湖泊都用于发电，所以水电比重较高。

加拿大森林面积占全部领土的44%。全国还有许多国家级、省级与地方性的自然保护区、森林公园及丰富的动植物资源。西部、东北部与东部的边缘地带多高山和山间高原，中部、南部及其他地区基本是波状起伏的低高原与平原，农地大多是划分为长方形的大片耕地，各片地里都建有单独的农户建筑及仓储、加工装置，休耕地或荒地也满是草地，除湖泊、河流以及少量沙丘、城乡建筑、道路、停车场以及机场等之外，几乎没有真正可以称为黄土朝天的地方。

加拿大在春夏到处一片葱绿。到处可见作为加拿大国花与国旗(徽)核心标志红叶的枫树，其枝叶浓密，一片深绿。据说加拿大枫树共有14种，其中有的可供采蜜制成特产的枫糖制品。枫树叶入秋后由绿变黄转红，加拿大落叶乔木种类繁多，9月间万绿丛中开始渐黄渐红，随着时间、地点、树种、部位等的不同导致变色程度的不同，树林逐渐呈现色彩斑斓的样子，有所谓的“七彩”森林，是其秋季特有的景致。人们还常常在这期间远行去那些湖区、林区专为欣赏红枫景色。10月中，黄叶红叶开始陆续落下，多半被埋置于楼旁花坛里，不能越冬的盆栽花草也被撤回。11月末，许多树木均已落叶，只有建筑物四周与路边的人工草坪还在坚持和松柏等长青树木比绿。

加拿大的各种矿产资源相当丰富，锌、铜、铅、铁、黄金、铀和石棉等均居世界前列。加拿大海岸线长达2万多千米。有世界著名的纽芬兰渔场，沿海渔场面积达50多万平方千米。

三、经济概况

加拿大是以贸易立国的经济大国。进入20世纪80年代以来，加拿大经济持续增长，但通货膨胀率也呈上升趋势。1989年，人均国民生产总值为19030美元。但从1990年第二季度起，加拿大经济有持续12个月的衰退，国内生产总值下降2.8%。1991年，经济在不平衡、不稳定的状况下缓慢地回升，通货膨胀趋于下降，外贸状况有所好转。2011年，人均GDP为46214.9美元，世界排名第十一位。

加拿大资源丰富，尤其是生态系统服务价值占有绝对优势，人均水平和社会发展程度高是加拿大综合国力增强的具体体现。

加拿大经济发展呈现以下几个特点：经济增长放慢；利率和通货膨胀率处于较低水平；从而刺激投资和消费；对外经济关系进一步改善，出口有较大幅度增加；就业形势有所改善，但失业率仍然居高不下。

（一）工业

加拿大是西方七大工业化国家之一，在原子能和水力发电、通讯和空间技术、石油化工、地球物理勘探、纸浆造纸、客运车辆制造等方面拥有先进技术设备。机器制造业较弱，在很大程度上仍须依赖美国的技术与资本。工业方面的主要大公司有：加拿大太平洋公司、帝国石油公司、加拿大铝公司、国际镍公司等。其中最大的是加拿大太平洋公司，经营汽车运输、海运、空运、电讯、采矿、制造业等业务，该公司按销售额排列在西方工业公司中位居第62位。

1. 采矿工业

加拿大矿产资源丰富，品种多，储量大，因此采矿工业相当发达。矿产品中，能源产品约占70%，金属矿产品约占20%，而非金属矿产品则不到10%。

加拿大的硫工业。加拿大硫生产主要集中在阿尔伯塔和不列颠哥伦比亚，从酸性天然气和焦油砂的加工中得到。目前，加拿大西部有50多套硫加工装置，年产硫810万吨以上。其中，560万吨由11个不同的成型设备加工后运到海外市场，210万吨以液硫形式在加拿大和美国市场销售，40万吨流入库存。

矿产品主要出口到美国、日本和欧盟国家。

2. 能源工业

加拿大是发达国家中能源较为丰富的国家，主要产品有煤、石油和天然气。电力工业发达，除了水电外，核电发展迅速。电力除了满足国内消费外，还大量输往美国。

3. 制造业

加拿大制造业种类繁多，其中较重要的有：汽车制造、钢铁、森林采伐和加工工业等。

汽车工业是加拿大二战以后新兴的工业部门，受美国垄断资本控制程度较大，在出口总额中居首位。汽车制造业基本上是美国三大汽车公司在加拿大的子公司。

钢铁工业主要分布在安大略湖沿岸城市，以汉密尔顿为最大中心。

加拿大丰富的电力为炼铝工业奠定了基础。炼铝原料大部分从南美和西印度群岛等地进口。加拿大现已成为世界上最大的铝出口国，年出口量为年产量的80%以上。

(二)农业和畜牧业

加拿大是一个农业高度发达的国家，也是世界上最大的粮食生产国之一，粮食产量仅次于美国、中国和印度，居世界第四位。但按人口平均的粮食产量，加拿大名列世界各国之首。加拿大农业劳动力只占全国人口的2%或劳动力总数的4.3%左右，其农业机械化程度和劳动生产率水平非常高，每个农业劳动力一年可提供20万千克粮食。主要农产品有小麦、大麦、燕麦、玉米、干草、油菜、亚麻、马铃薯、甜菜、向日葵、烟草、水果等。

发达的农业是加拿大经济的重要组成部分，农业部门的构成为农牧并重，畜牧业略占优势。肉牛在加拿大的产值，已占畜禽生产总值的一半。每个劳动力年提供的牛肉达4000多千克，猪肉达2000千克。畜牧业以肉牛和乳牛饲养为主，其次为猪和家禽的饲养。

加拿大渔场面积50多万平方千米，约有10万多人从事渔业生产，2.6万人从事渔业加工。渔业以海洋捕捞为主，盛产鳕鱼、鲭鱼、大比目鱼、鲑鱼等。水产品2/3供出口，主要输往美国。

(三)交通运输业

加拿大交通运输业十分发达，人均铁路、公路长度居世界第一，已建起由铁路、公路、水运、航空和管道5个部门组成的现代化交通运输网络。铁路总长约10万千米，公路总长90多万千米。重要交通干线位于人口和经济活动密集的国土内缘，以东西方向线路为主，其中横贯大陆、长约7000千米的国家铁路和全长6100千米的加拿大太平洋铁路；圣约翰至维多利亚、全长7700多千米的加拿大公路为最重要的交通干线。全国有800多个注册机场，多伦多、蒙特利尔、温哥华、卡尔加里等为重要国际机场。此外，内河航运、管道运输(长3.5万千米，居世界第二位)亦为加拿大现代交通运输业中的重要组成部分。

由于加拿大的海岸线很长，港口众多，因此它的海运业在二战后发展得也比较快。目前，加拿大有大型深水港25个，其他港口650个。据最近提供的资料，加拿大全国共有船舶35000多艘，总注册吨位达536万吨。

空运对二战后加拿大交通运输业的发展也起了不可忽视的作用。加拿大全国飞机场约有200个。二战后40年来，加拿大的航空线不仅客运增长得很快，货运也有较大的发展。例如，从1946—1976年的30年间，客运量增长103倍，货运量则增长243倍之多。1985年以来，马尔罗尼政府为了促进空运业发展，把国营“加拿大航空公司”实行私有化，目的在于提高航空公司的经营效率。

四、对外贸易

加拿大已成为当前世界上主要的贸易国家之一。同美国相比，加拿大的进出口贸易对国外市场依赖较大。现今美国和加拿大的双边贸易额每年约为16004亿美元。加拿大出口大多为原料和矿产业，进口中制成品占的比重较大。加拿大对外贸易的地区分布也不平衡，美国居首位，依次是欧盟和日本。近年，加拿大逐步加强了同亚太国家的贸易往来。在依靠大量的外资发展本国经济的同时，加拿大还向国外输出资本。

近几年，加拿大在美国的直接投资占加拿大在外国的直接投资的71%。同时，加拿大对外援助逐年增加，已成为对第三世界国家援助较多的国家之一，是仅次于美国的世界上第二大粮食援助提供国。

加拿大政府为了发展经济和增加就业，主张充分吸收和利用外资。其中，目前65%的大企业为外国资本所控制，而其中85%的企业又为美国资本所控制，美国占外国在加拿大直接投资的75%。

2010年，加拿大货物进出口额为7782.9亿美元，其中，出口3871.2亿美元，进口3911.8亿美元，贸易逆差40.6亿美元。分国别(地区)看，2010年，加拿大对美国、英国、中国和日本的出口额分别占加出口总额的74.9%、4.1%、3.3%和2.3%，自美国、中国、墨西哥和日本的进口额分别占加进口总额的50.4%、11.0%、5.5%和3.3%，美国是加拿大最主要的顺差来源地。

2010年，加拿大与中国双边货物进出口额为559.9亿美元，其中，加拿大对中国出口128.7亿美元，占加拿大出口总额的3.3%，;加拿大自中国进口431.2亿美元，占加拿大进口总额的11.0%。中国是加拿大最大逆差来源国，逆差为302.5亿美元。中国是加拿大的第二大贸易伙伴，是加拿大第三大出口目的地和第二大进口来源地。

矿产品是加拿大对中国出口的第一大类产品，2010年出口额为27.4亿美元，占加拿大对中国出口总额的21.3%。纤维素浆、纸张是加对中国出口的第二大类商品，出口额为21.0亿美元，占加对中国出口总额的16.3%。贱金属及制品是加对中国出口的第三大类商品，出口额为15.4亿美元，占加对中国出口总额的12.0%。2010年，加拿大对中国食品/饮料烟草、动植物油脂和木及制品出口额大幅上扬，分别增长449.9%、169.8%和137.9%，其中，食品工业的残渣及废料增长849.9%。

加拿大自中国进口的主要商品为机电产品、家具玩具产品和纺织品及原料，2010年合计进口达288.6亿美元，占加拿大自中国进口总额的66.9%。中国在劳动密集型产品的出口上继续保持优势，家具玩具、纺织品及原料和鞋靴/伞等轻工产品分别列加拿大自中国进口大类商品(HS类)的第二位、第三位和第六位，占加拿大进口市场的46.0%、40.3%和69.9%。在这些产品上，美国、墨西哥、印度、越南等国是中国的主要竞争对手。

五、主要港口和城市

(一)温哥华

温哥华(Vancouver)坐落于不列颠哥伦比亚省西南部，是加拿大第三大城市，该市冬暖夏凉，四季宜人，依山傍水，景色秀丽，多次被联合国评为最适合居住的城市。

温哥华是加拿大西部最大的工商、贸易、科技和文化的中心，工业门类多样化，其港口可停泊任何吨位的船舶和容纳世界上最大的商舰队。温哥华的华人很多，该市唐人街在规模上仅次于美国旧金山，唐人街上处处有着香港风韵，非常富有东方情调，孙中山先生当年居住过的地方至今依然保存着，成为一个观光胜地。温哥华公园遍布，其中最负盛名的自然公园是史丹利公园(Stanley Park)，其象征北美印第安文化的图腾柱(Totem Poles)是史丹利公园的重要景观。

(二)多伦多

多伦多(Toronto)位于安大略湖北岸的多伦多湾,是安大略省的首府,也是加拿大最大的城市。多伦多不但是安大略省的工业、行政和金融中心,而且是全加英语区的文化中心,设在这里的多伦多大学是全国最大的高等学府。它四季分明,春季短暂,夏季潮湿微热,秋天阳光普照,气温宜人,冬季则十分寒冷。多伦多也是华人聚居的城市之一,唐人街两旁华人商店林立,生意兴隆。主要景点有多伦多电视塔、皇家博物馆等。

(三)蒙特利尔

蒙特利尔(Montreal)坐落于渥太华河和圣劳伦斯河交汇处,是加拿大第二大城市。市旗图案是由四朵小花组成的,分别代表最早建设蒙市的英格兰、法兰西、苏格兰和爱尔兰移民。作为魁北克省最大的城市,蒙特利尔的法语居民占多数,体现出独特的法国文化底蕴,被誉为小巴黎。大大小小、风格各异的教堂构成了蒙特利尔引人注目的文化奇观,教堂数量之多甚至超过罗马。该市曾在 20 世纪 90 年代初与中国上海市结成姐妹城。

蒙特利尔的教育业非常发达,有全国最大的法语大学蒙特利尔大学和全国历史最悠久的英语大学麦吉尔大学。

(四)魁北克

魁北克(Quebec)是魁北克省省会,加拿大东部重要港口。该港有集装箱码头泊位 2 个,总长 195.4 米,低水位深 11.5 米。

(五)哈利法克斯

哈利法克斯(Halifax)位于东部新斯科舍半岛东南,为不冻良港。有集装箱码头泊位 2 个,总长 518 米,低水位深 11.5～15.2 米。港口年吞吐量达 1500 万吨左右。

(六)鲁泊特港

鲁泊特港(Prince Rupert)位于太平洋沿岸开恩岛上,为一天然不冻良港,是加拿大水陆交通枢纽。

第五节　巴　西

巴西(Brazil)位于南美洲东北部,面积为 851.2 万平方千米,居世界第五位,是南美洲面积最大的国家。巴西东濒大西洋,海岸线长约 7500 千米,北同委内瑞拉、哥伦比亚、圭亚那、苏里南和法属圭亚那为邻,西部与秘鲁、玻利维亚交接,南与巴拉圭、阿根廷和乌拉圭接壤。

一、人口、居民和宗教

巴西人口 1.91 亿(2010 年),是拉美人口最多的国家。人口分布极不平衡,全国 90%的人口居住在东部沿海地带,尤其是东南部,为巴西人口最密集的地区,这里的圣保罗和里约热内卢是拥有 1000 万以上人口的特大城市,而北部、西部、中部人口稀少。白人占总人口的

1/2以上，黑白混血人种占2/5，其余为黑人、印第安人等。人口中约有90%的居民信奉天主教。葡萄牙语为官方语言。

二、自然条件和自然资源

巴西绝大部分领土位于赤道与南回归线之间。领土的2/3是巴西高原，属热带草原气候，气候温和；其余1/3是亚马孙平原，属热带雨林气候，终年炎热多雨。巴西是世界上热带面积最大的国家，"大"和"热"是这个国家的特点。

巴西有丰富的矿产资源。矿产品不仅品种多，藏量丰富，而且品位高。铁矿砂已探明储量为319亿吨，品位大多在60%以上，铁矿砂的产量和出口量均占世界第二位；铀矿储量为24万吨，居世界第六位；矾土储量为44亿吨，锰矿为2亿吨，居世界第三位，产量占世界产量的10%；其他较著名的矿产品还有铝、锡、铬、镍、锌、钨、宝石、黄金等。

炎热多雨的气候孕育了世界上最繁茂的热带雨林，形成方圆280多万平方千米的莽莽林海，巴西的热带雨林面积居世界之首。这片森林对世界气候有很大影响，被称为"地球之肺"。巴西植物资源，保存了占世界1/2的植物种类、名贵木材，其中以巴西木最为名贵。动物资源丰富，栖息着多种猿猴、鸟类，以及2000多种淡水鱼，是人类非常珍贵的生物资源宝库。

三、经济概况

(一)经济特征

20世纪下半叶以来，巴西经济呈现出以下特点：

(1)经济结构发生了变化，工业比重迅速增加，改变了过去以农矿业为主的结构。

(2)经济作物迅速发展，虽然小麦还需进口，但咖啡、甘蔗、大豆、可可等农产品产量居世界前列，并大量出口。

(3)现代工业发展迅速，制造业部门不断向世界市场拓展。1968—1974年的经济增长率高达10%以上，因此这一阶段被誉为"巴西奇迹"，成为拉美经济最发达的国家。2008年，巴西国内生产总值为15720亿美元，人均国内生产总值为6842美元。

(二)工业

巴西拥有较完整的工业体系，加工制造业占工业总产值的3/4，工业自给率达80%以上。巴西是世界重要的钢铁、轮船、汽车、飞机生产国之一。圣保罗、里约热内卢等城市是巴西的工业中心。主要工业部门有钢铁、汽车、机械制造、石油、水泥、电力、采矿、建筑、纺织、轻工等。巴西是世界第九大产钢国和第六大出口国。2010年巴西汽车产量为363.8万辆，居世界第六位。近十年来，巴西的电子、通信工业发展迅速，有1000多家电器电子公司，年营业额为120亿美元，约占国内生产总值的3%，其中计算机部门创利70亿美元，90%的通信技术实现了现代化。巴西主要工业产品产量见表9-2。

表 9-2 巴西主要工业产品产量

工业产品 \ 年份	1999
水泥/万吨	427.0
粗钢/万吨	2499.6
化肥/万吨	742.6
铝/万吨	125.0
纸浆/万吨	720.4
纸张/万吨	688.9
汽车/万辆	134.4

资料来源:巴西地理统计局,巴西中央银行。

(三)农业

农产品出口在巴西出口具有重要作用。大豆出口已成为巴西传统出口项目,通常位居世界前三名之列。近年来,巴西还成为世界主要的浓缩橙汁出口国。近几十年来,巴西的养牛业得到了极大的发展。巴西还大力发展马、羊、猪及其他家禽的饲养,牛奶、蛋、皮革、毛皮的产量可观。巴西主要农产品产量见表 9-3。

表 9-3 巴西主要农产品产量

农产品 \ 年份	2000	农产品 \ 年度	2000
稻谷/万吨	1092.2	杂豆/万吨	307.8
咖啡豆/万吨	368.6	甘蔗/万吨	31435.0
可可/万吨	20.9	棉花/万吨	179.0
大豆/万吨	3174.8	牛/万头	—
小麦/万吨	282.2	柑/万吨	11346.5
玉米/万吨	3411.6		

资料来源:巴西地理统计局,巴西年鉴。

在进入 20 世纪 90 年代时,巴西仍是世界最大的咖啡和蔗糖生产国,可可生产居世界第二,烟草生产居第四,棉花生产居第六。粮食产量持续增加,其中包括小麦、稻米、玉米。重要产品,如橡胶(曾一度为巴西的主要出口产品)、干果、腰果、蜂蜡和植物纤维等,已不像过去那样采自野生森林,而来自人工栽培。由于气候的多样化,巴西几乎每一种水果都能生产。北部出产各种热带水果(各种干果和鳄梨);南部出产大量柑橘和葡萄。巴西的牛肉生产量居世界第四位,其出口量居世界第五位。全国可耕地面积达 2.6 亿公顷,人均可耕地面积达 2 公顷;森林覆盖率占国土面积的 52.2%,居世界第四位;咖啡产量和出口量均占世界第一。巴西的甘蔗、可可、大米、大豆、柑橘产量都名列世界前列,此外还盛产腰果、棉花、烟叶、剑麻、胡椒等经济作物。

(四)交通运输业

巴西铁路线总长 29577 千米,其中 7.1%为电气化铁路,1997 年公路总长 165.8 万千米，各种车辆计2877万辆。公路运输占全国客运总量的96.3%和货运总量的63.1%，铁路和水路货运量分别占货运总量的21%和11.7%(1998年)。巴西空运发达，全国有8家航空公司，主要国际机场为：圣保罗、里约热内卢、巴西利亚、累西腓、玛瑙斯。

四、对外贸易

近年来，巴西政府对外贸易政策作了重大调整。取消以高额关税限制进口的保护主义，并对出口进行奖励和补贴，鼓励提高产品质量和加强出口竞争机制，同时宣布开放市场，5000种商品免征进口税和降低关税等。主要进口商品有石油、化工原料、光学仪器、小麦等；主要出口商品有钢材、交通运输设备、铁矿砂、纸浆、皮鞋、咖啡、糖、大豆、橙汁等。

2010年，巴西与中国双边货物进出口额达到563.8亿美元，其中，巴西对中国出口307.9亿美元，巴西自中国进口255.9亿美元，巴方顺差52亿美元。2010年，中国是巴西第一大贸易伙伴、第一大的出口目的地和第二大进口来源国。

矿产品是巴西对中国出口的主力产品，2010年出口额为178.1亿美元，占巴西对中国出口总额的57.9%。植物产品是巴西对中国出口的第二大类商品，2010年出口额为71.6亿美元，占巴西对中国出口总额的23.3%。

巴西自中国进口的主要商品为机电产品、贱金属及制品和纺织品及原料，2010年进口额为182.6亿美元，占巴西自中国进口总额的71.4%。2010年中国在劳动密集型产品对巴西出口上继续保持优势，纺织品及原料、家具玩具、皮革箱包等轻工产品分别列巴西自中国进口大类商品(HS类)的第四位、第七位和第十位，占巴西进口市场的42.6%、51.0%和67.8%。在这些产品上，印度、印度尼西亚、美国、意大利、阿根廷等国是中国的主要竞争对手。

知识链接

目前，巴西机电市场很大，我们应该大力发展这一领域。这可以从以下三个方面入手：第一，科技含量高，产品质量要好，价格具有竞争力，交货要及时；第二，选择合适的进口商，做好产品的广告宣传；第三，要遵循巴西的贸易习惯和做法，即接受D/P 180天、D/P 360天甚至更长时间的付款方式。另外，丝绸生产是我国江浙地区的传统产业，有一定的竞争力，我国相关企业可以利用巴西原材料和广阔的拉美市场，在当地建立合资或者独资企业带动我国机器设备和技术出口。

五、主要港口和城市

(一)圣保罗

圣保罗(Sao Paulo)是巴西最大的城市，拉丁美洲最大的工业中心。该市商业、金融发达，有国家、州、地方和国际银行。为世界最大的咖啡交易中心，当地机场为世界最繁忙的国际航空港之一。

(二)圣多斯

圣多斯(Santos)位于巴西东南岸，为圣保罗的外港，有铁路、公路通往圣保罗，距圣保罗

63 千米。有炼油、化学、水泥、食品、机械、冶金、锯木等工业。港口有码头线 8 千多米，可以同时停靠 50 多艘远洋货轮，为巴西第二大港和世界最大咖啡出口港。吞吐全国出口总值的 1/3 和进口总值的 2/5 货物，该港还出口棉花、蔗糖、香蕉、化工产品、水泥、肉类和工业品。玻利维亚和巴拉圭部分进出商品也经此港进出。

(三)里约热内卢

里约热内卢(Rio de Janeiro)位于巴西东南大西洋纳巴拉湾西岸，是巴西最大海港和第二大城市，与东岸的尼泰罗伊市有公路桥相通。该港是全国经济、文化中心，有纺织、印刷、汽车、冶金和食品等工业。该港输出咖啡、蔗糖、皮革和铁、锰等矿石，输入燃料、机器和金属制品等。

(四)玛瑙斯

玛瑙斯(Manaus)位于亚马孙河与内格罗河交汇处，为亚马孙河中游河港，并为一出口加工区和自由贸易港，输出天然橡胶等。

(五)萨尔瓦多

萨尔瓦多(Salvador)位于巴西东岸，是巴西第三大城市，曾经是葡萄牙美洲领地首府，有食品、烟草、纺织、造船、炼油、石油化工等。该港输出纺织品、烟草、咖啡、可可、糖、皮革及石油等，输入煤和谷物等。

第六节　墨西哥

墨西哥(Mexico)的国名全称是墨西哥合众国，北邻美国，南接拉丁美洲，东濒墨西哥湾和加勒比海，西临太平洋和加利福尼亚湾，国土面积 197 万平方千米。墨西哥是拉美著名的文明古国，玛雅人曾创造了灿烂的文化。

一、人口、居民和宗教

墨西哥人口 1.12 亿(2010 年)，其中 90%以上的居民是印欧混种人，其余主要是印第安人，96%居民信奉天主教，官方语言为西班牙语。墨西哥现在已经成为世界上讲西班牙语人数最多的一个国家。

二、自然条件和自然资源

全国大部分地区分旱、雨两季，最旱月份为 2 月，降水量仅 5 毫米，降水最多月份为 7 月，降水量约 170 毫米。墨西哥 5/6 左右领土为高原及山地，内部为墨西哥高原，终年气候温和，其东、西、南部为马德雷山脉，东南为地势平坦的尤卡坦半岛，沿海多狭长平原。

石油和天然气是墨西哥最重要的动力资源，储量十分丰富。1998 年石油探明储量为 65.23 亿吨，储量居世界第八位；墨西哥煤炭探明储量为 12 亿吨，主要分布在东北部和科阿韦拉州和南部的瓦哈卡州。贵金属资源主要有银和金。墨西哥银矿蕴藏量为 2.28 万吨，居世界首位，金矿主要分布在中央高原和西马德雷山脉，最大的金矿是墨西哥州的雷亚尔—德奥罗矿。西马德雷山区储藏着铅、铜、锰、锑、钨、锡、铋、汞等有色金属，是墨西哥最重要的有色金属资源分布地区。墨西哥的铅和锌储量分别为320万吨和360万吨,居世界第五位。铜矿总量为318万吨。墨西哥的铋和汞储量分别为1.13万吨和1.15万吨,居世界第二位。锑产量居世界第三位。墨西哥铁矿总储量约6亿吨。墨西哥高原上蕴藏着丰富的铀、镭、钍等稀有金属,多种矿产品储量居世界前列,其中石墨储量居世界第一位;萤石、重晶石储量居世界第二位;碘储量居世界第四位;硫磺储量居世界第五位。

三、经济概况

墨西哥是拉美经济发展水平较高的国家,2008年墨西哥国内生产总值为1.088亿美元,人均国内生产总值为8426美元,经济增长率居拉美各国之首。墨西哥已成为全球发展中国家中工农业发展最为迅速的国家之一。其工业以采矿、石油、冶金、化工、纺织为主,工业的总产值已超过农业,居于主要地位。

墨西哥向来以采矿业闻名于世,其银产量一直居世界首位。铅、锑、汞的产量居世界前列。镉的产量仅次于美国,居世界第二位。石油工业在墨西哥经济中占有极其重要的地位,已成为整个国民经济发展的支柱。墨西哥石油资源丰富,产量大,1975年就成为石油出口国,石油收入占国家外汇收入的一半。墨西哥炼油工业发展快,增长迅速。墨西哥的钢铁、有色冶金、电力、机械、建筑材料、纺织、食品和造纸等加工工业,近年有较快的发展。其钢铁、汽车等产品产量的增长尤为显著。钢铁工业在拉美各国中仅次于巴西,居第二位。其机床工业较薄弱,各种重型机械多靠进口。纺织工业和食品工业较发达,都以本国原料为基础。近年来,墨西哥汽车工业发展迅速,2010年汽车产量达234.2万辆,为全球第九大汽车生产国。

墨西哥农业生产部门齐全,粮食作物、经济作物和蔬菜园艺间关系协调发展。玉米种植面积约占耕地的75%。小麦和稻米产量分别占拉美第二位和第四位。经济作物有棉花、甘蔗、咖啡、可可、剑麻、烟草、香蕉和柑橘等。棉花出口量居拉美第一位。墨西哥畜牧业、渔业也比较发达。

墨西哥有4万千米铁路,30多万千米公路,与美国、加拿大和欧洲、澳大利亚及拉丁美洲各国都有航空往来,国内外交通都较发达。墨西哥城是美洲有名的国际航空站,墨西哥有125万总吨的商船队,居世界第四位。

四、对外贸易

墨西哥同70多个国家和地区有贸易关系,其中以美国为主要贸易对象。近年来,墨西哥实行贸易开放政策,鼓励本国产品出口,放宽限制,促使对外贸易额显著增长。2010年,墨西哥货物进出口额为5997.1亿美元,其中出口2982.3亿美元,进口3014.8亿美元,贸易逆差32.5亿美元。分国别(地区)看,2010年美国依旧是墨西哥最大贸易伙伴,墨西哥对美国出口2385.2亿美元,增长29%,占墨西哥出口总额的80.0%;2010年墨西哥从欧盟和中国的进口占其进口总额的比重增至10.8%和15.1%。墨西哥的贸易逆差主要来自中国、日本和韩国。

2010年,墨西哥与中国的双边贸易额为498.1亿美元。其中,墨西哥对中国出口42亿美元,增长89.5%;自中国进口456.1亿美元,增长40.2%。墨方贸易逆差414.1亿美元。中国为墨西哥第三大出口目的地和第二大进口来源地。矿产品、贱金属及制品和运输设备是墨西哥对中国出口的前三大类商品，合计占墨西哥对中国出口总额的74.1%。

墨西哥自中国进口的主要商品为机电产品，2010年进口额为324.1亿美元，增长43.7%，占墨西哥自中国进口总额的71.1%，中国在此类商品上的主要竞争对手是美国、韩国、日本和德国。此外，中国在墨西哥家具、玩具的进口市场上具有较强的竞争实力，超过美国成为其第一大进口来源国，占墨西哥该类产品进口市场的41.8%。在贱金属及其制品、光学医疗设备和塑料橡胶等商品的进口市场上，中国仅次于美国是墨西哥的第二大进口来源国。

五、主要港口和城市

（一）墨西哥城

墨西哥城（Mexico City）是墨西哥合众国的首都，位于墨西哥高原南部特斯科科湖的湖积平原上，北部与美国接壤，东南接危地马拉和伯利兹，东濒墨西哥湾和加勒比海，西、南临太平洋。

（二）曼萨尼略

曼萨尼略（Manzanillo）港为位于太平洋沿岸的墨西哥最大的港口，港口有一个由一条700米长南北走向的防波堤防护的海港，形成杂货船、散货船、集装箱船和油轮泊位。年货运通过能力1300万吨，集装箱45.8万标箱。

（三）韦腊克鲁斯

韦腊克鲁斯（Veracruz）位于墨西哥东部墨西哥湾南岸，是墨西哥东岸最大的海港，素有“东方门户”之称。该港是墨西哥工商业中心，有冶金、机械、造船、化学、石油加工、纺织、水泥、食品等工业，输出农、矿产品，输入机器、粮食、纺织品等。韦腊克鲁斯也是铁路枢纽和国际航空站。

知识训练

填图题

1.在北美洲的地图上填注：太平洋、大西洋、墨西哥湾、五大湖、华盛顿、波士顿、纽约、费城、巴尔的摩、芝加哥、新奥尔良、休斯敦、洛杉矶、旧金山、西雅图、迈阿密、火奴鲁鲁、底特律、亚特兰大、克利夫兰、匹兹堡、圣保罗、圣劳伦斯湾、蒙特利尔、多伦多、魁北克、温哥华、渥太华。

2.在拉美地图上填注：加勒比海、墨西哥湾、佛罗里达海峡、巴拿马运河、麦哲伦海峡、里约热内卢、维多利亚、萨尔瓦多、玛瑙斯。

能力训练

课外调研题

1.通过各种媒体了解中国与美国贸易摩擦的新趋势，并于讨论课上以PPT形式汇报交流。

2.作为一家外贸公司的业务人员，通过对拉丁美洲相关情况的了解，你认为存在哪些进口或者出口商品的机会？以哪些港口作为目的港较合适？

第十章　非洲主要贸易区分布

学习目标

通过本章的学习，了解非洲及各区的位置、范围、地形、气候等情况；掌握非洲及各区的人文和经济情况；应用所学知识和非洲地区的人文、经济情况，确定我国进出口企业的进出口货物结构和国际货物运输方案。

非洲是古老的，又是年轻的。说它古老，是由于非洲是人类发源地之一，非洲人民创造了灿烂的古代文明。在200万年以前，南部非洲和东非的“南猿”即开始使用石器工具。不少地区纪元前就建立了治理完好的奴隶制国家。大河流域，如尼罗河流域、尼日尔河流域，形成了自己辉煌的古代文明。纪元后，绝大多数地区都相继建立部族国家。可叹的是，近代开始，非洲国家一个个被欧洲殖民者征服，丧失了自己的独立地位，这种状态持续了一个多世纪。所以，当人们打开20世纪50年代地图时会发现，当时的非洲没有几个独立的国家。绝大多数国家都是1960年之后独立的，它们建国只有40年左右。从这一意义上讲，非洲又是一个年轻的大陆。

20世纪60年代在非洲大陆兴起的民族独立运动，是20世纪最伟大的政治事件之一。它最后冲垮了西方的殖民统治，对人类的进步事业具有重大的历史意义。

第一节　非洲市场概述

一、位置及范围

非洲是阿非利加洲(Africa)的简称，位于东半球的西南部，东濒印度洋，西临大西洋，北隔地中海与欧洲相望，东北以红海和苏伊士运河与亚洲相邻。非洲面积约3020万平方千米(包括附近岛屿)，约占世界陆地总面积的20.2%，次于亚洲，为世界第二大洲。在当代国际经济斗争中，非洲地理位置有着重大的战略意义，它所扼守的苏伊士运河与好望角航线是世界海上贸易的重要通道。

非洲目前有58个国家和地区。在地理上，习惯将非洲分为南非、北非、西非、中非、东非五个地区。

二、人口、种族和语种

非洲人口 74800 万，占世界人口总数 12.9%，仅次于亚洲，居世界第二位。非洲人口的出生率、死亡率和增长率均居世界各洲的前列。人口分布极不平衡，尼罗河沿岸及三角洲地区，人口密度达每平方千米约 1000 人，尤其是地中海、几内亚湾和印度洋沿岸。由于欧洲殖民者一般均自海上侵入，他们在沿海地带建立起一批侵略据点和统治中心，并发展起为掠夺服务的工农业和交通运输业，从而集中了较多的人口，特别是城市人口。据统计，非洲沿海 200 千米范围内面积占全洲的 19%，却居住着将近一半的人口。而沙漠和一些干旱草原、半沙漠地带每平方千米不到 1 人，还有大片的无人区。

非洲的民族问题十分复杂，是世界上民族成分最复杂的地区。大部分民族处于部族状态。部族数量之多，非洲可称世界之最。有的资料说非洲的部族数量可达 3000 个，最保守的数字也有 250 个，之所以有如此大的数字差别，是因为一些部族之间区别不大，既可分为多个部族，又可视为一个部族。每个部族都有各自的特征，包括风俗习惯。总体来讲，各部族都有自己传统的“领地”，彼此之间可以友好相处，至少可以做到和平共处。但也有少数地区，部族之间矛盾根源很深，彼此势不两立，冲突和格斗不断，有时上升到部族战争，双方死伤以万人计，有时死伤竟超过百万。

非洲是黑人的故乡，约 2/3 的居民属于黑种人，主要分布于撒哈拉以南；红海地区属于欧罗巴人种的含米特人；此外，还有混血人种和少数黄种人；欧洲白种人不到全洲人口的 2%，他们主要是荷兰、英国等欧洲移民及其后裔，主要分布在非洲南部地区。

非洲语言约有 800 种，根据语言近似的程度，一般分为 4 个语系。苏丹语系，居民占全洲人口约 32%，肤色黝黑，分布在撒哈拉以南、赤道以北、埃塞俄比亚以西至大西洋沿岸的地带。班图语系，居民占全洲人口约 30%，肤色浅黑，分布在赤道以南地区。闪含语系，居民占全洲人口约 21%，是阿拉伯人(白种人)，主要分布在北非各国。此外还有少数属马来—波利西亚语系的马达加斯加人。非洲居民多信奉原始宗教、伊斯兰教，少数信奉天主教和基督教。

三、自然条件和自然资源

非洲地势较为平坦，为高原大陆。埃塞俄比亚高原被称为“非洲屋脊”，海拔在 1000 米以上。乞力马扎罗山是非洲最高峰，海拔 5895 米。东非大裂谷是世界最长的裂谷，东支南起希雷河河口，向北越过红海至死海北部，全长约 6400 千米。非洲大陆北宽南窄，呈不等边三角形状。南北最长约 8000 千米，东西最宽约 7500 千米。非洲海岸线平直(与欧洲相比，非洲面积是欧洲的 3 倍，而海岸线还不如欧洲的海岸线长)，半岛、海湾极少。非洲是世界各洲中岛屿数量最少的一个洲。除马达加斯加岛(世界第四大岛)外，其余多为小岛。岛屿总面积约 62 万平方千米，占全洲总面积不到 3%。非洲有世界上最大的沙漠——撒哈拉沙漠。撒哈拉沙漠位于非洲北部，横盘整个大陆，面积 920 万平方千米，占非洲总面积的 1/3。西南部还有纳米布沙漠和卡拉哈迪沙漠。非洲的沙漠面积约占全洲面积 1/3，为沙漠面积最大的一洲。东非大裂谷带内及其附近，分布着一系列死火山和活火山，东非大裂谷带也是非洲地震最频繁、最强烈的地区。河流多峡谷、急流和瀑布，水力资源丰富，但不利于航行。尼罗河全长 6671 千米，是世界最长的河流。刚果河的流域面积和流量仅次于亚马孙河，位居世界第二位。非洲的湖泊多集中于东非高原，维多利亚湖是非洲最大的湖泊，又是世界第二大淡水湖。坦噶尼喀湖是世界第二深湖。此外，位于埃塞俄比亚高原上的塔纳湖海拔1830米，是非洲最高的湖。乍得湖则是内陆盆地的最大湖泊。非洲气候高温、少雨、干燥，因此，非洲有"热带大陆"的称号。气候带分布呈南北对称状，赤道横贯中央，气候一般从赤道随纬度增加而降低。全洲年平均气温在20℃以上的地带约占全洲面积95%，其中一半以上的地区终年炎热，有将近一半的地区有着炎热的暖季和温暖的凉季。

非洲已探明的矿物资源种类多，储量大。石油、天然气蕴藏丰富；铁、锰、铬、钴、镍、钒、铜、铅、锌、锡、磷酸盐等储量很大；黄金、金刚石久负盛名；铀矿脉的相继被发现，引起世人瞩目。许多矿物的储量位居世界的前列。非洲的植物至少有40000种以上。森林面积占非洲总面积的21%。盛产红木、黑檀木、花梨木、柯巴树、乌木、樟树、栲树、胡桃木、黄漆木、栓皮栎等经济林木。草原辽阔，面积占非洲总面积的27%，居各洲首位。可开发的水力资源丰富。沿海盛产沙丁鱼、金枪鱼、鲐、鲸等。

四、经济概况

非洲经济落后，是世界经济发展水平最低的大陆。联合国公布的世界最不发达国家中，非洲国家占了绝大多数。

农业是非洲经济的支柱，绝大多数国家是农业国。农业中经济作物特别是热带经济作物在世界上占有重要地位，棉花、剑麻、花生、油棕、腰果、芝麻、咖啡、可可、甘蔗、烟叶、天然橡胶、丁香等的产量都很高。乳香、没药、卡里特果、柯拉、阿尔法草是非洲特有的作物。非洲的粮食作物种类繁多，有麦、稻、玉米、小米、高粱、马铃薯等，还有特产木薯、大蕉、椰枣、薯芋、食用芭蕉等。畜牧业发展较快，牲畜头数多，但畜产品商品率低，经营粗放落后。渔业资源丰富，但渔业生产仍停留在手工操作阶段，近年来淡水渔业发展较快。

工业基础薄弱，管理和技术落后。采矿业和轻工业是非洲工业的主要部门。黄金、金刚石、铁、锰、磷灰石、铝土矿、铜、铀、锡、石油等的产量都在世界上占有重要地位。轻工业以农畜产品加工、纺织为主。木材工业有一定的基础，制材厂较多。重工业有冶金、机械、金属加工、化学和水泥、大理石采制、金刚石琢磨、橡胶制品等部门。

非洲是世界交通运输业比较落后的一个洲，还没有形成完整的交通运输体系。大多数交通线路从沿海港口伸向内地，彼此互相孤立。交通运输以公路为主，另有铁路、海运等方式。南非共和国、马格里布等地区是非洲交通运输比较发达的地区。撒哈拉、卡拉哈迪等地区则是没有现代交通运输线路的空白区。目前，非洲有公路约130多万千米，铁路约78000千米，内河通航里程约52000千米，海运业占重要地位。非洲的航空业发展较快。

铁路。铁路是非洲主要运输方式之一，线路总长约9.5万千米，占世界的6%。但布局分散，轨距杂乱，标准低劣，有线无网，因此营运水平很低。铁路的长度和货客运量都以南部非洲居首位，其次是北部非洲，其余分布在几内亚湾沿岸和东部非洲沿海地区。坦赞铁路全长1860千米，有力地促进了坦、赞经济的发展。现在还没有铁路的国家有冈比亚、几内亚比绍、西撒哈拉、乍得、中非、尼日尔、赤道几内亚、莱索托、布隆迪、卢旺达、索马里等。

海运。非洲海运业在世界上地位较为重要，货运的装船量约占世界的12%。非洲的海运主要是以输出大宗原油、矿产品和农林产品以及输入工业制成品和粮食为主。因而，非洲的海运是国际运输量大大超过国内运输量，装船数大大超过卸船数，主要海运国也是矿产输出国。全洲海运量大于1亿吨以上的是两大石油输出国尼日利亚和利比亚，其次是阿尔及利亚、埃及、突尼斯、利比里亚、南非、摩洛哥和毛里塔尼亚等。

二战后，非洲的港口建设和海运事业发展较快。在沿海31个国家中，有28个国家至少有一个现代化港口，航线可通向世界各大洲的主要港口。按其营运特点可分为四类：综合性海港，客货兼营，是货运品种繁多的商港，同时也多为内陆国家外贸进出货物的转口港；专业矿砂输出港，以输出铁矿石占多数；石油输出港；国际航运停泊港，主要为各国货轮供应燃料、淡水和生活物资等。

公路运输。非洲的公路运输近几十年来发展较快，各国都有公路，非洲修建了一条横贯大陆的公路干线，东起印度洋沿岸肯尼亚的蒙巴萨，西迄大西洋沿岸尼日利亚的拉各斯，跨越13个国家，全长5000千米。

主要产油国有石油输出管道，还有横贯地中海的洲际输气管道，从阿尔及利亚的哈西鲁迈勒，经过突尼斯，穿越突尼斯海峡，到达意大利西西里岛，全长1070千米。阿尔及利亚的天然气通过这条管道向意大利输送。

五、对外贸易

近10年来，非洲对外贸易增长速度几乎与国内产值持平，即2.5%。这一现象表明了非洲经济运行主要是为了保障自给自足。据世贸组织2003年4月22日公布数字统计，非洲出口额为1400亿美元，仅比上一年增长1%，大大低于全球4%和发展中国家9%的平均增长率。2002年，非洲贸易额为2740亿美元，仅占世界贸易额的2.2%，比10年前下降了2倍。

整个非洲人均商品进出口额为340美元，比亚洲少3倍，比拉丁美洲少4倍。个别非洲国家除外，如塞舌尔为7192美元，毛里求斯为2932美元，突尼斯为1671美元，南非为1326美元，主要依靠各自的出口工业。赤道几内亚人均为5689美元，仅依仗石油便跃居到非洲第二大出口国。

在非洲各国中，南非是第一贸易大国。南非占整个非洲人口5%，但进出口额占整个非洲对外贸易总额的21%。北非5国，阿尔及利亚、埃及、利比亚、摩洛哥和突尼斯，人口占18%，进出口额合计占非洲对外贸易总额的37%。上述6个国家的外贸额占全非外贸总额的近60%。如将整个非洲作为一个国家，其出口1400亿美元，仅排列世界第13位，居墨西哥(1600亿美元)之下，台湾(1300亿美元)之上。

从进出口商品结构看，主要输出单一农矿初级产品，进口商品绝大部分是工业制成品和生活消费品(包括粮食)。出口商品中，原油比重不断增加，其次是铜、锰、铝土等多种有色金属，进口商品主要是各种机器设备、运输工具以及粮食。

中国同非洲国家的经济贸易往来有着悠久的历史。现在中国已经同非洲40多个国家和地区建立了贸易关系，近几年来双方的经济贸易交流有了进一步发展。建立在非洲的众多贸易机构和公司代表处，对活跃中国在非洲大陆的经营活动，增进对彼此市场需求的了解起了积极推动作用。

目前，非洲同中国贸易额较多的国家有南非、埃及、阿尔及利亚、利比亚、突尼斯、摩洛哥、尼日利亚、肯尼亚、坦桑尼亚等国。中国向非洲国家出口生活必需的轻纺织产品、粮油食品和土特产品、工业机械、工具、农机具和各种零件等，并重视发展对非洲国家机电设备、化工产品和家用电器的出口。中国从非洲国家进口矿产品、木材、咖啡、可可、化肥、纯碱等。

第二节　南非地区

南非地区，包括安哥拉、赞比亚、津巴布韦、马拉维、莫桑比克、博茨瓦纳、斯威士兰、莱索托、南非、纳米比亚（西南非洲）、马达加斯加、毛里求斯、科摩罗、留尼汪岛、圣赫勒拿岛、阿森松岛等。这一地区面积为536万平方千米，人口约9897万，其中黑人占75%以上。该地区位于非洲大陆南部，东、西、南三面为印度洋和大西洋所环绕。经南非海域的好望角航线，向来是沟通东西方的交通要道，战略地位十分重要。

除马达加斯加外，大陆部分的莫桑比克北部属东非高原，其余广大地区都属南非高原。南非高原的地势，中部为盆地沙漠区，四周隆起为高原和山地，东南部高耸着德拉肯斯堡山脉。区内气候复杂，西部属热带沙漠气候，德拉肯斯堡山脉西侧属温带草原气候，东部沿海属亚热带森林气候，马岛东部属热带雨林气候，西南好望角属地中海式气候，其余地区属热带草原气候。东部地区面积只占全区1/3，但人口约占3/4以上，农业生产以耕作业为主；广大的中西部除个别地带外，人口都很稀少，以粗放畜牧业为主。

南非地区的经济发展水平是全非洲最高的。工业和运输业占全洲的1/2以上；采矿业和农业的比重也较大，所产黄金占世界总产量的70%，金刚石约占25%，铬矿石约占30%。所产蔗糖、烟草、羊毛也都占非洲总产量的70%以上。但区内经济发展水平和生产力分布很不平衡，南非和津巴布韦约占全区工矿业总产值的75%以上，其他国家都是单一的农矿经济，工业都较落后。

本区北部是加丹加高原“铜带”的南延部分，蕴藏着以铜为主的多种有色金属资源。赞比亚是世界著名的铜矿之国，约占世界铜总蕴藏量的15%左右，居世界第四位、非洲第一位，出口量居世界第二位，主要贸易对象是英国、日本、美国等。

赞比亚以南的广大地区，是世界上罕见的矿产资源高度富集的地区，其中有许多属于战略资源，其中南非是世界上最重要的矿物生产国和出口国之一。南非的矿产资源极其丰富，黄金、铂族金属、锰、铬、萤石、红柱石的储量占世界第一位，钻石、钒和蛭石占第二位，锑和磷酸盐占第三位，还有其他矿产。除南非外，津巴布韦也是南非地区重要矿产国。

南非地区的工业，主要集中在南非，南非是非洲仅有的工业、农业、交通运输业等经济部门都较发达的国家，其工业产值占全非洲的约2/5。近年来，冶金、金属制品、运输设备、机械制造、化工、炼油、原子能工业、食品、纺织等工业发展很快，但车辆、飞机、石化产品等需进口。

南非地区的农业生产较落后，除南非、马拉维外，其他国家每年都要进口粮食。南非地区的畜牧业，以南非占突出地位，牛肉居非洲第一位，羊毛产量占全洲的1/2以上，产量与出口量（占非洲的90%以上）居非洲首位。

第三节 北非地区

北非地区，通常包括埃及、苏丹、利比亚、阿尔及利亚、突尼斯、摩洛哥六个国家以及附近的岛屿。北非面积800多万平方千米，人口为1.4亿，其中阿拉伯人占80%，普遍信奉伊斯兰教。

北非按自然条件可分为阿特拉斯和撒哈萨克拉两大部分。西北部为阿特拉斯山地，东南部为苏丹草原的一部分，地中海和大西洋沿岸有狭窄的平原，其余地区大部分为撒哈拉沙漠。地中海沿岸属亚热带地中海式的气候。

本区矿产资源丰富，采矿业占很重要地位。以石油、天然气、磷酸盐为多，钴、锰、铁矿等也丰富，但煤藏较少。北非撒哈拉地区北部以生产原油为主。原油主要集中在利比亚、阿尔及利亚、埃及。北非所产的原油绝大部分出口到美国和西欧，利比亚原油出口额占其出口总额的98%以上，阿尔及利亚占其出口总额的90%以上。北非的阿特拉斯区，是世界上最大的磷酸盐蕴藏区，占世界总储量的3/4以上。其中，摩洛哥的磷酸盐探明储量为570.3亿吨，占世界总储量的3/4，目前年产量2000万吨，居世界第三位，出口量居世界之冠。

北非经济发展水平在非洲属于较发达的经济区。人均国民生产总值在全洲也是最高的，据非洲开发银行发表的年度报告指出，北非地区各国2000年平均经济增长率为4.1%，明显高于上年的3.8%，这表明北非地区各国的经济形势普遍开始好转。

北非的工业。其工业规模仅次于南部非洲。其中埃及、阿尔及利亚和摩洛哥的工业在非洲各国里分别为第二、第三和第五位，纺织、石油化工、钢铁和机械等工业部门都占有重要地位。

北非的农业。由于区内沙漠广布，垦殖指数只有4%，在非洲各区是最低的。埃及、苏丹地区灌溉农业占绝对优势，尼罗河给农业提供了宝贵水源。区内耕作制度和技术水平较先进，农业多属亚热带地中海式类型，生产麦类、棉花、蔬菜和油橄榄、葡萄等，尼罗河流域生产的优质长绒棉闻名世界。北非粮食作物主要有小麦、玉米、高粱、谷子和稻谷等，除埃及外，北非粮食都不能自给。北非各国畜牧业也较发达，以牛、绵羊和骆驼等大牲畜为主。苏丹拥有骆驼数居世界第二位，牛羊以活畜出口，阿尔及利亚和苏丹的羊毛产量在非洲分别居第二、第三位。

北非的交通运输业。其铁路仅次于南部非洲，多分布在地中海沿岸和尼罗河各地，以埃及为多。北非埃及的苏伊士运河，是一条世界上最繁忙的国际运河，它沟通了地中海与红海，连接了印度洋和大西洋，扼欧、亚、非三大洲的航运要冲。从亚洲各港口到欧洲去通过苏伊士运河比绕道非洲南端的好望角，可缩短航程8000千米以上。

开罗(Cairo)是埃及的首都，非洲第一大城，是世界著名的文化名都，国际重要的航空港。

第四节　西非地区

西非地区位于撒哈拉沙漠、乍得湖和几内亚湾之间，包括尼日利亚、贝宁、多哥、加纳、科特迪瓦、利比里亚、塞拉利昂、几内亚、几内亚比绍、冈比亚、塞内加尔、毛里塔尼亚、西撒哈拉、佛得角、马里、布基纳法索、尼日尔共 17 个国家和地区，面积 600 万多平方千米，人口 2 亿多，是非洲人口最多、人口密度最大的地区。

本区大部分地区为起伏和缓的浅平盆地，沿海有狭窄平原。几内亚湾沿岸地区多属热带雨林气候，盛产热带作物，是西非的主要经济区；中部为热带草原气候，是农牧兼有地区；北部为撒哈拉沙漠地区。

本区经济发展在非洲属于中等水平，全区分南北两部分：南部各方面条件较好，经济发展水平高，采矿业和热带作物占突出地位；北部都是内陆国家，各方面条件较差，沙漠占总面积的一半，经济发展水平十分低下。

区内各国均以农业和矿业为主，石油、铝土、金刚石、铁、锰、铌、铀等都丰富。可可、棕油、棕仁、天然橡胶和花生等都占非洲或世界的重要地位。石油主要分布在几内亚湾沿岸，以尼日利亚居首位，占非洲第一位。尼日利亚利用石油工业的突飞猛进，带动了本国现代工商业的发展，石油占出口收入的 90%以上，经济实力比西非其他国家的总和还要多，经济实力已接近南非，成为非洲第二位的经济大国。尼日利亚有 13 个港口，拉各斯湾居全国之首，其中博尼是最大的原油输出港。

西非铝土矿产量占世界总产量约 15%，占全洲总产量的 90%以上，其中几内亚铝土矿最丰富，居世界首位，铝土矿出口额占出口总额的 70%以上；铁矿主在分布在毛里塔尼亚到尼日利亚中部地区，铁矿主要出口，铁矿出口是外汇收入的主要来源；金刚石以加纳和塞拉里昂等国家产量较大，其中加纳产量占世界第四位；尼日尔的铀矿、加纳的黄金和锰矿、几内亚的铁矿石和金刚石、马里的黄金和铝土等都占有重要地位。尼日利亚是西非唯一的产煤国，又是主要生产锡的国家；塞内加尔和多哥的磷酸盐居非洲首位。

西非经济作物种类多，产量大，占出口的很大比重。可可主要以科特迪瓦、加纳和尼日利亚为主要生产国，其中科特迪瓦的产量和出口量均居世界首位；咖啡主产集中于科特迪瓦、多哥、几内亚，咖啡是科特迪瓦第二大出口商品；棕仁、棕油主产集中在尼日利亚、科特迪瓦、贝宁三国，其中尼日利亚占非洲第一位，但出口量最大的是科特迪瓦；本区花生出口占世界第一位，主要生产国为塞内加尔、尼日利亚、尼日尔、马里；天然橡胶生产遍及利比里亚、尼日利亚、科特迪瓦等国，仅利比里亚、尼日利亚两国就占了非洲橡胶总产量的 2/3，非洲最大的橡胶生产国利比里亚，其产量仅次于马来西亚和印度尼西亚，居世界第三位；科特迪瓦还是非洲重要的椰子生产基地，并盛产各种热带水果，主要销往西欧各国，尤以法国最多；原木产量以尼日利亚最多，居非洲首位。

从以上可知矿产品和经济作物的生产在西非各国经济和出口贸易中占据重要的地位。但西非绝大多数国家粮食生产都较落后，除科特迪瓦、利比里亚、加纳等国可基本自给或少数进口外，绝大部分国家都大量进口粮食，尤其是西非北部各国进口粮食越来越多。

第五节　中非地区

中非包括乍得、中非、喀麦隆、赤道几内亚、加蓬、刚果、扎伊尔、安哥拉、圣多美和普林西比。其中，乍得和中非是内陆国家，其他国家面临大西洋，属于沿海国家，但海岸线不长，港口也较少。这一地区面积 600 多万平方千米，人口 7000 多万，地广人稀，居民绝大部分是黑人，最北部还居住部分阿拉伯人。

本区具有较典型的非洲大陆的基本特点，地形为高原、盆地相间，北部为撒哈拉沙漠，中部为苏丹草原，南部为盆地和高原，地势起伏大。从赤道向两侧，气候和自然带呈现出有规律的变化，跨越热带雨林、草原、沙漠三大地带，这对本地区农业生产地域差异影响很大。

区内经济发展在非洲属中下水平，各国经济发展水平及其结构类型差异很大，其南侧的扎伊尔、刚果和安哥拉采矿业都比较发达，加蓬、刚果的林业和扎伊尔、喀麦隆、安哥拉的热带经济作物在非洲也名列前茅。此外，区内其他国家都是比较落后的农业国。

区内森林资源丰富，盛产热带名贵木材，其中原木是喀麦隆重要的出口商品之一；区内矿产资源丰富，集中在刚果盆地外围，东段盛产锡、钽、铌、钨等矿产，西段则为世界最大的金刚石产区；铜、钴的储量居世界前列，扎伊尔为世界上著名的铜钴生产国和出口国，出口以美国最多；扎伊尔素有“中非宝石”之称，储量也居世界首位；加蓬的锰和铀、中非的铀和金刚石、喀麦隆的铝土矿等都是重要的矿产资源。

中非各国粮食作物粗放落后，单产很低，现在除喀麦隆、加蓬可以自给外，其他各国都需要大量进口粮食。热带经济作物种类多，其中棕油、棕仁、咖啡、可可、天然橡胶等在世界都占一定的地位。

第六节　东非地区

东非地区，包括埃塞俄比亚、索马里、吉布提、肯尼亚、乌干达、卢旺达、布隆迪、坦桑尼亚和印度洋上的岛国塞舌尔共九个国家。这一地区面积约 370 万平方千米，人口 1.38 亿多。居民中黑种人占 2/3，其余主要是属于黑种人和白种人混合类型的埃塞俄比亚人和索马里人。

东非坐落在东非高原和埃塞俄比亚高原上，仅印度洋沿岸有狭窄的平原。东非大裂谷带纵贯东非高原的中部和西部。区内大部分属热带草原气候。

在非洲五大区域中，本区经济发展水平是最低的，被列为世界上最不发达的地区之一。其最显著的特点是农业比重大，东非的丁香、剑麻、棉花、咖啡、茶叶等农产品在世界或非洲占有重要的地位。采矿业比重小，矿藏少，这一点与非洲其他地区差别很大。

知识训练

填图题

在非洲地图上填注：大西洋、印度洋、几内亚湾、地中海、红海、亚丁湾、苏伊士运河、好望角、亚历山大、塞得港、的黎波里、开普敦、蒙巴萨、吉布提、路易港。

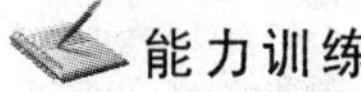

能力训练

根据所学有关非洲地理知识分析，由上海运往肯尼亚的海上货物，应选择哪个港口作为目的港较合适？

国际贸易基础知识相关网站

1. 国际贸易网 http://www.vooec.com/
2. 中国国际贸易促进会 http://www.ccpit.org/
3. 环球贸易网 http://crafts.china.herostart.com/
4. 中华人民共和国商务部 http://www.mofcom.gov.cn/
5. 中国贸易网 http://www.cntrades.com/
6. 中国国际贸易发展网 http://www.itdn.com.cn/
7. 中华商贸网 http://www.cntoworld.com/
8. 中华商务网 http://www1.chinaccm.com/
9. 中国国际商会 http://www.ccoic.cn/
10. 外商网——中国出口贸易网 http://www.cnexpnet.com/
11. 中国工业网 http://www.indunet.com.cn/
12. 007 商务站 http://www.007swz.com
13. 无忧商务网 http://www.cn5135.com
14. 企业在线 http://www.51e-online.com/
15. 环商数据 http://www.worldbydata.com/
16. 国际采购网 http://www.buy-hk.org/
17. 中国供应商 http://cn.china.cn/
18. 商路通 http://www.3566t.com/
19. 慧聪网 http://www.hc360.com/
20. 中国黄页网 http://www.yellowurl.cn/

参考文献

1. 兰菁. 国际贸易理论与实务. 北京:清华大学出版社,2005
2. 刘丽,张阿娟,杨丽霞. 国际贸易理论与实务. 上海:上海财经大学出版社,2006
3. 陈同仇,薛荣久. 国际贸易. 北京:对外经济贸易大学出版社,1997
4. 徐宣全,张琦. 国际贸易实务. 杭州:浙江大学出版社,2004
5. 高彩云,杨丽. 国际贸易概论. 北京:机械工业出版社,2006
6. 刘安鑫. 国际贸易理论与实务. 北京:北京理工大学出版社,2006
7. 严云鸿. 国际贸易理论与实务. 北京:清华大学出版社,2004
8. 吴国新. 国际贸易理论·政策·实务. 上海:上海交通大学出版社,2004
9. 吴百福. 国际贸易实务(第四版). 上海:上海人民出版社,2005
10. 李权. 国际贸易实务. 北京:北京大学出版社,2000
11. 陈红蕾. 国际贸易实务. 广州:暨南大学出版社,2004
12. 杜敏. 国际贸易概论. 北京:对外经济贸易大学出版社,2001
13. 贾建华等. 新编国际贸易理论与实务. 北京:对外经济贸易大学出版社,2004
14. 陈宝领. 国际贸易. 上海:上海交通大学出版社,2001
15. 刘文广,张晓明. 国际贸易实务. 北京:高等教育出版社,2005
16. 张海荣. 国际贸易. 杭州:浙江大学出版社,2004
17. 尹翔硕. 国际贸易教程. 上海:复旦大学出版社,2002
18. 安民. 国际经济贸易理论与实务. 北京:对外经济贸易大学出版社,2001
19. 苗成栋,梁爱丽. 国际贸易. 北京:对外经济贸易大学出版社,2002
20. 罗锐韧等. 最新国际贸易实务指南 5000 例. 北京:中国经济出版社,1994
21. 查得利. 国际贸易实务. 重庆:重庆大学出版社,2002
22. 丁家云. 进出口业务. 北京:中国商业出版社,2000
23. 汪五一. 国际贸易实务. 合肥:中国科技大学出版社,2002
24. 田飞. 最新外贸实务(第二版). 北京:经济科学出版社,1998
25. 屈韬等. 国际贸易业务与结算操作. 广州:广东经济出版社,2001
26. 竺仙如. 国际经贸地理. 北京:中国商务出版社,2010
27. 黄森才. 国际贸易地理. 广州:暨南大学出版社,2009
28. 陈玲俐. 国际经贸地理. 杭州:浙江大学出版社,2009
29. 李朝民. 国际贸易理论与实务. 北京:中国人民大学出版社,2010

参考文献